SAMMLUNG TUSCULUM

Wissenschaftliche Beratung:

Gerhard Fink, Manfred Fuhrmann,
Erik Hornung, Joachim Latacz, Rainer Nickel

Q. HORATIUS FLACCUS

ODEN
UND
EPODEN

Herausgegeben und übersetzt
von Gerhard Fink

ARTEMIS & WINKLER

Die Deutsche Bibliothek – CIP Einheitsaufnahme

HORATIUS FLACCUS, QUINTUS:
Oden und Epoden: lateinisch/deutsch.
Quintus Horatius Flaccus.
Hrsg. und übers. von Gerhard Fink. –
Düsseldorf; Zürich: Artemis und Winkler, 2002
(Sammlung Tusculum)

ISBN 3-7608-1732-7
© 2002 Patmos Verlag GmbH & Co. KG
Artemis & Winkler Verlag, Düsseldorf/Zürich
Alle Rechte, einschließlich derjenigen des auszugsweisen Abdrucks,
der fotomechanischen und elektronischen Wiedergabe, vorbehalten.
Satz: Dörlemann Satz, Lemförde
Druck und Verarbeitung: Pustet, Regensburg
ISBN 3-7608-1732-7
www.patmos.de

INHALT

Oden · Erstes Buch 8
Oden · Zweites Buch 84
Oden · Drittes Buch 132
Oden · Viertes Buch 214

Festlied zur Säkularfeier 262

Epoden 270

ANHANG

Einführung 319
Erläuterungen zu den Oden 360
Erläuterungen zum Festlied zur Säkularfeier 461
Erläuterungen zu den Epoden 463
Register 488
Geflügelte Worte 504
Verzeichnis der Gedichtanfänge 508
Versmaße der Oden 510
Versmaße der Epoden 513
Literaturhinweise 514

ODEN

CARMINA

CARMINA · LIBER PRIMUS

I

Maecenas atavis edite regibus,
O et praesidium et dulce decus meum:
Sunt quos curriculo pulverem Olympicum
Collegisse iuvat metaque fervidis
Evitata rotis palmaque nobilis   5
Terrarum dominos evehit ad deos;
Hunc, si mobilium turba Quiritium
Certat tergeminis tollere honoribus;
Illum, si proprio condidit horreo,
Quidquid de Libycis verritur areis.   10
Gaudentem patrios findere sarculo
Agros Attalicis condicionibus
Numquam demoveas, ut trabe Cypria
Myrtoum pavidus nauta secet mare;
Luctantem Icariis fluctibus Africum   15
Mercator metuens otium et oppidi
Laudat rura sui: mox reficit rates
Quassas indocilis pauperiem pati.
Est qui nec veteris pocula Massici
Nec partem solido demere de die   20
Spernit, nunc viridi membra sub arbuto
Stratus, nunc ad aquae lene caput sacrae;
Multos castra iuvant et lituo tubae

ODEN · ERSTES BUCH

I

Maecenas, königlicher Ahnen Sproß,
O du mein Schutz und meine süße Zier!
Wenn manche beim Wagenrennen olympischen Staub
Aufgesammelt haben, sind sie froh. Und ist die Wendemarke mit heißen
Rädern umfahren, winkt die Siegespalme,
Erhebt sie das, die Herrn der Erde, zu den Göttern.
Den einen freut's, wenn das launische Römervolk
Ihn um die Wette in drei Ehrenämter wählt,
Den andern, wenn er in den eigenen Speicher,
Was man von Libyens Tennen fegte, schafft.
Wer heiter mit der Hacke sein ererbtes Feld bestellt,
Den bringst du auch nicht um ein Königreich
Jemals dahin, daß er sich als verzagter Seemann
Mit einem Schiff aus Zypern in die Ägäis wagt.
Wenn mit den Fluten der Ikarischen See der Südwind ringt,
Dann preist der Kaufmann voller Furcht ein ruhiges Leben und die Flur
Bei seiner Stadt; bald bessert er sein Schiff,
Das angeschlagene, aus – er wird nie lernen, sich mit wenigem zu bescheiden.
Manch einer wird weder einen Becher alten Massikers
Noch den Teil der Zeit, den er vom langen Werktag abzieht,
Verschmähen. Bald streckt er sich unter dem grünen Erdbeerbaum
Aus, bald am murmelnden Mund einer heiligen Quelle.
Viele freut das Lagerleben und Hörnerklang, in den sich
                        Trompetengeschmetter

Permixtus sonitus bellaque matribus
Detestata; manet sub Iove frigido
Venator tenerae coniugis inmemor,
Seu visa est catulis cerva fidelibus,
Seu rupit teretes Marsus aper plagas.
Me doctarum hederae praemia frontium
Dis miscent superis, me gelidum nemus
Nympharumque leves cum Satyris chori
Secernunt populo, si neque tibias
Euterpe cohibet nec Polyhymnia
Lesboum refugit tendere barbiton:
Quodsi me lyricis vatibus inseres,
Sublimi feriam sidera vertice.

2

Iam satis terris nivis atque dirae
Grandinis misit pater et rubente
Dextera sacras iaculatus arcis
    Terruit urbem,

Terruit gentis, grave ne rediret
Saeculum Pyrrhae nova monstra questae:
Omne cum Proteus pecus egit altos
    Visere montis,

Piscium et summa genus haesit ulmo,
Nota quae sedes fuerat columbis,
Et superiecto pavidae natarunt
    Aequore dammae.

Vidimus flavom Tiberim retortis
Litore Etrusco violenter undis

Mischt, und der Krieg, den die Mütter
Verfluchen. Es bleibt in der Kälte draußen
Der Jäger, denkt nicht an seine junge Frau,
Sei es, daß seine treuen Hunde eine Hirschkuh aufgespürt haben,
Sei es, daß ihm ein marsischer Eber die Netze zerriß.
Mich versetzt der Efeukranz, die Zier einer Dichterstirn,
Unter die himmlischen Götter, mich sondert der kühle Hain
Und der beschwingte Reigen der Nymphen mit den Satyrn
Vom gewöhnlichen Volk, wenn weder ihre Flöte
Euterpe verstummen läßt noch Polyhymnia
Sich weigert, die lesbische Leier zu stimmen.
Wenn gar noch du mich unter die lyrischen Dichter zählst,
Dann stoße ich mit stolz erhobenem Haupt an die Gestirne.

2

Schon hat der Welt genug Schnee und grausigen
Hagel der Vater geschickt, hat mit der glutgeröteten
Rechten die heiligen Höhen getroffen, hat in Furcht die
    Hauptstadt versetzt und

In Furcht die Völker, es kehre wieder die böse
Zeit, als Pyrrha über unerhörte Schrecknisse klagte
Und Proteus seine ganze Herde hinauftrieb, die hohen
    Berge zu schauen,

Und ein Schwarm Fische nicht aus dem Wipfel der Ulme wich,
Von einem Platz, der sonst nur den Tauben vertraut war,
Und in der alles bedeckenden See verstörte
    Damhirsche trieben.

Wir sahen, wie der gelbe Tiber zurückbrandete
Vom etruskischen Ufer und ungestüm mit seinen Wassern

Ire deiectum monumenta regis
    Templaque Vestae,

Iliae dum se nimium querenti
Iactat ultorem, vagus et sinistra
Labitur ripa Iove non probante u-
    xorius amnis.

Audiet civis acuisse ferrum,
Quo graves Persae melius perirent,
Audiet pugnas vitio parentum
    Rara iuventus

Quem vocet divum populus ruentis
Imperi rebus? Prece qua fatigent
Virgines sanctae minus audientem
    Carmina Vestam?

Cui dabit partis scelus expiandi
Iuppiter? Tandem venias, precamur,
Nube candentis umeros amictus,
    Augur Apollo;

Sive tu mavis, Erycina ridens,
Quam Iocus circum volat et Cupido;
Sive neglectum genus et nepotes
    Respicis, auctor

Heu nimis longo satiate ludo,
Quem iuvat clamor galeaeque leves
Acer et Marsi peditis cruentum
    Voltus in hostem;

Daherkam, um die Königsburg niederzureißen und den
  Tempel der Vesta,

Während er gegenüber der hemmungslos klagenden Ilia
Den Rächer spielte und anschwellend über sein linkes
Ufer gegen Jupiters Willen trat, der seiner Gattin allzu
  Fügsame Flußgott.

Hören, wie römische Bürger Schwerter wetzten,
Durch die doch eher die grimmigen Perser umkommen sollten,
Hören von Schlachten wird eine durch Schuld ihrer Väter
  Spärliche Jugend.

Welchen Gott soll das Volk anflehen, um des stürzenden
Reiches Schicksal zu wenden? Mit welchem Gebet erweichen wohl
Die heiligen Jungfrauen Vesta, die ihre Gesänge
  Kaum noch beachtet?

Wem wird das Amt, den Frevel zu sühnen,
Jupiter anvertrauen? Komm doch endlich, wir bitten flehentlich,
Die strahlenden Schultern in Wolken gehüllt, du
  Seher Apollo!

Oder erscheinst lieber du, lächelnde Göttin vom Eryx,
Die der Gott des Frohsinns und Cupido umflattern?
Oder wendest du dich dem verlassenen Volk, den Enkeln wieder,
  Stammvater Mars, zu,

Überdrüssig, ach, des allzu langen Spiels,
Der du dich freust am Kriegslärm und blinkenden Helmen
Und am feurigen Blick des marsischen Kriegers angesichts des blut-
  Triefenden Feindes.

Sive mutata iuvenem figura
Ales in terris imitaris almae
Filius Maiae, patiens vocari
    Caesaris ultor:

Serus in caelum redeas diuque   45
Laetus intersis populo Quirini
Neve te nostris vitiis iniquum
    Ocior aura

Tollat; hic magnos potius triumphos,
Hic ames dici pater atque princeps   50
Neu sinas Medos equitare inultos
    Te duce, Caesar.

3

Sic te diva potens Cypri,
    Sic fratres Helenae, lucida sidera,
Ventorumque regat pater
    Obstrictis aliis praeter Iapyga,

Navis, quae tibi creditum   5
    Debes Vergilium finibus Atticis;
Reddas incolumem precor
    Et serves animae dimidium meae.

Illi robur et aes triplex
    Circa pectus erat, qui fragilem truci   10
Conmisit pelago ratem
    Primus nec timuit praecipitem Africum

Oder hast du dich verwandelt und Jünglingsgestalt
Auf Erden angenommen, geflügelter Sohn der holden
    Maia, und läßt es geschehen, daß man dich rufe als
        Rächer des Caesar?

Spät erst sollst du in den Himmel zurückkehren und lange
Glückbringend unter dem Volk des Quirinus weilen;
Es darf dich nicht, weil du zürnst über unsere Sünden, gleich
        Wieder ein Windstoß

Entführen. Laß lieber hier dir stolze Triumphe,
Laß hier dir gefallen, daß man dich Vater und Herrscher nennt,
Und dulde nicht, daß die Meder ungestraft heransprengen, solang du,
        Caesar, uns leitest!

3

So geleite dich denn die mächtige Göttin von Zypern,
So die Brüder der Helena, funkelnde Sterne,
Und der Vater der Winde,
Wenn er alle außer dem Iapyx gefangen hält,

Du Schiff, das den dir anvertrauten
Vergil dem attischen Lande schuldig ist.
Bring ihn wohlbehalten hin, ich bitte darum,
Und erhalte mir mein halbes Leben!

Jener Mann hatte Eichenholz und einen dreifachen ehernen Panzer
Um seine Brust, der dem wilden
Meer seinen zerbrechlichen Kahn
Als erster preisgab und weder den blindwütigen Südwestwind
        fürchtete,

Decertantem Aquilonibus
    Nec tristis Hyadas nec rabiem Noti,
Quo non arbiter Hadriae
    Maior, tollere seu ponere volt freta.

Quem mortis timuit gradum,
    Qui siccis oculis monstra natantia,
Qui vidit mare turbidum et
    Infamis scopulos Acroceraunia?

Nequiquam deus abscidit
    Prudens Oceano dissociabili
Terras, si tamen inpiae
    Non tangenda rates transiliunt vada.

Audax omnia perpeti
    Gens humana ruit per vetitum nefas:
Audax Iapeti genus
    Ignem fraude mala gentibus intulit.

Post ignem aetheria domo
    Subductum Macies et nova Febrium
Terris incubuit cohors
    Semotique prius tarda necessitas

Leti corripuit gradum.
    Expertus vacuum Daedalus aera
Pinnis non homini datis;
    Perrupit Acheronta Herculeus labor.

Der mit dem Nord erbittert kämpft,
Noch das regenbringende Siebengestirn und das Rasen des
                               Südsturms,
Des mächtigsten Herrschers über die Adria,
Ob er die Fluten nun aufwühlen oder beschwichtigen will.

Wie hätte der Mann den nahenden Tod fürchten sollen,
Der trockenen Auges auf schwimmende Ungeheuer blickte,
Auf die wildwogende See und auf die
Berüchtigten Klippen von Akrokeraunia?

Vergebens hat ein Gott voll Fürsorge
Durch das trennende Weltmeer die Länder voneinander geschieden,
Wenn trotzdem frevelhaft
Schiffe die Wasser durcheilen, die sie nicht berühren dürften.

Tollkühn bereit, alles zu ertragen,
Stürzt sich die Menschheit ins Verderben durch verbotene Freveltat;
Tollkühn hat der Sproß des Iapetus
Durch schlimmen Trug das Feuer zu den Völkern gebracht.

Doch als die Glut aus dem himmlischen Palast
Entwendet war, da kam das Siechtum und, unerhört, von Seuchen
Ein ganzes Heer über die Welt.
Und während vordem der unvermeidliche Tod in weiter Ferne lag
                              und zögernd kam,

Beschleunigte er nun seinen Schritt.
In den leeren Luftraum wagte sich Daedalus
Mit Schwingen, die dem Menschen nicht gegeben sind;
In die Unterwelt drang der unermüdliche Herkules ein.

Nil mortalibus ardui est:
  Caelum ipsum petimus stultitia neque
Per nostrum patimur scelus
  Iracunda Iovem ponere fulmina. 40

4

Solvitur acris hiems grata vice veris et Favoni
Trahuntque siccas machinae carinas;
Ac neque iam stabulis gaudet pecus aut arator igni
Nec prata canis albicant pruinis.

Iam Cytherea choros ducit Venus imminente luna 5
Iunctaeque Nymphis Gratiae decentes
Alterno terram quatiunt pede, dum gravis Cyclopum
Volcanus ardens visit officinas.

Nunc decet aut viridi nitidum caput impedire myrto
Aut flore, terrae quem ferunt solutae; 10
Nunc et in umbrosis Fauno decet immolare lucis,
Seu poscat agna sive malit haedo.

Pallida Mors aequo pulsat pede pauperum tabernas
Regumque turris. O beate Sesti,
Vitae summa brevis spem nos vetat incohare longam: 15
Iam te premet nox fabulaeque Manes

Nichts ist den Sterblichen zu schwierig:
Selbst nach dem Himmel greifen wir voll Torheit
Und lassen es wegen unseres Frevelmuts nicht zu,
Daß Jupiter seine Zornesblitze beiseite legt.

4

Es weicht der strenge Winter in willkommenem Wechsel dem
                              Lenz und dem Zephyr,
Und schon ziehen Seilwinden die trockenen Schiffe ins Meer.
Nimmer freut sich an den Ställen das Vieh und der Pflüger am Feuer,
Und auch die Wiesen glitzern nicht mehr vom silbrigen Reif.

Schon führt Venus von Kythera den Reigen im Mondschein an,
Und die lieblichen Grazien, vereint mit den Nymphen,
Stampfen den Boden im Wechselschritt, während der Zyklopen
                              rußige
Schmiede der hitzige Vulcanus aufsucht.

Nun darf man das salbenglänzende Haupt mit grüner Myrte
                              bekränzen
Oder mit Blumen, die die erlöste Erde trägt.
Nun darf man auch in schattigen Hainen dem Faunus opfern,
Entweder, wenn er es wünscht, ein Lämmchen, oder, sollte ihm
                              das lieber sein, ein Böcklein.

Der bleiche Tod pocht ohne Unterschied mit dem Fuß an die
                              Hütten der Armen
Und an die Schlösser der Könige. Ach, mein glücklicher Sestius,
Die kurze Lebenszeit verwehrt es, daß wir uns große Hoffnungen
                              machen.
Bald wird die Nacht dich aufnehmen und das Totenreich der Sage

Et domus exilis Plutonia: quo simul mearis,
Nec regna vini sortiere talis
Nec tenerum Lycidan mirabere, quo calet iuventus
Nunc omnis et mox virgines tepebunt.

5

Quis multa gracilis te puer in rosa
Perfusus liquidis urget odoribus
    Grato, Pyrrha, sub antro?
        Cui flavam religas comam

Simplex munditiis? Heu quotiens fidem
Mutatosque deos flebit et aspera
    Nigris aequora ventis
        Emirabitur insolens,

Qui nunc te fruitur credulus aurea,
Qui semper vacuam, semper amabilem
    Sperat nescius aurae
        Fallacis. Miseri, quibus

Intemptata nites. Me tabula sacer
Votiva paries indicat uvida
    Suspendisse potenti
        Vestimenta maris deo.

Und Plutos elendes Haus; bist du erst dorthin gegangen,
Wirst du weder um den Vorsitz beim Gelage würfeln
Noch den zarten Lykidas bewundern, für den die jungen Männer
Nun alle erglühen und sich bald auch die Mädchen erwärmen.

5

Welches schmächtige Bürschchen, das sich mit Rosen bekränzt
Und von duftendem Salböl trieft, drückt dich,
Pyrrha, nun an die Brust in der lieblichen Grotte?
Für wen bindest das blonde Haar du hoch,

Schlicht und zierlich zugleich? Ach, wie oft wird er noch Eidbruch
Und die Ungunst der Götter beklagen und auf die rauhe,
Von bösen Stürmen aufgewühlte See
Fassungslos starren.

Er, der sich nun über dich arglos, über sein Goldstück, freut,
Er, der hofft, du seist stets für ihn da, stets liebenswert,
Weil er deine wechselnden Launen
Nicht kennt. Zu bedauern sind jene

Unerfahrenen, die du noch blenden kannst. Ich, das bezeugt an
                                      heiliger
Tempelwand das Votivbild, habe sie triefend
Aufgehängt für den mächtigen
Gott des Meeres, meine Kleider.

6

Scriberis Vario fortis et hostium
Victor Maeonii carminis alite,
Quam rem cumque ferox navibus aut equis
   Miles te duce gesserit.

Nos, Agrippa, neque haec dicere nec gravem
Pelidae stomachum cedere nescii
Nec cursus duplicis per mare Ulixei
   Nec saevam Pelopis domum

Conamur, tenues grandia, dum pudor
Inbellisque lyrae Musa potens vetat
Laudes egrigii Caesaris et tuas
   Culpa deterere ingeni.

Quis Martem tunica tectum adamantina
Digne scripserit aut pulvere Troico
Nigrum Merionen aut ope Palladis
   Tydiden superis parem?

Nos convivia, nos proelia virginum
Sectis in iuvenes unguibus acrium
Cantamus, vacui sive quid urimur,
   Non praeter solitum leves.

6

Besungen werden wirst du von Varius als Held und der Feinde
Bezwinger, von ihm, dem schwanengleichen Sänger homerischer
Verse,
Was immer unser tapferes Heer zu Schiff oder zu Pferde
Unter deiner Führung vollbracht hat.

Ich, Agrippa, will weder das noch den schweren
Ärger des Peleussohns, der nicht nachgeben konnte,
Noch die Fahrten des Doppelzüngigen übers Meer, des Odysseus,
Noch das greuelerfüllte Haus des Pelops zu bedichten

Versuchen, als ein kleiner Geist so Bedeutendes, solang es die Scham
Und die Muse, die sich nur auf die friedliche Leier versteht,
untersagt,
Den Ruhm des erhabenen Caesar und den deinen
Durch meinen Mangel an Talent zu schmälern.

Wer könnte wohl Mars, geschützt durch ein stählernes Unterkleid,
Würdig beschreiben oder, vom trojanischen Staub
Geschwärzt, Meriones oder, dank Athenes Hilfe
Selbst Göttern gewachsen, den Tydeussohn?

Nur Gelage, nur Kämpfe von Mädchen,
Die mit spitzen Nägeln auf junge Männer losgehen,
Besinge ich sorglos oder auch glühend verliebt,
Beschwingt wohl, doch nicht mehr als recht ist.

7

Laudabunt alii claram Rhodon aut Mytilenen
   Aut Epheson bimarisve Corinthi
Moenia vel Baccho Thebas vel Apolline Delphos
   Insignis aut Thessala Tempe;

Sunt quibus unum opus est intactae Palladis urbem   5
   Carmine perpetuo celebrare et
Undique decerptam fronti praeponere olivam;
   Plurimus in Iunonis honorem

Aptum dicet equis Argos ditisque Mycenas:
   Me nec tam patiens Lacedaemon   10
Nec tam Larisae percussit campus opimae
   Quam domus Albuneae resonantis

Et praeceps Anio ac Tiburni lucus et uda
   Mobilibus pomaria rivis.
Albus ut obscuro deterget nubila caelo   15
   Saepe Notus neque parturit imbris

Perpetuo, sic tu sapiens finire memento
   Tristitiam vitaeque labores
Molli, Plance, mero, seu te fulgentia signis
   Castra tenent seu densa tenebit   20

Tiburis umbra tui. Teucer Salamina patremque
   Cum fugeret, tamen uda Lyaeo
Tempora populea fertur vinxisse corona,
   Sic tristis adfatus amicos:

7

Andere werden das berühmte Rhodos oder Mytilene preisen
Oder Ephesus oder von Korinth, der Stadt an beiden Meeren,
Den Mauerring oder, durch Bacchus verherrlicht, Theben, durch
                                 Apoll Delphi,
Oder das Tempetal in Thessalien.

Leute gibt es, die kennen nur eines: der jungfräulichen Pallas Stadt
In endlosem Lied zu verherrlichen und
Überall Ölbaumzweige zu brechen und sich die Stirn zu bekränzen.
Sehr viele werden zu Junos Ruhm

Das rossenährende Argos besingen und das reiche Mykene.
Mich dagegen hat weder das harte Sparta
Noch die Flur des fruchtbaren Larissa so entzückt
Wie die Grotte der rauschenden Albunea

Und der Wasserfall des Anio, der Hain des Tiburnus und, befeuchtet
Von plätschernden Bächen, die Apfelbaumgärten.
So wie er hell die Wolken vom dunklen Himmel oft fegt,
Der Südwind, und nicht Regen gebiert

Ohne Unterlaß, so sei auch du weise darauf bedacht, ein Ende
Deinem Trübsinn und den Beschwerden des Lebens zu setzen,
Mein Plancus, beim lieblichen Wein, ob dich nun das von
                                 Feldzeichen funkelnde
Lager festhält oder bald der tiefe

Schatten deines geliebten Tibur dich umfängt. Als Teukros Salamis
                                 und seinen Vater
Verlassen mußte, hat er doch seine weinfeuchten
Schläfen mit Pappellaub bekränzt, wie man sagt,
Und so zu den betrübten Freunden gesprochen:

›Quo nos cumque feret melior fortuna parente, 25
  Ibimus, o socii comitesque;
Nil desperandum Teucro duce et auspice Teucro;
  Certus enim promisit Apollo

Ambiguam tellure nova Salamina futuram.
  O fortes peioraque passi 30
Mecum saepe viri, nunc vino pellite curas:
  Cras ingens iterabimus aequor.‹

8

  Lydia, dic, per omnis
Te deos oro, Sybarin cur properes amando
  Perdere, cur apricum
Oderit campum patiens pulveris atque solis?

  Cur neque militaris 5
Inter aequalis equitet, Gallica nec lupatis
  Temperet ora frenis?
Cur timet flavum Tiberim tangere? Cur olivum

  Sanguine viperino
Cautius vitat neque iam livida gestat armis 10
  Bracchia, saepe disco,
Saepe trans finem iaculo nobilis expedito?

  Quid latet, ut marinae
Filium dicunt Thetidis sub lacrimosa Troiae
  Funera, ne virilis 15
Cultus in caedem et Lycias proriperet catervas?

»Wohin mich auch das Schicksal, gütiger als mein Vater, führen mag,
Ich werde gehen, ihr Gefährten und Begleiter.
Ihr braucht nicht zu verzweifeln: Teukros führt, es schützt euch
                            Teukros.
Unzweifelhaft hat nämlich Apoll verheißen,

Es werde auf fremdem Boden ein zweites Salamis geben.
Ihr Helden, die ihr Schlimmeres ertragen habt
So oft mit mir zusammen, treibt nun mit Wein die Sorgen aus;
Morgen werden wir aufs neue das ungeheure Meer befahren.«

8

Lydia, sag, bei allen
Göttern bitte ich dich, warum du's so eilig hast, den Sybaris durch
                            deine Liebe
Zugrunde zu richten, warum er das sonnige
Marsfeld haßt, obwohl ihm Staub und Hitze nichts ausmachen!

Warum mag er weder inmitten seiner wehrfähigen
Altersgenossen reiten noch mit dem Wolfzahngebiß ein gallisches
Pferdemaul zügeln?
Warum scheut er sich, in den gelben Tiber zu steigen, warum ist er
                            vor Salböl

Mehr als vor Natternblut
Auf der Hut und hat auch von den Waffen keine blauen Flecken mehr
An den Armen, er, der oft den Diskus,
Oft übers Ziel hinaus den Speer trefflich geschleudert hat?

Was versteckt er sich, wie der Meerfrau –
Der Thetis – Sohn, nach der Sage bis kurz vor Trojas kläglichem
Ende, damit nicht Männer-
Kleidung ihn fortreiße zum Morden und in die Scharen der Lykier?

9

Vides ut alta stet nive candidum
Soracte nec iam sustineant onus
   Silvae laborantes geluque
      Flumina constiterint acuto?

Dissolve frigus ligna super foco
Large reponens atque benignius
   Deprome quadrimum Sabina,
      O Thaliarche, merum diota.

Permitte divis cetera, qui simul
Stravere ventos aequore fervido
   Deproeliantis, nec cupressi
      Nec veteres agitantur orni.

Quid sit futurum cras, fuge quaerere, et
Quem Fors dierum cumque dabit, lucro
   Adpone, nec dulcis amores
      Sperne puer neque tu choreas,

Donec virenti canities abest
Morosa. Nunc et campus et areae
   Lenesque sub noctem susurri
      Conposita repetantur hora,

Nunc et latentis proditor intumo
Gratus puellae risus ab angulo
   Pignusque dereptum lacertis
      Aut digito male pertinaci.

9

Du siehst, wie im tiefen Schnee sich strahlend weiß
Der Soracte erhebt und wie, der Last kaum noch gewachsen,
Die Wälder leiden und wie im klirrenden
Frost die Flüsse erstarrt sind.

Vertreibe die Kälte, Holz auf den Herd
Lege tüchtig nach und bringe noch reichlicher
Vierjährigen im Sabinerkrug,
Thaliarch, nur Wein, unverdünnt!

Überlaß alles andere den Göttern: Sobald diese
Die Stürme gestillt haben, die über dem brausenden Meer
Sich wild bekämpften, werden weder die Zypressen
Gepeitscht noch die alten Eschen.

Was morgen sein wird, danach frage nicht, und
Jeden Tag, den das Schicksal dir schenkt, nimm als
Gewinn und laß weder Liebesfreuden
Dir in der Jugend entgehen noch Gesang und Tänze,

Solange du voll Kraft und noch kein Graukopf bist,
Kein mürrischer. Nun darfst du ans Marsfeld und an die weiten
                              Plätze,
An zärtliches Flüstern in der Dämmerung
Beim Stelldichein denken.

Nun ist dir auch das verräterische Kichern willkommen
Des Mädchens, das sich im hintersten Winkel versteckt,
Und das Pfand, von ihrem Arm geraubt,
Oder vom Finger, der sich kaum sträubte.

10

Mercuri, facunde nepos Atlantis,
Qui feros cultus hominum recentum
Voce formasti catus et decorae
   More palaestrae,

Te canam, magni Iovis et deorum   5
Nuntium curvaeque lyrae parentem,
Callidum quidquid placuit iocoso
   Condere furto.

Te, boves olim nisi reddidisses
Per dolum amotas, puerum minaci   10
Voce dum terret, viduus pharetra
   Risit Apollo.

Quin et Atridas duce te superbos
Ilio dives Priamus relicto
Thessalosque ignis et iniqua Troiae   15
   Castra fefellit.

Tu pias laetis animas reponis
Sedibus virgaque levem coerces
Aurea turbam, superis deorum
   Gratus et imis.   20

11

Tu ne quaesieris, scire nefas, quem mihi, quem tibi
Finem di dederint, Leuconoe, nec Babylonios

10

Merkur, beredter Enkel des Atlas,
Der du das rohe Leben der jungen Menschheit
Durch die Sprache klug verschönert hast und durch der edlen
 Bildung Gesetze,

Dich will ich besingen, des großen Jupiter und der Götter
Boten, der gewölbten Laute Vater,
Der es versteht, was immer ihm zusagt, mit schalkhafter
 List zu entwenden.

Während er dich einst, wenn du sie nicht wiedergäbest,
Die mit List entführten Rinder, dich, ein Kind noch, mit drohender
Stimme schrecken wollte, war sein Köcher weg – da
 Lachte Apollo.

Ja, unter deiner Leitung blieb den stolzen Atreussöhnen
Der reiche Priamos, als er Ilion verließ,
Ebenso wie den Thessaliern am Lagerfeuer und den auf Troja
 erbosten Kriegern verborgen.

Du versetzt fromme Seelen in heitere
Gefilde und lenkst die luftige
Schar mit der goldenen Gerte, bist den oberen Göttern
 Lieb und den untern.

11

Frage nicht, denn es wäre nicht recht zu wissen, welches Ende mir,
 welches dir
Die Götter bestimmt haben, Leukonoe, und laß dich auch nicht
 auf die babylonische

Temptaris numeros. Ut melius, quidquid erit, pati,
Seu pluris hiemes seu tribuit Iuppiter ultimam,
Quae nunc oppositis debilitat pumicibus mare   5
Tyrrhenum. Sapias: vina liques et spatio brevi
Spem longam reseces. Dum loquimur, fugerit invida
Aetas: carpe diem quam minimum credula postero.

12

Quem virum aut heroa lyra vel acri
Tibia sumis celebrare, Clio,
Quem deum? Cuius recinet iocosa
    Nomen imago

Aut in umbrosis Heliconis oris   5
Aut super Pindo gelidove in Haemo?
Unde vocalem temere insecutae
    Orphea silvae,

Arte materna rapidos morantem
Fluminum lapsus celeresque ventos,   10
Blandum et auritas fidibus canoris
    Ducere quercus.

Quid prius dicam solitis parentis
Laudibus, qui res hominum ac deorum,
Qui mare ac terras variisque mundum   15
    Temperat horis?

Sterndeutung ein! Wieviel besser ist's, was immer geschieht, hinzunehmen,
Ob nun Jupiter noch mehr Winter gewährt oder den als letzten,
Der jetzt an den ragenden Lavaklippen das tyrrhenische Meer sich brechen läßt.
Sei vernünftig! Kläre den Wein und stutze auf ein bescheidenes Maß
Deine weitgespannten Hoffnungen zurück! Während wir plaudern, entflieht neidisch
Die Zeit. Genieße den Tag und verlaß dich möglichst wenig auf den nächsten!

12

Welchen Helden oder Halbgott wählst du aus, um ihn mit der Leier oder mit hellem
Flötenspiel zu preisen, Clio,
Welchen Gott? Wessen Namen wird das neckische Echo
　Nachhallen lassen,

Entweder an den schattigen Hängen des Helikon
Oder hoch auf dem Pindos oder im kalten Haemusgebirge,
Von wo bezaubert Wälder dem Sänger
　Orpheus gefolgt sind,

Der mit der Kunst seiner Mutter den reißenden Lauf
Der Flüsse aufhielt und die schnellen Winde,
Der mit klingendem Saitenspiel lauschende Eichen
　Lockte und anzog?

Was soll ich eher anstimmen als den Lobpreis des Vaters,
Der die Geschicke der Menschen und Götter,
Der das Meer und die Länder und das Weltall richtig lenkt im
　Wandel der Zeiten,

Unde nil maius generatur ipso
Nec viget quidquam simile aut secundum;
Proximos illi tamen occupavit
    Pallas honores.   20

Proeliis audax, neque te silebo,
Liber, et saevis inimica virgo
Beluis, nec te, metuende certa
    Phoebe sagitta.

Dicam et Alciden puerosque Ledae,   25
Hunc equis, illum superare pugnis
Nobilem: quorum simul alba nautis
    Stella refulsit,

Defluit saxis agitatus umor,
Concidunt venti fugiuntque nubes,   30
Et minax, quom sic voluere, ponto
    Unda recumbit.

Romulum post hos prius an quietum
Pompili regnum memorem an superbos
Tarquini fasces, dubito, an Catonis   35
    Nobile letum.

Regulum et Scauros animaeque magnae
Prodigum Paulum superante Poeno
Gratus insigni referam camena
    Fabriciumque.   40

Hunc et incomptis Curium capillis
Utilem bello tulit et Camillum
Saeva paupertas et avitus apto
    Cum lare fundus.

Von dem nichts Größeres erschaffen wird als er selbst,
Und auch nichts lebt, was ihm gleicht oder nahe kommt.
Doch fast ebenso große Verehrung wie er hat sich
    Pallas erworben.

In Kämpfen kühn: Auch von dir will ich nicht schweigen,
Bacchus, und von dir, Jungfrau, Feindin der wilden
Bestien, und auch von dir nicht, Furchtbarer, weil so sicher,
    Phoebus, dein Pfeil trifft.

Besingen werde ich auch Herkules und die Söhne Ledas,
Den, der mit Rossen, und den, der im Faustkampf
Ruhm gewann. Sobald den Seeleuten deren
    Helles Gestirn strahlt,

Fließt von den Klippen herab die aufgewühlte Flut,
Legen sich die Stürme und fliehen die Wolken,
Und da sie es so wollten, sinkt ins Meer zurück die
    Drohende Woge.

Soll ich nach diesen zuerst von Romulus oder vom friedlichen
Königtum des Pompilius berichten oder von der stolzen
Herrschaft des Tarquinius – noch weiß ich's nicht – oder von Catos
    Ruhmreichem Ende?

Regulus und die Scaurer und ihn, der sein edles Leben
Hingab, Paulus, als der Karthager siegte,
Will ich dankbar im herrlichen Liede nennen
    Und den Fabricius.

Ihn und Curius, ungeschoren, bärtig,
Und den Camillus hat für den Krieg ertüchtigt
Drückende Dürftigkeit und der ererbte Grund mit dem
    Passenden Häuschen.

Crescit occulto velut arbor aevo
Fama Marcelli; micat inter omnis
Iulium sidus velut inter ignis
    Luna minores.

Gentis humanae pater atque custos,
Orte Saturno, tibi cura magni
Caesaris fatis data: tu secundo
    Caesare regnes.

Ille seu Parthos Latio imminentis
Egerit iusto domitos triumpho
Sive subiectos Orientis orae
    Seras et Indos,

Te minor latum reget aequos orbem;
Tu gravi curru quaties Olympum,
Tu parum castis inimica mittes
    Fulmina lucis.

13

Cum tu, Lydia, Telephi
    Cervicem roseam, cerea Telephi
Laudas bracchia – vae meum
    Fervens difficili bile tumet iecur –

Tum nec mens mihi nec color
    Certa sede manent umor et in genas
Furtim labitur arguens,
    Quam lentis penitus macerer ignibus.

Es wächst unmerklich wie ein Baum im Lauf der Zeit
Der Ruhm des Marcellus; es erstrahlt vor allen
Das Julische Gestirn, wie der Mond unter den kleineren
   Feuern am Himmel.

Du, der Menschheit Vater und Beschützer,
Sohn des Saturn, dir ist die Sorge für den großen
Caesar vom Schicksal anvertraut; sei du der Herr und
   Caesar der zweite.

Ob jener die Parther, die Latium bedrohen,
Bezwungen vorführt im verdienten Triumph
Oder sie, die an den Grenzen des Ostens daheim sind,
   Serer und Inder.

Dir nur untertan wird er den weiten Erdkreis gerecht beherrschen.
Du wirst mit deinem gewaltigen Wagen den Olymp erschüttern,
Du wirst gegen nicht sonderlich fromme Häuser verhängnisvolle
   Blitze entsenden.

13

Wenn du, Lydia, des Telephos
Rosigen Nacken, des Telephos milchweiße
Arme lobst, ach, dann
Schwillt mir heiß die Leber von widriger Galle.

Dann verliere ich den Verstand, mein Antlitz
Wechselt die Farbe und über meine Wangen
Rinnt verstohlen eine Träne, die verrät,
Wie mich im Inneren langsames Feuer verzehrt.

Uror, seu tibi candidos
   Turparunt umeros inmodicae mero
Rixae, sive puer furens
   Inpressit memorem dente labris notam.

Non si me satis audias,
   Speres perpetuum dulcia barbare
Laedentem oscula, quae Venus
   Quinta parte sui nectaris imbuit.

Felices ter et amplius.
   Quos inrupta tenet copula nec malis
Divolsus querimoniis
   Suprema citius solvet amor die.

14

O navis, referent in mare te novi
Fluctus? O quid agis? Fortiter occupa
   Portum! Nonne vides, ut
     Nudum remigio latus

Et malus celeri saucius Africo
Antemnaeque gemant, ac sine funibus
   Vix durare carinae
     Possint imperiosius

Aequor? Non tibi sunt integra lintea,
Non di, quos iterum pressa voces malo.
   Quamvis Pontica pinus,
     Silvae filia nobilis,

Ich glühe vor Zorn, ob nun deine weißen
Schultern maßloses Gerangel im Rausch entstellt
Oder ob der liebestolle Bursche
Dich – das Zeichen wird bleiben – in die Lippen gebissen hat.

Nein, wenn du noch etwas auf mich hören magst,
Erwarte nicht, daß einer beständig sei, der wie ein Barbar
Die süßen Küsse entweiht, die Venus
Mit einem Fünftel ihres Nektars benetzt hat.

Dreimal selig und noch viel mehr sind die,
Die ein untrennbares Band zusammenhält und die, von schlimmem
Zerwürfnis unbehelligt,
Die Liebe erst in der letzten Stunde trennt.

14

Ach, Schiff, treiben ins Meer dich wieder neue
Fluten? Ach, was machst du? Halte entschlossen Kurs
Auf den Hafen; siehst du denn nicht, wie
An einer Bordwand das Ruderwerk fehlt,

Wie der Mast vom heftigen Südwind wund ist
Und die Rahen ächzen und ohne Taue
Kaum noch dein Kiel widerstehen
Kann der allzu heftigen

Flut? Kein ganzes Segel hast du mehr,
Keine Götter, die du, wieder von Not bedrängt, anflehen könntest.
Magst du auch, eine Fichte vom Schwarzen Meer,
Eines berühmten Waldes Tochter,

Iactes et genus et nomen inutile:
Nil pictis timidus navita puppibus
    Fidit. Tu, nisi ventis
        Debes ludibrium, cave.

Nuper sollicitum quae mihi taedium,
Nunc desiderium curaque non levis,
    Interfusa nitentis
        Vites aequora Cycladas.

15

Pastor cum traheret per freta navibus
Idaeis Helenen perfidus hospitam,
Ingrato celeres obruit otio
    Ventos, ut caneret fera

Nereus fata: ›Mala ducis avi domum,
Quam multo repetet Graecia milite
Coniurata tuas rumpere nuptias
    Et regnum Priami vetus.

Heu heu, quantus equis, quantus adest viris
Sudor, quanta moves funera Dardanae
Genti! Iam galeam Pallas et aegida
    Currusque et rabiem parat.

Nequiquam Veneris praesidio ferox
Pectes caesariem grataque feminis
Inbelli cithara carmina divides;
    Nequiquam thalamo gravis

Auf deine Abkunft, auf deinen Namen pochen – es nützt dir nichts.
Auch auf die bunten Bilder am Heck setzt die verängstigte Mannschaft
Kein Vertrauen mehr; drum, wenn du nicht etwa den Winden
Zeitvertreib schuldig bist: gib acht!

Eben noch für mich ein heftiges Ärgernis,
Nun mein Sehnen und meine schwere Sorge,
Bitte meide die Strömung zwischen den
Schimmernden Kykladen!

15

Als der Hirt übers Meer auf Schiffen vom Ida
Helena entführte, treulos des Gastfreunds Frau,
Zwang zu unwillkommener Rast,
Um grausiges Unheil zu künden,

Nereus die schnellen Winde: »Unter bösen Zeichen führst du die
 Frau heim,
Die Griechenland mit viel Kriegsvolk wieder holen wird,
Verschworen, deine Ehe zu zerstören
Und das alte Königreich des Priamos.

Wehe, wehe, wieviel Schweiß steht den Rossen, wieviel den
 Männern bevor,
Wie viele Leichenfeiern rüstest du dem Trojanervolk!
Schon hat Pallas Helm und Schild bereit,
Streitwagen und rasende Wut.

Umsonst wirst auf der Venus Schutz du bauen,
Deine Haarpracht strählen und, Frauen zur Freude,
Auf deiner Leier, die zum Krieg nicht taugt, Lieder begleiten,
Umsonst im Schlafgemach die schweren

Hastas et calami spicula Cnosii
Vitabis strepitumque et celerem sequi
Aiacem: tamen, heu serus, adulteros
    Crines pulvere collines.   20

Non Laertiaden, exitium tuae
Genti, non Pylium Nestora respicis?
Urgent inpavidi te Salaminius
    Teucer, te Sthenelus, sciens

Pugnae sive opus est imperitare equis,   25
Non auriga piger. Merionen quoque
Nosces. Ecce furit, te reperire atrox,
    Tydides melior patre:

Quem tu, cervus uti vallis in altera
Visum parte lupum graminis inmemor,   30
Sublimi fugies mollis anhelitu,
    Non hoc pollicitus tuae.

Iracunda diem proferet Ilio
Matronisque Phrygum classis Achillei:
Post certas hiemes uret Achaicus   35
    Ignis Iliacas domos.‹

16

O matre pulcra filia pulcrior,
Quem criminosis cumque voles modum
    Pones iambis, sive flamma
        Sive mari libet Hadriano.

Lanzen und die Spitzen kretischer Pfeile
Zu meiden suchen und den Schlachtenlärm und, schnell als Verfolger,
Den Ajax: Trotzdem – ach, zu spät! – wirst du deine verführerischen
Locken mit Staub beschmutzen.

An des Laertes Sohn, das Verderben deines
Volks, an den Pylier Nestor denkst du nicht?
Es bedrängen dich furchtlos der Salaminier
Teukros, Sthenelos auch, geschickt

Im Nahkampf oder, wenn es Rosse zu zügeln gilt,
Unverzagt als Wagenlenker. Auch den Meriones
Wirst du kennenlernen: Sieh nur, es tobt, dich zu finden, der schreckliche
Tydeussohn, der noch tapferer ist als sein Vater!

Vor ihm wirst du wie ein Hirsch, wenn er auf der anderen
Seite des Tals einen Wolf sieht und das Gras vergißt,
Feige fliehen, um Atem ringend –
Das hattest du deiner Liebsten nicht versprochen!

Grollend wird den Schicksalstag für Ilion
Und für die Phrygermütter Achills Mannschaft aufschieben.
Doch nach gezählten Wintern wird achäisches
Feuer Trojas Häuser verbrennen.«

16

O Tochter, schöner noch als die schöne Mutter,
Mach Schluß, wie du auch willst, mit den gehässigen
Iamben, sei's im Feuer,
Sei's, wenn's dir Spaß macht, auch in der Adria.

Non Dindymene, non adytis quatit   5
Mentem sacerdotum incola Pythius,
    Non Liber aeque, non acuta
        Sic geminant Corybantes aera.

Tristes ut irae, quas neque Noricus
Deterret ensis nec mare naufragum   10
    Nec saevos ignis nec tremendo
        Iuppiter ipse ruens tumultu.

Fertur Prometheus addere principi
Limo coactus particulam undique
    Desectam et insani leonis   15
        Vim stomacho adposuisse nostro.

Irae Thyesten exitio gravi
Stravere et altis urbibus ultimae
    Stetere causae, cur perirent
        Funditus inprimeretque muris   20

Hostile aratrum exercitus insolens.
Conpesce mentem: me quoque pectoris
    Temptavit in dulci iuventa
        Fervor et in celeres iambos

Misit furentem. Nunc ego mitibus   25
Mutare quaero tristia, dum mihi
    Fias recantatis amica
        Opprobriis animumque reddas.

Nicht Kybele, nicht, wenn er im Allerheiligsten
Zugegen ist, Apollon erregt die Priester so,
Nicht Bacchus gleichermaßen; selbst Korybanten schlagen nicht
So markerschütternd die ehernen Becken zusammen

Wie der grimmige Zorn, den weder ein Schwert aus Norikum
Schreckt noch das schiffezerschmetternde Meer,
Noch wütendes Feuer, noch Jupiter selber,
Wenn er mit schrecklichem Donner herabfährt.

Man sagt, Prometheus habe gezwungenermaßen dem Lehm, aus dem er
Uns schuf, ein bißchen beigemischt, was er sich da und dort abzwackte,
Und dabei eines rasenden Löwen
Kraft in unser Herz gelegt.

Zorn stürzte den Thyestes in grausiges Verderben
Und war ganz sicher für hochgebaute Städte
Der wichtigste Grund, warum sie völlig untergingen
Und über ihre Trümmer

Ein ausgelassenes Heer den Pflug der Feinde zog.
Bezwinge deinen Sinn! Auch mich hat des Herzens
Leidenschaft erfaßt in süßer Jugendzeit
Und hat zu übereilten Schmähgedichten

Mich Rasenden verführt. Nun will ich mit Zärtlichkeit
Die Bitternis vertreiben, wenn du mir, da die Kränkung
Widerrufen ist, nur wieder gut bist
Und dein Herz mir schenkst.

17

Velox amoenum saepe Lucretilem
Mutat Lycaeo Faunus et igneam
    Defendit aestatem capellis
        Usque meis pluviosque ventos.

Inpune tutum per nemus arbutos
Quaerunt latentis et thyma deviae
    Olentis uxores mariti,
        Nec viridis metuunt colubras

Nec Martialis haediliae lupos,
Utcumque dulci, Tyndari, fistula
    Valles et Usticae cubantis
        Levia personuere saxa.

Di me tuentur, dis pietas mea
Et musa cordi est. Hic tibi copia
    Manabit ad plenum benigno
        Ruris honorum opulenta cornu;

Hic in reducta valle caniculae
Vitabis aestus et fide Teia
    Dices laborantis in uno
        Penelopen vitreamque Circen.

Hic innocentis pocula Lesbii
Duces sub umbra, nec Semeleius
    Cum Marte confundet Thyoneus
        Proelia, nec metues protervum

17

Den lieblichen Lucretilis tauscht oft
Der flinke Faunus gegen den Lykaios ein und hält
Des Sommers Glut beständig von meinen Ziegen fern
Und regenbringende Winde.

Ungefährdet suchen sie überall im sicheren Hain
Die versteckten Erdbeerbäume und den Thymian abseits vom Weg,
Die Bräute des Freiers mit dem strengen Duft,
Und fürchten weder die grünen Nattern

Noch des Mars Wölfe, meine lieben Ziegen,
Sobald vom süßen Flötenspiel, Helenchen,
Die Täler und am sanften Hang der Ustica
Die glatten Felsen widerhallen.

Die Götter schützen mich. Den Göttern liegt mein frommer Sinn
Und meine Kunst am Herzen. Hier wird sich dir reicher Vorrat
An edlen Gaben des Feldes zu Genüge ergießen
Aus dem segenspendenden Füllhorn.

Hier, im entlegenen Tal, wirst du die Hundstags-
Hitze meiden und zur Laute aus Teos
Singen, wie sich um einen einzigen Mann
Penelope und die gleißende Kirke grämten.

Hier wirst du Becher harmlosen Lesbierweins
Im Schatten schlürfen, und der Semele Sohn,
Bacchus, wird nicht mit Mars in Streit geraten.
Auch brauchst du dich nicht vor dem Hitzkopf zu fürchten,

Suspecta Cyrum, ne male dispari 25
Incontinentis iniciat manus
   Et scindat haerentem coronam
      Crinibus inmeritamque vestem.

18

Nullam, Vare, sacra vite prius severis arborem
Circa mite solum Tiburis et moenia Catili;
Siccis omnia nam dura deus proposuit neque
Mordaces aliter diffugiunt sollicitudines.

Quis post vina gravem militiam aut pauperiem 5
   crepat?
Quis non te potius, Bacche pater, teque, decens
   Venus?
Ac ne quis modici transiliat munera Liberi,
Centaurea monet cum Lapithis rixa super mero

Debellata, monet Sithoniis non levis Euhius,
Cum fas atque nefas exiguo fine libidinum 10
Discernunt avidi. Non ego te, candide Bassareu,
Invitum quatiam nec variis obsita frondibus

Sub divum rapiam. Saeva tene cum Berecyntio
Cornu tympana, quae subsequitur caecus amor sui
Et tollens vacuum plus nimio gloria verticem 15
Arcanique fides prodiga, perlucidior vitro.

Der dich beargwöhnt, vor Cyrus, daß er gegen dich schwaches Kind
Die unbeherrschten Hände erhebt
Und den Kranz in deinem Haar zerreißt
Und dein unschuldiges Gewand.

18

Kein anderes Gewächs, Varus, pflanze eher als den heiligen
                                Weinstock
Auf den milden Boden Tiburs und um die Mauern des Catilus!
Nüchternen nämlich ließ ein Gott alles schwierig erscheinen, und
                                auch
Die nagenden Sorgen verziehen sich anders nicht.
Wer wird nach einem Trunk Wein von schwerem Kriegsdienst und
                                Armut reden?
Wer nicht lieber von dir, Vater Bacchus, und von dir, holde Venus?
Und damit niemand es übertreibt mit der Gabe des Gottes, der das
                                Maß liebt,
Warnt uns der Streit, den die Zentauren mit den Lapithen bei
                                schwerem Wein
Ausfochten, warnt uns, ungnädig den Thrakern, Bacchus selbst,
Wenn sie zwischen Recht und Unrecht kaum noch unterscheiden,
                                nach wüsten Lüsten
Geil. Nicht will ich dich, herrlicher Bassareus,
Schwingen, wenn du nicht willst, nicht, was vielerlei Grün verbirgt,
Ans Licht zerren. Deine wilden Handpauken laß schweigen samt
                                den phrygischen
Hörnern, denn alledem folgt nur blinde Selbstgefälligkeit
Und Prahlerei, die allzusehr ihr eitles Haupt erhebt,
Dazu Vertrauensseligkeit, die, durchschaubar wie ein Glas,
                                Geheimes preisgibt.

19

Mater saeva Cupidinum
    Thebanaeque iubet me Semelae puer
Et lasciva Licentia
    Finitis animum reddere amoribus.

Urit me Glycerae nitor
    Splendentis Pario marmore purius,
Urit grata protervitas
    Et voltus nimium lubricus adspici.

In me tota ruens Venus
    Cyprum deseruit nec patitur Scythas
Et versis animosum equis
    Parthum dicere nec quae nihil attinent.

Hic vivum mihi caespitem, hic
    Verbenas, pueri, ponite turaque
Bimi cum patera meri:
    Mactata veniet lenior hostia.

20

Vile potabis modicis Sabinum
Cantharis, Graeca quod ego ipse testa
Conditum levi, datus in theatro
    Cum tibi plausus,

Care Maecenas eques, ut paterni
Fluminis ripae simul et iocosa
Redderet laudes tibi Vaticani
    Montis imago.

19

Die grausame Mutter der Liebesgötter
Und der Thebanerin Semele Sohn gebietet mir
Samt der lüsternen Zügellosigkeit,
Schon abgetaner Liebelei mein Herz zu erschließen.

Es entflammt mich Glyceras Schönheit,
Die hell wie Parischer Marmor strahlt,
Es entflammt mich ihre reizende Schalkheit
Und ihr Antlitz, allzu verlockend anzuschaun.

Ganz stürmt Venus auf mich ein,
Hat Zypern verlassen und duldet nicht, daß ich Skythen
Und – mutig, hat er sein Pferd zur Flucht gewandt –
Den Parther bedichte und, was SIE nicht betrifft.

Her mit einem frischen Rasen, her
Mit Myrthenzweigen, ihr Burschen, und Weihrauch
Mit einer Schale zweijährigen Weins.
Ist erst ein Opfer geweiht, wird SIE mir sanfter nahn!

20

Wohlfeilen Sabiner wirst du trinken aus bescheidenen
Bechern; ich hab' ihn selbst in eine griechische Amphore
Gefüllt und verpicht auch, als man dir im Theater
   Beifall geklatscht hat,

Maecenas, ruhmreicher Ritter, daß deines Heimat-
Stromes Ufer und zugleich, wie reizend,
Dein Lob nachhallen ließ vom Vaticanus-
   Hügel das Echo.

Caecubum et prelo domitam Caleno
Tu bibes uvam: mea nec Falernae
Temperant vites neque Formiani
　　Pocula colles.

21

Dianam tenerae dicite virgines,
Intonsum pueri dicite Cynthium
　　Latonamque supremo
　　　　Dilectam penitus Iovi.

Vos laetam fluviis et nemorum coma,
Quaecumque aut gelido prominent Algido
　　Nigris aut Erymanthi
　　　　Silvis aut viridis Cragi;

Vos Tempe totidem tollite laudibus
Natalemque, mares, Delon Apollinis
　　Insignemque pharetra
　　　　Fraternaque umerum lyra.

Hic bellum lacrimosum, hic miseram famem
Pestemque a populo et principe Caesare in
　　Persas atque Britannos
　　　　Vestra motus aget prece.

22

Integer vitae scelerisque purus
Non eget Mauris iaculis neque arcu
Nec venenatis gravida sagittis,
　　Fusce, pharetra,

Denn ob das zitternde Laub bei des Frühlings
Nahen erschauert, ob im Brombeerstrauch grüne
Eidechsen rascheln –
Es beben ihm Herz und Knie.

Und doch bin ich nicht wie eine grimmige Tigerin
Oder ein gaetulischer Löwe hinter dir her, um dich zu zerreißen.
Hör endlich auf, der Mutter
Nachzulaufen, da du schon reif für einen Mann bist.

24

Welche Scham oder Mäßigung kennt wohl der Sehnsuchtsschmerz
Um ein so teures Haupt? Stimme traurige
Lieder an, Melpomene, der der Vater die strahlende
Stimme samt der Laute geschenkt hat!

Also wird den Quintilius ewiger Schlaf
Umfangen? Wann wird die Bescheidenheit und der Gerechtigkeit
                    Schwester,
Die aufrichtige Treue, und die lautere Wahrheit
Irgendwen finden, der ihm gleicht?

Vielen Guten schmerzlich war sein Tod,
Keinem schmerzlicher als dir, Vergil.
Liebevoll, doch, ach, umsonst – so war er dir nicht geschenkt –
Forderst du ihn von den Göttern zurück.

Wie denn? Wenn du berückender als der Thraker Orpheus,
Dem Bäume lauschten, die Saiten schlügest,
Kehrte dann etwa das Blut zurück ins nichtige Schattenbild,
Das mit dem Stab, vor dem uns nur einmal graut,

Non lenis precibus fata recludere,
Nigro conpulerit Mercurius gregi?
Durum: sed levius fit patientia,
   Quidquid corrigere est nefas.

25

Parcius iunctas quatiunt fenestras
Iactibus crebis iuvenes protervi
Nec tibi somnos adimunt amatque
   Ianua limen,

Quae prius multum facilis movebat
Cardines. Audis minus et minus iam:
›Me tuo longas pereunte noctes,
   Lydia, dormis?‹

Invicem moechos anus arrogantis
Flebis in solo levis angiportu,
Thracio bacchante magis sub inter-
   lunia vento,

Cum tibi flagrans amor et libido,
Quae solet matres furiare equorum,
Saeviet circa iecur ulcerosum
   Non sine questu,

Laeta quod pubes hedera virenti
Gaudeat pulla magis atque myrto,
Aridas frondes hiemis sodali
   Dedicet Euro.

Er, der nicht Willens ist, auf ein Gebet hin Todeslose aufzuheben,
Merkur, hinabstieß zu der düsteren Schar?
Hart ist's. Doch leichter wird es, wenn man all das erträgt,
Was ändern zu wollen eine Sünde wäre.

25

Seltener treffen geschlossene Fensterläden
Mit häufigen Steinwürfen freche junge Männer;
Sie rauben dir nicht den Schlaf und es liebt deine
    Tür ihre Schwelle,

Sie, die früher gar leicht ihre Angeln regte.
Weniger oft und immer weniger hörst du:
»Während ich, der Deine, in langen Nächten hinschwinde,
    Lydia, schläfst du?«

Deinerseits wirst du, alt, über stolze Freier
Weinen, haltlos, im menschenleeren Gäßchen,
Wenn der Thraker heftiger tobt bei
    Neumond, der Sturmwind,

Wenn dir heiße Begierde und ein Verlangen,
Wie es gewöhnlich Stuten zum Rasen bringt,
In der schwärenden Leber wütet,
    Nicht ohne Klage,

Daß die fröhliche Jugend am grünen Efeu
Mehr sich freut und an der dunklen Myrte
Und das dürre Laub dem Gefährten des Winters
    Läßt, dem Südostwind.

26

Musis amicus tristitiam et metus
Tradam protervis in mare Creticum
    Portare ventis, quis sub Arcto
        Rex gelidae metuatur orae,

Quid Tiridaten terreat, unice   5
Securus. O quae fontibus integris
    Gaudes, apricos necte flores,
        Necte meo Lamiae coronam,

Piplei dulcis. Nil sine te mei
Prosunt honores: hunc fidibus novis,   10
    Hunc Lesbio sacrare plectro
        Teque tuasque decet sorores.

27

Natis in usum laetitiae scyphis
Pugnare Thracum est: tollite barbarum
    Morem verecundumque Bacchum
        Sanguineis prohibete rixis!

Vino et lucernis Medus acinaces   5
Immane quantum discrepat: inpium
    Lenite clamorem, sodales,
        Et cubito remanete presso!

Voltis severi me quoque sumere
Partem Falerni? Dicat Opuntiae   10
    Frater Megillae, quo beatus
        Volnere, qua pereat sagitta.

26

Den Musen Freund, will ich Trübsinn und Angst
Ungestümen Winden überlassen, sie ins Meer bei Kreta
Zu tragen. Wer unterm Nordstern
Als Fürst der kalten Zone gefürchtet wird,

Was Tiridates aufschreckt, darum sorge ich mich
Überhaupt nicht. Du, die sich an frischen Quellen
Freut, flicht besonnte Blumen,
Flicht für meinen Lamia einen Kranz,

Süße Muse! Nichts kann ohne dich mein
Rühmen nützen. Ihn durch neuartiges Saitenspiel,
Ihn zu verewigen mit einer Weise aus Lesbos,
Steht dir und deinen Schwestern an.

27

Mit Bechern, zum Gebrauch in froher Runde gemacht,
Zu kämpfen ist Thrakerart. Laßt den barbarischen
Brauch und haltet den schüchternen Bacchus
Von blutigen Händeln fern!

Zum Wein und Kerzenschein ein Persersäbel –
Entsetzlich, wie wenig sich das verträgt! Den heillosen
Lärm laßt sein, Genossen,
Und bleibt mit aufgestütztem Arm an eurem Platz!

Ihr wollt, daß auch ich vom herben
Falerner meinen Anteil nehme? Dann soll der Opuntierin
Megilla Bruder erzählen, an welcher Wunde,
Durch welchen Pfeil er selig vergeht.

Cessat voluntas? Non alia bibam
Mercede. Quae te cumque domat Venus,
   Non erubescendis adurit 15
      Ignibus, ingenuoque semper

Amore peccas: quidquid habes, age,
Depone tutis auribus. – A miser,
   Quanta laborabas Charybdi,
      Digne puer meliore flamma! 20

Quae saga, quis te solvere Thessalis
Magus venenis, quis poterit deus?
   Vix inligatum te triformi
      Pegasus expediet Chimaera.

28

Te maris et terrae numeroque carentis harenae
   Mensorem cohibent, Archyta,
Pulveris exigui prope litus parva Matinum
   Munera nec quicquam tibi prodest

Aerias temptasse domos animoque rotundum 5
   Percurrisse polum morituro.
Occidit et Pelopis genitor, conviva deorum,
   Tithonusque remotus in auras

Et Iovis arcanis Minos admissus, habentque
   Tartara Panthoiden iterum Orco 10
Demissum, quamvis clipeo Troiana refixo
   Tempora testatus nihil ultra

Nicht recht in Stimmung? Ich trinke um keinen andern
Preis. Wer immer die Schöne ist, die dich bezwingt,
Du brauchst dich der Glut nicht zu schämen, mit der sie dich erfüllt.
Stets ist es standesgemäße

Liebe, bei der du fehlst. Was immer du hast, wohlan,
Vertrau es einem Ohr, auf das Verlaß ist! – Wehe, Unseliger!
Mit welcher Charybdis hast du dich eingelassen?
Junge, du hättest eine bessere Flamme verdient!

Welche Hexe, welcher Wundermann wird dich mit thessalischem
Zaubertrank, welcher Gott dich erlösen können?
Kaum wird dich, den Umgarnten, vor der Dreigestaltigen
Der Pegasus erretten, vor der Chimära!

28

»Dich, der Meer und Land und den unzählbaren Sand
Ausgemessen hat, bannt, Archytas,
Ein bißchen Staub an den Strand beim Matinus, eine geringe
Gabe, und es nützt dir nichts,

Daß du dich in den Luftraum aufgeschwungen und im Geist das
                                                Gewölbe
Des Himmels durchstreift hast: Du mußtest sterben.
Dahingegangen ist auch der Vater des Pelops, der Gast der Götter,
Und Tithonus, in die Lüfte entführt,

Und er, der in Jupiters Geheimnisse eingeweiht war, Minos; es hält
Die Unterwelt auch den Panthussohn fest, der wiederum in den
                                                Orcus
Hinabgeschickt wurde, wiewohl er den Schild von der Wand nahm
Als Beweis für seine Tage in Troja und so nichts weiter

Nervos atque cutem morti concesserat atrae,
    Iudice te non sordidus auctor
Naturae verique: sed omnis una manet nox   15
    Et calcanda semel via leti.

Dant alios Furiae torvo spectacula Marti,
    Exitio est avidum mare nautis;
Mixta senum ac iuvenum densentur funera, nullum
    Saeva caput Proserpina fugit.   20

Me quoque devexi rapidus comes Orionis
    Illyricis Notus obruit undis.
At tu, nauta, vagae ne parce malignus harenae
    Ossibus et capiti inhumato

Particulam dare: sic, quodcumque minabitur Eurus   25
    Fluctibus Hesperiis, Venusinae
Plectantur silvae te sospite multaque merces,
    Unde potest, tibi defluat aequo

Ab Iove Neptunoque sacri custode Tarenti.
    Neglegis inmeritis nocituram   30
Postmodo te natis fraudem conmittere? Fors et
    Debita iura vicesque superbae

Te maneant ipsum: precibus non linquar inultis
    Teque piacula nulla resolvent.

Als Muskelfleisch und Haut dem schwarzen Tod gelassen hatte.
Nach deinem Urteil ist er kein verächtlicher Bürge
Für das Weltgesetz und die Wahrheit. Und doch erwartet alle
EINE Nacht,
Und einmal muß der Pfad des Todes beschritten sein.

Die einen überläßt ihr böser Dämon dem grimmigen Mars zur
Augenweide,
Verderben bringt das gierige Meer den Seeleuten,
Nebeneinander und in rascher Folge trägt man Alt und Jung zu
Grabe; keinen
Menschen verschmäht die grausame Proserpina.«

»Auch mich hat der ungestüme Gefährte des sinkenden Orion,
Der Südwind, in den Wogen der Adria begraben.
Du aber, Seemann, unterlaß es nicht mißgünstig, vom rinnenden
Sand
Für meine Gebeine und mein Haupt, das nicht bestattete,

Ein bißchen nur zu spenden. Dafür sollen alles, was der Ostwind
Den italischen Gewässern androht, die Wälder von Venusia
entgelten,
Während du heil davonkommst, und reicher Lohn soll
Dir zuströmen, von wo er kommen kann, vom gerechten

Jupiter und von Neptun, dem Schützer des heiligen Tarent.
Kümmert's dich nicht, zum späteren Schaden für deine
unschuldigen
Kinder einen Frevel zu begehen? Vielleicht
Mag auch die verdiente Strafe und strenge Vergeltung

Dich selber erwarten. Läßt du mich hier, so bleibt mein Fluch nicht
ohne Folgen,
Und kein Sühnopfer wird dich davon lösen.

Quamquam festinas, non est mora longa: licebit 35
 Iniecto ter pulvere curras.

29

Icci, beatis nunc Arabum invides
Gazis et acrem militiam paras
 Non ante devictis Sabaeae
  Regibus horribilique Medo

Nectis catenas? Quae tibi virginum 5
Sponso necato barbara serviet,
 Puer quis ex aula capillis
  Ad cyathum statuetur unctis

Doctus sagittas tendere Sericas
Arcu paterno? Quis neget arduis 10
 Pronos relabi posse rivos
  Montibus et Tiberim reverti,

Cum tu coemptos undique nobilis
Libros Panaeti Socraticam et domum
 Mutare loricis Hiberis, 15
  Pollicitus meliora, tendis?

30

O Venus regina Cnidi Paphique,
Sperne dilectam Cypron et vocantis
Ture te multo Glycerae decoram
 Transfer in aedem.

Auch wenn du's eilig hast – es dauert doch nicht lang; du darfst,
Wenn du mir dreimal Staub gespendet hast, rasch weitersegeln.«

29

Mein Iccius, du neidest nun den Arabern ihre reichen
Schätze und rüstest dich für einen heißen Krieg
   Mit Sabas nie zuvor besiegten
   Königen und für den fürchterlichen Meder

Schlingst du Ketten? Welches Barbarenmädchen wird dir,
Nachdem ihr Bräutigam gefallen ist, als Sklavin dienen?
   Welcher Knabe vom Königshof, mit Haaren
   Voll Salböl, muß an deinem Mischkrug stehen,

Er, der gelernt hat, Sererpfeile abzuschießen
Von seines Vaters Bogen? Wer wird noch leugnen, daß im
                                   Hochgebirge
   Reißende Bäche rückwärts fließen können
   Und daß der Tiber seinen Lauf umkehrt,

Wenn DU die überall zusammengekauften
Bücher des würdigen Panaitios und die Schule der Sokratiker
   Für einen spanischen Riemenpanzer –
   Du hattest mehr versprochen! – hingeben willst?

30

O Venus, Königin von Knidos und Paphos,
Laß dein geliebtes Zypern und zieh, denn es ruft
Dich mit viel Weihrauch Glycera, in ihr
   Liebliches Haus ein!

Fervidus tecum puer et solutis 5
Gratiae zonis properentque Nymphae
Et parum comis sine te Iuventas
  Mercuriusque.

31

Quid dedicatum poscit Apollinem
Vates? Quid orat de patera novum
  Fundens liquorem? Non opimae
    Sardiniae segetes feracis,

Non aestuosae grata Calabriae 5
Armenta, non aurum aut ebur Indicum,
  Non rura, quae Liris quieta
    Mordet aqua taciturnus amnis.

Premant Calena falce quibus dedit
Fortuna vitem; dives et aureis 10
  Mercator exsiccet culillis
    Vina Syra reparata merce,

Dis carus ipsis, quippe ter et quater
Anno revisens aequor Atlanticum
  Inpune. Me pascunt olivae, 15
    Me cichorea levesque malvae.

Frui paratis et valido mihi,
Latoe, dones et precor integra
  Cum mente, nec turpem senectam
    Degere nec cithara carentem. 20

Mit dir sollen auch eilends dein heißblütiger Sohn und mit gelösten
Gürteln die Grazien und Nymphen kommen
Und – ohne dich ist sie nicht recht froh – die Göttin der Jugend
   Und der Merkur noch!

31

Was wünscht vom frischgeweihten Apoll
Der Dichter? Was erfleht er, wenn er aus der Opferschale neuen
Wein spendet? Nicht des reichen
   Sardinien fruchtbare Saatfelder,

Nicht des heißen Kalabrien stattliche
Rinderherden, nicht Gold oder Elfenbein Indiens,
Nicht Ackerland, das der Liris mit seiner stillen
   Flut benagt, der schweigsame Strom.

In Cales mag mit seinem Winzermesser, wem
Es das Glück vergönnt hat, den Rebstock schneiden und aus
                              goldenen
Pokalen mag der reiche Kaufmann bis zur Neige schlürfen
Die Weine, die er gegen syrische Ware getauscht hat.

Den Göttern selber muß er lieb sein, weil er dreimal und viermal
Im Jahr auf den Atlantischen Ozean hinausfährt –
Ungestraft! Mich nähren Oliven,
   Endivien und milde Malven.

Was da ist, bei guter Gesundheit zu genießen,
Gewähre mir, Sohn der Latona, und, darum bitte ich, mit frischem
Geist; laß mich weder in Schande mein Alter
   Hinbringen noch ohne Lautenklang.

32

Poscimus. Si quid vacui sub umbra
Lusimus tecum, quod et hunc in annum
Vivat et pluris, age dic Latinum,
   Barbite, carmen:

Lesbio primum modulate civi,
Qui ferox bello tamen inter arma,
Sive iactatam religarat udo
   Litore navim,

Liberum et Musas Veneremque et illi
Semper haerentem puerum canebat
Et Lycum nigris oculis nigroque
   Crine decorum.

O decus Phoebi et dapibus supremi
Grata testudo Iovis, o laborum
Dulce lenimen, mihi cumque salve
   Rite vocanti!

33

Albi, ne doleas plus nimio memor
Inmitis Glycerae neu miserabilis
Decantes elegos, cur tibi iunior
   Laesa praeniteat fide.

Insignem tenui fronte Lycorida
Cyri torret amor, Cyrus in asperam
Declinat Pholoen; sed prius Apulis
   Iungentur capreae lupis,

32

Ich will's! Wenn ich je etwas, müßig im Schatten,
Mit dir spielend, zustande brachte, das dieses Jahr
Überdauert und noch mehr, auf, sing ein lateinisches
   Lied, meine Laute,

Du, die ein Bürger von Lesbos zuerst geschlagen hat,
Ein Held im Krieg. Doch zwischen den Gefechten
Oder wenn er sein angeschlagenes Schiff an einer feuchten Küste
   Festgemacht hatte,

Hat er den Bacchus und die Musen und Venus und ihn, der jener
Stets anhänglich folgt, den Knaben, besungen
Und Lykos, der mit seinen schwarzen Augen und seinen schwarzen
   Locken so hübsch war.

O du Schmuck des Phöbus, du beim Gelage des höchsten
Jupiter willkommene Schildkrötschale, du aller Leiden
Süße Linderung, sei mir jederzeit gegrüßt, wenn ich dich
   Feierlich rufe!

33

Albius, gräme dich bitte nicht allzusehr in Gedanken
An die grausame Glycera; auch klagende
Lieder solltest du nicht dauernd singen, daß dich ein Jüngerer
   Ausstach und sie die Treue brach.

Die reizende Lycoris mit ihrer schmalen Stirn
Verzehrt die Liebe zu Cyrus; Cyrus ist der spröden
Pholoe zugetan, doch eher werden sich zu apulischen
   Wölfen Rehe gesellen,

Quam turpi Pholoe peccet adultero.
Sic visum Veneri, cui placet inparis   10
Formas atque animos sub iuga aenea
    Saevo mittere cum ioco.

Ipsum me melior cum peteret Venus,
Grata detinuit compede Myrtale
Libertina fretis acrior Hadriae   15
    Curvantis Calabros sinus.

34

Parcus deorum cultor et infrequens,
Insanientis dum sapientiae
    Consultus erro, nunc retrorsum
        Vela dare atque iterare cursus

Cogor relictos. Namque Diespiter,   5
Igni corusco nubila dividens
    Plerumque, per purum tonantis
        Egit equos volucremque currum,

Quo bruta tellus et vaga flumina,
Quo Styx et invisi horrida Taenari   10
    Sedes Atlanteusque finis
        Concutitur. Valet ima summis

Mutare et insignem attenuat deus
Obscura promens; hinc apicem rapax
    Fortuna cum stridore acuto   15
        Sustulit, hic posuisse gaudet.

Als daß Pholoe sich mit dem gemeinen Mädchenjäger einließe.
So hat's Venus beschlossen, der es gefällt, Menschen verschiedener
Art und Gesinnung unter ihr ehernes Joch
    Zu spannen im grausamen Spiel.

Mich selbst hielt, als eine bessere Geliebte mich haben wollte,
In holden Banden Myrtale fest,
Eine Freigelassene, wild wie die Brandung der Adria,
    Wenn sie die Buchten Calabriens formt.

34

Wenig nur ehrte ich die Götter und selten,
Während ich, unweiser Weisheit
Kundig, in die Irre ging. Nun muß zur Umkehr
Ich die Segel setzen und wiederum den Weg einschlagen,

Den ich verließ. Jupiter nämlich,
Der mit zuckendem Blitz die Wolken spaltet –
So ist's gewöhnlich –, hat über den heiteren Himmel seine
Donnerrosse gejagt und den geflügelten Wagen,

Vor dem die lastende Erde und ruhelose Ströme,
Vor dem die Styx und des verhaßten Tainaron grausige
Gruft und des Atlas Säulen
Erzittern. Macht hat, das Unterste zuoberst

Zu kehren, der Gott; er erniedrigt den Stolzen
Und bringt das Verborgene ans Licht. Eine Krone hat dort die
                                  Räuberin
Fortuna in schwirrendem Flug
Entführt und sie hier – einem anderen – schadenfroh aufgesetzt.

35

O diva, gratum quae regis Antium,
Praesens vel imo tollere de gradu
   Mortale corpus vel superbos
     Vertere funeribus triumphos:

Te pauper ambit sollicita prece 5
Ruris colonus, te dominam aequoris,
   Quicumque Bithyna lacessit
     Carpathium pelagus carina;

Te Dacus asper, te profugi Scythae
Urbesque gentesque et Latium ferox 10
   Regumque matres barbarorum et
     Purpurei metuunt tyranni,

Iniurioso ne pede proruas
Stantem columnam, neu populus frequens
   Ad arma, cessantis ad arma 15
     Concitet imperiumque frangat.

Te semper anteit saeva Necessitas,
Clavos trabalis et cuneos manu
   Gestans aena nec severus
     Uncus abest liquidumque plumbum; 20

Te Spes et albo rara Fides colit
Velata panno nec comitem abnegat,
   Utcumque mutata potentis
     Veste domos inimica linquis:

35

O Göttin, die du das liebliche Antium beherrschst,
Du hast die Macht, sowohl von der untersten Stufe
Einen Sterblichen zu erheben als auch stolze
Triumphe in Leichenfeiern zu verwandeln.

An dich wendet sich mit bangem Flehen der arme
Bauer, an dich, die Herrin der See,
Ein jeder, der mit einem Schiff aus Bithynien
Das Karpathische Meer herausfordert.

Der trotzige Daker, die unsteten Skythen,
Städte und Völker und das kriegerische Latium,
Die Mütter der Barbarenkönige und
Purpurgeschmückte Tyrannen fürchten dich,

Du könnest mit gewaltsamem Tritt
Die hochragende Säule stürzen und das Volk in Scharen werde
Zu den Waffen, die Säumigen zu den Waffen
Rufen und ihre Macht zerschmettern.

Vor dir schreitet stets die unerbittliche Schicksalsgöttin,
Die Balkennägel und Keile in eherner Faust
Trägt; es fehlt auch nicht der grausame
Haken und flüssiges Blei.

Dich ehrt die Hoffnung und die seltene Treue, in weißes
Linnen gehüllt, die ihren Beistand nicht versagt,
Wann immer du mächtige
Häuser im Trauerkleid feindselig verläßt.

At volgus infidum et meretrix retro 25
Periura cedit, diffugiunt cadis
   Cum faece siccatis amici
     Ferre iugum pariter dolosi:

Serves iturum Caesarem in ultimos
Orbis Britannos et iuvenum recens 30
   Examen Eois timendum
     Partibus Oceanoque rubro.

Eheu, cicatricum et sceleris pudet
Fratrumque. Quid nos dura refugimus
   Aetas? Quid intactum nefasti 35
     Liquimus? Unde manum iuventus

Metu deorum continuit? Quibus
Pepercit aris? O utinam nova
   Incude diffingas retusum in
     Massagetas Arabasque ferrum! 40

36

Et ture et fidibus iuvat
   Placare et vituli sanguine debito
Custodes Numidae deos,
   Qui nunc Hesperia sospes ab ultima

Caris multa sodalibus, 5
   Nulli plura tamen dividit oscula
Quam dulci Lamiae, memor
   Actae non alio rege puertiae

Doch der treulose Pöbel und die Hure kehrt
Den Rücken, die meineidige; es zerstieben, wenn der Weinkrug
Bis zur Neige geleert ist, die Freunde
Und drücken sich listig davor, das Joch gleichermaßen zu tragen.

Beschütze du den Kaiser, der sich aufmacht zu den Fernsten
Auf dem Erdenrund, zu den Britanniern, dazu der jungen Männer
frisches Aufgebot, furchtbar dem Morgenland
Und dem Roten Meer!

Wehe! Der Narben und des Verbrechens müssen wir uns schämen
Und wegen unserer Brüder! Wovor sind wir zurückgeschreckt, ein
hartes Geschlecht? Was haben wir Ruchlosen ungeschändet
Gelassen? Wovon hat die Jugend ihre Hand

Aus Götterfurcht zurückgehalten? Welche
Altäre hat sie verschont? Ach, mögest du doch auf einem neuen
Amboß unser stumpf gewordenes Schwert umschmieden gegen
Die Massageten und die Araber!

36

Mit Weihrauch und Saitenspiel wollen wir froh,
Dazu mit dem Blut eines Kälbchens, das wir schuldig sind,
        Dankopfer bringen
Den Schutzgöttern Numidas,
Der jetzt, errettet aus dem fernsten Westen,

An seine lieben Freunde viele
Küsse, an keinen jedoch mehr verteilt
Als an seinen lieben Lamia; er denkt ja
An die Kindheit, die sie beim gleichen Lehrer verbrachten,

Mutataeque simul togae.
    Cressa ne careat pulcra dies nota   10
Neu promptae modus amphorae
    Neu morem in Salium sit requies pedum

Neu multi Damalis meri
    Bassum Threicia vincat amystide
Neu desint epulis rosae   15
    Neu vivax apium neu breve lilium.

Omnes in Damalin putris
    Deponent oculos nec Damalis novo
Divelletur adultero,
    Lascivis hederis ambitiosior.   20

37

Nunc est bibendum, nunc pede libero
Pulsanda tellus, nunc Saliaribus
    Ornare pulvinar deorum
        Tempus erat dapibus, sodales!

Antehac nefas depromere Caecubum   5
Cellis avitis, dum Capitolio
    Regina dementis ruinas
        Funus et imperio parabat

Contaminato cum grege turpium
Morbo virorum quidlibet inpotens   10
    Sperare fortunaque dulci
        Ebria. Sed minuit furorem

Und an den gleichzeitigen Wechsel der Toga.
Der schöne Tag soll auch sein Kreidezeichen haben,
Der hergeholte Weinkrug keine Schonung finden,
Dem Fuß nach Salierweise keine Rast gegönnt sein.

Nicht soll Damalis, die viel Wein verträgt,
Bassus im thrakischen Trinkerwettstreit schlagen;
Es darf beim Gelage nicht an Rosen
Noch an frischem Eppich und zarten Lilien fehlen.

Alle werden auf Damalis schmachtende
Blicke richten, doch Damalis wird sich nicht von dem neuen
Liebhaber losreißen:
Fest wie rankender Efeu umschlingt sie ihn.

37

Jetzt darf man trinken, jetzt mit befreitem Fuß
Den Boden stampfen, jetzt wäre, um für ein Salier-
Mahl die Göttertafel zu richten,
Die Zeit gewesen, Gefährten!

Vordem war's eine Sünde, den Caecuber hervorzuholen
Aus den Kammern der Ahnen, solange dem Kapitol
Die Königin wahnsinnigen Untergang
Und die Vernichtung dem Reich androhte

Mit ihrer unreinen Schar von Männern, widerwärtig
Durch scheußliche Leidenschaft. Alles und jedes
Erhoffte sie maßlos, vom süßen Glück
Trunken, doch es dämpfte ihr Rasen,

Vix una sospes navis ab ignibus
Mentemque lymphatam Mareotico
    Redegit in veros timores
        Caesar ab Italia volantem

Remis adurgens, accipiter velut
Mollis columbas aut leporem citus
    Venator in campis nivalis
        Haemoniae, daret ut catenis

Fatale monstrum. Quae generosius
Perire quaerens nec muliebriter
    Expavit ensem nec latentis
        Classe cita reparavit oras.

Ausa et iacentem visere regiam
Voltu sereno, fortis et asperas
    Tractare serpentes, ut atrum
        Corpore conbiberet venenum,

Deliberata morte ferocior:
Saevis Liburnis scilicet invidens
    Privata deduci superbo
        Non humilis mulier triumpho.

38

Persicos odi, puer, adparatus,
Displicent nexae philyra coronae,
Mitte sectari, rosa quo locorum
    Sera moretur.

Als kaum ein Schiff von den Flammen verschont blieb,
Und ihren vom Wein aus Marea verwirrten Sinn
Versetzte Caesar in helle Furcht,
Denn als sie sich eilends von Italien abwandte,

Setzte er ihr ruderbeflügelt nach, so wie ein Habicht
Zarten Tauben oder dem Hasen ein hurtiger
Jäger auf den Schneefeldern
Thessaliens, um es in Ketten zu legen,

Das verderbendrohende Scheusal. Sie aber, die edler
Enden wollte, erschrak nicht weibisch
Vor dem Schwert und suchte auch nicht versteckte
Gestade mit ihrer schnellen Flotte auf.

Sie brachte es über sich, ihre dahingesunkene Königsburg zu
    schauen –
Mit heiterer Miene –, und hatte auch den Mut, die schuppigen
Schlangen zu ergreifen, um das schwarze
Gift mit ihrem Körper einzusaugen,

Im Freitod war sie noch mutiger!
Sie gönnte es ja den Schiffen der Feinde nicht,
Daß man sie, entthront, im stolzen
Triumph vorführte – eine ungewöhnliche Frau!

38

Persischen Tafelluxus hasse ich, Bursche!
Mir mißfallen die bastgeflochtenen Blumenkränze.
Laß das Forschen, wo überhaupt noch eine späte
    Rose sich findet!

Simplici myrto nihil adlabores   5
Sedulus curo: neque te ministrum
Dedecet myrtus neque me sub arta
   Vite bibentem.

Zu den schlichten Myrten brauchst du nichts hinzuzutun
In deinem Eifer: Ich will es so! Weder dir, dem Diener,
Steht der Myrtenkranz schlecht noch mir, wenn ich unter dichtem
   Rebenlaub trinke.

CARMINA · LIBER SECUNDUS

I

Motum ex Metello consule civicum
Bellique causas et vitia et modos
    Ludumque Fortunae gravisque
        Principum amicitias et arma

Nondum expiatis uncta cruoribus,
Periculosae plenum opus aleae,
    Tractas et incedis per ignis
        Suppositos cineri doloso.

Paulum severae musa tragoediae
Desit theatris: mox ubi publicas
    Res ordinaris, grande munus
        Cecropio repetes coturno,

Insigne maestis praesidium reis
Et consulenti, Pollio, curiae,
    Cui laurus aeternos honores
        Delmatico peperit triumpho.

Iam nunc minaci murmure cornuum
Perstringis auris, iam litui strepunt,
    Iam fulgor armorum fugacis
        Terret equos equitumque voltus.

ODEN · ZWEITES BUCH

I

Den Bürgerkrieg seit dem Konsulat des Metellus,
Die Ursachen des Zwists, die Fehler und Wechselfälle,
Das Spiel des Glücks, die folgenschweren
Freundschaftsbündnisse der Mächtigen und die Waffen,

Gerötet von noch nicht gesühntem Mordblut –
Ein Unternehmen voller Wagnis und Gefahr –,
Nimmst du dir vor und schreitest über Feuer,
Die unter trügerischer Asche glimmen.

Ein wenig mag die Muse der ernsten Tragödie
Sich dem Theater entziehen; bald aber, wenn du die Staats-
Affären abgehandelt hast, wirst du dich deiner herrlichen Berufung
Auf attischem Kothurn von neuem zuwenden,

Du stadtbekannte Stütze betrübter Angeklagter,
Pollio, und des beratenden Senats,
Du, dem der Lorbeer unvergänglichen Ruhm
Beim dalmatinischen Triumph verschafft hat.

Schon jetzt läßt du mir von bedrohlichen Hörnerschall
Die Ohren dröhnen; schon schmettern die Trompeten,
Schon erweckt das Funkeln der Waffen bei den scheuen
Pferden Angst und in den Gesichtern der Reiter.

Audire magnos iam videor duces
Non indecoro pulvere sordidos,
   Et cuncta terrarum subacta
      Praeter atrocem animum Catonis.

Iuno et deorum quisquis amicior 25
Afris inulta cesserat inpotens
   Tellure, victorum nepotes
      Rettulit inferias Iugurthae.

Quis non Latino sanguine pinguior
Campus sepulcris inpia proelia 30
   Testatur auditumque Medis
      Hesperiae sonitum ruinae?

Qui gurges aut quae flumina lugubris
Ignara belli? Quod mare Dauniae
   Non decoloravere caedes? 35
      Quae caret ora cruore nostro?

Sed ne relictis, Musa procax, iocis
Ceae retractes munera neniae;
   Mecum Dionaeo sub antro
      Quaere modos leviore plectro. 40

2

Nullus argento color est avaris
Abdito terris, inimice lamnae
Crispe Sallusti, nisi temperato
   Splendeat usu.

Mir scheint, ich höre schon große Feldherrn,
Bedeckt, unrühmlich nicht, vom Staub,
Und alle Welt ist unterworfen
Außer dem trotzigen Herzen Catos.

Juno und alle Götter, die eher den Afrikanern gewogen waren
Und ohnmächtig, ohne für das Land Rache zu nehmen, hatten
                              weichen müssen,
Brachten die Enkel der Sieger
Dem Jugurtha als Totenopfer dar.

Welches Schlachtfeld, allzusehr getränkt mit Römerblut,
Legt nicht mit seinen Grabhügeln Zeugnis ab von ruchlosen Kämpfen
Und, wovon selbst die Meder vernahmen,
Vom dröhnenden Zusammenbruch des Abendlands?

Welcher See, welche Ströme wissen nichts von dem unheilvollen
Krieg? Welches Meer haben Römer-
Gemetzel nicht rot gefärbt?
Welche Küste blieb frei von unserem Blut?

Doch laß, vorwitzige Muse, deine Scherze nicht
Und nimm dir nicht weiter vor, was Aufgabe des Klagelieds aus
                              Keos ist:
Mit mir zusammen in der Venusgrotte
Ersinne Lieder von sanfterem Klang!

2

Keinen Glanz hat Silber, wenn geizig
Es die Erde birgt, mein Kiesverächter
Sallust, wenn nicht bei besonnener
    Nutzung es funkelt.

Vivet extento Proculeius aevo, 5
Notus in fratres animi paterni;
Illum aget pinna metuente solvi
    Fama superstes.

Latius regnes avidum domando
Spiritum quam si Libyam remotis 10
Gadibus iungas et uterque Poenus
    Serviat uni.

Crescit indulgens sibi dirus hydrops
Nec sitim pellit, nisi causa morbi
Fugerit venis et aquosus albo 15
    Corpore languor.

Redditum Cyri solio Prahaten
Dissidens plebi numero beatorum
Eximit Virtus populumque falsis
    Dedocet uti 20

Vocibus, regnum et diadema tutum
Deferens uni propriamque laurum,
Quisquis ingentis oculo inretorto
    Spectat acervos.

3

Aequam memento rebus in arduis
Servare mentem, non secus in bonis
    Ab insolenti temperatam
        Laetitia, moriture Delli,

Fortleben wird Proculeius in ferner Zukunft,
Allbekannt durch väterliche Gesinnung gegenüber seinen Brüdern.
Tragen wird ihn mit unermüdlichen Schwingen
   Dauernder Nachruhm.

Du bist König über ein größeres Reich, wenn du die Begehrlichkeit
Bezwingst, als wenn du Libyen mit dem fernen
Gades unter deiner Macht vereinigst und die beiden Punierlande
   Dir allein dienen.

Die scheußliche Wassersucht wird schlimmer, sobald sie sich gehen läßt,
Denn sie kann ihren Durst nicht stillen, falls nicht die Ursache der
Krankheit
Aus den Adern weicht und aus dem fahlen Leib das
   schwächende Wasser.

Den Phraates, der dem Thron des Kyros zurückgegeben wurde,
Schließt, im Gegensatz zur Masse, die Tugend aus der Zahl der
Glücklichen aus
Und versucht es dem Volk abzugewöhnen, Worte
   Falsch zu verwenden,

Denn Königtum und eine unverlierbare Krone
Und wahren Lorbeer verleiht sie nur dem,
Der beim Anblick gewaltiger Schätze das
   Auge nicht wendet.

3

Denke daran, in schwieriger Lage ein ruhiges
Gemüt zu behalten, ebenso wie du es im Glück
Bewahrt hast vor überschäumender
Freude, mein Dellius, denn du wirst sterben,

Seu maestus omni tempore vixeris 5
Seu te in remoto gramine per dies
   Festos reclinatum bearis
      Interiore nota Falerni.

Quo pinus ingens albaque populus
Umbram hospitalem consociare amant 10
   Ramis? Quid obliquo laborat
      Lympha fugax trepidare rivo?

Huc vina et unguenta et nimium brevis
Flores amoenae ferre iube rosae,
   Dum res et aetas et sororum 15
      Fila trium patiuntur atra.

Cedes coemptis saltibus et domo
Villaque flavos quam Tiberis lavit,
   Cedes et exstructis in altum
      Divitiis potietur heres. 20

Divesne prisco natus ab Inacho
Nil interest an pauper et infima
   De gente sub divo moreris,
      Victima nil miserantis Orci.

Omnes eodem cogimur, omnium 25
Versatur urna serius ocius
   Sors exitura et nos in aeternum
      Exilium inpositura cumbae.

Ob du nun alle Zeit gramvoll gelebt hast
Oder ob du dir, auf einer einsamen Wiese
Ausgestreckt, an Festtagen gütlich getan hast
Mit einer besseren Sorte Falerner.

Weshalb lieben es die mächtige Pinie und die Silberpappel
Gemeinsam gastlichen Schatten zu spenden
Mit ihrem Gezweig? Warum macht sich das hurtige Naß die Mühe
Durch das gewundene Bachbett zu plätschern?

Hierher laß Wein und Salböl und allzu schnell welkende
Blüten der lieblichen Rose bringen,
Solange es deine Lage, dein Alter und der drei Schwestern
Schwarze Fäden erlauben.

Scheiden wirst du von den zusammengekauften Fluren, von deinem Haus
Und deinem Landgut, das der gelbe Tiber bespült;
Scheiden wirst du, und deine aufgetürmten
Schätze wird sich ein Erbe nehmen.

Ob du als reicher Nachfahre des ehrwürdigen Inachus
Oder arm, aus niedrigsten Geschlecht, unter dem Himmel weilst,
Macht keinen Unterschied:
Du bist ein Opfer des erbarmungslosen Orkus.

Alle werden wir ebendorthin getrieben; für alle
Wird das Los geschüttelt, das früher oder später aus dem Topf
Herausspringt und uns zu ewiger
Verbannung in den Nachen setzt.

4

Ne sit ancillae tibi amor pudori,
Xanthia Phoceu: prius insolentem
Serva Briseis niveo colore
    Movit Achillem,

Movit Aiacem Telamone natum
Forma captivae dominum Tecmessae,
Arsit Atrides medio in triumpho
    Virgine rapta,

Barbarae postquam cecidere turmae
Thessalo victore et ademptus Hector
Tradidit fessis leviora tolli
    Pergama Grais.

Nescias an te generum beati
Phyllidis flavae decorent parentes:
Regium certe genus et penatis
    Maeret iniquos.

Crede non illam tibi de scelesta
Plebe dilectam neque sic fidelem,
Sic lucro aversam potuisse nasci
    Matre pudenda.

Bracchia et voltum teretesque suras
Integer laudo: fuge suspicari,
Cuius octavum trepidavit aetas
    Claudere lustrum.

4

Du brauchst dich der Liebe zu einer Magd nicht zu schämen,
Xanthias aus Phokis. Vordem hat den wilden
Achill seine Sklavin Briseis mit ihrem schneeweißen
  Antlitz bezwungen.

Es bezwang Ajax, den Sohn Telamons,
Ihren Herrn, die schöne Gestalt der gefangenen Tekmessa,
Es erglühte der Atreussohn mitten im Siegesrausch für die Jungfrau,
  Die er entführte,

Als die Barbarenscharen hingesunken waren
Vor dem siegreichen Thessalier und Hektors Tod
Den erschöpften Griechen Trojas Burg ausgeliefert hatte als
  Leichtere Beute.

Vielleicht weißt du nicht, ob dir als Schwiegersohn die glücklichen
Eltern der blonden Phyllis nicht Ehre bringen:
Gewiß, wegen ihrer königlichen Abkunft grämt sie sich und wegen
  Der Ungunst Ihrer Penaten.

Glaube nur, daß deine Geliebte nicht aus dem verruchten
Pöbel kommt und daß sie unmöglich so treu,
So ihrem Vorteil abhold wäre als Kind einer
  Schändlichen Mutter.

Ihre Arme und ihr Gesicht und die drallen Waden
Lobe ich in aller Unschuld. Denk dir nichts Böses von einem,
Dessen Leben das achte Jahrfünft schon
  Hurtig vollendet.

5

Nondum subacta ferre iugum valet
Cervice, nondum munia conparis
   Aequare nec tauri ruentis
     In venerem tolerare pondus.

Circa virentis est animus tuae
Campos iuvencae nunc fluviis gravem
   Solantis aestum, nunc in udo
     Ludere cum vitulis salicto

Praegestientis. Tolle cupidinem
Inmitis uvae: iam tibi lividos
   Distinguet autumnus racemos
     Purpureo varius colore.

Iam te sequetur: currit enim ferox
Aetas et illi, quos tibi dempserit,
   Adponet annos, iam proterva
     Fronte petet Lalage maritum,

Dilecta, quantum non Pholoe fugax,
Non Chloris albo sic umero nitens,
   Ut pura nocturno renidet
     Luna mari, Cnidiusve Gyges,

Quem si puellarum insereres choro,
Mire sagacis falleret hospites
   Discrimen obscurum solutis
     Crinibus ambiguoque voltu.

5

Noch kann sie nicht das Joch tragen mit gebeugtem
Nacken, noch nicht ebensoviel leisten wie ihr Mitgespann,
Noch nicht das Gewicht eines Stiers, der sich
Auf die Geliebte stürzt, aushalten.

Nach grünen Auen steht deiner
Färse der Sinn; bald lindert sie in Flüssen die drückende
Schwüle, bald tollt sie im feuchten
Weidengebüsch mit den Kälbern

Nach Herzenslust. Verkneife dir den Appetit
Auf eine unreife Traube! Bald wird dir die bläulichen
Beeren der farbenfrohe Herbst
Purpurrot färben.

Bald wird sie dir folgen, denn rasend schnell enteilt
Die Zeit und wird ihr die Jahre, die sie dir nahm,
Zulegen; bald wird mit kecker
Stirn Lalage sich einen Mann suchen

Und geliebt werden wie niemals die kokette Pholoe,
Wie Chloris nie, deren weißer Nacken schimmert
Gleich dem reinen Mond, wenn er sich nachts
Im Meer spiegelt, oder wie Gyges aus Knidos;

Wenn du den in eine Schar von Mädchen stecktest,
Würde er in wunderbarer Weise scharfsichtige Fremde täuschen,
Weil den Unterschied das wallende Haar verbirgt
Und sein Antlitz, das zweifeln läßt.

6

Septimi, Gadis aditure mecum et
Cantabrum indoctum iuga ferre nostra et
Barbaras Syrtis, ubi Maura semper
    Aestuat unda:

Tibur Argeo positum colono 5
Sit meae sedes utinam senectae,
Sit domus lasso maris et viarum
    Militiaeque.

Unde si Parcae prohibent iniquae,
Dulce pellitis ovibus Galaesi 10
Flumen et regnata petam Laconi
    Rura Phalantho.

Ille terrarum mihi praeter omnis
Angulus ridet, ubi non Hymetto
Mella decedunt viridique certat 15
    Baca Venafro,

Ver ubi longum tepidasque praebet
Iuppiter brumas et amicus Aulon
Fertili Baccho minimum Falernis
    Invidet uvis: 20

Ille te mecum locus et beatae
Postulant arces: ibi tu calentem
Debita sparges lacrima favillam
    Vatis amici.

6

Septimius, der du mit mir Gades aufsuchen würdest und
Die Kantabrer, die noch nicht lernten, unser Joch zu tragen, und
Die wüsten Syrten, wo sich stets die
   Maurische Flut bricht:

Tibur, von einem Siedler aus Argos gegründet,
Sei, ich hoff' es, mein Alterssitz,
Sei Heimstatt für den, der das Meer und das Reisen und
   Feldzüge satt hat.

Wenn mich von dort ungnädige Parzen fernhalten,
Will ich den Fluß, der felltragenden Schafen lieb ist, den Galaesus
Aufsuchen und die Fluren, wo der Spartaner
   Herrschte, Phalanthos.

Jener Erdenwinkel gefällt mir vor allen,
Wo der Honig nicht dem vom Hymettos
Nachsteht und die Olive im Wettstreit liegt mit dem
   Grünen Venafrum,

Wo langen Frühling und milde Winter
Jupiter gewährt und wo der Aulon, geliebt
Vom segenspendenden Bacchus, Falernum seine Trauben am
   Wenigsten neidet.

Jener Ort und die gesegneten
Höhen verlangen nach dir, mit mir; dort wirst du,
Wie sich's gebührt, mit Tränen die warme Asche deines Freundes
   Netzen, des Dichters.

7

O saepe mecum tempus in ultimum
Deducte Bruto militiae duce,
    Quis te redonavit Quiritem
        Dis patriis Italoque caelo,

Pompei, meorum prime sodalium,
Cum quo morantem saepe diem mero
    Fregi, coronatus nitentis
        Malobathro Syrio capillos?

Tecum Philippos et celerem fugam
Sensi relicta non bene parmula,
    Cum fracta virtus et minaces
        Turpe solum tetigere mento:

Sed me per hostis Mercurius celer
Denso paventem sustulit aere,
    Te rursus in bellum resorbens
        Unda fretis tulit aestuosis.

Ergo obligatam redde Iovi dapem
Longaque fessum militia latus
    Depone sub lauru mea nec
        Parce cadis tibi destinatis.

Oblivioso levia Massico
Ciboria exple, funde capacibus
    Unguenta de conchis. Quis udo
        Deproperare apio coronas

7

O der du oft mit mir in äußerste Not
Gerietest, als Brutus den Feldzug führte,
Wer hat dich wiedergeschenkt, als römischen Bürger,
Den heimischen Göttern und Italiens Himmel,

Pompeius, erster unter meinen Genossen,
Mit dem ich oft die hinschleichende Zeit beim Wein
Totschlug, mit dem Kranz im Haar,
Das von syrischem Zimtöl glänzte?

Mit dir zusammen habe ich Philippi und die rasche Flucht
Erlebt, als ich den Schild nicht eben rühmlich dort ließ,
Als Mut gebrochen war und trotzige Helden
Schimpflich den Boden mit dem Kinn berührten.

Doch mich hat mitten durch die Feinde der schnelle Merkur
In dichtem Nebel – ich zitterte! – entführt.
Dich sog der Strudel wieder ein und riß dich in den Kampf zurück,
Während die Wogen hochgingen.

So bringe nun Jupiter den geschuldeten Opferschmaus dar
Und laß deinen vom langen Kriegsdienst müden Leib
Unter meinem Lorbeerbaum ruhen, und
Schone nicht die Krüge, die für dich bestimmt sind!

Mit Massiker, der Leid vergessen läßt,
Fülle die blanken Pokale, gieße aus weiten
Schalen Salböl! Wer sorgt dafür, Kränze aus frischem
Eppich zu bringen und aus

Curatve myrto? Quem Venus arbitrum 25
Dicet bibendi? Non ego sanius
   Bacchabor Edonis: recepto
      Dulce mihi furere est amico.

8

Ulla si iuris tibi peierati
Poena, Barine, nocuisset umquam,
Dente si nigro fieres vel uno
   Turpior ungui,

Crederem: sed tu simul obligasti 5
Perfidum votis caput, enitescis
Pulchrior multo iuvenumque prodis
   Publica cura.

Expedit matris cineres opertos
Fallere et toto taciturna noctis 10
Signa cum caelo gelidaque divos
   Morte carentis.

Ridet hoc, inquam, Venus ipsa, rident
Simplices Nymphae, ferus et Cupido
Semper ardentis acuens sagittas 15
   Cote cruenta.

Adde quod pubes tibi crescit omnis,
Servitus crescit nova nec priores
Inpiae tectum dominae relinquunt
   Saepe minati. 20

Myrte? Wen wird Venus zum Präsiden
Bei unserem Gelage ernennen? Ich werde nicht besonnener
Als Edoner zechen. Da ich dich wiederhabe,
Ist's mir eine Lust zu schwärmen, dich, meinen Freund!

8

Wenn dir für einen gebrochenen Schwur irgendeine
Strafe, Barine, jemals Schaden gebracht hätte,
Wenn du wegen eines schwarzen Zahns oder eines Fingernagels
   Häßlicher wärest,

Glaubte ich dir. Doch sobald du
Dein treuloses Haupt durch einen Fluch verwünscht hast, erstrahlst du
Noch viel schöner und erscheinst als allgemeiner
   Schwarm junger Männer.

Dir bringt es Segen, bei der begrabenen Asche deiner Mutter
Falsch zu schwören, bei den schweigenden Gestirnen der Nacht
Mit dem ganzen Himmel und bei den Göttern, die den Tod, den
   Kalten, nicht kennen.

Darüber lacht, ich sag's, Venus selbst, es lachen
Arglose Nymphen und der unbändige Amor,
Der stets glühende Pfeile schärft auf
   Blutigem Wetzstein.

Nimm dazu, daß für dich alle jungen Männer heranwachsen,
Daß eine neue Sklavenschar heranwächst und deine Verflossenen
Das Haus der ruchlosen Tyrannin nicht verlassen, wenn sie auch
   Oft damit drohten.

Te suis matres metuunt iuvencis,
Te senes parci miseraeque nuper
Virgines nuptae, tua ne retardet
    Aura maritos.

9

Non semper imbres nubibus hispidos
Manant in agros aut mare Caspium
    Vexant inaequales procellae
        Usque nec Armeniis in oris,

Amice Valgi, stat glacies iners
Mensis per omnis aut aquilonibus
    Querqueta Gargani laborant
        Et foliis viduantur orni:

Tu semper urges flebilibus modis
Mysten ademptum nec tibi vespero
    Surgente decedunt amores
        Nec rapidum fugiente solem.

At non ter aevo functus amabilem
Ploravit omnis Antilochum senex
    Annos nec inpubem parentes
        Troilon aut Phrygiae sorores

Flevere semper. Desine mollium
Tandem querellarum et potius nova
    Cantemus Augusti tropaea
        Caesaris et rigidum Niphaten

Dich fürchten Mütter wegen ihrer Kälbchen,
Dich sparsame Greise und die armen, erst vor kurzem
Vermählten Mädchen, dein Reiz könne ihnen ihre
 Männer entfremden.

9

Nicht immer strömt Regen aus den Wolken auf die rauhen
Felder, und das Kaspische Meer
Peitschen unberechenbare Stürme
Nicht ständig; auch an Armeniens Grenzen,

Freund Valgus, liegt starres Eis nicht
Während sämtlicher Monate; nicht immer haben unter Nordwinden
Die Eichenwälder am Garganus zu leiden
Und werden die Eschen ihres Laubs beraubt.

Du aber bejammerst stets in kläglichen Liedern
Den Verlust deines Mystes, und weder, wenn der Abendstern
Aufgeht, schwindet dein Liebesleid
Noch wenn er vor der sengenden Sonne flieht.

Doch der Greis, der drei Menschenalter sah, hat um den
 liebenswerten
Antilochos nicht all die Jahre, die ihm noch blieben, geklagt,
Und auch den jungen Troilos haben weder seine Eltern
Noch seine phrygischen Schwestern

Ständig beweint. Laß endlich von den unmännlichen
Klagen, und besingen wir lieber die neuen
Siege unseres erhabenen
Kaisers und den froststarrenden Niphates,

Medumque flumen gentibus additum
Victis minores volvere vertices
   Intraque praescriptum Gelonos
     Exiguis equitare campis.

10

Rectius vives, Licini, neque altum
Semper urgendo neque, dum procellas
Cautus horrescis, nimium premendo
   Litus iniquum.

Auream quisquis mediocritatem
Diligit, tutus caret obsoleti
Sordibus tecti, caret invidenda
   Sobrius aula:

Saepius ventis agitatur ingens
Pinus et celsae graviore casu
Decidunt turres feriuntque summos
   Fulgura montis.

Sperat infestis, metuit secundis
Alteram sortem bene praeparatum
Pectus: informis hiemes reducit
   Iuppiter, idem

Submovet. Non, si male nunc, et olim
Sic erit; quondam cithara tacentem
Suscitat Musam neque semper arcum
   Tendit Apollo.

Und daß der Mederstrom, seit er den besiegten Völkern zugesellt ist,
Kleinere Strudel dreht
Und innerhalb gesteckter Grenzen die Gelonen
Nur wenig Raum zum Reiten haben.

10

Besser wirst du leben, Licinius, wenn du weder ständig auf die hohe
See hinausstrebst noch, während du auf der Hut sein willst und vor
                                        Stürmen
Zitterst, allzu nah am tückischen
  Ufer entlangfährst.

Jeder, der den goldenen Mittelweg
Einschlägt, auf Sicherheit bedacht, wird nicht
Aus schmutzigem Geiz sein Haus verfallen lassen, wird nicht,
besonnen wie er ist, sich Neider schaffen
  Durch einen Prachtbau.

Häufiger wird vom Wind gezaust die gewaltige
Pinie, ragende Türme stürzen in schwererem Fall
Zusammen und es treffen die Gipfel der
  Berge die Blitze.

Im Unglück erhofft, im Glück befürchtet
Den Wechsel des Schicksals das wohlverwahrte
Herz. Scheußliche Stürme schickt
  Jupiter, doch er

Verscheucht sie auch wieder. Nicht, wenn es einem jetzt schlecht
                            geht, wird es auch künftig
So sein: Manchmal weckt Apoll mit seiner Leier die schweigende
Muse, denn nicht immer
  Spannt er den Bogen.

Rebus angustis animosus atque
Fortis adpare: sapienter idem
Contrahes vento nimium secundo
    Turgida vela.

11

Quid bellicosus Cantaber et Scythes,
Hirpine Quincti, cogitet Hadria
    Divisus obiecto, remittas
        Quaerere nec trepides in usum

Poscentis aevi pauca: fugit retro 5
Levis iuventas et decor arida
    Pellente lascivos amores
        Canitie facilemque somnum;

Non semper idem floribus est honor
Vernis neque uno luna rubens nitet 10
    Voltu: quid aeternis minorem
        Consiliis animum fatigas?

Cur non sub alta vel platano vel hac
Pinu iacentes sic temere et rosa
    Canos odorati capillos, 15
        Dum licet, Assyriaque nardo

Potamus uncti? Dissipat Euhius
Curas edacis. Quis puer ocius
    Restinguet ardentis Falerni
        Pocula praetereunte lympha? 20

In schwieriger Lage zeige dich beherzt und
Tapfer; du wirst aber auch weise
Die von allzu günstigem Wind geschwellten
   Segel einziehen.

11

Was der kriegerische Kantabrer und der Skythe
Plant, den die Adria als Sperre fernhält,
Danach, Hirpinus Quinctius, solltest du nicht
Fragen und dich nicht ängstlich sorgen, denn an Nötigem

Fordert das Leben nur wenig. Dahin flieht
Zarte Jugend und Schönheit, das welke
Alter verscheucht fröhliches Liebesspiel
Und leichten Schlaf.

Nicht auf Dauer haben denselben Reiz die Blumen
Des Frühlings, und nicht immer strahlt der rote Mond mit gleichem
Gesicht: Was quälst du dein Herz mit weitreichenden
Plänen, für die es zu schwach ist?

Warum wollen wir uns nicht entweder unter der hohen Platane
                              oder dieser
Pinie lagern und so unbekümmert, mit Rosen-
Duft im Grauhaar,
Solange es uns noch vergönnt ist, und mit assyrischem Nardenöl

Gesalbt trinken? Bacchus vertreibt
Die nagenden Sorgen? Welcher Sklave wird gleich
Die Becher feurigen Falerners
Mit dem vorbeiplätschernden Naß löschen?

Quis devium scortum eliciet domo
Lyden? Eburna, dic age, cum lyra
   Maturet, in comptum Lacaenae
     More comam religata nodum.

12

Nolis longa ferae bella Numantiae
Nec durum Hannibalem nec Siculum mare
Poeno purpureum sanguine mollibus
   Aptari citharae modis

Nec saevos Lapithas et nimium mero
Hylaeum domitosque Herculea manu
Telluris iuvenes, unde periculum
   Fulgens contremuit domus

Saturni veteris: tuque pedestribus
Dices historiis proelia Caesaris,
Maecenas, melius ductaque per vias
   Regum colla minacium.

Me dulcis dominae Musa Licymniae
Cantus, me voluit dicere lucidum
Fulgentis oculos et bene mutuis
   Fidum pectus amoribus;

Quam nec ferre pedem dedecuit choris
Nec certare ioco nec dare bracchia
Ludentem nitidis virginibus sacro
   Dianae celebris die.

Wer lockt die Edelnutte aus ihrem Haus,
Die Lyde? Sag, sie soll sich mit ihrer Lyra aus Elfenbein
Beeilen und ganz schlicht, nach spartanischem
Brauch, ihr Haar zu einem Knoten binden!

12

Du willst wohl nicht, daß ich den langen Kampf um das trotzige
                              Numantia
Und den grausamen Hannibal und das Meer bei Sizilien,
Von Punierblut gerötet, für die zarten
Weisen der Laute geeignet finde,

Auch nicht die grimmen Lapithen und, übermütig im Rausch,
Hylaeus und die von der Hand des Herkules bezwungenen
Söhne der Erde, vor deren Wagemut
Der strahlende Palast erzitterte

Saturns, des alten. Auch wirst du in ungebundener Sprache,
In einem Geschichtswerk, die Schlachten Caesars
Besser darstellen, Maecenas, und wie man sie durch die Straßen
                              führte,
Die Häupter trotziger Könige.

Von mir wollte die Muse, daß ich meiner Herrin Licymnia süße
Lieder, von mir, daß ich ihre helleuchtenden
Augen besinge und bei erwiderter Liebe
Ihre unverbrüchliche Treue.

Nicht übel stand es ihr, wie sie beim Tanz den Fuß hob,
Wie sie Scherzworte zurückgab und wie sie die Arme
Beim Reigen den festlich geschmückten Mädchen bot
Am heiligen Feiertag der vielverehrten Diana.

Num tu, quae tenuit dives Achaemenes
Aut pinguis Phrygiae Mygdonias opes,
Permutare velis crine Licymniae
   Plenas aut Arabum domos,

Cum flagrantia detorquet ad oscula   25
Cervicem aut facili saevitia negat,
Quae poscente magis gaudeat eripi,
   Interdum rapere occupet?

13

Ille et nefasto te posuit die,
Quicumque primum et sacrilega manu
   Produxit, arbos, in nepotum
      Perniciem opprobriumque pagi;

Illum et parentis crediderim sui   5
Fregisse cervicem et penetralia
   Sparsisse nocturno cruore
      Hospitis; ille venena Colcha

Et quidquid usquam concipitur nefas
Tractavit, agro qui statuit meo   10
   Te, triste lignum, te caducum
      In domini caput inmerentis.

Quid quisque vitet, numquam homini satis
Cautum est in horas: navita Bosphorum
   Poenus perhorrescit neque ultra   15
      Caeca timet aliunde fata,

Wolltest du etwa, was der reiche Achaemenes besaß,
Oder des fetten Phrygien mygdonische Schätze
Gegen das Haar der Licymnia eintauschen
Oder die begüterten Häuser der Araber,

Wenn sie für heiße Küsse den Nacken senkt
Oder in leicht überwindbarer Sprödigkeit verweigert,
Was sie sich, wenn du's verlangst, gern rauben läßt
Und sich bisweilen noch vor dir nimmt?

13

Der hat dich an einem Unheilstag gesetzt,
Wer immer damit begann, und hat mit frevler Hand
Dich großgezogen, Baum, zum Verderben
Den Enkeln und zur Schande der ganzen Gegend.

Der hat auch seinem Vater, möcht ich glauben,
Den Hals gebrochen und seinen Hausaltar
Befleckt zur Nachtzeit mit dem Blut
Des Gastes. Der hatte mit Kolchergift

Und jedem Greuel, der sich ausdenken läßt,
Zu schaffen, der dich auf mein Feld gepflanzt hat,
Dich, unseliges Stück Holz, dich, der du fallen solltest
Auf deines schuldlosen Besitzers Haupt.

Wovor ein jeder sich hüten soll, ist für einen Menschen nie
Vorhersehbar, auch nicht für Stunden: Vor dem Bosporus
Erschauert der Seemann aus Phönizien und fürchtet sonst
Von keiner anderen Seite dunkles Unheil.

Miles sagittas et celerem fugam
Parthi, catenas Parthus et Italum
   Robur: sed inprovisa leti
      Vis rapuit rapietque gentis. 20

Quam paene furvae regna Proserpinae
Et iudicantem vidimus Aeacum
   Sedesque discretas piorum et
      Aeoliis fidibus querentem

Sappho puellis de popularibus 25
Et te sonantem plenius aureo,
   Alcaee, plectro dura navis,
      Dura fugae mala, dura belli.

Utrumque sacro digna silentio
Mirantur umbrae dicere; sed magis 30
   Pugnas et exactos tyrannos
      Densum umeris bibit aure volgus.

Quid mirum, ubi illis carminibus stupens
Demittet atras belua centiceps
   Auris et intorti capillis 35
      Eumenidum recreantur angues?

Quin et Prometheus et Pelopis parens
Dulci laborem decipitur sono
   Nec curat Orion leones
      Aut timidos agitare lyncas. 40

Der Legionär hat vor den Pfeilen und der schnellen Flucht
Des Parthers Angst; der Parther vor Ketten und italischen
Elitetruppen. Doch unvorhersehbar hat stets des Todes
Macht die Sterblichen geholt und wird sie holen.

Wie hätte ich doch fast das Reich der düsteren Proserpina
Gesehen und Aeacus als Richter,
Auch die für Fromme bestimmte Heimstatt und
Wie sie auf ihrer äolischen Laute klagt

Um Mädchen aus ihrem Volk, Sappho,
Und dich, der in volleren Tönen mit goldenem
Plektron, Alcaeus, die Not des Schiffs,
Die schlimme Not der Verbannung, die Not des Kriegs besingt.

Wie beide, was heiligen Schweigens wert ist,
Künden, darüber staunen die Schatten, doch begeisterter
Trinkt Schlachtenlärm und den Sturz von Tyrannen
Das Ohr der Schulter an Schulter gedrängten Menge.

Was Wunder, wenn, von jenen Liedern gebannt,
Das hundertköpfige Untier die schwarzen Ohren senkt
Und die ins Haar der Eumeniden
Geflochtenen Schlangen sich Ruhe gönnen?

Ja, selbst den Prometheus und des Pelops Vater
Läßt der süße Klang ihre Qual vergessen;
Und Orion denkt nicht daran, Löwen
Zu jagen oder scheue Luchse.

14

Eheu fugaces, Postume, Postume,
Labuntur anni nec pietas moram
    Rugis et instanti senectae
        Adferet indomitaeque morti,

Non, si trecenis quotquot eunt dies,
Amice, places inlacrimabilem
    Plutona tauris, qui ter amplum
        Geryonen Tityonque tristi

Conpescit unda scilicet omnibus,
Quicumque terrae munere vescimur,
    Enaviganda, sive reges
        Sive inopes erimus coloni.

Frustra cruento Marte carebimus
Fractisque rauci fluctibus Hadriae,
    Frustra per autumnos nocentem
        Corporibus metuemus Austrum:

Visendus ater flumine languido
Cocytos errans et Danai genus
    Infame damnatusque longi
        Sisyphus Aeolides laboris;

Linquenda tellus et domus et placens
Uxor neque harum quas colis arborum
    Te praeter invisas cupressos
        Ulla brevem dominum sequetur.

14

Ach, flüchtig, Postumus, mein Postumus,
Enteilen die Jahre, und auch frommer Sinn
Vermag die Runzeln und das drohende Alter
Nicht aufzuhalten und den unbezwingbaren Tod,

Auch nicht, wenn du an jedem Tag, der kommt, mit dreihundert
Stieren, Freund, den erbarmungslosen
Pluto beschwichtigen wolltest, der den dreimal starken
Geryon und den Tityos mit seinen dunklen

Wassern umschlossen hält. Die müssen wir ja alle,
Die wir uns von der Erde Gaben nähren,
Durchfahren, ob wir nun Könige
Oder besitzlose Pächter sind.

Vergebens suchen wir den blutigen Mars zu meiden
Und die brandenden Wogen der tosenden Adria,
Vergebens scheuen wir zur Herbstzeit
Den Südwind, der uns schaden kann.

Wir müssen doch den schwarzen Kokytos schauen, der trägen Laufs
Dahinschleicht, und des Danaus Töchterschar,
Die ruchlose, und, verdammt zu langer
Plage, Sisyphus, den Sohn des Aeolus.

Verlassen müssen wir die Erde, unser Haus und die geschätzte
Gattin, und von diesen Bäumen, die du pflegst,
Wird, außer den verhaßten Zypressen, dir,
Der nur für kurze Zeit ihr Herr war, keiner folgen.

Absumet heres Caecuba dignior 25
Servata centum clavibus et mero
   Tinguet pavimentum superbo,
      Pontificum potiore cenis.

15

Iam pauca aratro iugera regiae
Moles relinquent, undique latius
   Extenta visentur Lucrino
      Stagna lacu platanusque caelebs

Evincet ulmos; tum violaria et 5
Myrtus et omnis copia narium
   Spargent olivetis odorem
      Fertilibus domino priori,

Tum spissa ramis laurea fervidos
Excludet ictus. Non ita Romuli 10
   Praescriptum et intonsi Catonis
      Auspiciis veterumque norma.

Privatus illis census erat brevis,
Commune magnum: nulla decempedis
   Metata privatis opacam 15
      Porticus excipiebat arcton

Nec fortuitum spernere caespitem
Leges sinebant, oppida publico
   Sumptu iubentes et deorum
      Templa novo decorare saxo. 20

Wegtrinken wird ein Erbe, eher seiner wert, den Cacuber,
Den du mit hundert Schlüsseln weggesperrt hast, und wird mit
                              dem Wein
Den Estrich färben, mit dem edlen, starken,
Der noch vorzüglicher ist als bei Gelagen der Priester.

15

Bald werden für den Pflug nur wenige Morgen Land die fürstlichen
Riesenbauten übrig lassen; überall wird man Fischteiche sehen, die
                                  sich weiter
Ausdehnen als der Lucriner-
See, und die unvermählte Platane

Wird die Ulmen verdrängen. Dann werden Veilchenbeete und
Die Myrte und der ganze Vorrat an Nasenkitzel
Olivenhaine mit ihrem Duft erfüllen,
Die ihrem früheren Besitzer reiche Frucht trugen,

Dann werden mit ihrem dichten Laub Lorbeerhaine die heißen
Sonnenstrahlen abhalten. So ist es nicht vorgesehen
Nach den Weisungen des Romulus und des bärtigen Cato
Und nach der Richtschnur der Alten.

Bei ihnen war der Privatbesitz bescheiden,
Das Gemeingut groß; kein mit dem Zehn-Fuß-Stab
Für Bürgersleute ausgemessener Säulengang nahm den schattigen
Norden gastlich auf.

Schlichten Rasensoden beim Hausbau zu verschmähen
Erlaubten die Gesetze nicht; dafür geboten sie Befestigungen
Und Göttertempel auf Staatskosten mit
Dem neuen Haustein zu verschönern.

16

Otium divos rogat in patenti
Prensus Aegaeo, simul atra nubes
Condidit lunam neque certa fulgent
    Sidera nautis;

Otium bello furiosa Thrace, 5
Otium Medi pharetra decori,
Grosphe, non gemmis neque purpura ve-
    nale nec auro.

Non enim gazae neque consularis
Submovet lictor miseros tumultus 10
Mentis et curas laqueata circum
    Tecta volantis:

Vivitur parvo bene, cui paternum
Splendet in mensa tenui salinum
Nec levis somnos timor aut cupido 15
    Sordidus aufert.

Quid brevi fortes iaculamur aevo
Multa? quid terras alio calentis
Sole mutamus? patriae quis exsul
    Se quoque fugit? 20

Scandit aeratas vitiosa navis
Cura nec turmas equitum relinquit
Ocior cervis et agente nimbos
    Ocior Euro.

16

Ruhige See erfleht von den Göttern, wen auf der offenen
Ägäis Sturm überrascht, wenn eine finstere Wolke
Den Mond verbirgt und den Seeleuten keine sicheren
   Sterne mehr funkeln,

Ruhe ersehnt das kriegsdurchtobte Thrakien,
Ruhe selbst die köchergeschmückten Meder,
Aber die, mein Grosphus, ist nicht für Edelsteine feil und auch für
   Purpur und Gold nicht.

Denn kein Königsschatz, kein Liktor eines Konsuls
Wehrt der unseligen Unrast unseres
Herzens und den Sorgen, die unter getäfelten Decken
   Unheimlich flattern.

Man lebt mit Wenigem gut, wenn einem das vom Vater vererbte
Salzfäßchen auf bescheidener Tafel funkelt
Und sanften Schlaf nicht Furcht vertreibt oder
   Schmutzige Geldgier.

Warum jagen wir in unserem kurzen Leben verwegen
Vielem nach? Warum müssen wir Länder, die eine andere
Sonne erwärmt, aufsuchen? Wer ist je, wenn er auch aus der
                           Heimat floh, sich
   Selber entflohen?

Erzbeschlagene Schiffe besteigt die üble
Sorge und bleibt auch hinter Reitergeschwadern nicht zurück,
Schneller als Hirsche und schneller als der Sturm, der
   Wolken dahintreibt.

Laetus in praesens animus, quod ultra est, 25
Oderit curare et amara lento
Temperet risu: nihil est ab omni
    Parte beatum:

Abstulit clarum cita mors Achillem,
Longa Tithonum minuit senectus 30
Et mihi forsan tibi quod negarit
    Porriget hora.

Te greges centum Siculaeque circum
Mugiunt vaccae, tibi tollit hinnitum
Apta quadrigis equa, te bis Afro 35
    Murice tinctae

Vestiunt lanae: mihi parva rura et
Spiritum Graiae tenuem Camenae
Parca non mendax dedit et malignum
    Spernere volgus. 40

17

Cur me querelis exanimas tuis?
Nec dis amicum est nec mihi te prius
    Obire, Maecenas, mearum
        Grande decus columenque rerum.

A, te meae si partem animae rapit 5
Maturior vis, quid moror altera
    Nec carus aeque nec superstes
        Integer? Ille dies utramque

Ein Herz, das sich des Augenblicks freut, sollte sich um das, was
                            danach kommt,
Nicht sorgen und sich über Bitteres mit einem milden
Lächeln hinwegsetzen. Nichts ist
   Rundherum glücklich.

Dahingerafft hat ein früher Tod den ruhmreichen Achilles,
Ein langes Greisenalter ließ Tithonus dahinschwinden,
Und was sie dir versagt hat, wird vielleicht mir die
   Stunde gewähren.

Hundert Herden und sizilische Kühe um-
Brüllen dich, dir wiehert,
Für den Vierspänner bestimmt, deine Stute zu, und zweimal mit
                            afrikanischem
   Purpur gefärbte

Wolle kleidet dich. Mir schenkte ein kleines Gut und
Den sanften Anhauch der griechischen Camene
Die untrügliche Parze, dazu die Verachtung des
   Neidischen Pöbels.

17

Warum ängstigst du mich mit deinen Klagen?
Weder den Göttern ist es recht noch mir, daß du eher
Scheidest, Maecenas, du meines
Daseins erhabene Zier und Stütze!

Ach, wenn dich, Teil meines Lebens, eine höhere Macht früher
                            dahinrafft,
Was hält mich dann noch hier? Mit dem andren Teil bin ich nicht
                            mehr dasselbe wert
Und kann auch nicht weiterleben, als hätte ich
Nichts eingebüßt. Jener Tag wird uns beiden

Ducet ruinam. Non ego perfidum
Dixi sacramentum: ibimus, ibimus,
 Utcumque praecedes, supremum
  Carpere iter comites parati.

Me nec Chimaerae spiritus igneae
Nec si resurgat centimanus Gyges
 Divellet umquam: sic potenti
  Iustitiae placitumque Parcis.

Seu Libra seu me Scorpios adspicit
Formidolosus, pars violentior
 Natalis horae, seu tyrannus
  Hesperiae Capricornus undae,

Utrumque nostrum incredibili modo
Consentit astrum: te Iovis inpio
 Tutela Saturno refulgens
  Eripuit volucrisque Fati

Tardavit alas, cum populus frequens
Laetum theatris ter crepuit sonum;
 Me truncus inlapsus cerebro,
  Sustulerat, nisi Faunus ictum

Dextra levasset, Mercurialium
Custos virorum. Reddere victimas
 Aedemque votivam memento:
  Nos humilem feriemus agnam.

Das Verderben bringen. Ich habe keinen unredlichen
Fahneneid geschworen: Ja, ich werde gehen, gehen,
Wann immer du vorausziehst, entschlossen, auch den letzten
Weg als dein Begleiter zurückzulegen.

Mich wird weder der Atem der feuerspeienden Chimäre
Noch, wenn er sich erheben sollte, der hundertarmige Gyas
Je von dir trennen. So hat es der mächtigen
Justitia und den Parzen gefallen.

Mag die Waage auf mich herabschauen oder der Skorpion,
Der fürchterliche, als mächtigerer Aspekt
Meiner Geburtsstunde oder auch der Beherrscher
Des Westmeers, der Steinbock –

Unser beider Geburtsgestirne stimmen erstaunlich
Überein: Dich hat der Schutz des Jupiter, der den ruchlosen
Saturn überstrahlte,
Gerettet und des raschen Verhängnisses

Schwingen gelähmt, als die Volksmenge
Im Theater dreimal in frohen Jubelruf ausbrach,
Und mich hätte jener Strunk, der mir aufs Hirn fiel,
Erledigt, hätte nicht Faunus den Schlag

Mit seiner Rechten abgefangen, er, der Glücks-
Kinder beschützt. An gebührende Opfertiere
Und den versprochenen Tempel denke du –
Ich werde ein bescheidenes Lämmchen schlachten.

18

Non ebur neque aureum
    Mea renidet in domo lacunar,
Non trabes Hymettiae
    Premunt columnas ultima recisas

Africa neque Attali   5
    Ignotus heres regiam occupavi
Nec Laconicas mihi
    Trahunt honestae purpuras clientae.

At fides et ingeni
    Benigna vena est pauperemque dives   10
Me petit: nihil supra
    Deos lacesso nec potentem amicum

Largiora flagito,
    Satis beatus unicis Sabinis.
Truditur dies die   15
    Novaeque pergunt interire lunae:

Tu secanda marmora
    Locas sub ipsum funus et sepulcri
Inmemor struis domos
    Marisque Baiis obstrepentis urges   20

Submovere litora,
    Parum locuples continente ripa.
Quid quod usque proximos
    Revellis agri terminos et ultra

18

Kein Elfenbein, keine vergoldete
Zimmerdecke erglänzt in meinem Haus,
Keine Balken vom Hymettos
Liegen schwer auf Säulen, gebrochen im fernsten

Afrika, auch hab' ich nicht des Attalus
Palast als unverhoffter Erbe an mich gebracht,
Noch weben mir lakonische
Purpurgewänder vornehme Klientenfrauen.

Doch Redlichkeit und reiche Geistes-
Gaben sind da, und mich, den Armen,
Sucht der Reiche auf; nichts weiter
Verlange dreist ich von den Göttern, und auch von meinem
      mächtigen Freund

Fordere ich nicht mehr,
Vollauf glücklich mit meinem unvergleichlichen Sabinum.
Es schubst ein Tag den anderen beiseite,
Und neue Monde gehen immer wieder unter:

DU läßt Marmor im Akkord zersägen
Im Angesicht des Todes, und, ohne an das Grab
Zu denken, erbaust du Häuser,
Und die Küsten des Meeres, das gegen Baiae braust,

Schiebst du mit großem Aufwand weiter hinaus,
Weil du zu wenig Grund hast auf dem festen Land.
Und weiter: Unablässig reißt du die nächsten
Grenzsteine deines Grundstücks aus, und selbst über

Limites clientium 25
  Salis avarus? Pellitur paternos
In sinu ferens deos
  Et uxor et vir sordidosque natos.

Nulla certior tamen
  Rapacis Orci fine destinata 30
Aula divitem manet
  Erum. Quid ultra tendis? Aequa tellus

Pauperi recluditur
  Regumque pueris, nec satelles Orci
Callidum Promethea 35
  Revexit auro captus; hic superbum

Tantalum atque Tantali
  Genus coercet, hic levare functum
Pauperem laboribus
  Vocatus atque non vocatus audit. 40

19

Bacchum in remotis carmina rupibus
Vidi docentem, credite posteri,
  Nymphasque discentis et auris
    Capripedum Satyrorum acutas.

Euhoe, recenti mens trepidat metu, 5
Plenoque Bacchi pectore turbidum
  Laetatur. Euhoe, parce, Liber,
    Parce gravi, metuende, thyrso.

Die Ackerraine deiner Klienten
Setzt du hinweg in deiner Gier. Man treibt sie fort,
Mit den ererbten Göttern im Arm
Die Frau, den Mann mit den zerlumpten Kindern.

Und doch, so sicher
Wie das vom raubgierigen Orcus gesetzte Ziel
Wartet keine Halle auf den reichen
Herrn. Was trachtest du nach mehr? Unparteiisch tut sich die Erde

Für den Armen auf
Und für Söhne von Königen: Nicht hat der Dienstmann des Orcus
Den verschlagenen Prometheus
Zurückgerudert, vom Gold geblendet. Dieser hält den übermütigen

Tantalus und des Tantalus
Geschlecht fest; dieser kann den Armen, der sich genug geplagt hat,
Um ihn von seiner Mühsal zu erlösen,
Gerufen oder ungerufen hören.

19

Den Bacchus habe ich im einsamen Geklüft
Gesehen – glaub's nur, Nachwelt –, wie er seine Lieder lehrte,
Wie Nymphen sie lernten und wie ihre Ohren
Bocksbeinige Satyrn spitzten.

Euhoe! Noch bebt mein Herz im jähen Schreck,
Und in der von Bacchus erfüllten Brust rast es ungestüm:
Euhoe, weg damit, Liber,
Weg, du Fürchterlicher, mit dem mächtigen Thyrsusstab!

Fas pervicacis est mihi Thyiadas
Vinique fontem lactis et uberes
    Cantare rivos atque truncis
        Lapsa cavis iterare mella;

Fas et beatae coniugis additum
Stellis honorem tectaque Penthei
    Disiecta non leni ruina
        Thracis et exitium Lycurgi.

Tu flectis amnis, tu mare barbarum,
Tu separatis uvidus in iugis
    Nodo coerces viperino
        Bistonidum sine fraude crinis.

Tu, cum parentis regna per arduum
Cohors Gigantum scanderet inpia,
    Rhoetum retorsisti leonis
        Unguibus horribilique mala;

Quamquam choreis aptior et iocis
Ludoque dictus non sat idoneus
    Pugnae ferebaris; sed idem
        Pacis eras mediusque belli.

Te vidit insons Cerberus aureo
Cornu decorum leniter atterens
    Caudam et recedentis trilingui
        Ore pedes tetigitque crura.

Heilige Pflicht ist's mir, von den unermüdlichen Mänaden,
Dem Weinquell und der Milch in reichen
Strömen zu singen und stets aufs neue auch vom Honig,
Der aus geborstenen Stämmen fließt.

Heilige Pflicht ist's auch, von deiner beglückten Gattin
Unter die Sterne versetztem Schmuck und dem Haus des Pentheus,
Um keines leichten Fehltritts willen zerschmettert,
Und vom Verderben des Thrakers Lykurg zu künden.

Du gebietest Strömen, du dem fremden Meer,
Du bändigst im Rausch auf abgelegenen Höhen
Mit einem Schlangenknoten
Ohne Fährnis der Thrakerinnen Haar.

Du hast, als zur Königsburg deines Vaters auf steilem Pfad
Die ruchlose Rotte der Giganten emporstieg,
Den Rhoetus hinuntergeschleudert mit Löwen-
Pranken und mit dem füchterlichen Rachen,

Obwohl es hieß, du taugtest mehr zum Tanz und seist, nur dem
                                    Scherz
Und dem Spiel ergeben, nicht recht geschickt
Für den Kampf; du aber bliebst derselbe
Gleichermaßen im Frieden und im Krieg.

Dich sah, ein harmloser Hund, der Cerberus, als dich goldene
Hörner schmückten; er zog ganz sachte
Den Schwanz ein, und als du gingst,
Leckte er deine Füße, deine Beine mit den Zungen seiner drei
                                    Mäuler.

20

Non usitata nec tenui ferar
Pinna biformis per liquidum aethera
   Vates neque in terris morabor
      Longius invidiaque maior

Urbis relinquam. Non ego, pauperum
Sanguis parentum, non ego, quem vocas,
   Dilecte Maecenas, obibo
      Nec Stygia cohibebor unda.

Iam iam residunt cruribus asperae
Pelles et album mutor in alitem
   Superne nascunturque leves
      Per digitos umerosque plumae;

Iam Daedaleo tutior Icaro
Visam gementis litora Bosphori
   Syrtisque Gaetulas canorus
      Ales Hyperboreosque campos.

Me Colchus et qui dissimulat metum
Marsae cohortis Dacus et ultimi
   Noscent Geloni, me peritus
      Discet Hiber Rhodanique potor.

Absint inani funere neniae
Luctusque turpes et querimoniae;
   Compesce clamorem ac sepulcri
      Mitte supervacuos honores.

20

Nicht auf gewöhnlichen, nicht auf schwachen
Schwingen werd' ich in andrer Gestalt durch den lichten Äther
schweben
Ich, der Dichter! Auf Erden will ich nicht länger weilen,
Will, über den Neid erhaben,

Die Städte verlassen. Nein, ich, armer
Eltern Kind, nein, ich, den du zu Gast lädst,
Geliebter Maecenas, ich werde nicht sterben,
Mich hält nicht die Flut der Styx auf!

Gleich, gleich legt sich um meine Beine rauhe
Haut, in einen weißen Vogel verwandle ich mich,
Darüber sprießt mir glattes
Gefieder aus Fingern und Armen.

Gleich werde ich, sicherer als des Dädalus Ikarus,
Die Gestade des tosenden Bosporus schauen
Und die gätulischen Syrten, als singender
Schwan, und die Fluren der Hyperboreer.

Mich werden der Kolcher und, der seine Fucht verbirgt
Vor der Marserschar, der Daker, und fernste
Gelonen kennen; mich wird mit Verstand
Der Spanier lesen und, wer aus der Rhône trinkt.

Fern bleibe vom leeren Sarg das Totenlied,
Die garstigen Trauerkleider, das Gejammer!
Mach dem Geschrei ein Ende und spar dir am Grab
Die überflüssige Feier!

CARMINA · LIBER TERTIUS

I

Odi profanum volgus et arceo.
Favete linguis: carmina non prius
   Audita Musarum sacerdos
      Virginibus puerisque canto.

Regum timendorum in proprios greges, 5
Reges in ipsos imperium est Iovis,
   Clari Giganteo triumpho,
      Cuncta supercilio moventis.

Est ut viro vir latius ordinet
Arbusta sulcis, hic generosior 10
   Descendat in campum petitor,
      Moribus hic meliorque fama

Contendat, illi turba clientium
Sit maior: Aequa lege Necessitas
   Sortitur insignis et imos; 15
      Omne capax movet urna nomen.

Destrictus ensis cui super inpia
Cervice pendet, non Siculae dapes
   Dulcem elaborabunt saporem,
      Non avium citharaeque cantus 20

ODEN · DRITTES BUCH

I

Ich hasse das gemeine Volk und halte es fern.
Schweigt andächtig! Lieder, wie sie zuvor
Noch nie vernommen wurden, will ich als Musenpriester
Den Mädchen und jungen Männern singen.

Furchtbare Könige haben über ihre Sklavenscharen
Macht; über die Könige selbst hat sie Jupiter,
Ruhmreich durch seinen Triumph über die Giganten,
Er, der mit einem Wink das All bewegt.

Mag einer auch auf weiterem Raum als ein anderer die Reihen
Seiner Reben setzen, mag der als edlerer
Bewerber auf das Marsfeld kommen, mag
Der nach Charakter und Leumund überlegen

Antreten, mag bei jenem die Schar der Klienten
Größer sein: in gleicher Weise läßt das Schicksal
Die Lose fallen für Hoch und Niedrig:
Jedweden Namen schüttelt die weite Urne.

Wem ein blankes Schwert über dem ruchlosen
Nacken hängt, dem werden weder sizilianische Festmähler
Süßen Genuß verschaffen
Noch Vogelzwitschern und Saitenklang

Somnum reducent: Somnus agrestium
Lenis virorum non humilis domos
    Fastidit umbrosamque ripam,
        Non Zephyris agitata Tempe.

Desiderantem, quod satis est, neque
Tumultuosum sollicitat mare
    Nec saevus Arcturi cadentis
        Impetus aut orientis Haedi,

Non verberatae grandine vineae
Fundusque mendax, arbore nunc aquas
    Culpante, nunc torrentia agros
        Sidera, nunc hiemes iniquas.

Contracta pisces aequora sentiunt
Iactis in altum molibus: huc frequens
    Caementa demittit redemptor
        Cum famulis dominusque terrae

Fastidiosus. Sed Timor et Minae
Scandunt eodem, quo dominus, neque
    Decedit aerata triremi et
        Post equitem sedet atra Cura.

Quodsi dolentem nec Phrygius lapis
Nec purpurarum sidere clarior
    Delenit usus nec Falerna
        Vitis Achaemeniumque costum:

Cur invidendis postibus et novo
Sublime ritu moliar atrium?
    Cur valle permutem Sabina
        Divitias operosiores?

Den Schlummer wiederbringen. Der sanfte Schlummer der Land-
Leute meidet nicht ihre niedrigen Hütten
Und ein schattiges Ufer,
Auch nicht ein vom Zephyr durchwehtes Waldtal.

Wer nur begehrt, was ausreicht, den kann weder
Das aufgewühlte Meer erschüttern
Noch wütender Sturm, wenn der Arcturus unter-
Und das Gestirn des Böckleins aufgeht,

Auch kein vom Hagel heimgesuchter Weinberg,
Kein trügerisches Gut, auf dem der Baum bald dem Regen
Die Schuld gibt, bald der Sonnenglut, die die Felder versengt,
Bald den ungünstigen Wintern.

Die Fische spüren, wie das Meer eng wird,
Weil man Dämme bis in die Hochsee treibt; dahin kippt ständig
Der Baumeister mit seinen Sklaven Steine
Und sein Gebieter, der des festen Landes

Überdrüssig ist. Aber Furcht und Schrecken
Gehen denselben Weg wie der Gebieter. Nicht
Weicht sie von seiner erzbeschlagenen Galeere,
Und sie sitzt hinter dem Reiter, die düstere Sorge.

Wenn aber den Verstörten weder phrygischer Marmor
Noch der Besitz von Purpurkleidern, himmlisch schön,
Beruhigen kann, auch nicht Falerner-
Wein und persischer Königsbalsam:

Warum soll ich mit einem neiderregenden Portal
Und hochaufragend einen Palast nach neuer Mode bauen?
Warum soll ich mein Sabinertal eintauschen
Gegen Reichtum, der nur mehr Plage bringt?

2

Angustam amice pauperiem pati
Robustus acri militia puer
    Condiscat et Parthos ferocis
        Vexet eques metuendus hasta

Vitamque sub divo et trepidis agat 5
In rebus; illum ex moenibus hosticis
    Matrona bellantis tyranni
        Prospiciens et adulta virgo

Suspiret: ›Eheu, ne rudis agminum
Sponsus lacessat regius asperum 10
    Tactu leonem, quem cruenta
        Per medias rapit ira caedes.‹

Dulce et decorum est pro patria mori:
Mors et fugacem persequitur virum,
    Nec parcit inbellis iuventae 15
        Poplitibus timidoque tergo.

Virtus, repulsae nescia sordidae,
Intaminatis fulget honoribus
    Nec sumit aut ponit securis
        Arbitrio popularis aurae. 20

Virtus, recludens inmeritis mori
Caelum, negata temptat iter via
    Coetusque volgaris et udam
        Spernit humum fugiente pinna.

2

Drückende Armut gern zu tragen,
Das soll, gestärkt im harten Kriegsdienst, ein junger Mann
Erlernen und die wilden Parther
Als Reiter hetzen, schrecklich durch seine Lanze.

Sein Leben verbringe er im Freien und in bedrängter
Lage. Wenn ihn von den feindlichen Mauern
Die Gattin des kämpfenden Despoten
Erblickt und die jungfräuliche Tochter,

Dann seufze sie: »Wehe! Wenn nur, nicht kampferprobt,
Mein königlicher Bräutigam ihn nicht fordert, den durch einen Treffer
Gereizten Löwen, den blutige Wut
Mitten durch das Gemetzel fortreißt!«

Süß und ehrenvoll ist es, für das Vaterland zu sterben.
Der Tod verfolgt auch den flüchtenden Mann
Und verschont nicht kriegsscheuer Jugend
Kniekehlen und ängstlichen Rücken.

Mannhaftigkeit weiß nichts von schimpflicher Abfuhr;
Sie strahlt in fleckenloser Ehre
Und nimmt weder ein Amt an noch legt sie es nieder
Nach der Laune der Volksgunst.

Mannhaftigkeit schließt denen, die nicht dem Tod verfallen sind,
Den Himmel auf, wagt sich auf sonst versagte Bahn
Und läßt den gemeinen Haufen und die dumpfe
Erde weit hinter sich auf flüchtigen Schwingen.

Est et fideli tuta silentio 25
Merces: vetabo, qui Cereris sacrum
   Volgarit arcanae, sub isdem
     Sit trabibus fragilemque mecum

Solvat phaselon; saepe Diespiter
Neglectus incesto addidit integrum, 30
   Raro antecedentem scelestum
     Deseruit pede Poena claudo.

3

Iustum et tenacem propositi virum
Non civium ardor prava iubentium,
   Non voltus instantis tyranni
     Mente quatit solida neque Auster,

Dux inquieti turbidus Hadriae, 5
Nec fulminantis magna manus Iovis:
   Si fractus inlabatur orbis,
     Inpavidum ferient ruinae.

Hac arte Pollux et vagus Hercules
Enisus arcis attigit igneas, 10
   Quos inter Augustus recumbens
     Purpureo bibet ore nectar;

Hac te merentem, Bacche pater, tuae
Vexere tigres indocili iugum
   Collo trahentes, hac Quirinus 15
     Martis equis Acheronta fugit,

Es findet auch treue Verschwiegenheit
Ihren Lohn: Ich werd's nicht dulden, daß einer, der Demeters
Heiliges Geheimnis verriet, unter demselben
Dach weilt und mit mir den zerbrechlichen

Kahn losbindet. Oft schon hat Jupiter,
Mißachtet, zum Befleckten den Unschuldigen gesellt.
Nur selten läßt vom Frevler, der vorauseilt,
Die Rachegöttin ab, trotz ihres lahmen Fußes.

3

Einen gerechten Mann, der auf seinem Vorsatz beharrt,
Kann weder die Wut der Bürger, die Verkehrtes fordern,
Noch die drohende Miene eines Tyrannen
In seinem festen Sinn erschüttern, auch nicht der Südwind,

Der ungestüme Gebieter der unruhigen Adria,
Und des blitzschleudernden Jupiter mächtiger Arm:
Wenn geborsten das Himmelsgewölbe zusammenstürzt,
Werden die Trümmer einen Unerschrockenen erschlagen.

So geartet, haben sich Pollux und der ruhelose Herkules
Emporgerungen und kamen zu den flammenden Palästen.
Zwischen ihnen wird Augustus ruhen
Und mit purpurrotem Mund den Nektar trinken.

So hast du, Vater Bacchus, es verdient, daß deine
Tiger dich zogen und das Joch auf dem unbändigen
Nacken trugen. So ist Romulus
Auf Rossen des Mars der Unterwelt entflohen,

Gratum elocuta consiliantibus
Iunone divis: ›Ilion, Ilion
   Fatalis incestusque iudex
      Et mulier peregrina vertit 20

In pulverem, ex quo destituit deos
Mercede pacta Laomedon, mihi
   Castaeque damnatum Minervae
      Cum populo et duce fraudulento.

Iam nec Lacaenae splendet adulterae 25
Famosus hospes nec Priami domus
   Periura pugnacis Achivos
      Hectoreis opibus refringit

Nostrisque ductum seditionibus
Bellum resedit: protinus et gravis 30
   Iras et invisum nepotem,
      Troica quem peperit sacerdos,

Marti redonabo; illum ego lucidas
Inire sedes, discere nectaris
   Sucos et adscribi quietis 35
      Ordinibus patiar deorum.

Dum longus inter saeviat Ilion
Romamque pontus, qualibet exsules
   In parte regnanto beati;
      Dum Priami Paridisque busto 40

Insultet armentum et catulos ferae
Celent inultae, stet Capitolium
   Fulgens triumphatisque possit
      Roma ferox dare iura Medis.

Als Juno aussprach, was den beratenden
Göttern willkommen war: »Ilion, Ilion
Ließen der unselige und verbuhlte Schiedsrichter
Und die fremde Frau hinsinken

In den Staub. Seit Laomedon die Götter treulos
Um ausbedungenen Lohn betrogen hatte, war es mir
Und der keuschen Minerva verfallen
Samt seinem Volk und dem arglistigen Fürsten.

Jetzt strahlt weder der spartanischen Ehebrecherin
Ehrloser Gast noch hält das Haus des Priamus,
Das meineidige, die kampfbegierigen Griechen
Mit Hektors Hilfe auf.

Durch unsere Streitigkeiten hingezogen,
Ist nun der Krieg vorbei. So will ich auf der Stelle vom schweren
Zorn und dem verhaßten Enkel,
Den die trojanische Priesterin gebar,

Dem Mars zuliebe lassen; daß jener in die lichten
Räume eingeht, den Nektartrank kostet
Und in den seligen
Kreis der Götter aufgenommen wird, will ich dulden.

Wenn nur weit zwischen Ilion
Und Rom das Meer braust, sollen die Landflüchtigen, wo immer
Es ihnen beliebt, in Frieden herrschen.
Solange auf des Priamus und Paris Grab

Sich Rinder tummeln und wilde Tiere ihre Jungen
Ungestört verbergen, rage das Kapitol
Glanzvoll empor, und die Macht, bezwungenen
Medern Gesetze zu geben, habe das tapfere Rom.

Horrenda late nomen in ultimas 45
Extendat oras, qua medius liquor
   Secernit Europen ab Afro.
      Qua tumidus rigat arva Nilus,

Aurum inrepertum et sic melius situm,
Cum terra celat, spernere fortior 50
   Quam cogere humanos in usus
      Omne sacrum rapiente dextra.

Quicumque mundo terminus obstitit,
Hunc tanget armis, visere gestiens,
   Qua parte debacchentur ignes, 55
      Qua nebulae pluviique rores.

Sed bellicosis fata Quiritibus
Hac lege dico, ne nimium pii
   Rebusque fidentes avitae
      Tecta velint reparare Troiae. 60

Troiae renascens alite lugubri
Fortuna tristi clade iterabitur
   Ducente victrices catervas
      Coniuge me Iovis et sorore.

Ter si resurgat murus aeneus 65
Auctore Phoebo, ter pereat meis
   Excisus Argivis, ter uxor
      Capta virum puerosque ploret.‹

Non hoc iocosae conveniet lyrae:
Quo, Musa, tendis? desine pervicax 70
   Referre sermones deorum et
      Magna modis tenuare parvis.

Weithin bewundert, soll es seinen Namen bis zu den fernsten
Küsten verbreiten, wo die Flut dazwischen
Europa vom Afrikaner trennt,
Wo angeschwollen der Nil die Fluren tränkt,

Wofern es das unentdeckte und darum besser verwahrte Gold,
Weil es die Erde birgt, zu verachten stark genug ist,
Statt es zum menschlichen Gebrauch zu zwingen
Mit einer Hand, die alles Gottgeweihte raubt.

Jedwede Grenze, die der Welt gesetzt ist,
Erreiche es mit seinen Waffen, wißbegierig,
Über welche Gegend Hitzewellen ziehen,
Über welche Wolken und des Regens Tau.

Doch künde ich den kriegerischen Quiriten ihr Los nur
Unter der Bedingung, daß sie nicht, allzu pflichtbewußt
Und im Vertrauen auf ihre Macht, des alten
Troja Tempel neu erbauen wollen.

Ersteht es neu trotz unheilvoller Zeichen, wird sich Trojas
Geschick in einer bitteren Niederlage wiederholen,
Und an der Spitze der siegreichen Scharen
Stehe ich, die Gattin Jupiters und seine Schwester.

Wenn dreimal sich die eherne Mauer erheben sollte
Durch Apollos Macht, muß sie dreimal stürzen, von meinen
Argivern zerstört, und dreimal muß die Gattin,
Gefangen, um Mann und Kinder klagen.«

Das wird zu meiner heiteren Laute nicht passen.
Wohin, Muse, versteigst du dich? Laß es, vermessen
Götterreden vorzutragen und
Großes durch schwache Weisen herabzusetzen!

4

Descende caelo et dic age tibia
Regina longum Calliope melos,
   Seu voce nunc mavis acuta
     Seu fidibus citharave Phoebi.

Auditis? an me ludit amabilis
Insania? Audire et videor pios
   Errare per lucos, amoenae
     Quos et aquae subeunt et aurae.

Me fabulosae Volture in Apulo
Nutricis extra limina Pulliae
   Ludo fatigatumque somno
     Fronde nova puerum palumbes

Texere, mirum quod foret omnibus,
Quicumque celsae nidum Aceruntiae
   Saltusque Bantinos et arvum
     Pingue tenent humilis Forenti,

Ut tuto ab atris corpore viperis
Dormirem et ursis, ut premerer sacra
   Lauroque conlataque myrto
     Non sine dis animosus infans.

Vester, Camenae, vester in arduos
Tollor Sabinos, seu mihi frigidum
   Praeneste seu Tibur supinum
     Seu liquidae placuere Baiae.

4

Auf, steige herab vom Himmel, und laß auf der Flöte,
Königin Kalliope, ein langes Lied erklingen
Entweder, wenn es dir nun lieber ist, mit ihrem hellen Klang
Oder zum Saitenspiel und zur Laute des Phoebus!

Hört ihr? Oder täuscht mich ein holder
Wahn? Mir ist, als hörte ich es und wandelte
Durch heilige Haine, die liebliche
Wasser durchrauschen und Winde.

Mich haben wunderbar auf dem apulischen Voltur
Fern vom Haus meiner Amme Pullia,
Als ich vom Spiel ermüdet war und vom Schlaf,
Mit frischem Laub – ein Kind noch – Ringeltauben

Bedeckt, was für alle erstaunlich war,
Die das Bergnest des hohen Aceruntia
Und die Waldschluchten von Bantia und die üppige Flur
Des tief gelegenen Forentum bewohnen,

Daß ich sicheren Leibs vor schwarzen Nattern
Schlief und vor Bären, daß mich heiliger
Lorbeer deckte und zusammengetragene Myrte,
Nicht ohne Schutzgottheiten, ein beherztes Kind.

Als der Eure, ihr Musen, als der Eure laß ich mich ins hohe
Sabinerland entrücken, ob mir nun das kühle
Praeneste oder Tibur am Berghang
Oder das wasserreiche Baiae gefällt.

Vestris amicum fontibus et choris 25
Non me Philippis versa acies retro,
　　Devota non extinxit arbor
　　　　Nec Sicula Palinurus unda.

Utcumque mecum vos eritis, libens
Insanientem navita Bosphorum 30
　　Temptabo et urentis harenas
　　　　Litoris Assyrii viator,

Visam Britannos hospitibus feros
Et laetum equino sanguine Concanum,
　　Visam pharetratos Gelonos 35
　　　　Et Scythicum inviolatus amnem.

Vos Caesarem altum, militia simul
Fessas cohortes abdidit oppidis,
　　Finire quaerentem labores
　　　　Pierio recreatis antro. 40

Vos lene consilium et datis et dato
Gaudetis, almae: Scimus, ut inpios
　　Titanas immanemque turbam
　　　　Fulmine sustulerit caduco,

Qui terram inertem, qui mare temperat 45
Ventosum et urbis regnaque tristia
　　Divosque mortalisque turmas
　　　　Imperio regit unus aequo.

Magnum illa terrorem intulerat Iovi
Fidens iuventus horrida bracchiis 50
　　Fratresque tendentes opaco
　　　　Pelion inposuisse Olympo:

Mich, den Freund eurer Quellen und Reigentänze,
Hat weder bei Philippi die Flucht der Truppen
Noch der verwünschte Baum umkommen lassen,
Noch Palinurus in sizilischer Flut.

Wenn nur ihr bei mir seid, will ich gerne
Als Seemann den blindwütigen Bosporus
Aufsuchen und die glühheiße Sandwüste
An Assyriens Küste als Wanderer,

Will die Britannier sehen, die gegen Fremde grausam sind,
Und den Concaner, der sich an Roßblut freut,
Will auch die köchertragenden Gelonen sehen
Und ungefährdet den skythischen Strom.

Ihr könnt den erhabenen Kaiser, sobald er die vom Kriegsdienst
Ermatteten Kohorten in Städten geborgen hat,
Wenn er den Mühen ein Ende machen will,
In der pierischen Grotte erquicken.

Ihr schenkt ruhige Überlegung, und habt ihr sie geschenkt,
So freut ihr euch, ihr Holden. Wir wissen, wie die ruchlosen
Titanen und die riesenhafte Schar
Mit niederfahrendem Blitz der erschlug,

Der die ruhende Erde, der das Meer beherrscht,
Das stürmische, dazu die Städte und das düstere Reich,
Die Götter und die sterblichen Scharen
Allein mit gerechtem Szepter regiert.

Gewaltigen Schrecken hatte sie Jupiter eingejagt, jene
Wilde Rotte junger Riesen, die auf ihre Arme vertraute,
Und die Brüder, die es unternahmen, auf den schattigen
Pelion den Olymp zu türmen.

Sed quid Typhoeus et validus Mimas
Aut quid minaci Porphyrion statu,
   Quid Rhoetus evolsisque truncis
      Enceladus iaculator audax

Contra sonantem Palladis aegida
Possent ruentes? Hinc avidus stetit
   Volcanus, hinc matrona Iuno et
      Numquam umeris positurus arcum,

Qui rore puro Castaliae lavit
Crinis solutos, qui Lyciae tenet
   Dumeta natalemque silvam,
      Delius et Patareus Apollo.

Vis consili expers mole ruit sua,
Vim temperatam di quoque provehunt
   In maius; idem odere viris
      Omne nefas animo moventis.

Testis mearum centimanus Gyas
Sententiarum; notus et integrae
   Temptator Orion Dianae
      Virginea domitus sagitta.

Iniecta monstris Terra dolet suis
Maeretque partus fulmine luridum
   Missos ad Orcum: nec peredit
      Inpositam celer ignis Aetnen,

Incontinentis nec Tityi iecur
Reliquit ales, nequitiae additus
   Custos; amatorem trecentae
      Pirithoum cohibent catenae.

Doch was hätten Typhoeus und der starke Mimas,
Was Porphyrion, wie bedrohlich er sich auch stellte,
Was Rhoitos und, entwurzelte Stämme
Tollkühn schleudernd, Enkelados

Gegen die dröhnende Ägis der Pallas
Anrennend vermocht? Da stand voll Kampfbegier
Vulkan, da Herrin Juno
Und er, der nie von der Schulter den Bogen weglegen wird,

Der im klaren Naß der kastalischen Quelle
Sein wallendes Haar benetzt, der herrscht über Lykiens
Dichte Wälder und den Hain, wo er zur Welt kam,
Der Gott von Delos und Patara, Apollo.

Kraft ohne Einsicht stürzt unter der eigenen Wucht;
Kraft, die ihr Maß kennt, bringen auch die Götter
Zu Größerem; sie hassen ja die Kräfte,
Die jeglichen Frevel im Herzen bewegen.

Der hundertarmige Gyas ist Zeuge für meine
Worte; man kennt auch der keuschen
Diana Versucher Orion,
Den der Pfeil der Jungfrau bezwang.

Geschleudert auf ihre Riesen empfindet die Erde Schmerz
Und grämt sich, daß ihre Brut durch den Blitz in den fahlen
Orcus gestürzt wurde; weder verzehrte
Die heiße Glut den lastenden Ätna

Noch hat von des geilen Tityos Leber
Der Geier gelassen, dem Frevler beigesellt
Als Wächter, und den Lüstling
Peirithoos halten dreihundert Ketten.

5

Caelo tonantem credidimus Iovem
Regnare: praesens divus habebitur
   Augustus adiectis Britannis
      Imperio gravibusque Persis.

Milesne Crassi coniuge barbara
Turpis maritus vixit et hostium –
   Pro curia inversique mores! –
      Consenuit socerorum in armis?

Sub rege Medo Marsus et Apulus,
Anciliorum et nominis et togae
   Oblitus aeternaeque Vestae,
      Incolumi Iove et urbe Roma?

Hoc caverat mens provida Reguli
Dissentientis condicionibus
   Foedis et exemplo trahenti
      Perniciem veniens in aevum,

Si non periret inmiserabilis
Captiva pubes. ›Signa ego Punicis
   Adfixa delubris et arma
      Militibus sine caede‹ dixit

›Derepta vidi; vidi ego civium
Retorta tergo bracchia libero
   Portasque non clausas et arva
      Marte coli populata nostro.

5

Im Himmel sei, so glaubten wir, der donnernde Jupiter
König; als Gott auf Erden gelten wird
Augustus, sobald er die Britannier hinzufügt
Zu seinem Reich und die bedrohlichen Perser.

Konnte ein Soldat des Crassus mit einer Barbarenfrau
Als schmachbedeckter Gatte leben und in der Feinde –
O Kurie, o verderbte Sitten! –
In seiner Schwäher Heer ergrauen,

Ein Marser oder Apulier unter einem Mederkönig
Die heiligen Schilde, seinen Namen und die Toga
Vergessen und die ewige Vesta,
Da Jupiters Tempel und die Stadt noch steht?

Das hatte das ahnungsvolle Herz des Regulus verhütet,
Als er sich aussprach gegen die Bedingungen,
Die schimpflichen, und gegen ein schlimmes Beispiel, das
Unheil für künftige Zeiten nach sich ziehen werde,

Wenn nicht erbarmungslos zugrunde ginge
Gefangenes Kriegsvolk. »Feldzeichen sah ich in punischen
Tempeln angenagelt und Waffen,
Die man den Kriegern ohne Schwertstreich«, sprach er,

»Entrissen hat. Ich sah der Bürger
Arme gebunden auf den freien Rücken
Und unverschlossene Tore und wie man Felder
Bestellt, die unser Schwert verheerte.

Auro repensus scilicet acrior
Miles redibit. Flagitio additis
    Damnum: neque amissos colores
        Lana refert medicata fuco

Nec vera virtus, cum semel excidit,
Curat reponi deterioribus.
    Si pugnat extricata densis
        Cerva plagis, erit ille fortis,

Qui perfidis se credidit hostibus,
Et Marte Poenos proteret altero,
    Qui lora restrictis lacertis
        Sensit iners timuitque mortem.

Hic, unde vitam sumeret inscius,
Pacem duello miscuit. O pudor!
    O magna Carthago, probrosis
        Altior Italiae ruinis.‹

Fertur pudicae coniugis osculum
Parvosque natos ut capitis minor
    Ab se removisse et virilem
        Torvus humi posuisse voltum.

Donec labantis consilio patres
Firmaret auctor numquam alias dato
    Interque maerentis amicos
        Egregius properaret exsul.

Atqui sciebat, quae sibi barbarus
Tortor pararet: non aliter tamen
    Dimovit obstantis proprinquos
        Et populum reditus morantem,

Mit Gold losgekauft, wird freilich mutiger
Der Krieger wiederkommen. Zur Schande fügt ihr
Den Schaden! Niemals zeigt wieder ihre alte Farbe
Die Wolle, wenn man sie in Rot getaucht hat.

Wahre Tapferkeit, ist sie einmal verschwunden,
Will nicht den Schlechteren zurückgegeben werden.
Erst wenn, dem engmaschigen Netz entkommen,
Die Hindin sich zum Kampf stellt, wird jener tapfer sein,

Der den treulosen Feinden traute,
Und in der nächsten Schlacht streckt der die Punier nieder,
Der die Riemen an seinen gefesselten Armen
Spürte, der Feigling, und sich scheute vor dem Tod.

Der, der nicht wußte, wie er sein Leben hätte retten können,
Hat den Frieden mit dem Krieg vermengt: O, die Schmach!
O großes Karthago, durch den schimpflichen
Fall Italiens bist du noch größer!«

Man sagt, er habe den Kuß der sittsamen Gattin
Und seine kleinen Kinder wie ein Ausgestoßener
Weit von sich gewiesen und den männlichen
Blick finster zur Erde gesenkt,

Bis er den schwankenden Senat durch einen Rat,
Wie sonst ein Ratgeber ihn niemals gab, gefestigt hatte
Und inmitten der betrübten Freunde
Zum Aufbruch drängte, ein ruhmvoller Verbannter.

Freilich wußte er, was für ihn der barbarische
Henker bereit hielt. Trotzdem bahnte er sich nicht anders
Seinen Weg durch die Verwandten, die ihm entgegentraten,
Und durch das Volk, das seine Rückkehr verzögern wollte,

Quam si clientum longa negotia
Diiudicata lite relinqueret
   Tendens Venafranos in agros 55
      Aut Lacedaemonium Tarentum.

6

Delicta maiorum inmeritus lues,
Romane, donec templa refeceris
   Aedisque labentis deorum et
      Foeda nigro simulacra fumo.

Dis te minorem quod geris, imperas: 5
Hinc omne principium, huc refer exitum!
   Di multa neglecti dederunt
      Hesperiae mala luctuosae.

Iam bis Monaeses et Pacori manus
Inauspicatos contudit impetus 10
   Nostros et adiecisse praedam
      Torquibus exiguis renidet;

Paene occupatam seditionibus
Delevit urbem Dacus et Aethiops,
   Hic classe formidatus, ille 15
      Missilibus melior sagittis.

Fecunda culpae saecula nuptias
Primum inquinavere et genus et domos:
   Hoc fonte derivata clades
      In patriam populumque fluxit. 20

Als ob er langwierige Händel von Klienten
Nach seinem Urteilsspruch hinter sich ließe
Und sich aufmachte nach Venafrums Feldern
Oder ins spartanische Tarent.

6

Die Sünden der Väter wirst du schuldlos büßen,
Römer, bis du die heiligen Stätten ausgebessert hast
Und die verfallenden Tempel der Götter
Und ihre vom schwarzen Rauch entstellten Bilder.

Nur wenn du dich den Göttern in Demut fügst, herrschst du;
Mit ihnen laß alles beginnen, alles enden!
Die Götter haben, mißachtet, viele
Leiden über das schwergeprüfte Abendland gebracht.

Schon zweimal konnten Monaeses und des Pacorus Scharen
Unsere ohne Vogelschau begonnenen Angriffe zurückschlagen
Und legten die Beute
Freudestrahlend zu ihren armseligen Halsketten.

Fast hätten die von Aufruhr erfüllte
Stadt der Daker und Äthiopier zerstört,
Der gefürchtet wegen seiner Flotte, jener
Besser im Entsenden von Pfeilen.

Fruchtbar an Laster, hat der Zeitgeist die Ehe
Zuerst befleckt, die Familie und den Hausstand;
Aus dieser Quelle entsprungen, hat sich das Unheil
Über das Land und das Volk ergossen.

Motus doceri gaudet Ionicos
Matura virgo et fingitur artibus
   Iam nunc et incestos amores
      De tenero meditatur ungui.

Mox iuniores quaerit adulteros
Inter mariti vina neque eligit
   Cui donet inpermissa raptim
      Gaudia luminibus remotis,

Sed iussa coram non sine conscio
Surgit marito, seu vocat institor
   Seu navis Hispanae magister,
      Dedecorum pretiosus emptor.

Non his iuventus orta parentibus
Infecit aequor sanguine Punico
   Pyrrhumque et ingentem cecidit
      Antiochum Hannibalemque dirum.

Sed rusticorum mascula militum
Proles, Sabellis docta ligonibus
   Versare glaebas et severae
      Matris ad arbitrium recisos

Portare fustis, sol ubi montium
Mutaret umbras et iuga demeret
   Bubus fatigatis amicum
      Tempus agens abeunte curru.

Damnosa quid non inminuit dies?
Aetas parentum, peior avis, tulit
   Nos nequiores, mox daturos
      Progeniem vitiosiorem.

Mit Freude lernt laszive Tänze
Das erwachsene Mädchen, wird in Verführungskünsten
Schon jetzt geschult und hat unkeusche Liebschaft
Von Kind auf im Sinn.

Bald sucht sie sich jüngere Liebhaber
Beim Gelage ihres Mannes und wählt nicht lange,
Wem sie in Hast unerlaubte
Freuden gewähren soll, wenn die Lichter fort sind.

Ja, vor aller Augen aufgefordert, nicht ohne Wissen
Ihres Manns, erhebt sie sich, ob nun ein Händler ruft
Oder ein spanischer Schiffsherr,
Der für ihr schändliches Treiben großzügig zahlt.

Nicht von solchen Eltern stammten die jungen Männer,
Die das Meer mit Punierblut färbten
Und Pyrrhus schlugen und den gewaltigen
Antiochus und Hannibal, den schrecklichen.

Nein, streitbarer Bauern männlicher
Nachwuchs war's, der gelernt hatte, mit sabellischen Hacken
Schollen zu wenden und nach der strengen
Mutter Gebot geschlagenes

Knüppelholz zu schleppen, wenn die Sonne der Berge
Schatten wachsen ließ und das Joch nahm
Von den müden Ochsen und willkommene
Freizeit brachte, während ihr Wagen verschwand.

Was haben die unheilvollen Zeitläufte nicht verdorben?
Die Generation unserer Väter, schon schlechter als die Ahnen,
brachte uns, noch sittenloser, hervor, die wir bald
Ein noch lasterhafteres Geschlecht in die Welt setzen werden.

7

Quid fles, Asterie, quem tibi candidi
Primo restituent vere Favonii
   Thyna merce beatum,
      Constantis iuvenem fide

Gygen? Ille Notis actus ad Oricum 5
Post insana Caprae sidera frigidas
   Noctis non sine multis
      Insomnis lacrimis agit.

Atqui sollicitae nuntius hospitae,
Suspirare Chloen et miseram tuis 10
   Dicens ignibus uri,
      Temptat mille vafer modis.

Ut Proetum mulier perfida credulum
Falsis inpulerit criminibus nimis
   Casto Bellerophontae 15
      Maturare necem refert;

Narrat paene datum Pelea Tartaro,
Magnessam Hippolyten dum fugit abstinens,
   Et peccare docentis
      Fallax historias movet, 20

Frustra: nam scopulis surdior Icari
Voces audit adhuc integer. At tibi
   Ne vicinus Enipeus
      Plus iusto placeat cave,

7

Was weinst du, Asterie, um ihn, den günstige
Westwinde mit Beginn des Frühlings wiederbringen,
Reich an thynischer Ware,
Den jungen, in seiner Treue nicht wankenden

Gyges? Er wurde von Stürmen bis Oricum verschlagen
Nach dem Aufgang des tollen Ziegengestirns. Frostige
Nächte bringt er da, nicht ohne viele
Tränen, schlaflos hin.

Freilich sagt der Bote seiner verliebten Wirtin,
Chloe schmachte nach ihm, die Arme
Erglühe mit gleichem Feuer wie du –
Der Schlaukopf versucht's auf tausendfältige Weise.

Wie den leichtgläubigen Proitos das treulose Weib
Durch falsche Anschuldigungen aufgehetzt hat, den allzu
Keuschen Bellerophon
Schleunigst zu morden, erzählt er.

Er berichtet, daß Peleus beinahe dem Tod verfallen wäre,
Weil er Hippolyte aus Magnesia sittsam gemieden habe;
So kramt zum Seitensprung auffordernde
Geschichten der Ränkeschmied aus –

Umsonst! Denn taub wie die Klippen von Ikaros
Hört Gyges sein Gerede, noch immer unverdorben. Doch daß dir
Dein Nachbar Enipeus
Mehr als recht ist gefalle, davor hüte dich,

Quamvis non alius flectere equum sciens   25
Aeque conspicitur gramine Martio
   Nec quisquam citus aeque
     Tusco denatat alveo.

Prima nocte domum claude neque in vias
Sub cantu querulae despice tibiae   30
   Et te saepe vocanti
     Duram difficilis mane.

8

Martiis caelebs quid agam kalendis,
Quid velint flores et acerra turis
Plena miraris positusque carbo in
     Caespite vivo,

Docte sermones utriusque linguae?   5
Voveram dulcis epulas et album
Libero caprum prope funeratus
     Arboris ictu.

Hic dies anno redeunte festus
Corticem adstrictum pice dimovebit   10
Amphorae fumum bibere institutae
     Consule Tullo.

Sume, Maecenas, cyathos amici
Sospitis centum et vigiles lucernas
Perfer in lucem: procul omnis esto   15
     Clamor et ira.

Wiewohl man keinen anderen sein Roß ebenso geschickt
Lenken sieht auf dem Rasen des Marsfelds
Und keiner ebenso schnell
Im tuskischen Flußbett dahinschwimmt.

Bei Einbruch der Nacht verschließe dein Haus, und auf die Straßen
Schau nicht hinab beim Klang der klagenden Flöte,
Und auch wenn er dich oft
Hartherzig nennt, bleibe spröde!

8

Was ich, ein Junggeselle, am ersten Märztag treibe,
Was die Blumen sollen und die Pfanne, mit Weihrauch
Gefüllt, darüber staunst du und über die Kohle auf
    Grünenden Rasen,

Du Kenner des Schrifttums beider Sprachen?
Ich hatte ein heiteres Opfermahl gelobt und einen weißen
Bock für Bacchus, als ich beinahe den Tod fand beim
    Sturz jenes Baumes.

Dieser Festtag wird nach Jahresfrist
Den festverpichten Kork entfernen
Von der Amphore, die verwahrt wurde, um Rauch zu trinken, im
    Amtsjahr des Tullus.

Leere, Maecenas, hundert Becher auf deinen Freund,
Der unverletzt blieb, und daß die Lampen brennen
Bis zum Morgen, nimm's leicht: Ferne sei alles
    Schreien und Zürnen.

Mitte civilis super urbe curas:
Occidit Daci Cotisonis agmen,
Medus infestus sibi luctuosis
    Dissidet armis,

Servit Hispanae vetus hostis orae
Cantaber, sera domitus catena,
Iam Scythae laxo meditantur arcu
    Cedere campis.

Neglegens, ne qua populus laboret,
Parce privatus nimium cavere et
Dona praesentis cape laetus horae:
    Linque severa!

9

›Donec gratus eram tibi
   Nec quisquam potior bracchia candidae
Cervici iuvenis dabat,
   Persarum vigui rege beatior.‹

›Donec non alia magis
   Arsisti neque erat Lydia post Chloen,
Multi Lydia nominis
   Romana vigui clarior Ilia.‹

›Me nunc Thressa Chloe regit,
   Dulcis docta modos et citharae sciens,
Pro qua non metuam mori,
   Si parcent animae fata superstiti.‹

Laß die staatsmännischen Sorgen um die Hauptstadt fahren:
Geschlagen ist das Heer des Dakers Cotiso.
Der persische Erbfeind ist mit sich selber in leidvolle
    Kriege verwickelt,

Geknechtet ist der alte Feind des spanischen Landes,
Der Cantabrer, mit später Kette bezwungen,
Und die Skythen denken schon daran, mit entspanntem Bogen
                      von ihren
    Steppen zu weichen.

Kümmere dich nicht darum, ob das Volk noch irgend etwas bedrückt,
Erspare dir als Privatmann zu große Besorgnis und
Empfange froh die Gaben der gegenwärtigen Stunde,
    Laß ernste Dinge!

9

»Solange ich dir noch teuer war
Und kein anderer Mann eher die Arme um deinen weißen
Nacken legte, kein junger,
Stand ich glücklicher da als der Perserkönig.«

»Solange du für keine andere mehr
Erglühtest und nicht Lydia nach Chloe kam,
Stand ich, die vielbesungene Lydia,
Herrlicher da als die Römerin Ilia.«

»Mich beherrscht nun die Thrakerin Chloe,
Die süße Lieder kennt und auch die Laute spielt.
Für sie würde ich den Tod nicht scheuen,
Wenn das Geschick sie, meine Seele, verschont und sie am Leben
                            läßt.«

›Me torret face mutua
   Thurini Calais filius Ornyti,
Pro quo bis patiar mori,
   Si parcent puero fata superstiti.‹

›Quid si prisca redit Venus
   Diductosque iugo cogit aeneo?
Si flava excutitur Chloe
   Reiectaeque patet ianua Lydiae?‹

›Quamquam sidere pulcrior
   Ille est, tu levior cortice et inprobo
Iracundior Hadria:
   Tecum vivere amem, tecum obeam lubens.‹

10

Extremum Tanain si biberes, Lyce,
Saevo nupta viro, me tamen asperas
Porrectum ante foris obicere incolis
      Plorares Aquilonibus.

Audis, quo strepitu ianua, quo nemus
Inter pulcra satum tecta remugiat
Ventis et positas ut glaciet nives
      Puro numine Iuppiter?

Ingratam Veneri pone superbiam,
Ne currente retro funis eat rota:
Non te Penelopen difficilem procis
      Tyrrhenus genuit parens.

»Mich entflammt in erwiderter Glut
Kalais, des Thuriers Ornytos Sohn.
Für ihn wollte ich zweimal den Tod leiden,
Wenn das Geschick den Geliebten verschont und ihn am Leben
 läßt.«

»Wie wär's, wenn die alte Liebe zurückkehrt
Und die Entzweiten unter ihr ehernes Joch zwingt?
Wenn die blonde Chloe hinausgeworfen wird
Und der verstoßenen Lydia die Tür wieder offen steht?«

»Obwohl jener schön wie ein Stern
Ist, du aber ein Leichtfuß und noch aufbrausender
Als die ruchlose Adria,
Will ich gern mit dir leben, gern sterben mit dir.«

10

Wenn du aus dem fernsten Tanais tränkest, Lyde,
Einem grimmigen Mann vermählt, müßtest du trotzdem mich,
 wie ich vor der grausamen
Tür mich strecke und dem hier heimischen
Nordsturm aussetze, bedauern.

Du hörst, wie mit Knarren die Tür, wie die Bäume
Im Hof deines hübschen Hauses aufstöhnen
Im Wind und wie den Schnee am Boden
Mit klarem Antlitz Jupiter in Eis verwandelt.

Leg den der Venus unwillkommenen Stolz ab,
Daß auf der wirbelnden Rolle das Seil nicht rückwärts läuft!
Nicht als eine gegen ihre Freier spröde Penelope
Hat dich dein etruskischer Vater gezeugt.

O quamvis neque te munera nec preces
Nec tinctus viola pallor amantium
Nec vir Pieria paelice saucius
    Curvat, supplicibus tuis

Parcas, nec rigida mollior aesculo
Nec Mauris animum mitior anguibus:
Non hoc semper erit liminis aut aquae
    Caelestis patiens latus.

II

Mercuri, nam te docilis magistro
Movit Amphion lapides canendo,
Tuque testudo resonare septem
    Callida nervis,

Nec loquax olim neque grata, nunc et
Divitum mensis et amica templis,
Dic modos, Lyde quibus obstinatas
    Adplicet auris,

Quae velut latis equa trima campis
Ludit exsultim metuitque tangi,
Nuptiarum expers et adhuc protervo
    Cruda marito.

Tu potes tigris comitesque silvas
Ducere et rivos celeres morari;
Cessit immanis tibi blandienti
    Ianitor aulae,

Ach, wenn dich auch weder Geschenke noch Bitten,
Noch die leichenfahle Blässe der Verliebten,
Noch, daß dein Mann krank vor Liebe zu einer
                      pierischen Kebse ist,
Erweichen, deine Anbeter

Solltest du schonen, obwohl du nicht weichherziger bist als hartes
                      Eichenholz
Und nicht sanftmütiger als maurische Schlangen.
Nicht immer wird die Schwelle oder das Wasser
Vom Himmel meine Seite vertragen.

11

Merkur – denn von dir unterrichtet hat der gelehrige
Amphion Steine durch sein Saitenspiel bewegt –
Und du, Schildkrötschale, die den Klang von sieben Saiten
    Kunstvoll zurückwirfst,

Ehedem weder reich an Tönen noch geschätzt, jetzt aber
An den Tafeln der Reichen und in den Tempeln willkommen,
Laß Weisen erklingen, denen Lyde ihr
    Verschlossenes Ohr leiht.

Wie auf weiten Fluren ein dreijähriges Füllen
Tollt sie in ausgelassenen Sprüngen und scheut die Berührung,
Da sie von der Hochzeit nichts weiß und noch zu jung ist für einen
    Stürmischen Gatten.

Du vermagst Tiger und folgsame Wälder
Anzuziehen und reißende Ströme aufzuhalten.
Es wich deinem Schmeicheln der Pförtner der
    Grausigen Halle,

Cerberus, quamvis furiale centum
Muniant angues caput eius atque
Spiritus taeter saniesque manet
    Ore trilingui.

Quin et Ixion Tityosque voltu
Risit invito; stetit urna paulum
Sicca, dum grato Danai puellas
    Carmine mulces.

Audiat Lyde scelus atque notas
Virginum poenas et inane lymphae
Dolium fundo pereuntis imo
    Seraque fata,

Quae manent culpas etiam sub Orco.
Inpiae – nam quid potuere maius? –
Inpiae sponsos potuere duro
    Perdere ferro.

Una de multis face nuptiali
Digna periurum fuit in parentem
Splendide mendax et in omne virgo
    Nobilis aevom,

›Surge‹ quae dixit iuveni marito,
›Surge, ne longus tibi somnus, unde
Non times, detur; socerum et scelestas
    Falle sorores,

Quae velut nactae vitulos leaenae
Singulos eheu lacerant: ego illis
Mollior nec te feriam neque intra
    Claustra tenebo.

Cerberus, obwohl hundert Schlangen sich um seinen
Abscheulichen Schädel ringeln und
Widerlicher Atem und giftiger Geifer seinem dreizüngigen
    Rachen entströmen.

Ja, selbst Ixion und Tityos mußten
Mit widerstrebender Miene lächeln; für kurze Zeit blieb der Krug
Trocken, während du die Töchter des Danaos mit lieblichen
    Tönen entzücktest.

Hören soll Lyde vom Verbrechen und der bekannten
Buße der Mädchen und dem leeren Faß, wo das Wasser
Ganz unten im Boden verschwindet, und von
    Später Vergeltung,

Die die Schuldigen auch drunten im Orkus erwartet.
Die Ruchlosen – denn was konnten sie Ärgeres tun? –
Die Ruchlosen konnten ihre Verlobten mit hartem
    Eisen verderben!

Eine von den vielen war der Hochzeitsfackel
Würdig: Sie wußte ihren eidbrüchigen Vater
Rühmlich zu täuschen und wurde zur Heldenjungfrau für
    Ewige Zeiten.

»Steh auf!« sprach sie zu ihrem jungen Gatten,
»Steh auf, damit nicht langer Schlaf über dich komme durch jemand,
Den du nicht fürchtest! Fliehe vor dem Schwiegervater und meinen
    Ruchlosen Schwestern!

Wie Löwinnen, die Kälber erbeutet haben,
Zerfleischen sie, o weh, einen nach dem anderen! Ich bin
Sanfter als jene und werde dich weder töten noch im
    Hause dich halten.

Me pater saevis oneret catenis, 45
Quod viro clemens misero peperci.
Me vel extremos Numidarum in agros
　　Classe releget:

I pedes quo te rapiunt et aurae,
Dum favet nox et Venus, i secundo 50
Omine et nostri memorem sepulcro
　　Scalpe querelam.‹

12

　　Miserarum est neque amori
　　Dare ludum neque dulci
Mala vino lavere aut exanimari
Metuentis patruae verbera linguae.

　　Tibi qualum Cythereae 5
　　Puer ales, tibi telas
Operosaeque Minervae studium aufert,
Neobule, Liparaei nitor Hebri,

　　Simul unctos Tiberinis
　　Umeros lavit in undis, 10
Eques ipso melior Bellerophonte,
Neque pugno neque segni pede victus;

　　Catus idem per apertum
　　Fugientis agitato
Grege cervos iaculari et celer arto 15
Latitantem fruticeto excipere aprum.

Mich mag der Vater mit harten Ketten beladen,
Weil ich meinen armen Mann aus Sanftmut verschont habe;
Mich mag er gar ins fernste Numiderland mit seiner
    Flotte verschleppen.

Geh, wohin deine Füße und die Winde dich tragen,
Solange die Nacht und Venus dir hold sind, geh unter günstigen
Zeichen, und laß auf mein Grab ein Klagelied meißeln, das
    An mich erinnert.«

12

Armer Mädchen Los ist's, daß sie weder der Liebe
Ihr Spiel erlauben noch mit süßem
Wein die Leiden fortspülen dürfen oder in Angst vergehen müssen
Vor den Peitschenhieben einer Oheimszunge.

Dir will den Wollkorb Kythereas
Flügelknabe, dir das Webzeug
Und der fleißigen Minerva Kunst entreißen,
Neobule, Wenn der Stern aus Lipara, Hebrus,

Die gesalbten Schultern mit des Tibers
Flut benetzt hat.
Er ist als Reiter besser als Bellerophontes selber,
Und weder im Faustkampf noch im Wettlauf zu besiegen.

Er versteht es auch, über eine Lichtung
Flüchtende Hirsche, wenn das Rudel aufgescheucht ist,
Mit dem Speer zu treffen und behende den im dichten
Unterholz versteckten Eber abzufangen.

13

O fons Bandusiae splendidior vitro,
Dulci digne mero non sine floribus,
    Cras donaberis haedo,
        Cui frons turgida cornibus

Primis et venerem et proelia destinat –
Frustra, nam gelidos inficiet tibi
    Rubro sanguine rivos
        Lascivi suboles gregis.

Te flagrantis atrox hora Caniculae
Nescit tangere, tu frigus amabile
    Fessis vomere tauris
        Praebes et pecori vago.

Fies nobilium tu quoque fontium
Me dicente cavis inpositam ilicem
    Saxis, unde loquaces
        Lymphae desiliunt tuae.

14

Herculis ritu modo dictus, o plebs,
Morte venalem petiisse laurum
Caesar Hispana repetit penatis
    Victor ab ora.

Unico gaudens mulier marito
Prodeat iustis operata sacris
Et soror clari ducis et decorae
    Supplice vitta

13

Du Quelle Bandusias, klar wie Kristall,
Der süßer Wein gebührt nicht ohne Blumenschmuck,
Morgen bekommst du ein Böcklein,
Dem die Stirn, schwellend von seinen Hörnern,

Den ersten, Liebesfreuden und Kämpfe verheißt –
Umsonst, denn es wird dir die kühle
Flut mit seinem roten Blut färben,
Das Kind der munteren Herde.

Die schlimme Zeit des glühenden Hundssterns kann dir
Nichts anhaben; liebliche Kühlung
Für die am Pflug ermatteten Rinder
Spendest du, und auch für die weidenden Schafe.

Auch du wirst zu den berühmten Quellen gehören,
Wenn ich die Eiche besinge über dem hohlen
Fels, aus dem geschwätzig
Dein Wasser sprudelt.

14

Herkules gleich, so hieß es noch eben, o Plebs,
Rang um den Lorbeer, der um den Tod nur feil ist,
Caesar; nun aber kehrt er heim von Hispaniens
    Strand als der Sieger.

Ihres einzigen Mannes froh soll nun die Gattin
Erscheinen, soll gebührende Opfer bringen,
Auch des ruhmreichen Feldherrn Schwester und, im Schmuck der
    Binde der Beter,

Virginum matres iuvenumque nuper
Sospitum: vos, o pueri et puellae
Iam virum expertae, male nominatis
    Parcite verbis.

Hic dies vere mihi festus atras
Exiget curas: ego nec tumultum
Nec mori per vim metuam tenente
    Caesare terras.

I pete unguentum, puer, et coronas
Et cadum Marsi memorem duelli,
Spartacum si qua potuit vagantem
    Fallere testa.

Dic et argutae properet Neaerae
Murreum nodo cohibere crinem;
Si per invisum mora ianitorem
    Fiet, abito.

Lenit albescens animos capillus
Litium et rixae cupidos protervae:
Non ego hoc ferrem calidus iuventa
    Consule Planco.

15

Uxor pauperis Ibyci,
    Tandem nequitiae fige modum tuae
Famosisque laboribus;
    Maturo propior desine funeri

Die Mütter der jungen Frauen und der Männer, die unlängst
Errettet wurden; doch ihr, ihr Knaben und Mädchen,
Die ihr vom Mann schon wißt: Auf alle verrufenen
    Worte verzichtet!

Dieser Festtag wird mir wahrlich die düstren
Sorgen verscheuchen; weder Aufruhr werd' ich
Noch gewaltsamen Tod nun fürchten, es herrscht ja
    Caesar auf Erden.

Geh, hole Salböl, Bursche, hole Kränze
Und einen Krug, der sich noch des Marserkriegs erinnert,
Wenn womöglich beim Zug des Spartacus eine
    Amphore davonkam.

Sag auch der kecken Neaera, sie soll sich eilen,
Ihr myrrhenduftendes Haar zum Knoten zu schlingen,
Wenn's aber wegen des lästigen Pförtners Ärger
    Gibt, dann verzieh dich!

Es sänftigt das ergrauende Haar mein Herz,
Das einst auf Händel aus war und frechen Streit.
Nicht würd' ich's tragen, wäre ich noch ein junger Heißsporn wie
                               damals, als
    Plancus Konsul war.

15

Weib des Hungerleiders Ibykus,
Mach doch endlich mit deiner Schlechtigkeit Schluß
Und deinem anrüchigen Treiben!
Gib's auf, schon allzu nah dem Grab, das auf dich wartet,

Inter ludere virgines 5
    Et stellis nebulam spargere candidis.
Non, si quid Pholoen satis,
    Et te, Chlori, decet: filia rectius

Expugnat iuvenum domos,
    Pulso Thyias uti concita tympano. 10
Illam cogit amor Nothi
    Lascivae similem ludere capreae:

Te lanae prope nobilem
    Tonsae Luceriam, non citharae decent
Nec flos purpureus rosae 15
    Nec poti vetulam faece tenus cadi.

16

Inclusam Danaen turris aenea
Robustaeque fores et vigilum canum
Tristes excubiae munierant satis
    Nocturnis ab adulteris,

Si non Acrisium virginis abditae 5
Custodem pavidum Iuppiter et Venus
Risissent: fore enim tutum iter et patens
    Converso in pretium deo.

Aurum per medios ire satellites
Et perrumpere amat saxa potentius 10
Ictu fulmineo: concidit auguris
    Argivi domus ob lucrum

Unter jungen Mädchen herumzuscharwenzeln
Und strahlende Sterne mit Gewölk zu überziehen!
Nein, wenn etwas der Pholoe ganz gut
Steht, paßt's darum nicht für dich, Chloris! Eher kann deine Tochter

Die Häuser junger Männer erstürmen,
Gleich einer Bacchantin, die der Klang des Tamburins ins Raserei
versetzt hat.
Sie zwingt ihre Leidenschaft für Nothus,
Sich wie eine liebestolle Ziege aufzuführen.

Für dich paßt Wolle, beim stolzen
Luceria geschoren, nicht die Laute,
Auch nicht die purpurrote Rosenblüte
Und nicht die Krüge, die du alte Schachtel bis zur Neige leerst.

16

Die eingesperrte Danae hätten der eherne Turm
Und das starke Tor und der ruhelosen Hunde
Grimmige Wachen hinreichend bewahrt
Vor nächtlichen Freiern,

Wenn nicht den Akrisios, des versteckten Mädchens
Ängstlichen Hüter, Jupiter und Venus
Ausgelacht hätten: Es wird einen sicheren und gangbaren Weg geben,
Wenn der Gott sich in Bargeld verwandelt!

Gold liebt es, mitten durch die Leibgarde zu marschieren
Und Mauern zu durchbrechen, gewaltiger
Als ein Blitzschlag: Zugrunde ging des argivischen
Sehers Haus, durch Goldgier

Demersa exitio; diffidit urbium
Portas vir Macedo et subruit aemulos
Reges muneribus; munera navium
    Saevos inlaqueant duces.

Crescentem sequitur cura pecuniam
Maiorumque fames: iure perhorrui
Late conspicuum tollere verticem,
    Maecenas, equitum decus.

Quanto quisque sibi plura negaverit,
Ab dis plura feret: nil cupientium
Nudus castra peto et transfuga divitum
    Partis linquere gestio,

Contemptae dominus splendidior rei,
Quam si, quidquid arat inpiger Apulus,
Occultare meis dicerer horreis,
    Magnas inter opes inops.

Purae rivos aquae silvaque iugerum
Paucorum et segetis certa fides meae
Fulgentem imperio fertilis Africae
    Fallit sorte beatior.

Quamquam nec Calabrae mella ferunt apes
Nec Laestrygonia Bacchus in amphora
Languescit mihi nec pinguia Gallicis
    Crescunt vellera pascuis:

Inportuna tamen pauperies abest
Nec, si plura velim, tu dare deneges.

Ins Verderben gestürzt. Es sprengte der Städte
Tore der Mann aus Mazedonien und brachte Rivalen
Um den Thron zu Fall – mit Geld. Geld wird auch
Grausamen Flottenführern zum Verhängnis.

Dem wachsenden Vermögen folgt die Sorge
Und die Gier nach mehr. Mit Recht schreckte ich davor zurück,
Mein Haupt weithin sichtbar zu erheben,
Maecenas, du Zierde der Ritterschaft.

Je mehr ein jeder sich selbst versagt,
Desto mehr wird er von den Göttern empfangen;
                                        in der Bedürfnislosen
Lager eile ich unbemittelt und verlasse als Überläufer
Freudig den Bund der Reichen,

Weil ich als Herr eines bescheidenen Guts glänzender dastehe,
Als wenn ich alles, was der fleißige Apulier anbaut,
Angeblich in meinen Speichern versteckte –
Inmitten reicher Mittel mittellos.

Mein klarer Bach und wenige Morgen Wald
Und der sichere Ertrag meines Ackers
Sind – wer mit seiner Macht über das fruchtbare Afrika prunkt,
Ahnt es nicht – ein größeres Glück für mich,

Obwohl mir weder kalabrische Bienen Honig eintragen
Noch Wein in lästrygonischen Amphoren
Altert noch auf gallischen Weiden fette
Wollschafe heranwachsen.

Drückende Armut jedoch ist fern,
Und wollte ich mehr, schlügest du es mir wohl nicht ab.

Contracto melius parva cupidine
    Vectigalia porrigam 40

Quam si Mygdoniis regnum Alyattei
Campis continuem: multa petentibus
    Desunt multa; bene est, cui deus obtulit
        Parca, quod satis est, manu.

17

Aeli vetusto nobilis ab Lamo –
Quando et priores hinc Lamias ferunt
    Denominatos et nepotum
        Per memores genus omne fastus,

Auctore ab illo ducis originem, 5
Qui Formiarum moenia dicitur
    Princeps et innantem Maricae
        Litoribus tenuisse Lirim

Late tyrannus – cras foliis nemus
Multis et alga litus inutili 10
    Demissa tempestas ab Euro
        Sternet, aquae nisi fallit augur

Annosa cornix: dum potes, aridum
Conpone lignum; cras genium mero
    Curabis et porco bimenstri 15
        Cum famulis operum solutis.

Doch indem ich meine Bedürfnisse einschränke, werde ich besser
                              meine bescheidenen
Einkünfte vergrößern,

Als wenn ich mit den mygdonischen Gefilden das Königreich
                              des Alyattes
Verbände. Denen, die viel begehren,
Fehlt viel. Gut steht's um den, dem ein Gott
Mit sparsamer Hand gab, was genug ist.

17

Aelius, edler Sproß des alten Lamus,
Denn wenn nach ihm, wie man sagt, die früheren Lamia
Benannt sind und der Enkel
Ganzes Geschlecht gemäß der erinnernden Chronik,

Dann leitest du von jenem Ahnherrn deine Herkunft ab,
Der nach der Sage über Formiaes Mauern
Zuerst gebot und über den Liris,
Der in Maricas Küstenstrich hineinfließt,

Als Herrscher über weites Land: Morgen wird den Waldboden
Mit vielen Blättern und den Strand mit unnützem Seegras
Ein vom Eurus losgeschickter Sturm
Bedecken, wenn sich die Regenprophetin nicht täuscht,

Die uralte Krähe. Solange du noch kannst, laß trockenes
Holz aufschichten! Morgen wirst du deinen Schutzgott mit Wein
Erquicken und mit einem zweimonatigen Ferkel
Im Kreise deiner Sklaven, die der Arbeit ledig sind.

18

Faune, Nympharum fugientum amator,
Per meos finis et aprica rura
Lenis incedas abeasque parvis
    Aequus alumnis,

Si tener pleno cadit haedus anno,
Larga nec desunt Veneris sodali
Vina craterae, vetus ara multo
    Fumat odore.

Ludit herboso pecus omne campo,
Cum tibi nonae redeunt Decembres,
Festus in pratis vacat otioso
    Cum bove pagus,

Inter audacis lupus errat agnos,
Spargit agrestis tibi silva frondes,
Gaudet invisam pepulisse fossor
    Ter pede terram.

19

Quantum distet ab Inacho
   Codrus pro patria non timidus mori,
Narras et genus Aeaci
   Et pugnata sacro bella sub Ilio:

Quo Chium pretio cadum
   Mercemur, quis aquam temperet ignibus,
Quo praebente domum et quota
   Paelignis caream frigoribus, taces.

18

Faun, du Liebhaber flüchtiger Nymphen,
Über mein Gut und die sonnigen Fluren
Geh bitte sanften Schritts, und scheide von meinen kleinen
    Zöglingen gnädig,

Sofern dir, wenn das Jahr voll ist, ein zartes Böcklein als Opfer fällt
Und Wein in Strömen nicht dem Genossen der Venus fehlt,
Dem Mischkrug, und der alte Altar dampft vom
    Reichlichen Weihrauch.

Alles Vieh springt lustig auf dem grasigen Anger,
Wenn dir die Nonen des Dezember wiederkehren;
Fröhlich feiert auf den Wiesen das Dorf mit dem
    Ochsen, der Ruh' hat.

Zwischen furchtlosen Lämmern geht ein Wolf hin und her,
Es streut dir sein schlichtes Laub der Wald,
Und mit Vergnügen stampft der Winzer die gehässige
    Erde im Dreischritt.

19

Wie groß der Abstand von Inachus
Zu Kodrus ist, der furchtlos für seine Heimat starb,
Das tust du kund, dazu den Stammbaum des Aiakos
Und die Kriege, die man unterhalb des heiligen Ilion austrug.

Um welchen Preis wir einen Krug Chierwein
Kaufen, wer das Wasser am Feuer wärmt,
In wessen gastfreiem Haus und zu welcher Stunde
Ich die Abruzzenfröste meide, davon schweigst du.

Da lunae propere novae,
   Da noctis mediae, da, puer, auguris
Murenae: tribus aut novem
   Miscentur cyathis pocula commodis.

Qui Musas amat imparis,
   Ternos ter cyathos attonitus petet
Vates; tris prohibet supra
   Rixarum metuens tangere Gratia

Nudis iuncta sororibus:
   Insanire iuvat; cur Berecyntiae
Cessant flamina tibiae?
   Cur pendet tacita fistula cum lyra?

Parcentis ego dexteras
   Odi: sparge rosas; audiat invidus
Dementem strepitum Lycus
   Et vicina seni non habilis Lyco.

Spissa te nitidum coma,
   Puro te similem, Telephe, Vespero
Tempestiva petit Rhode:
   Me lentus Glycerae torret amor meae.

20

Non vides, quanto moveas periclo,
Pyrrhe, Gaetulae catulos leaenae?
Dura post paulo fugies inaudax
    Proelia raptor,

Gib schnell einen Becher her auf den neuen Mond,
Gib einen her auf die Mitternacht, gib einen her, Bursche,
                auf den Augur
Murena! Mit drei oder neun
Vollen Bechern soll man den Trank mischen!

Wer die Neunzahl der Musen liebt,
Greife nach dreimal drei Bechern als begeisterter
Dichter. Mehr als drei verbietet
Aus Angst vor Streit die Grazie zu nehmen,

Den nackten Schwestern verbunden.
Auszurasten macht Spaß! Warum läßt der berecynthischen
Flöte Spiel auf sich warten?
Warum hängt die Syrinx stumm an der Wand mit der Laute?

Knauserige Hände hasse ich!
Streue Rosen! Es höre der neidische
Lycus den tollen Lärm
Und die Nachbarin, die zu dem alten Lycus nicht paßt!

Dich mit deinen dichten, vollen Locken,
Telephus, der du dem strahlenden Abendstern gleichst,
Begehrt die blühende Rhode;
Mich versengt unerwiderte Liebe zu meiner Glycera.

20

Siehst du nicht, unter wie großer Gefahr du,
Pyrrhus, einer gätulischen Löwin die Jungen nehmen willst?
Nach hartem Kampf wirst du bald genug fliehen, ein
    Mutloser Räuber,

Cum per obstantis iuvenum catervas
Ibit insignem repetens Nearchum:
Grande certamen, tibi praeda cedat,
    Maior an illa.

Interim, dum tu celeres sagittas
Promis, haec dentis acuit timendos,
Arbiter pugnae posuisse nudo
    Sub pede palmam

Fertur et leni recreare vento
Sparsum odoratis umerum capillis,
Qualis aut Nireus fuit aut aquosa
    Raptus ab Ida.

21

O nata mecum consule Manlio,
Seu tu querelas sive geris iocos
    Seu rixam et insanos amores
        Seu facilem, pia testa, somnum,

Quocumque lectum nomine Massicum
Servas, moveri digna bono die,
    Descende Corvino iubente
        Promere languidiora vina.

Non ille, quamquam Socraticis madet
Sermonibus, te negleget horridus:
    Narratur et prisci Catonis
        Saepe mero caluisse virtus.

Wenn sie durch die Schar der jungen Männer, die sich ihr in den
        Weg stellt,
Daherkommt, um sich den hübschen Nearchus zurückzuholen –
Ein großartiges Duell: fällt wohl dir die Beute zu, oder ist etwa
        Jene dir über?

Unterdessen aber, während du schnelle Pfeile
Hervorholst, sie die furchtbaren Zähne wetzt,
Legte der Richter im Streit unter seinen nackten
        Fuß schon den Palmzweig,

Sagt man, und kühlt im sanften Wind
Seine von duftenden Locken halbbedeckte Schulter,
Schön wie Nireus war oder der vom feuchten
        Ida Geraubte.

21

Der du mit mir unter Konsul Manlius zur Welt kamst,
Ob du nun Klagen oder Scherze birgst,
Ob Streit oder Liebeswahnsinn
Oder auch, lieber Krug, willigen Schlummer,

Wozu auch immer der Massiker gelesen wurde,
Den du enthältst, du verdienst es, an einem glücklichen Tag geholt
        zu werden.
So steige herab, da Corvinus verlangt,
Milderen Wein heranzuschaffen!

Nicht wird jener, obwohl er ganz erfüllt ist von sokratischen
Sprüchen, dich roh zurückweisen:
Man sagt, selbst des alten Cato
Tatkraft habe sich oft am Wein erwärmt.

Tu lene tormentum ingenio admoves
Plerumque duro; tu sapientium
   Curas et arcanum iocoso 15
      Consilium retegis Lyaeo;

Tu spem reducis mentibus anxiis
Virisque et addis cornua pauperi
   Post te neque iratos trementi
      Regum apices neque militum arma. 20

Te Liber et, si laeta aderit, Venus
Segnesque nodum solvere Gratiae
   Vivaeque producent lucernae,
      Dum rediens fugat astra Phoebus.

22

Montium custos nemorumque, virgo,
Quae laborantis utero puellas
Ter vocata audis adimisque leto,
   Diva triformis,

Imminens villae tua pinus esto, 5
Quam per exactos ego laetus annos
Verris obliquom meditantis ictum
   Sanguine donem.

23

Caelo supinas si tuleris manus
Nascente luna, rustica Phidyle,
   Si ture placaris et horna
      Fruge Lares avidaque porca:

Du senkst einen sanften Stachel in ein Gemüt,
Das sonst verkrampft ist, du enthüllst der Weisen
Sorgen und geheime Pläne
Dem heiteren Lyaeus,

Du führst die Hoffnung ins zagende Herz zurück
Und verleihst dem Armen Kraft und Mut:
Nach dir erzittert er weder vor zorniger
Könige Kronen noch vor den Waffen ihrer Krieger.

Dich werden Bacchus und, wenn sie froh zugegen ist, Venus
Und die nur ungern ihre Umschlingung lösen, die Grazien,
Und brennende Lampen begleiten,
Bis Phoebus zurückkehrt und die Sterne verscheucht.

22

Beschützerin der Berge und Wälder, Jungfrau,
Die du junge Frauen im Schmerz der Wehen,
Dreimal gerufen, erhörst und dem Tod entreißt,
    Dreigestaltige Göttin,

Die Pinie, die mein Landhaus überragt, soll dir geweiht sein;
Sie werde ich froh an jedem Jahresende
Mit dem Blut eines Ebers benetzen, der schon darauf sinnt, seitwärts
    Wunden zu schlagen.

23

Wenn du zum Himmel betend die Hände erhebst,
Sobald sich der neue Mond zeigt, Bäuerin Phidyle,
Wenn du mit Weihrauch und heuriger
Feldfrucht die Laren versöhnst und mit einem gefräßigen Schwein,

Nec pestilentem sentiet Africum
Fecunda vitis nec sterilem seges
   Robiginem aut dulces alumni
      Pomifero grave tempus anno.

Nam quae nivali pascitur Algido
Devota quercus inter et ilices
   Aut crescit Albanis in herbis
      Victima, pontificum securis

Cervice tinguet: te nihil attinet
Temptare multa caede bidentium
   Parvos coronantem marino
      Rore deos fragilique myrto.

Inmunis aram si tetigit manus,
Non sumptuosa blandior hostia,
   Mollivit aversos Penatis
      Farre pio et saliente mica.

24

Intactis opulentior
   Thesauris Arabum et divitis Indiae
Caementis licet occupes
   Terrenum omne tuis et mare publicum:

Si figit adamantinos
   Summis verticibus dira Necessitas
Clavos, non animum metu,
   Non mortis laqueis expedies caput.

Wird weder den verderblichen Südwind
Dein fruchtbarer Weinstock spüren noch dein Saatfeld den dürren
Brand oder dein geliebtes Jungvieh
Die drückende Hitze während der obstreichen Jahreszeit.

Denn was auf dem schneereichen Algidus grast,
Gottgeweiht zwischen Sommer- und Steineichen,
Und was auf den albanischen Weiden heranwächst
Als Opfertier, wird das Beil der Priester

Mit seinem Nackenblut färben. Du brauchst nicht
Mit dem Hinschlachten vieler Schafe Gnade zu erflehen,
Wenn du deine kleinen Götter mit Rosmarin
Und zarter Myrte bekränzt.

Wenn eine schuldlose Hand den Altar berührt,
Vermag kein aufwendiges Opfer gewinnender
Penaten, die sich abgewandt haben, zu besänftigen
Als Opfermehl und sprühendes Salz.

24

Reicher an Gütern als die unberührten
Schatzhäuser der Araber und des fruchtbaren Indien,
Magst du mit Steingebäuden überziehen
Das ganze Festland und das Meer, das allen gehört:

Da seine stählernen Nägel
Auch in die höchsten Giebel das grausige Schicksal
Schlägt, wirst du dein Herz nicht von der Angst,
Nicht aus den Schlingen des Todes dein Haupt befreien.

    Campestres melius Scythae,
        Quorum plaustra vagas rite trahunt domos,
    Vivunt et rigidi Getae,
        Inmetata quibus iugera liberas

    Fruges et Cererem ferunt
        Nec cultura placet longior annua
    Defunctumque laboribus
        Aequali recreat sorte vicarius.

    Illic matre carentibus
        Privignis mulier temperat innocens
    Nec dotata regit virum
        Coniunx nec nitido fidit adultero.

    Dos est magna parentium
        Virtus et metuens alterius viri
    Certo foedere castitas,
        Et peccare nefas aut pretium est mori.

    O quisquis volet inpias
        Caedis et rabiem tollere civicam,
    Si quaeret PATER URBIUM
        Subscribi statuis, indomitam audeat

    Refrenare licentiam,
        Clarus postgenitis: quatenus, heu nefas,
    Virtutem incolumem odimus,
        Sublatam ex oculis quaerimus invidi.

    Quid tristes querimoniae,
        Si non supplicio culpa reciditur,
    Quid leges sine moribus
        Vanae proficiunt, si neque fervidis

Die Steppenbewohner, die Skythen, leben besser,
Deren unstete Häuser nach altem Brauch Wagen befördern,
Und auch die frostgestählten Geten,
Denen unvermessene Äcker allen zugedachte

Feldfrüchte und der Ceres Gabe tragen und
Der Landbau nicht länger als ein Jahr behagt;
Hat einer die Arbeitslast getragen,
Schafft sein Ersatzmann ihm Erholung nach gerechtem Los.

Für mutterlose Waisen sorgt dort
Das neue Eheweib unsträflich,
Und keine Frau mit reicher Mitgift beherrscht den Mann,
Noch traut sie einem stattlichen Verführer.

Eine große Mitgift ist der Eltern
Tüchtigkeit und Keuschheit, die den anderen Mann scheut,
Weil der Ehebund unverbrüchlich ist.
Zu sündigen wäre ein Frevel; andernfalls ist Tod der Lohn.

Ach, wer auch immer danach verlangt, das ruchlose
Morden und die Raserei unter den Bürgern zu beenden:
Wenn er wünscht, daß man »Vater der Städte«
Auf seine Standbilder schreibt, dann wage er es, die unbändige

Sittenlosigkeit zu zügeln,
Ruhmreich der Nachwelt, da wir ja – welch ein Greuel! –
Helden, solange sie leben, hassen, neiderfüllt,
Sie aber vermissen, wenn sie unseren Augen entrückt sind.

Wozu betrübte Klagen,
Wenn nicht durch strenge Strafe das Laster zurückgeschnitten wird?
Was nützen Gesetze, die ohne Gesittung
Wertlos sind, wenn weder der von glühender

Pars inclusa caloribus
    Mundi nec Boreae finitimum latus
Durataeque solo nives
    Mercatorem abigunt, horrida callidi

Vincunt aequora navitae,
    Magnum pauperies opprobrium iubet
Quidvis et facere et pati
    Virtutisque viam deserit arduae?

Vel nos in Capitolium,
    Quo clamor vocat et turba faventium,
Vel nos in mare proximum
    Gemmas et lapides aurum et inutile,

Summi materiem mali,
    Mittamus, scelerum si bene paenitet.
Eradenda cupidinis
    Pravi sunt elementa et tenerae nimis

Mentes asperioribus
    Formandae studiis. Nescit equo rudis
Haerere ingenuus puer
    Venarique timet, ludere doctior,

Seu Graeco iubeas trocho
    Seu malis vetita legibus alea,
Cum periura patris fides
    Consortem socium fallat et hospites

Indignoque pecuniam
    Heredi properet. Scilicet inprobae
Crescunt divitiae, tamen
    Curtae nescio quid semper abest rei.

Hitze umschlossene Teil
Der Welt noch die dem Boreas benachbarte Seite
Und der am Boden erstarrte Schnee
Den Kaufmann fernhalten, wenn geschickte

Seeleute das schauerliche Meer bezwingen,
Wenn Armut als große Schande gebietet,
Alles Mögliche zu tun und zu erleiden,
Und der Tugend steilen Pfad verläßt?

Laßt uns entweder auf das Kapitol,
Wohin der Lärm uns ruft und die Menge der Beifall Spendenden,
Oder ins nächstgelegene Meer
Perlen, Edelsteine und das nutzlose Gold,

Die Ursache äußersten Unheils,
Wegbringen, wenn unsere Verbrechen uns wirklich reuen.
Ausmerzen muß man der schlimmen Begierde
Keime und den allzu verzärtelten

Sinn an härteren Aufgaben
Formen. Ungeübt kann sich
Der freigeborene Junge auf dem Pferd nicht halten,
Er scheut die Jagd; aufs Spiel versteht er sich besser,

Ob man es mit dem griechischen Reifen verlangt
Oder lieber mit Würfeln, die das Gesetz verbietet,
Während das eidbrüchige Treuwort des Vaters
Dessen Geschäftspartner täuscht und Fremde

Und er Geld für seinen unwürdigen
Erben hastig zusammenscharrt. Maßlos, gewiß,
Wächst so der Reichtum; trotzdem
Fehlt dem noch unvollständigen Besitz stets irgend etwas.

25

Quo me, Bacche, rapis tui
    Plenum? Quae nemora aut quos agor in specus,
Velox mente nova? Quibus
    Antris egregii Caesaris audiar

Aeternum meditans decus
    Stellis inserere et consilio Iovis?
Dicam insigne, recens, adhuc
    Indictum ore alio. Non secus in iugis

Exsomnis stupet Euhias
    Hebrum prospiciens et nive candidam
Thracen ac pede barbaro
    Lustratam Rhodopen, ut mihi devio

Ripas et vacuum nemus
    Mirari libet. O Naiadum potens
Baccharumque valentium
    Proceras manibus vertere fraxinos,

Nil parvum aut humili modo,
    Nil mortale loquar. Dulce periculum est,
O Lenaee, sequi deum
    Cingentem viridi tempora pampino.

25

Wohin reißt du mich fort, Bacchus, von dir
Erfüllt? In welche Wälder, welche Höhlen werde ich entführt
Schnell, gewandelten Sinnes? Welche
Grotten werden mich hören, wie ich des erhabenen Kaisers

Ewigen Ruhm wohlüberdacht
Unter die Sterne versetze und in Jupiters Rat?
Herrliches will ich singen, Neues, bisher
Nie aus anderem Munde Vernommenes. Nicht anders ist auf
                              Bergeshöhn

Die schlaflose Mänade außer sich,
Wenn sie den Hebrus erblickt, das schneeglänzende
Thrakien und das von Barbarenfüßen
Durchwanderte Rhodopegebirge, wie es nun mir,
                           dem Entrückten, gefällt,

Die Bachufer und den einsamen Wald
Zu bewundern. O du Gebieter der Najaden
Und der Bacchantinnen, die stark genug sind,
Hochragende Eschen mit ihren Händen zu stürzen:

Nichts Geringes oder von gemeiner Art,
Nichts Vergängliches will ich künden: Ein süßes Wagnis ist es,
O Lenaeus, dem Gott zu folgen,
Der sich mit grünem Weinlaub die Schläfen bekränzt.

26

Vixi puellis nuper idoneus
Et militavi non sine gloria;
   Nunc arma defunctumque bello
      Barbiton hic paries habebit.

Laevom marinae qui Veneris latus
Custodit. Hic, hic ponite lucida
   Funalia et vectis et arcus
      Oppositis foribus minacis.

O quae beatam diva tenes Cyprum et
Memphin carentem Sithonia nive,
   Regina, sublimi flagello
      Tange Chloen semel arrogantem.

27

Inpios parrae recinentis omen
Ducat et praegnans canis aut ab agro
Rava decurrens lupa Lanuvino
   Fetaque volpes,

Rumpat et serpens iter institutum,
Si per obliquom similis sagittae
Terruit mannos: ego cui timebo,
   Providus auspex,

Antequam stantis repetat paludes
Imbrium divina avis imminentum,

26

Das Leben genoß ich noch vor kurzem, bei den
                          Mädchen wohlgelitten,
Und leistete nicht ohne Ehrgeiz meinen Dienst;
Nun soll die Waffen und die kampfesmüde
    Laute die Wand hier haben,

Die der meergeborenen Venus linke Seite
Beschützt. Hier, hier legt sie ab, die flackernden
Fackeln, die Brechstangen und Bogen,
    Die verschlossene Türen bedrohten.

O Göttin, die das glückliche Zypern beherrscht und
Memphis, das sithonischen Schnee nicht kennt,
Königin, mit hochgeschwungener Geißel
    Triff nur einmal noch die stolze Chloe!

27

Sünder mag das böse Vorzeichen eines Kauzrufs
Geleiten, eine trächtige Hündin oder, aus dem Feld
Von Lanuvium herstürmend, eine graue Wölfin und eine
    Säugende Füchsin.

Auch eine Schlange soll den Beginn der Reise stören,
Wenn sie von der Seite, einem Pfeil gleich,
Die Pferdchen erschreckte. Ich werde für die, um die ich mich
                          sorge, als
    Kundiger Seher,

Ehe er wieder die stehenden Gewässer aufsucht,
Der Vogel, der drohende Wolkenbrüche verkündet,

Oscinem corvum prece suscitabo
    Solis ab ortu.

Sis licet felix, ubicumque mavis,
Et memor nostri, Galatea, vivas
Teque nec laevos vetet ire picus
    Nec vaga cornix.

Sed vides, quanto trepidet tumultu
Pronus Orion? Ego quid sit ater
Hadriae novi sinus et quid albus
    Peccet Iapyx.

Hostium uxores puerique caecos
Sentiant motus orientis Austri et
Aequoris nigri fremitum et trementis
    Verbere ripas.

Sic et Europe niveum doloso
Credidit tauro latus et scatentem
Beluis pontum mediasque fraudes
    Palluit audax.

Nuper in pratis studiosa florum et
Debitae Nymphis opifex coronae
Nocte sublustri nihil astra praeter
    Vidit et undas.

Quae simul centum tetigit potentem
Oppidis Creten, ›pater, o relictum
Filiae nomen pietasque‹ dixit
    ›Victa furore!

Einen prophetischen Raben durch mein Gebet herlocken vom
    Aufgang der Sonne.

Glücklich sollst du sein, wo immer du lieber weilst,
Und im Gedenken an mich, Galatea, leben.
Kein unheilvoller Specht hindere dich zu gehen, keine
    Wandernde Krähe.

Doch du siehst, mit welchem Ungewitter
Orion rasch hinabsinkt; was der schwarze
Schlund der Adria bedeutet, weiß ich, und was der Wind, der den
                    Himmel rein fegt,
    Anstellt, der Iapyx.

Unserer Feinde Weiber und Kinder mögen den blindwütigen
Ansturm des losbrechenden Südsturms zu spüren bekommen
Und das Toben der dunklen See und wie unter ihrem
                    Wogenschwall die
    Küsten erzittern.

So wie du hat auch Europa ihren weißen Leib dem listigen
Stier anvertraut, doch vor dem Meer voller
Ungeheuer und angesichts all der Täuschung
    Erbleichte die Kühne.

Eben noch suchte sie auf den Wiesen Blumen
Und wand nach Gebühr einen Kranz für die Nymphen;
Nun sah sie im Dämmer der Nacht nichts als
    Sterne und Wellen.

Sobald sie das durch hundert Städte machtvolle
Kreta erreicht hatte, rief sie: »Vater, ach, ich darf mich nicht mehr
Deine Tochter nennen, und über Kindesliebe
    Siegte Verblendung!

Unde quo veni? Levis una mors est
Virginum culpae. Vigilansne ploro
Turpe conmissum an vitiis carentem
    Ludit imago   40

Vana, quae porta fugiens eburna
Somnium ducit? meliusne fluctus
Ire per longos fuit an recentis
    Carpere flores?

Siquis infamem mihi nunc iuvencum   45
Dedat iratae, lacerare ferro et
Frangere enitar modo multum amati
    Cornua monstri.

Inpudens liqui patrios penates,
Inpudens Orcum moror. O deorum   50
Siquis haec audis, utinam inter errem
    Nuda leones;

Antequam turpis macies decentis
Occupet malas teneraeque sucus
Defluat praedae, speciosa quaero   55
    Pascere tigris.

Vilis Europe, pater urget absens:
Quid mori cessas? Potes hac ab orno
Pendulum zona bene te secuta
    Laedere collum.   60

Woher, wohin bin ich gekommen? Leicht wäre ein Tod
Für den Fehltritt der Mädchen! Wache ich und beklage ich
Die schändliche Tat, oder bin ich schuldlos und
　　Täuscht mich ein Trugbild,

Das, dem elfenbeinernen Tor entflohen,
Ein Traum gestaltet? War es besser, durch die weiten
Fluten zu ziehen oder frische
　　Blumen zu pflücken?

Wenn mir doch jemand jetzt den üblen Stier
Überließe, mir, der Ergrimmten! Mit dem Schwert zerfleischen
Will ich ihn, brechen will ich dem eben noch heißgeliebten
　　Untier die Hörner!

Schamlos habe ich mein Vaterhaus verlassen,
Schamlos lasse ich den Todesgott auf mich warten, ach, wenn von
　　　　　　　　　　　　　den Göttern
Einer dies hört, so wollte ich wehrlos unter
　　Löwen geraten!

Bevor garstige Dürre von meinen hübschen
Wangen Besitz ergreift und der Lebenssaft aus der zarten
Beute schwindet, dien' ich in Schönheit
　　Tigern zum Fraße.

›Schändliche Europa‹, drängt mich mein ferner Vater;
›Was säumst du zu sterben? Du kannst dich an dieser Esche
Mit dem Gürtel, der dich zum Glück begleitet hat, aufhängen und
　　　　　　　　　　　　　　　den
　　Nacken dir brechen

Sive te rupes et acuta leto
Saxa delectant, age te procellae
Crede veloci, nisi erile mavis
    Carpere pensum

Regius sanguis dominaeque tradi 65
Barbarae paelex.‹ Aderat querenti
Perfidum ridens Venus et remisso
    Filius arcu.

Mox ubi lusit satis, ›abstineto‹
Dixit ›irarum calidaeque rixae, 70
Cum tibi invisus laceranda reddet
    Cornua taurus.

Uxor invicti Iovis esse nescis.
Mitte singultus, bene ferre magnam
Disce fortunam; tua sectus orbis 75
    Nomina ducet.‹

28

Festo quid potius die
   Neptuni faciam? Prome reconditum,
Lyde, strenua Caecubum
   Munitaeque adhibe vim sapientiae.

Inclinare meridiem 5
   Sentis ac, veluti stet volucris dies,
Parcis deripere horreo
   Cessantem Bibuli consulis amphoram?

Oder, wenn die Felswand und die tödlichen Zacken
Der Klippen dich reizen, dann auf! Dem Sturm
Überlaß dich, dem rasenden, wenn du es nicht vorziehst, deiner
                                                   Herrin
    Wolle zu zupfen,

Und, wiewohl königlichen Geblüts, neben einer Barbarenfrau
Zur Kebse zu werden.‹« Während sie so klagte, stand
Schelmisch lächelnd Venus da und, mit entspanntem
    Bogen, ihr Söhnchen.

Gleich darauf, als sie sich genug amüsiert hatte, sprach sie:
                                                »Laß die
Wutausbrüche und das übereilte Gezänk,
Wenn dir der verhaßte Stier seine Hörner hinhält,
    Sie zu zerbrechen.

Daß du die Gemahlin des unbesiegbaren Jupiter bist, weißt du nicht.
Schluß mit dem Geschluchze! Wie man auf rechte Weise großes
Glück erträgt, das lerne! Deinen Namen erhält die
    Hälfte der Erde.«

28

Was könnte ich eher am Festtag
Neptuns tun? Bring den zurückgestellten
Caecuber rasch herbei, Lyde,
Und gib deiner festgegründeten Verständigkeit einen Stoß!

Daß der Mittag schon fast vorbei ist,
Merkst du, jedoch, als ob die flüchtige Zeit still stünde,
Holst du nur zögernd aus der Kammer
Des Konsuls Bibulus Krug, der dort rastet.

Nos cantabimus invicem
   Neptunum et viridis Nereidum comas;
Tu curva recines lyra
   Latonam et celeris spicula Cynthiae:

Summo carmine, quae Cnidon
   Fulgentisque tenet Cycladas et Paphon
Iunctis visit oloribus,
   Dicetur merita Nox quoque nenia.

29

Tyrrhena regum progenies, tibi
Non ante verso lene merum cado
   Cum flore, Maecenas, rosarum et
     Pressa tuis balanus capillis

Iamdudum apud me est: eripe te morae
Ne semper udum Tibur et Aefulae
   Declive contempleris arvom et
     Telegoni iuga parricidae.

Fastidiosam desere copiam et
Molem propinquam nubibus arduis:
   Omitte mirari beatae
     Fumum et opes strepitumque Romae.

Plerumque gratae divitibus vices
Mundaeque parvo sub lare pauperum
   Cenae sine aulaeis et ostro
     Sollicitam explicuere frontem.

Ich meinerseits will singen
Von Neptun und den grünen Haaren der Nereiden,
Du wirst auf der gewölbten Laute
Im Wechsel Latona und die Pfeile der hurtigen Diana preisen.

Am Ende des Lieds soll sie, die Knidos
Und die schimmernden Kykladen beherrscht und Paphos
Mit dem Schwanengespann aufsucht,
Besungen werden, und auch die Nacht mit einem wohlverdienten
                              Schlummerlied.

29

Etruskischer Könige Sproß, für dich
Steht in einem vorher nicht angerührten Krug ein milder Wein,
Dazu, Maecenas, Rosenblüten und
Für dein Haar gepreßtes Balsamöl

Schon lange bei mir bereit. Entreiße dich deinem Zaudern;
Nicht ständig solltest du das feuchte Tibur und der Aefula
Abschüssige Trift betrachten und
Telegonos', des Vatermörders, Berge.

Verlaß die Fülle, die Überdruß erregt, und
Den Palast, der an die hohen Wolken stößt!
Laß die Schwärmerei für den Rauch,
Die Schätze und den Lärm des herrlichen Rom!

Gewöhnlich ist den Reichen Abwechslung willkommen,
Und im Haus der Armen ein schlichtes
Abendessen ohne Baldachine und Purpurdecken
Hat oftmals ihre sorgenvolle Stirn geglättet.

Iam clarus occultum Andromedae pater
Ostendit ignem, iam Procyon furit
   Et stella vesani Leonis
      Sole dies referente siccos;   20

Iam pastor umbras cum grege languido
Rivomque fessus quaerit et horridi
   Dumeta Silvani caretque
      Ripa vagis taciturna ventis:

Tu civitatem quis deceat status   25
Curas et urbi sollicitus times,
   Quid Seres et regnata Cyro
      Bactra parent Tanaisque discors.

Prudens futuri temporis exitum
Caliginosa nocte premit deus   30
   Ridetque, si mortalis ultra
      Fas trepidat. Quod adest memento

Conponere aequus: cetera fluminis
Ritu feruntur, nunc medio alveo
   Cum pace delabentis Etruscum   35
      In mare, nunc lapides adesos

Stirpisque raptas et pecus et domos
Volventis una, non sine montium
   Clamore vicinaeque silvae,
      Cum fera diluvies quietos   40

Schon zeigt strahlend hell Andromedas Vater sein vorher
                              verborgenes
Licht; schon wütet Prokyon
Und das Gestirn des wutentbrannten Löwen,
Da die Sonne uns wieder trockene Tage bringt;

Schon sucht der Hirt mit seiner müden Herde den Schatten
Und den Bach ermattet auf, dazu des struppigen
Silvanus Gehölze; es vermißt
Das stille Ufer die schweifenden Winde.

Du kümmerst dich darum, welche Verfassung zu unserem Staat paßt,
Und, um die Hauptstadt besorgt, fragst du voll Furcht,
Was die Serer und das von Kyros beherrschte
Baktrien im Schilde führen und das zerstrittene Land am Tanais.

Klug hat der künftigen Zeiten Gang
Ein Gott in finstere Nacht gehüllt
Und lacht nur, wenn sich ein Sterblicher
Über Gebühr ängstigt. Denke daran, was anliegt,

Gerecht zu ordnen! Das andre zieht wie ein Strom
Dahin, der bald inmitten seines Bettes
In Frieden hinabfließt zum Tyrrhenischen
Meer, bald unterspülte Felsen

Und entwurzelte Bäume und Vieh und Häuser
Mit sich fortreißt, so daß die Berge
Widerhallen und die nahen Wälder,
Wenn wild die Flut steigt und stille

Inritat amnis. Ille potens sui
Laetusque deget, cui licet in diem
    Dixisse: ›vixi‹: cras vel atra
        Nube polum pater occupato

Vel sole puro; non tamen inritum,
Quodcumque retro est, efficiet neque
    Diffinget infectumque reddet,
        Quod fugiens semel hora vexit.

Fortuna saevo laeta negotio et
Ludum insolentem ludere pertinax
    Transmutat incertos honores,
        Nunc mihi nunc alii benigna.

Laudo manentem: si celeres quatit
Pinnas, resigno quae dedit, et mea
    Virtute me involvo probamque
        Pauperiem sine dote quaero.

Non est meum, si mugiat Africis
Malus procellis, ad miseras preces
    Decurrere et votis pacisci
        Ne Cypriae Tyriaeque merces

Addant avaro divitias mari:
Tunc me biremis praesidio scaphae
    Tutum per Aegaeos tumultus
        Aura feret geminusque Pollux.

Ströme in Wut versetzt. Der nur wird als sein eigener Herr
Und heiter leben, der Tag für Tag sagen kann:
»Ich habe gelebt.« Mag morgen mit schwarzem
Gewölk der Vater den Himmel überziehen

Oder mit hellem Sonnenschein: Er wird doch nicht
Vereiteln können, was hinter uns liegt, und auch nicht
Umgestalten und ungeschehen machen,
Was die flüchtige Stunde einmal entführt hat.

Fortuna freut sich ihres grausamen Tuns, sie
Treibt unermüdlich ihr mutwilliges Spiel
Und spendet im Wechsel ihre unbeständigen Gaben,
Heute mir, morgen einem anderen gewogen.

Ich preise sie, wenn sie mir treu bleibt; schüttelt sie aber ihre raschen
Schwingen, verzichte ich auf das, was sie gab,
Hülle mich in meine Tugend und wähle mir bescheidene
Armut ohne Mitgift als Gefährtin.

Meine Art ist es nicht, wenn im Südsturm
Der Mastbaum ächzt, mich zu kläglichen Gebeten
Zu erniedrigen und mit Gelübden auszumachen,
Daß meine Waren aus Zypern oder Tyrus

Der gierigen See nicht neue Schätze schaffen.
Dann wird mich im Schutz eines zweirudrigen Kahns
Sicher durch den Aufruhr der Ägäis
Günstiger Wind und der Zwilling Pollux geleiten.

30

Exegi monumentum aere perennius
Regalique situ pyramidum altius,
Quod non imber edax, non aquilo impotens
Possit diruere aut innumerabilis

Annorum series et fuga temporum. 5
Non omnis moriar multaque pars mei
Vitabit Libitinam: usque ego postera
Crescam laude recens, dum Capitolium

Scandet cum tacita virgine pontifex.
Dicar, qua violens obstrepit Aufidus 10
Et qua pauper aquae Daunus agrestium
Regnavit populorum, ex humili potens,

Princeps Aeolium carmen ad Italos
Deduxisse modos. Sume superbiam
Quaesitam meritis et mihi Delphica 15
Lauro cinge volens, Melpomene, comam.

30

Errichtet hab' ich ein Denkmal, dauerhafter als Erz,
Das die Königsgräber, die Pyramiden, überragt,
Das nicht nagender Regen, nicht der ungestüme Nordwind
Zu zerstören vermag noch die endlose

Reihe der Jahre und die flüchtige Zeit.
Nicht völlig werde ich sterben, und ein großer Teil von mir
Wird der Todesgöttin entfliehen. Immerdar werde ich
Aufs neue durch Nachruhm wachsen, solange zum Kapitol

Mit der schweigenden Jungfrau der Priester hinaufsteigt.
Man wird mich nennen, wo der wilde Aufidus rauscht
Und wo, arm am Wasser, Daunus über Bauern-
Völker herrschte, mich, der sich aus geringem Stand erhob

Und als erster äolisches Lied und lateinische
Weisen zusammenbrachte. Laß dir den Stolz gefallen,
Er ist durch Leistung erworben, und schlinge mir delphischen
Lorbeer, Melpomene, willig ins Haar.

CARMINA · LIBER QUARTUS

I

Intermissa, Venus, diu
   Rursus bella moves? Parce, precor, precor.
Non sum qualis eram bonae
   Sub regno Cinarae: desine, dulcium

Mater saeva Cupidinum, 5
   Circa lustra decem flectere mollibus
Iam durum imperiis; abi,
   Quo blandae iuvenum te revocant preces.

Tempestivius in domum
   Pauli purpureis ales oloribus 10
Comissabere Maximi,
   Si torrere iecur quaeris idoneum.

Namque et nobilis et decens
   Et pro sollicitis non tacitus reis
Et centum puer artium 15
   Late signa feret militiae tuae,

Et quandoque potentior
   Largi muneribus riserit aemuli,
Albanos prope te lacus
   Ponet marmoream sub trabe citrea. 20

ODEN · VIERTES BUCH

I

Venus, lang schon aufgegebene
Kämpfe erregst du aufs neue? Schone, ich bitte, verschone mich!
Ich bin nicht mehr derselbe wie einst unter der guten
Cinara Szepter. Laß ab, süßer

Liebesgötter grausame Mutter,
Mich um die Fünfzig unter deine sanfte
Gewalt zu zwingen: Ich beuge mich nicht mehr! Gehe nur,
Wohin dich schmeichelnde Gebete der Jünglinge rufen!

Gelegener wirst du ins Haus
Des Paullus, beflügelt von herrlichen Schwänen,
Fröhlich einziehen, des Maximus,
Wenn du ein empfängliches Herz suchst, es zu entflammen.

Er ist nämlich edel und schön
Und für angstvolle Angeklagte nicht wortkarg,
Ein Junge mit hundert Talenten!
Er wird in deinem Dienst einem weiten Marsch antreten,

Und wenn er als der Glücklichere
Über die Geschenke seines freigebigen Nebenbuhlers
                               triumphiert hat,
Wird er an den Albanerseen
Dich marmorn unter Zedernbalken aufstellen.

Illic plurima naribus
   Duces tura lyraeque et Berecyntiae
Delectabere tibiae
   Mixtis carminibus non sine fistula;

Illic bis pueri die
   Numen cum teneris virginibus tuum
Laudantes pede candido
   In morem Salium ter quatient humum:

Me nec femina nec puer
   Iam nec spes animi credula mutui
Nec certare iuvat mero
   Nec vincire novis tempora floribus.

Sed cur heu, Ligurine, cur
   Manat rara meas lacrima per genas?
Cur facunda parum decoro
   Inter verba cadit lingua silentio?

Nocturnis ego somniis
   Iam captum teneo, iam volucrem sequor
Te per gramina Martii
   Campi, te per aquas, dure, volubilis.

2

Pindarum quisquis studet aemulari,
Iulle, ceratis ope Daedalea
Nititur pinnis vitreo daturus
      Nomina ponto.

Dann wird deine Nase ganz viel
Weihrauch schnuppern, der Laute und der phrygischen
Flöte Zusammenspiel wird dich erfreuen
Und die Hirtenpfeife dazu.

Dort werden zweimal am Tag junge Männer
Mit zarten Mädchen deine göttliche Macht
Preisen und mit heiterem Fuß
Nach Salierbrauch im Dreischritt den Boden stampfen.

Keine Frau und kein Knabe kann mich
Mehr reizen, auch nicht leichtgläubige Hoffnung auf Gegenliebe,
Mich freut es nicht mehr, um die Wette zu trinken
Und die Schläfen mit frischen Blumen zu bekränzen.

Doch warum, ach, Ligurinus, warum
Rinnt dann und wann eine Träne über meine Wangen?
Warum, sonst so gewandt, stockt in nicht eben schicklichem
Schweigen mitten im Wort meine Zunge?

In nächtlichen Träumen
Halte ich bald den Eroberten, bald verfolge ich den Flüchtenden,
Dich, über den Rasen des Marsfelds,
Dich, Herzloser, durch die rollenden Wellen.

2

Wer immer dem Pindar gleichzukommen trachtet,
Iullus, der strebt auf Schwingen, wie sie des Dädalus Kunst
Mit Wachs verband, nach oben, um der glitzernden Flut seinen
    Namen zu geben.

Monte decurrens velut amnis, imbres 5
Quem super notas aluere ripas,
Fervet inmensusque ruit profundo
    Pindarus ore,

Laurea donandus Apollinari,
Seu per audacis nova dithyrambos 10
Verba devolvit numerisque fertur
    Lege solutis;

Seu deos regesque canit, deorum
Sanguinem, per quos cecidere iusta
Morte Centauri, cecidit tremendae 15
    Flamma Chimaerae,

Sive quos Elea domum reducit
Palma caelestis pugilemve equomve
Dicit et centum potiore signis
    Munere donat; 20

Flebili sponsae iuvenemve raptum
Plorat et viris animumque moresque
Aureos educit in astra nigroque
    Invidet Orco.

Multa Dircaeum levat aura cycnum, 25
Tendit, Antoni, quotiens in altos
Nubium tractus: ego apis Matinae
    More modoque

Wie ein Strom vom Gebirge herabstürzt, wenn Regengüsse
Ihn über die vertrauten Ufer anschwellen ließen,
Braust Pindar auf und ergießt sich aus uner-
    Schöpflicher Quelle.

Ihm muß man apollinischen Lorbeer spenden,
Ob er nun in kühnen Dithyramben unerhörte
Worte heranrollt oder ob er in Rhythmen dahinstürmt, die
    Regeln nicht binden,

Ob er Götter und Könige besingt, der Götter
Geblüt, durch die eines gerechten
Todes Zentauren starben und die Flamme erstarb der
    Grausen Chimära,

Oder ob er die, die der Palmzweig aus Elis heimgeleitet,
Einen Boxer oder ein Roß, göttergleich
Nennt und ihnen damit ein Geschenk macht, das mehr als hundert
    Standbilder wert ist,

Oder ob er um den Jüngling, der seiner weinenden Braut entrissen
    wurde,
Klagt und seine Kraft, seinen Mut und sein Wesen,
Lauter wie Gold, zu den Sternen erhebt und dem düsteren
    Orkus es mißgönnt.

Ein kräftiger Windstoß trägt den Schwan von der Dirkequelle,
Mein Antonius, sooft er sich aufschwingt zu den hohen
Bahnen der Wolken. Ich aber, nach Art und Weise einer
    Biene Apuliens,

Grata carpentis thyma per laborem
Plurimum circa nemus uvidique
Tiburis ripas operosa parvos
    Carmina fingo.

Concines maiore poeta plectro
Caesarem, quandoque trahet ferocis
Per sacrum clivum merita decorus
    Fronde Sygambros:

Quo nihil maius meliusve terris
Fata donavere bonique divi
Nec dabunt, quamvis redeant in aurum
    Tempora priscum.

Concines laetosque dies et urbis
Publicum ludum super inpetrato
Fortis Augusti reditu forumque
    Litibus orbum.

Tum meae, siquid loquar audiendum,
Vocis accedet bona pars et ›o sol
Pulcer, o laudande!‹ canam recepto
    Caesare felix.

Teque, dum procedis, ›io triumphe‹,
Non semel dicemus, ›io triumphe‹
Civitas omnis dabimusque divis
    Tura benignis.

Te decem tauri totidemque vaccae,
Me tener solvet vitulus, relicta
Matre largis iuvenescit herbis
    In mea vota,

Die lieblichen Thymian mit größtem Eifer absucht
Im Wald und an den Hängen des feuchten
Tibur, ich schaffe im Kleinen
    Kunstvolle Lieder.

Besinge doch du, ein Dichter von größerer Wortgewalt,
Den Kaiser, wenn er sie schleppt, die Wilden,
Den heiligen Hang hinauf, geschmückt mit verdientem
    Laub, die Sygambrer.

Nichts Größeres und Besseres als ihn haben der Welt
Das Schicksal geschenkt und die gütigen Götter
Und werden es nicht schenken, wenn auch unsere Zeit zum alten
    Golde zurückkehrt.

Besinge doch du die heiteren Tage und der Hauptstadt
Allgemeine Freude, als sich ihr Wunsch durch die
Heimkehr des Helden Augustus erfüllte, und wie auf dem Forum
    Rechtsstreit verstummte.

Dann soll, wenn ich etwas Hörenswertes zu sagen habe, auch mein
Mund für seinen Teil mit einstimmen: »O Tag,
So schön, so rühmenswert!« will ich singen, glücklich darüber, daß
    Caesar zurück ist.

Und während du einherziehst, werden wir dich »Io, Triumph!«
Nicht einmal nur rufen, »Io, Triumph!«
Die ganze Bürgerschaft, und Weihrauch spenden den
    Gütigen Göttern.

Dich werden zehn Stiere und ebenso viele Kühe,
Mich ein zartes Kälbchen aus der Pflicht entlassen,
Das, schon der Mutter entwöhnt, auf üppigen Matten heranwächst
    Für mein Gelübde.

Fronte curvatos imitatus ignis
Tertium lunae referentis ortum,
Qua notam duxit, niveus videri,
    Cetera fulvos. 60

3

Quem tu, Melpomene, semel
    Nascentem placido lumine videris,
Illum non labor Isthmius
    Clarabit pugilem, non equos inpiger

Curru ducet Achaico 5
    Victorem neque res bellica Deliis
Ornatum foliis ducem,
    Quod regum tumidas contuderit minas,

Ostendet Capitolio:
    Sed quae Tibur aquae fertile praefluunt 10
Et spissae nemorum comae
    Fingent Aeolio carmine nobilem.

Romae, principis urbium,
    Dignatur suboles inter amabilis
Vatum ponere me choros, 15
    Et iam dente minus mordeor invido.

O testudinis aureae
    Dulcem quae strepitum, Pieri, temperas,
O mutis quoque piscibus
    Donatura cycni, si libeat, sonum: 20

Auf der Stirn hat es die leuchtende Sichel
Des jungen Mondes, der zum dritten Mal aufgeht.
Wo es das Mal erhielt, ist es weiß zu schauen,
    Sonst aber goldbraun.

3

Wen du, Melpomene, einmal
Bei seiner Geburt mit gnädigem Auge angeblickt hast,
Den wird nicht der Wettkampf auf dem Isthmus
Als Faustkämpfer berühmt machen, kein unermüdliches Roß

Wird ihn auf griechischem Wagen ziehen
Als Sieger, keine Kriegstat ihn als Feldherrn,
Mit delischem Lorbeer geschmückt,
Weil er die stolzen Zinnen von Königen zerschmettert hat,

Dem Kapitol zeigen.
Doch die Wasser, die am fruchtbaren Tibur vorüberfließen,
Und das dichte Laub der Haine
Werden ihn adeln durch sein äolisches Lied.

Roms, der Städtekönigin,
Jugend erweist mir die Ehre, mich in den holden
Kreis der Dichter einzureihen,
Und schon verletzt mich weniger der Zahn des Neides.

O Muse, die du der goldenen Laute
Süßen Klang entlockst,
Die du auch stummen Fischen,
Wenn es dir gefällt, Schwanengesang verleihst,

Totum muneris hoc tui est,
    Quod monstror digito praetereuntium
Romanae fidicen lyrae;
    Quod spiro et placeo, si placeo, tuum est.

4

Qualem ministrum fulminis alitem,
Cui rex deorum regnum in avis vagas
    Permisit expertus fidelem
        Iuppiter in Ganymede flavo,

Olim iuventas et patrius vigor
Nido laborum propulit inscium
    Vernique iam nimbis remotis
        Insolitos docuere nisus

Venti paventem, mox in ovilia
Demisit hostem vividus impetus,
    Nunc in reluctantis dracones
        Egit amor dapis atque pugnae;

Qualemve laetis caprea pascuis
Intenta fulvae matris ab ubere
    Iam lacte depulsum leonem
        Dente novo peritura vidit:

Videre Raetis bella sub Alpibus
Drusum gerentem Vindelici, quibus
    Mos unde deductus per omne
        Tempus Amazonia securi

Ganz dein Geschenk ist es,
Daß Vorübergehende mit dem Finger auf mich zeigen,
Den Sänger zur römischen Leier:
Daß ich begeistert dichte und Beifall finde, ist, wenn ich ihn finde,
                                        nur dein Verdienst.

4

Wie den Diener des Blitzes, den Adler,
Dem der König der Götter die Herrschaft über die unsteten Vögel
Verlieh, denn treu erfunden hatte ihn
Jupiter beim blonden Ganymedes –

Wie jenen erst Jugendmut und ererbte Kraft
Aus dem Horst drängen, da er Mühsal noch nicht kennt,
Und dann Frühlingswinde, wenn die Regenwolken verscheucht sind,
Ungewohnten Höhenflug lehren,

Während er noch zagt, bald aber in Lämmerhürden
Als Feind ihn sein stürmischer Drang treibt
Und schließlich gegen wehrhafte Schlangen
Das Verlangen nach Nahrung und Kampf –,

Oder wie ein Reh, das auf üppiger Weide
Grast, einen den Zitzen seiner falben Mutter
Und ihrer Milch schon entwöhnten Löwen
Erblickt, dem Tod geweiht durch seine jungen Zähne,

So sahen am Fuß der rätischen Alpen Krieg
Führen den Drusus die Vindeliker. Woher bei diesen
Der Brauch stammt, der durch alle
Zeiten mit einer Amazonenstreitaxt

Dextras obarmet, quaerere distuli
Nec scire fas est omnia; sed diu
   Lateque victrices catervae
      Consiliis iuvenis revictae

Sensere, quid mens rite, quid indoles 25
Nutrita faustis sub penetralibus
   Posset, quid Augusti paternus
      In pueros animus Nerones.

Fortes creantur fortibus et bonis:
Est in iuvencis, est in equis patrum 30
   Virtus neque inbellem feroces
      Progenerant aquilae columbam.

Doctrina sed vim promovet insitam
Rectique cultus pectora roborant;
   Utcumque defecere mores, 35
      Indecorant bene nata culpae.

Quid debeas, o Roma, Neronibus,
Testis Metaurum flumen et Hasdrubal
   Devictus et pulcher fugatis
      Ille dies Latio tenebris, 40

Qui primus alma risit adorea,
Dirus per urbis Afer ut Italas
   Ceu flamma per taedas vel Eurus
      Per Siculas equitavit undas.

Post hoc secundis usque laboribus 45
Romana pubes crevit et inpio
   Vastata Poenorum tumultu
      Fana deos habuere rectos

Ihre Rechte bewehrt, will ich später ergründen.
Auch ist's nicht recht, alles zu wissen. Aber die lange
Und weithin siegreichen Scharen
Haben, durch des Jünglings Kriegskunst besiegt,

Verspürt, was Geisteskraft, was Talent, gehörig
Gefördert in einem begnadeten Haus,
Vermag und des Augustus väterliche
Gesinnung gegenüber den jungen Neronen.

Tapfere entstammen den Tapferen und Guten;
Es lebt in jungen Stieren, lebt in Pferden ihrer Väter
Kraft, und wilde Adler bringen
Keine wehrlosen Tauben hervor.

Doch Unterweisung fördert die angeborenen Stärken
Und richtige Erziehung gibt dem Herzen Kraft;
Sobald Gesittung schwindet,
Beflecken Verfehlungen die guten Gaben.

Was du, o Rom, dem Neronengeschlecht verdankst,
Bezeugen der Metaurusfluß und Hasdrubal,
Völlig geschlagen, und jener schöne Tag,
Der den Trübsinn aus Latium forttrieb,

Der erste, der uns mit holden Kriegsruhm lachte,
Seit der furchtbare Afrer durch die italischen Städte
Wie ein Brand durch den Pinienwald oder wie der Oststurm
Durchs Meer von Sizilien gerast war.

Danach wuchs in erfolggekrönten Kämpfen
Die Macht des Römervolks, und die beim ruchlosen
Puniersturm verwüsteten
Tempel sahen ihre Götter aufgerichtet,

Dixitque tandem perfidus Hannibal:
›Cervi, luporum praeda rapacium, 50
Sectamur ultro, quos opimus
Fallere et effugere est triumphus.

Gens, quae cremato fortis ab Ilio
Iactata Tuscis aequoribus sacra
Natosque maturosque patres 55
Pertulit Ausonias ad urbis,

Duris ut ilex tonsa bipennibus
Nigrae feraci frondis in Algido,
Per damna, per caedis ab ipso
Ducit opes animumque ferro. 60

Non hydra secto corpore firmior
Vinci dolentem crevit in Herculem,
Monstrumve submisere Colchi
Maius Echioniaeve Thebae.

Merses profundo, pulcrior evenit; 65
Luctere, multa proruet integrum
Cum laude victorem geretque
Proelia coniugibus loquenda.

Carthagini iam non ego nuntios
Mittam superbos: occidit, occidit 70
Spes omnis et fortuna nostri
Nominis Hasdrubale interempto.‹

Nil Claudiae non perficient manus,
Quas et benigno numine Iuppiter
Defendit et curae sagaces 75
Expediunt per acuta belli.

Und endlich rief der treulose Hannibal:
»Hirsche, die Beute reißender Wölfe,
Sind wir und verfolgen aus freien Stücken die, denen
Verborgen zu bleiben und zu entkommen ein herrlicher Sieg wäre.

Das Volk, das vom verbrannten Ilion kühn,
Umhergetrieben auf dem Tuskermeer, seine Götterbilder,
Söhne und hochbetagten Väter
Zu den ausonischen Städten brachte,

Schöpft wie eine von wuchtiger Axt behauene Eiche
Auf dem an dunklem Laubwald reichen Algidus
Inmitten von Niederlagen und Gemetzeln
Aus dem Eisen selber Kraft und Mut.

Nicht stärker erhob sich, als ihr Leib verstümmelt war, die Hydra
Gegen Herkules, den es schon grämte, besiegt zu werden,
Und keine Wundersaat ließen die Kolcher
Oder Echions Theben gewaltiger sprießen.

Versenke es in die Tiefe: Schöner taucht es auf.
Ringe es nieder: Gar glanzvoll wird es den noch ungeschwächten
Sieger zu Boden strecken. Es wird Schlachten
Schlagen, von denen die Frauen rühmend künden sollen.

Karthago werde ich keine stolzen Botschaften
Mehr senden. Dahin, dahin ist
Alle Hoffnung und das Glück unseres
Volkes durch Hasdrubals Tod!«

Nichts werden Claudierarme nicht vollbringen,
Da Jupiter sie in gnädigem Walten
Beschützt und kluge Umsicht
Sie durch die Fährnisse des Kriegs geleitet.

5

Divis orte bonis, optime Romulae
Custos gentis, abes iam nimium diu;
Maturum reditum pollicitus patrum
    Sancto concilio, redi.

Lucem redde tuae, dux bone, patriae:
Instar veris enim voltus ubi tuus
Adfulsit populo, gratior it dies
    Et soles melius nitent.

Ut mater iuvenem, quem Notus invido
Flatu Carpathii trans maris aequora
Cunctantem spatio longius annuo
    Dulci distinet a domo,

Votis ominibusque et precibus vocat
Curvo nec faciem litore dimovet:
Sic desideriis icta fidelibus
    Quaerit patria Caesarem.

Tutus bos etenim rura perambulat,
Nutrit rura Ceres almaque Faustitas,
Pacatum volitant per mare navitae,
    Culpari metuit fides.

Nullis polluitur casta domus stupris,
Mos et lex maculosum edomuit nefas,
Laudantur simili prole puerperae,
    Culpam poena premit comes.

5

Sproß guter Götter, bester Beschützer des Romulus-
Volks, du bist schon allzulange fort!
Baldige Rückkehr versprachst du der Väter
Ehrwürdiger Versammlung: Komm wieder!

Gib dem Vaterland, gütiger Fürst, das Licht zurück,
Denn wenn frühlingsgleich dein Antlitz
Dem Volk erstrahlt, geht der Tag beglückter dahin
Und die Sonnen leuchten uns schöner.

Wie eine Mutter ihren jungen Sohn, den der Südwind mit
 neidischem
Wehen jenseits der Weiten des Meers von Karpathos
In Hangen und Bangen länger als Jahresfrist
Vom trauten Heim fernhält,

Mit Gelübden, durch Vorzeichen und Gebete heimruft
Und vom Küstenbogen ihr Antlitz nicht abwendet,
So will, von aufrichtigem Sehnen durchdrungen,
Das Vaterland seinen Caesar wiederhaben.

Denn sicher geht der Stier über das Feld dahin,
Ceres segnet die Flur und die beglückende Fruchtbarkeit.
Übers befriedete Meer fliegen Seeleute dahin,
Und Treue scheut Beschuldigung.

Von keinem Ehebruch wird das keusche Haus befleckt;
Sitte und Gesetz haben schmachvollen Frevel bezwungen.
Lob ernten Mütter, wenn ihr Nachwuchs dem Vater gleicht,
Der Schuld folgt Strafe auf dem Fuße.

Quis Parthum paveat, quis gelidum Scythen, 25
Quis Germania quos horrida parturit
Fetus, incolumi Caesare quis ferae
    Bellum curet Hiberiae?

Condit quisque diem collibus in suis
Et vitem viduas ducit ad arbores; 30
Hinc ad vina redit laetus et alteris
    Te mensis adhibet deum;

Te multa prece, te prosequitur mero
Defuso pateris et Laribus tuum
Miscet numen, uti Graecia Castoris 35
    Et magni memor Herculis.

›Longas o utinam, dux bone, ferias
Praestes Hesperiae!‹ dicimus integro
Sicci mane die, dicimus uvidi,
    Cum sol Oceano subest. 40

6

Dive, quem proles Niobaea magnae
Vindicem linguae Tityosque raptor
Sensit et Troiae prope victor altae
    Pthius Achilles,

Ceteris maior, tibi miles inpar, 5
Filius quamvis Thetidis marinae
Dardanas turris quateret tremenda
    Cuspide pugnax –

Wer sollte vor dem Parther erbeben, wer vor dem kalten Skythen,
Wer vor der Brut, die das schaurige Germanien hervorbringt,
Wer wird, da Caesar wohlauf ist, sich um des wilden
Hispanien Krieg sorgen?

Jeder bringt den Tag auf seinen Hügeln hin
Und führt den Rebstock verwitweten Bäumen zu.
Von dort kehrt er froh zum Wein zurück und lädt
Beim Nachtisch dich als Gott zu Gast.

Dich ehrt er in vielen Gebeten, dich mit Wein,
Aus Opferschalen gespendet, und stellt zu den Laren dein
Götterbild, wie Griechenland des Castor
Und des großen Herkules gedenkt.

»Lange Friedenstage, o gütiger Fürst, mögest du
Dem Abendland schenken!« So beten wir früh,
Wenn wir noch nüchtern sind und der Tag noch jung ist,
                        so beten wir befeuchtet,
Wenn die Sonne im Weltmeer versinkt.

6

Göttlicher, den Niobes Kinder als hochfahrender
Rede Rächer und Tityos, der Frevler,
Kennen lernten und, fast schon Sieger über das hohe Troja, der
    Phthier Achilles,

Allen übrigen überlegen, war er dir im Kampf nicht gewachsen,
Obwohl er als Sohn der Meergöttin Thetis
Die dardanischen Türme kampfesfroh erschütterte mit seiner
    Furchtbaren Lanze.

Ille, mordaci velut icta ferro
Pinus aut inpulsa cupressus Euro,
Procidit late posuitque collum in
    Pulvere Teucro:

Ille non inclusus equo Minervae
Sacra mentito male feriatos
Troas et laetam Priami choreis
    Falleret aulam:

Sed palam captis gravis, heu nefas, heu,
Nescios fari pueros Achivis
Ureret flammis, etiam latentem
    Matris in alvo,

Ni tuis flexus Venerisque gratae
Vocibus divom pater adnuisset
Rebus Aeneae potiore ductos
    Alite muros. –

Doctor argutae fidicen Thaliae,
Phoebe, qui Xantho lavis amne crinis,
Dauniae defende decus Camenae,
    Levis Agyieu.

Spiritum Phoebus mihi, Phoebus artem
Carminis nomenque dedit poetae:
Virginum primae puerique claris
    Patribus orti,

Deliae tutela deae, fugacis
Lyncas et cervos cohibentis arcu,
Lesbium servate pedem meique
    Pollicis ictum,

Wie eine von scharfem Eisen getroffene
Pinie oder eine Zypresse, vom Eurus gefällt,
Stürzte er längelang hin und legte den Nacken auf die
    Teukrische Erde.

Er hätte nie, eingesperrt ins Pferd der Minerva,
Ins trügerische Weihgeschenk, die zur Unzeit feiernden
Trojaner und des Priamos reigenfrohe
    Burg überfallen,

Sondern vor aller Augen hätte er – wehe des Frevels, wehe! –
    hart gegen die Gefangenen
Unmündige Knaben mit griechischer
Lohe verbrannt und sogar das Kind, verborgen im
    Leib seiner Mutter,

Hätte nicht, erweicht durch deine und der holden Venus
Worte, der Göttervater
Dem Haus des Äneas unter günstigeren Zeichen erbaute
    Mauern gestattet.

Du Lautenspieler, Lehrer der liederreichen Thalia,
Phoebus, der du im Xanthosstrom dein Haar spülst,
Wahre den Ruhm des daunischen Liedes, jugendlich
    Schöner Agyieus!

Geist hat Phoebus mir, Phoebus hat mir
Sangeskunst und den Dichternamen verliehen:
Ihr Edelsten der Mädchen und ihr Knaben, Söhne
    Ruhmreicher Väter,

Ihr Schützlinge der delischen Göttin, die flüchtige
Luchse und Hirsche mit ihrem Bogen im Lauf hemmt,
Achtet auf das lesbische Versmaß und wie mein
    Daumen den Takt schlägt,

Rite Latonae puerum canentes,
Rite crescentem face Noctilucam,
Prosperam frugum celeremque pronos
    Volvere mensis.   40

Nupta iam dices ›ego dis amicum
Saeculo festas referente luces
Reddidi carmen docilis modorum
    Vatis Horati‹.

7

Diffugere nives, redeunt iam gramina campis
    Arboribusque comae,
Mutat terra vices et decrescentia ripas
    Flumina praetereunt;

Gratia cum Nymphis geminisque sororibus audet   5
    Ducere nuda choros.
Inmortalia ne speres, monet annus et almum
    Quae rapit hora diem.

Frigora mitescunt Zephyris, ver proterit aestas
    Interitura, simul   10
Pomifer autumnus fruges effuderit, et mox
    Bruma recurrit iners.

Wenn ihr feierlich Latonas Sohn besingt,
Feierlich die mit ihrem Licht wachsende Nachtleuchte,
Die die Feldfrucht segnet und eilende Monate
    Rasch läßt vergehen.

Noch als Vermählte wirst du sagen: »Ich habe, den Göttern
                             wohlgefällig,
Als das Jahrhundert uns wieder festliche Tage brachte,
Das Lied gesungen, kundig der Weisen des
    Dichters Horatius.«

7

Verschwunden ist der Schnee; schon kehrt den Wiesen
                             ihr Gras zurück
Und den Bäumen das Laub;
Die Erde wandelt ihr Gesicht, und abschwellend,
                             zwischen den Ufern,
Ziehen die Ströme dahin.

Die Grazie wagt mit den Nymphen und ihren Zwillingsschwestern
Leichtbekleidet zu tanzen.
Ewiges hoffe du nie – davor warnt dich der Jahreslauf und die Stunde,
Die den holden Tag entführt.

Kälte mildert der Frühlingswind, den Frühling bezwingt
                             der Sommer,
Der enden wird, sobald
Der obstreiche Herbst seine Früchte hinschüttet, und bald
Kehrt der träge Winter zurück.

Damna tamen celeres reparant caelestia lunae:
  Nos ubi decidimus,
Quo pater Aeneas, quo Tullus dives et Ancus,
  Pulvis et umbra sumus.

Quis scit an adiciant hodiernae crastina summae
  Tempora di superi?
Cuncta manus avidas fugient heredis, amico
  Quae dederis animo.

Cum semel occideris et de te splendida Minos
  Fecerit arbitria,
Non, Torquate, genus, non te facundia, non te
  Restituet pietas:

Infernis neque enim tenebris Diana pudicum
  Liberat Hippolytum
Nec Lethaea valet Theseus abrumpere caro
  Vincula Pirithoo.

8

Donarem pateras grataque commodus,
Censorine, meis aera sodalibus,
Donarem tripodas, praemia fortium
Graiorum, neque tu pessima munerum
Ferres, divite me scilicet artium,
Quas aut Parrhasius protulit aut Scopas,
Hic saxo, liquidis ille coloribus

Freilich, am Himmel die kreisenden Monde vergehen und werden
                                neu.
Sind aber wir hinabgesunken,
Wohin Vater Äneas, wohin der reiche Tullus und Ancus gingen,
Sind wir nur Staub und Schatten.

Wer weiß, ob zur heutigen Summe den morgigen
Tag die himmlischen Götter noch zählen?
Alles wird den gierigen Händen des Erben entgehen, was du
                                deinem lieben
Herzen zugute kommen läßt.

Wenn du einmal gestorben bist und über dich Minos laut sein
Urteil gesprochen hat,
Werden dich, Torquatus, nicht hohe Abkunft,
                                nicht Beredsamkeit, nicht
Frommer Sinn wiederbringen.

Denn aus dem Dunkel da drunten kann weder Diana den keuschen
Hippolyt befreien
Noch vermag Theseus dem geliebten Peirithoos
Die lethäischen Fesseln zu sprengen.

8

Gern verschenkte ich goldene Schalen und kostbare
Bronzen, Censorinus, an meine Freunde,
Verschenkte Dreifüße, den Kampfpreis tapferer
Griechen, und du würdest von meinen Gaben nicht
                                die schlechtesten
Davontragen – wohlgemerkt: Wenn ich reich an Kunstwerken wäre,
Wie sie entweder Parrhasius oder Skopas geschaffen haben,
Dieser in Stein, jener mit fließenden Farben,

Sollers nunc hominem ponere, nunc deum.
Sed non haec mihi vis, non tibi talium
Res est aut animus deliciarum egens: 10
Gaudes carminibus; carmina possumus
Donare et pretium dicere muneri.
Non incisa notis marmora publicis,
Per quae spiritus et vita redit bonis
Post mortem ducibus, non celeres fugae 15
Reiectaeque retrorsum Hannibalis minae,
[Non incendia Karthaginis inpiae]
Eius, qui domita nomen ab Africa
Lucratus rediit, clarius indicant
Laudes quam Calabrae Pierides, neque 20
Si chartae sileant, quod bene feceris,
Mercedem tuleris. Quid foret Iliae
Mavortisque puer, si taciturnitas
Obstaret meritis invida Romuli?
Ereptum Stygiis fluctibus Aeacum 25
Virtus et favor et lingua potentium
Vatum divitibus consecrat insulis.
Dignum laude virum Musa vetat mori,
Caelo Musa beat. Sic Iovis interest
Optatis epulis inpiger Hercules, 30
Clarum Tyndaridae sidus ab infimis
Quassas eripiunt aequoribus ratis,
[Ornatus viridi tempora pampino]
Liber vota bonos ducit ad exitus.

Geschickt, bald einen Menschen darzustellen, bald einen Gott.
Doch dafür habe ich nicht die Mittel, und auch dein
Haus und dein Herz bedarf solcher Kostbarkeiten nicht.
Du freust dich an Gedichten; Gedichte kann ich
Verschenken und den Wert der Gabe nennen.
Nicht Marmorbilder, in die der Staat eine Inschrift meißeln ließ,
Durch die Geist und Leben wiederkehrt den guten
Heerführern nach ihrem Tod, nicht die rasche Flucht
Hannibals und seine Drohungen, die auf ihn selbst zurückfielen,
Nicht der Brand des gottlosen Karthago
Können des Mannes, der von Afrikas Unterwerfung
Bei seiner Heimkehr einen Namen gewann, Ruhm herrlicher
    verkünden
Als Kalabriens Musen; auch wirst du nicht,
Wenn die Schriften verschweigen, was du geleistet hast,
Lohn dafür ernten. Was wäre der Ilia
Und des Mars Sohn, wenn Schweigen
Neidisch den Verdiensten des Romulus entgegenstünde?
Entrissen der stygischen Flut, hat den Aeacus
Talent und Gunst und Wort machtvoller
Dichter auf die Inseln der Seligen versetzt.
Einen Mann, der Ruhm verdient, läßt die Muse nicht sterben:
Mit dem Himmel beglückt ihn die Muse. So nimmt an Jupiters
Ersehnten Festmählern der unermüdliche Herkules teil,
So retten die Dioskuren, das helle Gestirn, aus den Tiefen
Der See die leckgeschlagenen Schiffe und,
Die Schläfen mit grünem Weinlaub geschückt,
Führt Bacchus so unsere Wünsche der frohen Erfüllung entgegen.

9

Ne forte credas interitura quae
Longe sonantem natus ad Aufidum
    Non ante volgatas per artis
        Verba loquor socianda chordis:

Non, si priores Maeonius tenet
Sedes Homerus, Pindaricae latent
    Ceaeque et Alcaei minaces
        Stesichorique graves Camenae,

Nec siquid olim lusit Anacreon,
Delevit aetas, spirat adhuc amor
    Vivuntque conmissi calores
        Aeoliae fidibus puellae.

Non sola comptos arsit adulteri
Crinis et aurum vestibus inlitum
    Mirata regalisque cultus
        Et comites Helene Lacaena,

Primusve Teucer tela Cydonio
Direxit arcu, non semel Ilios
    Vexata, non pugnavit ingens
        Idomeneus Sthenelusve solus

Dicenda Musis proelia; non ferox
Hector vel acer Deiphobus gravis
    Excepit ictus pro pudicis
        Coniugibus puerisque primus.

9

Glaube nicht etwa, es werde zugrundegehen, was
Ich, geboren am weithin rauschenden Aufidus,
In vorher unserem Volke nicht vertrauter Kunstform
An Liedern dichte, die sich mit Saitenspiel vereinen sollen!

Nein, wenn auch der Mäonier den Vorrang
Hat, Homer: Unvergessen sind Pindars
Und der Keer, dazu des Alkaios kriegerische
Und des Stesichoros ernste Camenen.

Auch, was vor langer Zeit Anakreon scherzend sang,
Hat die Zeit nicht getilgt; noch immer lebt die Liebe,
Lebt die Leidenschaft, die
Die äolische Jungfrau ihrer Laute anvertraute.

Nicht als einzige erglühte, weil sie des Verführers gelocktes
Haar und die golddurchwirkten Kleider
Bewunderte und das königliche Gepränge
Und Gefolge, Helena aus Sparta.

Nicht als erster ließ Teuker Pfeile vom kydonischen
Bogen schnellen; nicht nur einmal wurde Ilion
Heimgesucht; es kämpfte der gewaltige
Idomeneus oder Sthenelos nicht allein

In Schlachten, von denen die Musen künden müßten. Auch der wilde
Hektor und der feurige Deiphobos wehrten wuchtige
Hiebe um keuscher
Frauen und Kinder willen nicht als erste ab.

Vixere fortes ante Agamemnona
Multi; sed omnes inlacrimabiles
   Urgentur ignotique longa
      Nocte, carent quia vate sacro.

Paulum sepultae distat inertiae
Celata virtus: non ego te meis
   Chartis inornatum silebo
      Totve tuos patiar labores

Inpune, Lolli, carpere lividas
Obliviones. Est animus tibi
   Rerumque prudens et secundis
      Temporibus dubiisque rectus,

Vindex avarae fraudis et abstinens
Ducentis ad se cuncta pecuniae,
   Consulque non unius anni:
      Sed quotiens bonus atque fidus

Iudex honestum praetulit utili,
Reiecit alto dona nocentium
   Voltu, per obstantis catervas
      Explicuit sua victor arma.

Non possidentem multa vocaveris
Recte beatum; rectius occupat
   Nomen beati, qui deorum
      Muneribus sapienter uti

Duramque callet pauperiem pati
Peiusque leto flagitium timet,
   Non ille pro caris amicis
      Aut patria timidus perire.

Es lebten vor Agamemnon Helden
In Menge; doch alle werden unbeweint
Und unbekannt von langer
Nacht umfangen, weil ihnen der heilige Sänger fehlt.

Wenig unterscheidet sich von begrabener Trägheit
Verhehlte Leistung. Nicht aber werde ich dich in meinen
Werken ungerühmt mit Schweigen übergehen
Und es dulden, daß deine vielen Mühen

Ungestraft, mein Lollius, das neidische Vergessen
Auffrißt. Du bist ein Mann
Mit Sachverstand und sowohl in guten
Wie in unsicheren Zeiten unerschüttert,

Du strafst habgierigen Betrug und hältst dich fern
Vom Geld, das alles an sich zieht.
Konsul warst du nicht nur für ein Jahr,
Sondern so oft wie ein guter und treuer

Richter das Ehrenvolle dem Nützlichen vorzieht,
Geschenke der Schuldigen von sich weist mit stolzer
Miene und durch die Scharen, die ihm entgegentreten,
Siegreich die ihm eigenen Waffen trägt.

Nicht den, der viel besitzt, magst du
Mit Recht glücklich nennen. Mit größerem Recht beansprucht
Die Bezeichnung »Glücklicher« für sich, wer der Götter
Gaben weise zu nützen

Und drückende Armut zu ertragen versteht
Und ärger als den Tod die Schandtat fürchtet.
Nicht wird ein solcher Mann für seine teuren Freunde
Oder für sein Vaterland den Tod scheuen.

10

O crudelis adhuc et Veneris muneribus potens,
Insperata tuae cum veniet pluma superbiae
Et, quae nunc umeris involitant, deciderint comae,
Nunc et qui color est puniceae flore prior rosae
Mutatus, Ligurine, in faciem verterit hispidam, 5
Dices ›heu‹, quotiens te in speculo videris alterum:
›Quae mens est hodie, cur eadem non puero fuit?
Vel cur his animis incolumes non redeunt genae?‹

11

Est mihi nonum superantis annum
Plenus Albani cadus, est in horto,
Phylli, nectendis apium coronis,
    Est hederae vis

Multa, qua crinis religata fulges. 5
Ridet argento domus, ara castis
Vincta verbenis avet immolato
    Spargier agno;

Cuncta festinat manus, huc et illuc
Cursitant mixtae pueris puellae, 10
Sordidum flammae trepidant rotantes
    Vertice fumum.

Ut tamen noris, quibus advoceris
Gaudiis: Idus tibi sunt agendae,

10

Du Grausamer und bisher durch die Gaben der Venus
                Beglückter:
Wenn dir, ehe dein stolzer Sinn es hofft, der Flaum sprießt
Und sie, die nun deine Schultern umflattern, fielen, die Locken,
Und wenn dein Antlitz, das nun schöner als eine Purpurrose ist,
Sich, Ligurinus, in ein struppiges Gesicht verwandelt,
Dann wirst du sagen: »Ach!«, sooft du dich als einen anderen im
                Spiegel siehst,
»Warum empfand ich nicht als Knabe dieselbe Neigung wie heute,
Oder warum kehren nicht zu diesem Empfinden die frischen
                Wangen zurück?«

11

Ich habe (er hat schon das neunte Jahr überstanden)
Einen vollen Krug Albanerwein; ich habe im Garten,
Phyllis, Eppich, um Kränze zu flechten, ich habe
    Efeu in reicher

Fülle: Wenn du ihn ins Haar schlingst, erstrahlst du.
Mit Silber prunkt mein Haus; der Altar, von reinem
Grün umschlungen, verlangt, daß man ihn mit einem geopferten
    Lämmchen benetze.

Die ganze Dienerschaft ist in Eile. Dahin und dorthin
Hasten, vereint mit den Mägden, die Burschen;
Dichten Rauch verbreiten im Wirbel
    Flackernde Flammen.

Doch damit du weißt, zu welchen Freuden
Man dich ruft: Die Iden sollst du mitfeiern,

> Qui dies mensem Veneris marinae 15
> Findit Aprilem,
>
> Iure sollemnis mihi sanctiorque
> Paene natali proprio, quod ex hac
> Luce Maecenas meus adfluentis
> Ordinat annos. 20
>
> Telephum, quem tu petis, occupavit
> Non tuae sortis iuvenem puella
> Dives et lasciva tenetque grata
> Compede vinctum.
>
> Terret ambustus Phaethon avaras 25
> Spes et exemplum grave praebet ales
> Pegasus terrenum equitem gravatus
> Bellerophontem,
>
> Semper ut te digna sequare et ultra
> Quam licet sperare nefas putando 30
> Disparem vites. Age iam, meorum
> Finis amorum –
>
> Non enim posthac alia calebo
> Femina –, condisce modos, amanda
> Voce quos reddas: minuentur atrae 35
> Carmine curae.

Den Tag, der den Monat der meergeborenen Venus
   Teilt, den Aprilis.

Mit Recht ist er für mich ein Feiertag und heiliger
Fast als mein eigenes Geburtsfest, denn von diesem
Tag aus zählt mein Maecenas die
   Fülle der Jahre.

Des Telephos, den du begehrst, hat sich –
Der junge Mann ist ja nicht deines Standes – ein Mädchen,
Reich und lüstern, bemächtigt und hält ihn mit willkommener
   Fessel gefangen.

Es warnt der Flammentod des Phaethon vor maßlosen
Hoffnungen, und ein bedeutsames Beispiel gibt der geflügelte
Pegasus, der einen Erdensohn als Reiter nicht tragen wollte, den
   Bellerophontes,

Daß du stets nur das, was dir ziemt, erstrebst, mehr,
Als möglich ist, zu erhoffen für Unrecht hältst
Und den unpassenden Mann meidest. Wohlan denn, du meiner
   Liebschaften Ende,

Denn danach werde ich mich für keine andere Frau erwärmen,
Übe die Lieder gründlich, damit du sie mit deiner reizenden
Stimme vortragen kannst! Es schwinden die düsteren
   Sorgen beim Singen.

12

Iam veris comites, quae mare temperant,
Inpellunt animae lintea Thraciae,
Iam nec prata rigent nec fluvii strepunt
    Hiberna nive turgidi.

Nidum ponit, Ityn flebiliter gemens, 5
Infelix avis et Cecropiae domus
Aeternum opprobrium, quod male barbaras
    Regum est ulta libidines.

Dicunt in tenero gramine pinguium
Custodes ovium carmina fistula 10
Delectantque deum, cui pecus et nigri
    Colles Arcadiae placent.

Adduxere sitim tempora, Vergili;
Sed pressum Calibus ducere Liberum
Si gestis, iuvenum nobilium cliens, 15
    Nardo vina merebere.

Nardi parvus onyx eliciet cadum,
Qui nunc Sulpiciis accubat horreis,
Spes donare novas largus amaraque
    Curarum eluere efficax. 20

Ad quae si properas gaudia, cum tua
Velox merce veni: non ego te meis
Inmunem meditor tinguere poculis,
    Plena dives ut in domo.

12

Des Frühlings Gefährten, die das Meer besänftigen,
Die thrakischen Winde, blähen schon die Segel;
Die Wiesen sind nicht mehr im Frost erstarrt, die Flüsse rauschen
                              nicht mehr
Vom Winterschnee angeschwollen.

Ihr Nest baut, jämmerlich um Itys klagend,
Die unglückliche Schwalbe, für das Haus des Kekrops
Eine ewige Schande, weil sie auf üble Weise barbarisches
Gelüsten von Königen gerächt hat.

Es spielen im zarten Grase fetter
Schafe Hirten ihre Weisen auf der Flöte
Und erfreuen den Gott, dem das Vieh und die dunklen
Höhen Arkadiens gefallen.

Die Jahreszeit hat Durst mitgebracht, Vergilius,
Doch wenn du unbedingt in Cales gekelterten Wein schlürfen
Möchtest, du Schützling vornehmer junger Männer,
Mußt du den Trunk mit Nardenöl erkaufen.

Ein Döschen Nardenöl lockt den Krug hervor,
Der jetzt im Speicher des Sulpicius lagert,
Freigebig darin, neue Hoffnungen zu spenden und, um die bitteren
Sorgen fortzuspülen, ein bewährtes Mittel.

Wenn du zu diesen Freuden eilen willst, so komme rasch
Mit deiner Ware; ich denke nicht daran, dich mit meinen
Bechern ohne Gegengabe zu befeuchten
Wie ein Reicher in seinem wohlversorgten Haus.

Verum pone moras et studium lucri 25
Nigrorumque memor, dum licet, ignium
Misce stultitiam consiliis brevem:
    Dulce est desipere in loco.

13

Audivere, Lyce, di mea vota, di
Audivere, Lyce: fis anus; et tamen
    Vis formosa videri
        Ludisque et bibis inpudens

Et cantu tremulo pota Cupidinem 5
Lentum sollicitas; ille virentis et
    Doctae psallere Chiae
        Pulcris excubat in genis.

Inportunus enim transvolat aridas
Quercus et refugit te, quia luridi 10
    Dentes, te quia rugae
        Turpant et capitis nives.

Nec Coae referunt iam tibi purpurae
Nec cari lapides tempora, quae semel
    Notis condita fastis 15
        Inclusit volucris dies.

Quo fugit venus, heu, quove color, decens
Quo motus? Quid habes illius, illius,
    Quae spirabat amores,
        Quae me surpuerat mihi, 20

Stelle indessen Abhaltungen und das Streben nach Profit hintan!
Denke an die düstere Glut, solange es noch möglich ist,
Und mische ein bißchen Narrheit unter deine Planungen!
Hübsch ist es, zur rechten Zeit verrückt zu spielen.

13

Erhört, Lyce, haben die Götter meine Gebete, die Götter
Haben sie, Lyce, erhört! Du wirst alt, und trotzdem
Möchtest du als Schönheit erscheinen,
Flirtest und trinkst ohne Scham

Und versuchst mit zittrigem Gesang im Rausch den Liebesgott,
Den lustlosen, zu reizen; der aber hat auf der jugendfrischen
Und sangeskundigen Chia
Schönen Wangen Quartier bezogen,

Denn rücksichtslos fliegt er an verdorrten
Eichen vorüber und meidet dich, weil gelbe
Zähne, weil dich Runzeln
Entstellen und des Hauptes Schnee.

Weder Purpurkleider aus Kos
Noch teure Steine bringen nun die Jahre zurück, die einmal
Im allbekannten Buch der Geschichte barg
Und verwahrte die flüchtige Zeit.

Wohin entschwand der Liebreiz? Wehe, wohin die zarte Haut, der
                                          zierliche
Gang? Was hast du noch von der, von der,
Die Liebe beseelte,
Die mich mir selber gestohlen hatte,

Felix post Cinaram notaque et artium
Gratarum facies? Sed Cinarae brevis
    Annos fata dederunt,
        Servatura diu parem

Cornicis vetulae temporibus Lycen,
Possent ut iuvenes visere fervidi
    Multo non sine risu
        Dilapsam in cineres facem.

14

Quae cura patrum quaeve Quiritium
Plenis honorum muneribus tuas,
    Auguste, virtutes in aevum
        Per titulos memoresque fastus

Aeternet, o qua sol habitabilis
Inlustrat oras, maxime principum!
    Quem legis expertes Latinae
        Vindelici didicere nuper,

Quid Marte posses. Milite nam tuo
Drusus Genaunos, inplacidum genus,
    Breunosque velocis et arcis
        Alpibus inpositas tremendis

Deiecit acer plus vice simplici;
Maior Neronum mox grave proelium
    Conmisit immanisque Raetos
        Auspiciis pepulit secundis,

Beglückt nach Cinara und eine gefeierte Schönheit
Von gewinnendem Wesen? Doch der Cinara hat nur wenige
Jahre das Schicksal gewährt;
Lange erhalten will es, gleich

An Jahren der uralten Krähe, die Lyce,
Damit heißblütige Jünglinge sehen können –
Nicht ohne lautes Gelächter –,
Wie eine Fackel in Asche zerfällt.

14

Welche Maßnahme des Senats und der Quiriten
Könnte mit ehrenvollen Beweisen der Ergebenheit deine
Verdienste, Augustus, für alle Zeiten
Inschriftlich und durch erinnernde Annalen

Verewigen, du, so weit die Sonne bewohnte
Lande erhellt, größter der Herrscher,
Von dem, römischen Rechts unkundig,
Die Vindeliker jüngst erfuhren,

Was du im Kampf vermagst. Denn mit deinen Kriegern
Hat Drusus die Genaunen, ein ungebärdiges Volk,
Die schnellen Breuner und die Burgen,
Errichtet auf den schauerlichen Alpen,

Gestürzt, der Held, in mehr als einfacher Vergeltung.
Der ältere der Neronen hat bald darauf eine schwere Schlacht
Geliefert und die unmenschlichen Räter
Unter glücklichen Auspizien geschlagen.

Spectandus in certamine Martio
Devota morti pectora liberae
    Quantis fatigaret ruinis,
        Indomitas prope qualis undas   20

Exercet Auster Pleiadum choro
Scindente nubis, inpiger hostium
    Vexare turmas et frementem
        Mittere equum medios per ignis.

Sic tauriformis volvitur Aufidus,   25
Qui regna Dauni praefluit Apuli,
    Cum saevit horrendamque cultis
        Diluviem meditatur agris,

Ut barbarorum Claudius agmina
Ferrata vasto diruit impetu   30
    Primosque et extremos metendo
        Stravit humum sine clade victor,

Te copias, te consilium et tuos
Praebente divos. Nam tibi quo die
    Portus Alexandrea supplex   35
        Et vacuam patefecit aulam,

Fortuna lustro prospera tertio
Belli secundos reddidit exitus
    Laudemque et optatum peractis
        Imperiis decus adrogavit.   40

Te Cantaber non ante domabilis
Medusque et Indus, te profugus Scythes
    Miratur, o tutela praesens
        Italiae dominaeque Romae.

Bewundernswert im Kriegsgetümmel,
Wie er den Männern, die den Tod in Freiheit suchten,
In gewaltigem Ansturm zusetzte,
Fast wie die unbändigen Wogen

Der Südwind peitscht, wenn der Plejaden Schar
Die Wolken spaltet, bedrängte er rastlos der Feinde
Heerhaufen und trieb sein schnaubendes
Roß mitten durchs Feuer der Schlacht.

So wälzt sich der stiergestaltige Aufidus heran,
Der am Reich des Apuliers Daunus vorbeifließt,
Wenn er rast und mit fürchterlicher
Überflutung den bebauten Feldern droht,

Wie Claudius der Barbaren geharnischte Scharen
In ungeheurem Ansturm auseinander sprengte,
Und, Vorderste wie Letzte niedermähend,
Die Erde deckte, siegreich ohne eigene Verluste, während ihm

Du die Truppen, du den Kriegsplan und deine
Götter liehst. Denn dir hat seit jenem Tag,
An dem Alexandria demütig seine Häfen
Und den verödeten Königshof aufschloß,

Fortuna gnädig schon im dritten Jahrfünft
Schöne Erfolge im Krieg gewährt
Und Anerkennung und für vollbrachte Waffentaten
Erwünschte Ehre zuerkannt.

Dich ehrt der Kantabrer, vordem unbezwingbar,
Der Meder und der Inder, dich der flüchtige Skythe
Bewundernd, o du hilfreicher Beschützer
Italiens und der Herrin Rom,

Te fontium qui celat origines 45
Nilusque et Hister, te rapidus Tigris,
   Te beluosus qui remotis
      Obstrepit Oceanus Britannis

Te non paventis funera Galliae
Duraeque tellus audit Hiberiae, 50
   Te caede gaudentes Sygambri
      Conpositis venerantur armis.

15

Phoebus volentem proelia me loqui
Victas et urbis increpuit lyra,
   Ne parva Tyrrhenum per aequor
      Vela darem: tua, Caesar, aetas

Fruges et agris rettulit uberes 5
Et signa nostro restituit Iovi
   Derepta Parthorum superbis
      Postibus et vacuum duellis

Ianum Quirini clausit et ordinem
Rectum evaganti frena licentiae 10
   Iniecit emovitque culpas
      Et veteres revocavit artis,

Per quas Latinum nomen et Italae
Crevere vires famaque et imperi
   Porrecta maiestas ad ortus 15
      Solis ab Hesperio cubili.

Dich er, der seine Quellen verbirgt,
Der Nil, die Donau, dich der reißende Tigris,
Dich, reich an Ungeheuern, der Ozean,
Der gegen das ferne Britannien brandet.

Auf dich hört des todverachtenden Gallien
Und des wilden Hispanien Land,
Dir huldigen die mordlustigen Sygambrer
Und legen ihre Waffen nieder.

15

Phoebus hat mich, als ich Kämpfe besingen wollte
Und eroberte Städte, mit Lautenklang, angeherrscht,
Ich solle nicht zur Fahrt übers Tyrrhenermeer kleine
Segel setzen. Deine Zeit, mein Kaiser,

Gab wieder den Feldern reiche Frucht
Und brachte die Feldzeichen unserem Jupiter zurück,
Die man herabriß von der Parther stolzen
Pforten. Des Krieges ledig,

Schloß sie den Janustempel des Quirinus und legte
Dem Übermut, der rechte Ordnung übertrat,
Die Zügel an, tilgte die Schuld
Und rief die alten Tugenden zurück,

Durch die das Römervolk und Italiens
Streitmacht groß wurden und des Reiches
Herrlichkeit ausstrahlte bis zum Aufgang
Der Sonne von ihrer Ruhestatt im Westen aus.

Custode rerum Caesare non furor
Civilis aut vis exiget otium,
    Non ira, quae procudit ensis
        Et miseras inimicat urbis.   20

Non qui profundum Danuvium bibunt
Edicta rumpent Iulia, non Getae,
    Non Seres infidique Persae,
        Non Tanain prope flumen orti.

Nosque et profestis lucibus et sacris   25
Inter iocosi munera Liberi
    Cum prole matronisque nostris,
        Rite deos prius adprecati,

Virtute functos more patrum duces
Lydis remixto carmine tibiis   30
    Troiamque et Anchisen et almae
        Progeniem Veneris canemus.

Solange der Kaiser die Welt behütet, wird weder Aufruhr
Der Bürger noch Gewalttat den Frieden stören,
Keine Wut, die Schwerter schmiedet
Und beklagenswerte Städte verfeindet.

Nicht die, die aus der tiefen Donau trinken,
Werden julische Gesetze brechen, nicht die Geten,
Nicht die Serer und die tückischen Parther,
Nicht die nah am Don Geborenen.

Wir aber werden an Arbeits- und Festtagen
Bei den Gaben des heiteren Bacchus
Mit unseren Kindern und Ehefrauen
Zuerst gebührend zu den Göttern beten

Und dann nach Väterbrauch die Feldherrn, die Tapferkeit bewiesen,
Im Lied, begleitet von lydischer Flöte,
Und Troja und Anchises und der holden
Venus Nachkommenschaft besingen.

CARMEN SAECULARE

Phoebe silvarumque potens Diana,
Lucidum caeli decus, o colendi
Semper et culti, date quae precamur
    Tempore sacro,

Quo Sibyllini monuere versus 5
Virgines lectas puerosque castos
Dis, quibus septem placuere colles,
    Dicere carmen.

Alme Sol, curru nitido diem qui
Promis et celas aliusque et idem 10
Nasceris, possis nihil urbe Roma
    Visere maius.

Rite maturos aperire partus
Lenis, Ilithyia, tuere matres,
Sive tu Lucina probas vocari 15
    Seu Genitalis:

Diva, producas subolem patrumque
Prosperes decreta super iugandis
Feminis prolisque novae feraci
    Lege marita, 20

Certus undenos deciens per annos
Orbis ut cantus referatque ludos

FESTLIED ZUR SÄKULARFEIER

Phoebus und Diana, Herrin der Wälder,
Leuchtende Zier des Himmels, o ihr Verehrenswerten
Und auch stets Verehrten, gewährt, worum wir beten in
    Heiliger Stunde,

Wenn nach dem Gebot sibyllinischer Verse
Auserwählte Mädchen und keusche Knaben
Den Göttern, denen die sieben Hügel gefielen, ein
    Preislied anstimmen.

Gütiger Sonnengott, der du mit deinem strahlenden Wagen
Den Tag heraufführst und verhüllst und, ein anderer und doch
derselbe,
Neu erstehst, im Vergleich mit Rom mögest du nichts
    Größeres sehen!

Die du zur rechten Zeit reife Leibesfrucht ans Licht bringst,
Milde, Eileithyia, beschütze die Mütter,
Oder Lucina, wenn du lieber so genannt sein willst, oder
    Auch Genitalis!

Göttliche, laß unseren Nachwuchs gedeihen, segne der Väter
Beschlüsse zur Vermählung
Von Frauen und zum Ehegesetz, das neuen Kinder-
    Segen uns schenke,

Damit der festgesetzte Umlauf von elf Jahrzehnten
Lieder wiederbringe und Spiele,

Ter die claro totiensque grata
    Nocte frequentis.

Vosque, veraces cecinisse Parcae,
Quod semel dictum est stabilisque rerum
Terminus servet, bona iam peractis
    Iungite fata:

Fertilis frugum pecorisque Tellus
Spicea donet Cererem corona;
Nutriant fetus et aquae salubres
    Et Iovis aurae.

Condito mitis placidusque telo
Supplices audi pueros, Apollo;
Siderum regina bicornis, audi,
    Luna, puellas.

Roma si vestrum est opus Iliaeque
Litus Etruscum tenuere turmae,
Iussa pars mutare Lares et urbem
    Sospite cursu,

Cui per ardentem sine fraude Troiam
Castus Aeneas patriae superstes
Liberum munivit iter, daturus
    Plura relictis:

Di, probos mores docili iuventae,
Di, senectuti placidae quietem,
Romulae genti date remque prolemque
    Et decus omne.

FESTLIED ZUR SÄKULARFEIER

Zu denen dreimal am Tag und ebensooft in holder Nacht
   Zahlreich das Volk strömt.

Und ihr Parzen, die ihr wahrhaftig verkündet habt,
Was ein für alle Male bestimmt ist und was unerschütterlich
                            der Dinge
   Ziel bewahrt, fügt zum schon Erreichten
      Glückliche Lose!

Reich an Früchten des Felds und an Herden schenke
Tellus der Ceres einen Ährenkranz;
Das Wachstum fördere erquickender Regen und
   Jupiters Anhauch.

Birg den Pfeil im Köcher und erhöre mild und freundlich
Die flehenden Knaben, Apollo!
Sternenkönigin mit der Mondsichel, erhöre,
   Luna, die Mädchen!

Wenn Rom euer Werk ist und wenn trojanische
Scharen die Etruskerküste besetzten,
Der Teil, dem geboten war, Haus und Stadt zu wechseln auf
   Rettender Meerfahrt,

Dem durchs brennende Troja ungefährdet
Der fromme Äneas, der seine Heimat überlebte,
Freie Bahn schuf, um ihm mehr zu geben,
   Als er zurückließ:

Götter, gebt der gelehrigen Jugend gute Sitten,
Götter, gebt dem ruhigen Alter Frieden,
Gebt dem Romulusvolk Besitz und Nachwuchs
   Und alles Schöne,

Quaeque vos bobus veneratur albis
Clarus Anchisae Venerisque sanguis 50
Impetret, bellante prior, iacentem
    Lenis in hostem:

Iam mari terraque manus potentis
Medus Albanasque timet securis,
Iam Scythae responsa petunt, superbi 55
    Nuper, et Indi;

Iam Fides et Pax et Honos Pudorque
Priscus et neglecta redire Virtus
Audet adparetque beata pleno
    Copia cornu. 60

Augur et fulgente decorus arcu
Phoebus acceptusque novem Camenis,
Qui salutari levat arte fessos
    Corporis artus,

Si Palatinas videt aequos aras 65
Remque Romanam Latiumque felix
Alterum in lustrum meliusque semper
    Prorogat aevum;

Quaeque Aventinum tenet Algidumque,
Quindecim Diana preces virorum 70
Curat et votis puerorum amicas
    Adplicat auris.

Haec Iovem sentire deosque cunctos
Spem bonam certamque domum reporto
Doctus et Phoebi chorus et Dianae 75
    Dicere laudes.

Und weshalb euch mit weißen Stieren ehrt der
Ruhmreiche Sproß des Anchises und der Venus, das
Erlange er, dem kämpfenden Feind überlegen, doch milde gegen ihn,
    Liegt er am Boden.

Schon fürchtet seinen zu Wasser und zu Land mächtigen Arm
Der Meder und die Beile von Alba,
Schon holen die Skythen seine Bescheide ein, eben noch
    Trotzig, und Inder.

Schon wagen es Treue und Friede und Ehre und Scham,
Die uralte, und die mißachtete Tugend zurückzukehren,
Und es erscheint mit ihrem reichen Horn die
    Herrliche Fülle.

Der Seher, geschmückt mit dem funkelnden Bogen
Phoebus, geliebt von den neun Camenen,
Der mit segensreicher Kunst die matten
    Glieder des Leibs heilt –

Wenn der die Altäre auf dem Palatin huldvoll anblickt,
Läßt er die römische Sache und das glückliche Latium
Für ein weiteres Jahrfünft fortbestehen und für immer
    Bessere Zeiten.

Sie aber, die den Aventin und den Algidus beherrscht,
Diana, achtet auf die Gebete der Fünfzehn Männer
Und leiht gnädig ihr Ohr dem
    Flehen der Knaben.

Daß Jupiter und die anderen Götter darauf merken,
Dafür nehmen wir schöne und sichere Hoffnung mit nach Hause,
Wir, der Chor, der gelernt hat, des Phoebus und der Diana
    Loblied zu singen.

EPODEN

EPODON LIBER

EPODON LIBER

I

Ibis Liburnis inter alta navium,
   Amice, propugnacula,
Paratus omne Caesaris periculum
   Subire, Maecenas, tuo.
Quid nos, quibus te vita si superstite
   Iucunda, si contra, gravis?
Utrumne iussi persequemur otium
   Non dulce, ni tecum simul,
An hunc laborem mente laturi, decet
   Qua ferre non mollis viros?
Feremus et te vel per Alpium iuga
   Inhospitalem et Caucasum
Vel Occidentis usque ad ultimum sinum
   Forti sequemur pectore.
Roges, tuum labore quid iuvem meo,
   Inbellis ac firmus parum?
Comes minore sum futurus in metu,
   Qui maior absentis habet:
Ut adsidens inplumibus pullis avis
   Serpentium adlapsus timet
Magis relictis, non, ut adsit auxili
   Latura plus praesentibus.
Libenter hoc et omne militabitur
   Bellum in tuae spem gratiae,
Non ut iuvencis inligata pluribus
   Aratra nitantur meis

EPODEN

I

Du fährst auf Liburnern mitten unter Schiffe
Mit hohen Wehrtürmen, mein Freund,
Bereit, jede Gefahr für Caesar
Auf dich zu nehmen unter eigener Gefahr, Maecenas.
Was soll ich tun, dem das Dasein, wenn du überlebst,
Erfreulich ist, wenn anders, eine Last?
Soll ich, wie du verlangst, mir Muße gönnen,
Die mir nicht lieb ist, außer zusammen mit dir,
Oder soll ich diese Beschwernis in der Haltung auf mich nehmen,
In der sie Männer, die nicht feige sind, ertragen sollten?
Ich will's ertragen, und ich werde dir selbst über Alpenhöhen
Und durch den unwirtlichen Kaukasus,
Ja, bis zur fernsten Meeresbucht des Abendlands
Mit tapferem Herzen folgen.
Du fragst wohl, wie ich durch mein Bemühen das deine
                                    unterstützen kann,
Unkriegerisch und nicht sehr stark?
Als dein Begleiter werde ich weniger in Furcht sein –
Entfernte hat sie stärker im Griff.
So wie ein Vogel, der für seine nackten Jungen sorgt,
Anschleichende Schlangen mehr fürchtet,
Wenn er jene allein gelassen hat, obgleich er ihnen nicht mehr
Helfen könnte, hätte er sie vor Augen.
Gern bestanden sein soll dieser und jeder
Krieg in der Hoffnung auf deine Gunst,
Nicht daß, mit mehr Stieren bespannt,
Meine Pflüge sich plagen

Pecusve Calabris ante sidus fervidum
　　Lucana mutet pascuis
Neque ut superni villa candens Tusculi
　　Circaea tangat moenia.
Satis superque me benignitas tua
　　Ditavit: Haud paravero
Quod aut avarus ut Chremes terra premam,
　　Discinctus aut perdam nepos.

2

›Beatus ille qui procul negotiis,
　　Ut prisca gens mortalium,
Paterna rura bobus exercet suis
　　Solutus omni faenore
Neque excitatur classico miles truci
　　Neque horret iratum mare
Forumque vitat et superba civium
　　Potentiorum limina.
Ergo aut adulta vitium propagine
　　Altas maritat populos
Aut in reducta valle mugientium
　　Prospectat errantis greges,
Inutilisque falce ramos amputans
　　Feliciores inserit,
Aut pressa puris mella condit amphoris
　　Aut tondet infirmas ovis;
Vel cum decorum mitibus pomis caput
　　Autumnus agris extulit,
Ut gaudet insitiva decerpens pira
　　Certantem et uvam purpurae,
Qua muneretur te, Priape, et te, pater
　　Silvane, tutor finium.

Und mein Herdenvieh vor den Hundstagen mit kalabrischen
Weiden die apulischen vertauscht,
Noch damit ein glänzender Landsitz an des hohen Tusculum
Von Kirkes Sohn gebaute Mauern stoße.
Genug, ja überreich hat mich deine Güte
Beschenkt; ich will nichts besitzen,
Um es entweder wie Chremes zu vergraben
Oder es wie ein liederlicher Wüstling durchzubringen.

2

»Glücklich ist der, der fern von Geschäften
Wie das Menschengeschlecht der Vorzeit
Das väterliche Feld mit seinen Stieren pflügt
Und frei von allem Wucher ist,
Nicht aufgeweckt wird als Soldat von schrecklichem Trompetenton
Und nicht das wilde Meer zu fürchten braucht,
Den Marktplatz meidet und der Bürger stolze
Schwellen, der Leute mit mehr Macht.
So kann er entweder mit dem starken Rebenschoß
Hohe Pappeln vermählen
Oder im einsamen Tal der brüllenden Rinder
Dahinziehende Herden betrachten,
Und während er wilde Triebe mit dem Messer kappt,
Pfropft er solche auf, die reicher tragen,
Oder füllt den ausgepreßten Honig in saubere Krüge
Oder schert die geduldigen Schafe.
Wenn freilich sein mit reifem Obst geschmücktes Haupt
Der Herbst auf den Feldern erhebt,
Wie freut er sich, wenn er die selbstgezogenen Birnen pflückt
Und eine Traube, die sein Rot dem Purpur streitig macht,
Um sie dir zu verehren, Priapus, und dir, Vater
Silvanus, Schützer seines Guts.

Libet iacere modo sub antiqua ilice,
  Modo in tenaci gramine:
Labuntur altis interim ripis aquae,
  Queruntur in silvis aves
Frondesque lymphis obstrepunt manantibus,
  Somnos quod invitet levis.
At cum tonantis annus hibernus Iovis
  Imbris nivisque conparat,
Aut trudit acris hinc et hinc multa cane
  Apros in obstantis plagas
Aut amite levi rara tendit retia,
  Turdis edacibus dolos,
Pavidumque leporem et advenam laqueo gruem
  Iucunda captat praemia.
Quis non malarum, quas amor curas habet,
  Haec inter obliviscitur?
Quodsi pudica mulier in partem iuvet
  Domum atque dulcis liberos,
Sabina qualis aut perusta solibus
  Pernicis uxor Apuli,
Sacrum vetustis exstruat lignis focum
  Lassi sub adventum viri,
Claudensque textis cratibus laetum pecus
  Distenta siccet ubera
Et horna dulci vina promens dolio
  Dapes inemptas adparet:
Non me Lucrina iuverint conchylia
  Magisve rhombus aut scari,
Si quos Eois intonata fluctibus
  Hiems ad hoc vertat mare,
Non Afra avis descendat in ventrem meum,
  Non attagen Ionicus
Iucundior quam lecta de pinguissimis
  Oliva ramis arborum

Bald mag er unter einer alten Eiche liegen,
Bald im dichten Gras.
Es strömt indessen zwischen hohen Ufern der Bach dahin,
Es klagen in den Wäldern Vögel
Und das Laub rauscht mit den fließenden Wassern um die Wette,
Was zu sanftem Schlaf einlädt.
Doch wenn die Winterzeit des Donnergottes Jupiter
Regen und Schneegestöber bringt,
Treibt er entweder von da und dort mit einer großen Meute wilde
Eber in die aufgestellten Netze
Oder spannt mit der glatten Stellgabel weitmaschiges Vogelgarn
Als eine Falle für die gefräßigen Drosseln.
Auch den furchtsamen Hasen und den Wanderkranich fängt er
Mit der Schlinge als willkommene Beute.
Wer wollte nicht die schlimmen Sorgen, die die Liebe bringt,
Bei alledem vergessen?
Wenn aber gar eine brave Frau zu ihrem Teil
Fürs Haus und für die süßen Kinder sorgt,
So eine, wie 'ne Sabinerin oder wie das braungebrannte
Weib eines rührigen Apuliers,
Wenn sie den heiligen Herd mit trockenem Holz bestückt,
Bevor ihr müder Mann nach Hause kommt,
Das muntere Kleinvieh in die Hürden aus Weidenruten sperrt
Und seine prallen Euter leert
Und jungen Wein aus süßem Fasse zapft
Und ganz aus Eigenem ein Mahl bereitet,
Dann werden nicht die Austern vom Lukrinersee
Mir besser schmecken oder Steinbutt oder Papageifische,
Wenn welche, übers Ostmeer hergefallen,
Der Wintersturm in unser Meer verschlägt.
Kein Perlhuhn wird in meinen Magen wandern,
Kein Haselhuhn aus Ionien
Ergötzlicher als von den üppigsten
Zweigen der Bäume gelesene Oliven

Aut herba lapathi prata amantis et gravi
   Malvae salubres corpori
Vel agna festis caesa Terminalibus
   Vel haedus ereptus lupo. 60
Has inter epulas ut iuvat pastas ovis
   Videre properantis domum,
Videre fessos vomerem inversum boves
   Collo trahentis languido
Positosque vernas, ditis examen domus, 65
   Circum renidentis Lares.‹
Haec ubi locutus faenerator Alfius,
   Iam iam futurus rusticus,
Omnem redegit idibus pecuniam,
   Quaerit kalendis ponere. 70

3

Parentis olim siquis inpia manu
   Senile guttur fregerit,
Edit cicutis alium nocentius:
   O dura messorum ilia!
Quid hoc veneni saevit in praecordiis? 5
   Num viperinus his cruor
Incoctus herbis me fefellit, an malas
   Canidia tractavit dapes?
Ut Argonautas praeter omnis candidum
   Medea mirata est ducem, 10
Ignota tauris inligaturum iuga
   Perunxit hoc Iasonem,
Hoc delibutis ulta donis paelicem
   Serpente fugit alite;

Oder Blätter vom Sauerampfer, der die Wiesen liebt, und für den
Schweren Leib gesunde Malven
Oder ein Lamm, am Terminalienfest geschlachtet,
Oder ein Böcklein, abgejagt dem Wolf.
Bei solchem Schmause, welche Lust ist's da, die wohlgenährten Schafe
Zu seh'n, wie sie nach Hause eilen,
Zu seh'n, wie die erschöpften Stiere den umgedrehten Pflug
Am müden Nacken nach sich ziehen,
Und die im Haus geborenen Sklaven, das Gesinde eines reichen
        Hofs, gelagert
Um die Larenbilder, die im Widerschein des Feuers glänzen.«
Als so der Wucherer Alfius gesprochen hatte,
Schon drauf und dran, ein Bauersmann zu werden,
Kündigte er an den Iden all sein Geld:
Er will's an den Kalenden – wieder anlegen!

3

Wenn einer je mit gottloser Hand seines Vaters
Greises Genick gebrochen hat,
Dann soll er Knoblauch fressen, tödlicher als Schierlingssaft.
Ach, ihr ausgepichten Schnittermägen!
Was wütet dieses Gift in meinen Eingeweiden?
Wurde womöglich Natternblut unter dieses
Gemüse, von mir unbemerkt, gekocht oder hatte bei dem üblen
Mahl Canidia ihre Hand im Spiel?
Als den vor allen Argonauten durch Schönheit glänzenden
Anführer Medea lange genug angehimmelt hatte,
Ihn, der ins ungewohnte Joch die Stiere spannen sollte,
Hat sie den Jason damit eingesalbt.
Damit hat ihre Gaben sie bestrichen, sich an der Nebenbuhlerin
        gerächt
Und ist mit den geflügelten Drachen geflüchtet.

Nec tantus umquam siderum insedit vapor
    Siticulosae Apuliae
Nec munus umeris efficacis Herculis
    Inarsit aestuosius.
At siquid umquam tale concupiveris,
    Iocose Maecenas, precor,
Manum puella savio opponat tuo,
    Extrema et in sponda cubet.

4

Lupis et agnis quanta sortito obtigit,
    Tecum mihi discordia est,
Hibericis peruste funibus latus
    Et crura dura compede.
Licet superbus ambules pecunia,
    Fortuna non mutat genus.
Videsne, sacram metiente te viam
    Cum bis trium ulnarum toga,
Ut ora vertat huc et huc euntium
    Liberrima indignatio?
›Sectus flagellis hic triumviralibus
    Praeconis ad fastidium
Arat Falerni mille fundi iugera
    Et Appiam mannis terit
Sedilibusque magnus in primis eques
    Othone contempto sedet.
Quid attinet tot ora navium gravi
    Rostrata duci pondere
Contra latrones atque servilem manum
    Hoc, hoc tribuno militum?‹

Niemals hat je eine solche Hundstagshitze
Über dem lechzenden Apulien gebrütet
Noch sich die Gabe in die Arme des großen Machers Herkules
Glühender eingebrannt.
Doch wenn du je wieder auf so etwas Appetit bekommst,
Witzbold Maecenas, wünsche ich,
Daß die Liebste vor deinem Kuß die Hand vorhält
Und ganz am Rand der Bettstatt schläft.

4

So groß, wie sie Wölfen und Lämmern durch das Los zuteil ward,
Ist meine Feindschaft mit dir,
Gezeichneter – an der Seite von spanischen Tauen
Und an den Beinen von der harten Fessel!
Du magst, stolz auf dein Geld, einherspazieren:
Glück ändert nicht die Art.
Siehst du nicht, wenn du die Heilige Straße abschreitest
Mit einer Toga von zweimal drei Ellen,
Wie die Gesichter der Leute, die da- und dorthin gehen,
Die offenkundigste Entrüstung verzieht?
»Dieser da, zerfleischt von den Peitschen der Gefängnisleitung
Bis zur Erschöpfung des Ausrufers,
Hat tausend Morgen Falernerboden unterm Pflug
Und rast mit seinen Gallierpferdchen ständig auf der Via Appia
     herum
Und sitzt als Ritter großspurig in den ersten Reihen:
Otho ist ihm Wurst!
Was bringt es, wenn man so vieler schwergewichtiger Schiffe
Rammspornbewehrte Häupter auslaufen läßt
Gegen Piraten und eine Sklavenrotte,
Wenn der da, der da Kriegstribun ist?«

5

›At o deorum quidquid in caelo regit
  Terras et humanum genus,
Quid iste fert tumultus? aut quid omnium
  Voltus in unum me truces?
Per liberos te, si vocata partubus
  Lucina veris adfuit,
Per hoc inane purpurae decus precor,
  Per inprobaturum haec Iovem,
Quid ut noverca me intueris aut uti
  Petita ferro belua?‹
Ut haec trementi questus ore constitit
  Insignibus raptis puer,
Inpube corpus, quale posset inpia
  Mollire Thracum pectora,
Canidia brevibus inplicata viperis
  Crinis et incomptum caput,
Iubet sepulcris caprificos erutas,
  Iubet cupressus funebris
Et uncta turpis ova ranae sanguine
  Plumamque nocturnae strigis
Herbasque, quas Iolcos atque Hiberia
  Mittit venenorum ferax,
Et ossa ab ore rapta ieiunae canis
  Flammis aduri Colchicis.
At expedita Sagana, per totam domum
  Spargens Avernalis aquas,
Horret capillis ut marinus asperis
  Echinus aut currens aper.
Abacta nulla Veia conscientia
  Ligonibus duris humum
Exhauriebat, ingemens laboribus,
  Quo posset infossus puer

5

»Ach, all ihr Götter, die im Himmel herrschen
Über die Welt und das Menschengeschlecht,
Was bedeutet dieser Lärm und warum richten alle
Die grimmigen Blicke nur auf mich?
Bei deinen Kindern, wenn dir je, gerufen
In wirklichen Wehen, Lucina beistand,
Bei dieser nutzlosen Purpurzier flehe ich dich an,
Bei Jupiter, der das mißbilligen wird:
Was starrst du mich wie eine Stiefmutter oder wie
Ein vom Speer getroffenes Raubtier an?«
Als nach solcher Klage aus bebendem Munde,
Seiner Kleider beraubt, der Knabe dastand,
Ein zartes Wesen, das ruchlose
Thrakerherzen hätte rühren können,
Da läßt Canidia, die sich dicke Nattern
Ins Haar und um den wüsten Kopf geschlungen hat,
Aus Gräbern gerissene Feigenwildlinge,
Läßt Zypressen von einem Leichenbrand
Und mit dem Blut der garstigen Kröte beschmierte
Eier und Federn der Nachteule
Und Kräuter, wie sie Iolkos und Iberien
Sendet, das an Giften reich ist,
Und dem Maul einer hungrigen Hündin entrissene Knochen
In kolchischen Flammen verbrennen.
Doch Sagana verspritzt hochgeschürzt im ganzen Haus
Wasser vom Arvernersee
Und sträubt ihr borstiges Haar wie ein Seeigel
Oder ein Eber im vollen Lauf.
Durch keine Gewissensbisse abgehalten,
Hebt Veia mit harter Hacke eine Grube aus
Und ächzt über ihrer Plage,
Damit der eingegrabene Knabe

Longo die bis terque mutatae dapis
  Inemori spectaculo,
Cum promineret ore, quantum exstant aqua 35
  Suspensa mento corpora:
Exsecta uti medulla et aridum iecur
  Amoris esset poculum,
Interminato cum semel fixae cibo
  Intabuissent pupulae. 40
Non defuisse masculae libidinis
  Ariminensem Foliam
Et otiosa credidit Neapolis
  Et omne vicinum oppidum,
Quae sidera excantata voce Thessala 45
  Lunamque caelo deripit.
Hic inresectum saeva dente livido
  Canidia rodens pollicem
Quid dixit aut quid tacuit? ›O rebus meis
  Non infideles arbitrae, 50
Nox et Diana, quae silentium regis,
  Arcana cum fiunt sacra,
Nunc, nunc adeste, nunc in hostilis domos
  Iram atque numen vertite!
Formidulosis cum latent silvis ferae 55
  Dulci sopore languidae,
Senem, quod omnes rideant, adulterum
  Latrent Suburanae canes
Nardo perunctum, quale non perfectius
  Meae laborarint manus. 60
Quid accidit? Cur dira barbarae minus
  Venena Medeae valent,
Quibus superbam fugit ulta paelicem,
  Magni Creontis filiam,

Den langen Tag hindurch das zwei- und dreimal ausgetauschte
                Festmahl
Erblicke und hinsterben könne,
Während sein Kopf nur so weit herausschaut
Wie bei Schwimmern, denen das Wasser bis zum Kinn geht,
Und damit sein herausgekratztes Mark und seine vertrocknete Leber
Für einen Liebeszauber tauge,
Wenn erst einmal seine unverwandt auf die versagte Speise
Starrenden Augen erloschen wären. –
Daß auch die geile Lesbe nicht gefehlt hat,
Die Folia aus Ariminum,
Glaubte das müßige Neapel
Und auch jede Nachbarstadt.
Jene kann mit thessalischem Spruch beschworene Sterne
Und den Mond vom Himmel herabziehen!
Während nun voll Wut mit ihren gelben Zähnen am unbeschnittenen
Daumennagel Canidia knabberte,
Was sprach sie, oder was verschwieg sie da? »O ihr meiner Werke
Getreue Zeuginnen, Göttin der
Nacht und Diana, die über das Schweigen gebietet,
Wenn man geheime Opfer darbringt:
Jetzt, jetzt steht mir bei! Jetzt richtet auf feindselige Häuser
Euren Zorn und eure Göttermacht!
Während sich in schauerlichen Wäldern die wilden Tiere verbergen,
In süßen Schlaf versunken,
Sollen den Alten, daß alle lachen, den Hurenkerl,
Die Hunde der Subura ankläffen,
Wenn er von Nardenöl trieft, wie es vollendeter
Meine Hand nicht hätte zubereiten können.
Was ist geschehen? Warum ist das grausige Zaubermittel
Medeas, der Barbarin, weniger wirksam,
Mit dem sie sich an ihrer stolzen Nebenbuhlerin rächte,
An der Tochter des großen Kreon, und entfloh,

Cum palla, tabo munus inbutum, novam 65
  Incendio nuptam abstulit?
Atqui nec herba nec latens in asperis
  Radix fefellit me locis.
Indormit unctis omnium cubilibus
  Oblivione paelicum! 70
A, a, solutus ambulat veneficae
  Scientioris carmine!
Non usitatis, Vare, potionibus,
  O multa fleturum caput,
Ad me recurres nec vocata mens tua 75
  Marsis redibit vocibus.
Maius parabo, maius infundam tibi
  Fastidienti poculum,
Priusque caelum sidet inferius mari
  Tellure porrecta super, 80
Quam non amore sic meo flagres uti
  Bitumen atris ignibus.‹
Sub haec puer iam non, ut ante, mollibus
  Lenire verbis inpias,
Sed dubius, unde rumperet silentium, 85
  Misit Thyesteas preces:
›Venena magica fas nefasque, non valent
  Convertere humanam vicem.
Diris agam vos; dira detestatio
  Nulla expiatur victima. 90
Quin, ubi perire iussus exspiravero,
  Nocturnus occurram furor
Petamque voltus umbra curvis unguibus,
  Quae vis deorum est Manium,

Während das Gewand, ihre giftgetränkte Gabe,
Die Neuvermählte in Feuersglut verzehrte?
Und doch ist mir kein Kraut, keine Wurzel
An unwirtlichen Orten entgangen!
Auch schläft er in einem Bett, das gesalbt ist
Mit Vergessen aller meiner Konkurrentinnen.
Ha, ha! Er geht seiner Wege, weil ihn eine
Kundigere Hexe losgemacht hat!
Nicht wegen eines gewöhnlichen Liebestranks,
Varus, der du noch lauthals jammern sollst, mein Lieber,
Wirst du schleunigst zurückkehren, und nicht mit Marssprüchen
Gerufen, wird sich dein Herz mir wieder zuwenden.
Einen kräftigeren Trank will ich bereiten, einen kräftigeren
Dir, auch wenn du dich sträubst, einflößen,
Doch eher wird der Himmel tief im Meer versinken
Und sich die Erde darüber legen,
Als daß du nicht in Liebe zu mir so erglühst,
Wie Erdpech brennt mit schwarzem Qualm!«
Nach diesen Reden suchte der Knabe nicht mehr, wie vorher,
                    mit angstvollen
Worten die ruchlosen Weiber milde zu stimmen,
Sondern stieß, unschlüssig, womit er das Schweigen brechen solle,
Verwünschungen wie Thyestes aus:
»Zauber und Hexenkünste vermögen zwar Recht und Unrecht
                    aufzuheben,
Nicht aber menschliche Vergeltung:
Mit meinem Flüchen will ich euch verfolgen! Die grausige
                    Verwünschung
Wird durch kein Opfer abgewandt!
Vielmehr, wenn ich, dem Tod geweiht, gestorben bin,
Erscheine ich nachts als Schreckgespenst
Und werde, ein Vampir, mit krummen Klauen euch ins Gesicht
                    fahren –
Das ist die Macht der Totengeister –,

> Et inquietis adsidens praecordiis 95
>   Pavore somnos auferam.
> Vos turba vicatim hinc et hinc saxis petens
>   Contundet obscenas anus;
> Post insepulta membra different lupi
>   Et Esquilinae alites 100
> Neque hoc parentes, heu mihi superstites,
>   Effugerit spectaculum.‹

6

Quid inmerentis hospites vexas canis
    Ignavus adversum lupos?
Quin huc inanis, si potes, vertis minas
    Et me remorsurum petis?
Nam qualis aut Molossus aut fulvos Lacon, 5
    Amica vis pastoribus,
Agam per altas aure sublata nivis,
    Quaecumque praecedet fera.
Tu, cum timenda voce complesti nemus,
    Proiectum odoraris cibum. 10
Cave cave: namque in malos asperrimus
    Parata tollo cornua,
Qualis Lycambae spretus infido gener
    Aut acer hostis Bupalo.
An, si quis atro dente me petiverit, 15
    Inultus ut flebo puer?

Auch auf die ruhelose Brust will ich mich hocken
Und euch durch Grauen um den Schlaf bringen.
Ein wüster Haufe wird in jedem Viertel von da, von dort mit
                                  Steinen nach euch werfen
Und euch zerschmettern, ekelhafte Vetteln!
Dann werden eure unbegrabenen Leichen Wölfe zerreißen
Und die Raben vom Esquilin!
Meinen Eltern aber, die mich, ach, überleben, wird dieses
Schauspiel nicht entgehen!«

6

Was fällst du harmlose Fremdlinge an, du Hund,
Der du feig gegenüber Wölfen bist?
Warum richtest du dein eitles Drohen, wenn du's fertigbringst,
                                  nicht gegen mich
Und schnappst nach mir? Ich würde zurückbeißen!
Denn wie ein Molosser oder ein falber Spartaner,
Den Hirten ein starker Freund,
Werde ich durch den Tiefschnee mit gespitztem Ohr ein jedes
Raubtier jagen, das vorauseilt.
Wenn du mit fürchterlichem Gekläffe den Wald erfüllt hast,
Riechst du an einem weggeworfenen Bissen.
Gib acht, gib acht! Auf Bösewichte bin ich nämlich ganz wild
Und hebe meine kampfbereiten Hörner
Wie der vom wortbrüchigen Lykambes verschmähte
                                  Schwiegersohn
Oder der grimmige Feind des Bupalos.
Oder soll ich etwa, wenn einer mich mit bösen Bissen attackiert,
Mich nicht wehren und losheulen wie ein Kind?

7

Quo, quo scelesti ruitis aut cur dexteris
    Aptantur enses conditi?
Parumne campis atque Neptuno super
    Fusum est Latini sanguinis?
Non ut superbas invidae Carthaginis
    Romanus arces ureret,
Intactus aut Britannus ut descenderet
    Sacra catenatus via,
Sed ut secundum vota Parthorum sua
    Urbs haec periret dextera.
Neque hic lupis mos nec fuit leonibus
    Umquam nisi in dispar feris:
Furorne caecus an rapit vis acrior
    An culpa? Responsum date!
Tacent et albus ora pallor inficit
    Mentesque perculsae stupent.
Sic est: acerba fata Romanos agunt
    Scelusque fraternae necis,
Ut inmerentis fluxit in terram Remi
    Sacer nepotibus cruor.

8

Rogare longo putidam te saeculo,
    Viris quid enervet meas,
Cum sit tibi dens ater et rugis vetus
    Frontem senectus exaret
Hietque turpis inter aridas natis
    Podex velut crudae bovis.

7

Wohin, wohin, Verruchte, stürzt ihr, oder warum legt sich in eure Rechte
Der Griff des eben weggesteckten Schwerts?
Ist auf dem Land und über Neptuns Reich zu wenig
Latinerblut vergossen worden,
Nicht darum, daß des neidischen Karthago stolze
Burgen der Römer niederbrennt,
Auch nicht, daß der noch unbezwungene Britannier
Die Heilige Straße hinab in Ketten schreitet,
Sondern darum, daß nach dem Herzenswunsch der Parther durch eigene
Hand diese Stadt zugrunde geht.
Solches Verhalten zeigten weder Wölfe noch Löwen
Jemals: Sie fallen nur andre Tiere an.
Reißt blinde Wut euch fort oder ein übermächtiger Drang
Oder Verschulden? Gebt Antwort!
Sie schweigen, und fahle Blässe zieht sich über ihr Gesicht,
Und tief erschüttert stockt ihr Herz.
So ist es: Ein bitteres Schicksal treibt die Römer um
Und das Verbrechen eines Brudermords,
Seit auf die Erde des schuldlosen Remus
Den Enkeln unheilvolles Blut floß.

8

Du kannst noch fragen, abgelebt in langer Zeit,
Was meine Manneskraft mir raubt,
Obwohl du schwarze Zähne hast und mit Runzeln das hohe
Alter deine Stirn durchfurcht
Und zwischen den verdorrten Hinterbacken garstig
Dein Arsch klafft wie bei einer Kuh, die Durchfall hat?

Sed incitat me pectus et mammae putres,
  Equina quales ubera,
Venterque mollis et femur tumentibus
  Exile suris additum.   10
Esto beata, funus atque imagines
  Ducant triumphales tuum,
Nec sit marita quae rotundioribus
  Onusta bacis ambulet.
Quid? quod libelli Stoici inter Sericos   15
  Iacere pulvillos amant:
Inlitterati num minus nervi rigent
  Minusve languet fascinum?
Quod ut superbo provoces ab inguine,
  Ore adlaborandum est tibi.   20

9

Quando repostum Caecubum ad festas dapes
  Victore laetus Caesare
Tecum sub alta – sic Iovi gratum – domo,
  Beate Maecenas, bibam
Sonante mixtum tibiis carmen lyra,   5
  Hac Dorium, illis barbarum?
Ut nuper, actus cum freto Neptunius
  Dux fugit ustis navibus,
Minatus urbi vincla, quae detraxerat
  Servis amicus perfidis.   10
Romanus eheu – posteri negabitis –
  Emancipatus feminae
Fert vallum et arma miles et spadonibus
  Servire rugosis potest,
Interque signa turpe militaria   15
  Sol adspicit conopium!

Jedoch mich reizen dein Busen, die Brüste, schlaff
Wie das Euter einer Stute,
Der Hängebauch, die dürren Schenkel
Über den geschwollenen Beinen.
Sei nur begütert; mögen deinen Leichenzug die Bilder
Von Triumphatoren begleiten,
Mag keine Ehefrau sich finden, die mit dickeren
Klunkern beladen 'rumspaziert –
Was soll's? Daß stoische Traktate zwischen deinen seidnen
Kissen zu ruh'n belieben,
Werden darum etwa die ungelehrten Schweller weniger frösteln
Und mein Schwanz weniger schlapp sein?
Damit du den aus spröden Lenden vorlockst,
Mußt du mit deinem Mundwerk nachhelfen.

9

Wann werde ich den für ein Festmahl aufgehobenen Caecuber,
Froh über den siegreichen Kaiser,
Zusammen mit dir – so ist es Jupiters Wille – im hohen Haus,
Mein glücklicher Maecenas, trinken,
Während, vereint mit der Flöte, die Lyra ein Lied erklingen läßt,
Diese auf dorische, jene auf phrygische Art?
Wie kürzlich, als, vom Meer verjagt, der Neptunssohn,
Der Admiral, entfloh, denn seine Flotte war verbrannt,
Er, der Rom mit Ketten drohte, die er
Treulosen Sklaven als ihr Gönner abgenommen hatte.
Ein Römer, wehe – die Nachwelt wird es leugnen –,
An ein Weib verkauft,
Schleppt Schanzpfahl und Waffen als ihr Soldat und
Kann verschrumpelten Eunuchen dienen,
Und mitten zwischen kriegerischen Feldzeichen
Erblickt die Sonne ein liederliches Kanapee!

At huc frementis verterunt bis mille equos
    Galli canentes Caesarem,
Hostiliumque navium portu latent
    Puppes sinistrorsum citae.   20
Io Triumphe, tu moraris aureos
    Currus et intactas boves?
Io Triumphe, nec Iugurthino parem
    Bello reportasti ducem,
Neque Africanum, cui super Carthaginem   25
    Virtus sepulcrum condidit!
Terra marique victus hostis punico
    Lugubre mutavit sagum:
Aut ille centum nobilem Cretam urbibus
    Ventis iturus non suis   30
Exercitatas aut petit Syrtis noto
    Aut fertur incerto mari.
Capaciores adfer huc, puer, scyphos
    Et Chia vina aut Lesbia,
Vel quod fluentem nauseam coerceat   35
    Metire nobis Caecubum:
Curam metumque Caesaris rerum iuvat
    Dulci Lyaeo solvere.

10

Mala soluta navis exit alite
    Ferens olentem Mevium.
Ut horridis utrumque verberes latus,
    Auster, memento fluctibus;
Niger rudentis Eurus inverso mari   5
    Fractosque remos differat;

Doch hierher lenkten ihre schnaubenden Rosse zweitausend
Galater mit einem Lied auf Caesar,
Und im Hafen bargen sich der Feindesflotte
Schiffe, nach links abgeschwenkt.
Io Triumphus! Du läßt den goldenen
Wagen warten und die Rinder, die nie das Joch drückte?
Io Triumphus! Nicht aus dem Jugurthinischen Krieg
Hast du einen gleich großen Feldherrn heimgeführt,
Auch nicht den Africanus, dem über Karthago
Seine Tapferkeit ein Denkmal schuf.
Zu Wasser und zu Land besiegt, mußte der Feind den Purpur
Mit einem Trauerkleid vertauschen.
Er wird entweder das wegen hundert Städten gepriesene Kreta
                                                ansteuern,
Wenn er bei widrigen Winden ablegt,
Oder die vom Süd gepeitschten Syrten
Oder sich ziellos übers Meer treiben lassen.
Größere Pokale bring herbei, Bursche,
Und Weine von Chios oder Lesbos
Oder den, der Erbrechen und Übelkeit verhindern kann:
Caecuber miß uns zu!
Unruhe und Besorgnis Caesars Sache wegen spült man froh
Mit süßem Wein fort.

10

Unter bösen Vorzeichen lichtet das Schiff die Anker und läuft aus,
Weil es den stinkenden Mevius trägt.
Daß du auf jede Bordwand eindrischst mit fürchterlichem
Wogenschwall, das, Südwind, merke dir!
Tückischer Ostwind soll die Taue im aufgewühlten Meer
Und die zerbrochenen Ruder da- und dorthin treiben!

Insurgat Aquilo, quantus altis montibus
  Frangit trementis ilices;
Nec sidus atra nocte amicum adpareat,
  Qua tristis Orion cadit; 10
Quietiore nec feratur aequore
  Quam Graia victorum manus,
Cum Pallas usto vertit iram ab Ilio
  In inpiam Aiacis ratem!
O quantus instat navitis sudor tuis 15
  Tibique pallor luteus
Et illa non virilis heiulatio
  Preces et aversum ad Iovem,
Ionius udo cum remugiens sinus
  Noto carinam ruperit! 20
Opima quodsi praeda curvo litore
  Porrecta mergos iuverit,
Libidinosus immolabitur caper
  Et agna Tempestatibus.

II

  Petti, nihil me sicut antea iuvat
Scribere versiculos amore percussum gravi,
  Amore, qui me praeter omnis expetit
Mollibus in pueris aut in puellis urere.
  Hic tertius December, ex quo destiti 5
Inachia furere, silvis honorem decutit.
  Heu me, per urbem – nam pudet tanti mali –

Losbrechen soll ein Nordsturm, wie er auf hohen Bergen
Schwankende Steineichen knickt.
Kein freundliches Gestirn erscheine in finstrer Nacht,
Wenn der böse Orion untergeht.
Nein, jener fahre nicht über ruhigeres Meer
Als die griechische Siegerschar,
Damals, als Pallas vom verbrannten Ilion ihren Groll
Auf das gottlose Schiff des Ajax wandte.
Oh, welche Plage steht deinen Seeleuten bevor
Und dir, welch blasse Angst
Und jenes unmännliche Geheule
Und Gebete an den ergrimmten Jupiter,
Wenn die ionische See dem feuchten Südwind brüllend Antwort
 gibt
Und den Kiel zerschmettert!
Wenn aber die fette Beute, in einer Bucht an den Strand
Geworfen, Tauchervögel freut,
Dann wird ein geiler Bock geopfert werden
Und auch ein Lämmchen für die Sturmgötter.

II

Mein Pettius, es macht mir überhaupt nicht mehr wie früher
 Vergnügen,
Versehen zu schreiben, denn die Liebe hat mich schwer verwundet,
Die Liebe, die mich vor allen anderen dazu aussieht,
Für zarte Knaben oder für Mädchen zu erglühen.
Dies ist der dritte Dezember, seit ich der wahnsinnigen Leidenschaft
Für Inachia entsagt habe, der den Wäldern ihren Schmuck
 abschüttelt.
Weh mir! Überall in Rom – denn ich schäme mich solcher
 Schande –,

 Fabula quanta fui! Conviviorum et paenitet,
  In quis amentem languor et silentium
Arguit et latere petitus imo spiritus.　　　　　　　　　　　　10
 ›Contrane lucrum nil valere candidum
Pauperis ingenium?‹ querebar adplorans tibi,
  Simul calentis inverecundus deus
Fervidiore mero arcana promorat loco.
 ›Quodsi meis inaestuet praecordiis　　　　　　　　　　　　15
Libera bilis, ut haec ingrata ventis dividat
  Fomenta volnus nil malum levantia,
Desinet inparibus certare summotus pudor.‹
 Ubi haec severus te palam laudaveram,
Iussus abire domum ferebar incerto pede　　　　　　　　　　20
  Ad non amicos heu mihi postis et heu
Limina dura, quibus lumbos et infregi latus.
 Nunc gloriantis quamlibet mulierculam
Vincere mollitia amor Lycisci me tenet;
 Unde expedire non amicorum queant　　　　　　　　　　　25
Libera consilia nec contumeliae graves,
  Sed alius ardor aut puellae candidae
Aut teretis pueri longam renodantis comam.

Wie wurde ich zum Stadtgespräch! Auch die Gelage ärgern mich,
Bei denen den Verliebten Schwermut und Schweigen
Verrieten und Seufzer aus tiefster Brust.
»Gilt Reichtum gegenüber nichts das reine
Herz eines Armen?« So klagte ich und jammerte dir vor,
Sobald der Gott, der keine Scham kennt, des Verliebten
Geheimnisse mit allzu feurigem Wein ans Licht gebracht hatte.
»Wenn aber in meinem Innern die Galle
Ungehindert überkochen sollte, so daß sie diese unerwünschten
                              Trostpflästerchen
In alle Winde zerstreut, da sie die schlimme Wunde doch nicht
                              heilen,
Dann wird mein bisher unterdrücktes Ehrgefühl vom Wettstreit
                              mit Minderwertigen lassen.«
Als ich das in deiner Gegenwart, finster entschlossen, verkündet
                              hatte
Und du mir nahelegtest, heimzugehen, stürmte ich verstörten
                              Schritts
Zu der mir, ach, unfreundlichen Pforte und, ach,
Zu der unbarmherzigen Schwelle, auf der ich mir Hüfte und
                              Flanke ruinierte.
Nun aber – er rühmt sich, jedes beliebige Mädchen
An Zartheit zu übertreffen – fesselt mich die Liebe zu Lyciscus.
Davon befreien können mich wohl weder der Freunde
Offenherzige Ratschläge noch schwere Kränkungen,
Sondern nur andere heiße Liebe, entweder zu einem
                              jugendschönen Mädchen
Oder einem drallen Burschen, der sein langes Haar entknotet trägt.

12

Quid tibi vis, mulier nigris dignissima barris?
　Munera quid mihi quidve tabellas
Mittis nec firmo iuveni neque naris obesae?
　Namque sagacius unus odoror,
Polypus an gravis hirsutis cubet hircus in alis,　　　5
　Quam canis acer ubi lateat sus.
Qui sudor vietis et quam malus undique membris
　Crescit odor, cum pene soluto
Indomitam properat rabiem sedare neque illi
　Iam manet umida creta colorque　　　10
Stercore fucatus crocodili iamque subando
　Tenta cubilia tectaque rumpit;
Vel mea cum saevis agitat fastidia verbis:
　›Inachia langues minus ac me,
Inachiam ter nocte potes, mihi semper ad unum　　　15
　Mollis opus: pereat male quae te
Lesbia quaerenti taurum monstravit inertem,
　Cum mihi Cous adesset Amyntas;
Cuius in indomito constantior inguine nervus
　Quam nova collibus arbor inhaeret.　　　20
Muricibus Tyriis iteratae vellera lanae
　Cui properabantur? Tibi nempe,

12

Was stellst du dir vor, Weib? Du taugst am besten für graue
Elefanten!
Warum schickst du mir Geschenke, warum Briefchen?
Ich bin kein kraftstrotzender junger Mann, hab' aber auch keine
verstopfte Nase,
Denn ich wittere noch viel feiner,
Ob ein Polyp (in der Nase) oder ein lästiger Bock in struppigen
Achselhöhlen haust,
Als ein scharfer Jagdhund, wo sich die Wildsau versteckt hält.
Was für ein Schweiß dringt überall aus ihren verschrumpelten
Gliedern
Und was für ein übler Gestank, wenn sie mit meinem lahmen
Schwanz
Ihre zügellose Gier schleunigst befriedigen möchte, wenn bei ihr
Die feuchte Schminke nicht mehr halten will
Und die mit Krokodilmist versetzte Farbe, wenn sie in ihrer Geilheit
Die Gurte der Liege und den Betthimmel ruiniert
Oder wenn sie über meine Lustlosigkeit mit wüsten Worten
herzieht:
»Bei der Inachia bist du weniger träge als bei mir,
Die Inachia kannst du dreimal in der Nacht, mir wirst du immer
schon nach einem
Fick schwach. Verrecken soll die Lesbia, die,
Als ich sie nach einem Stier fragte, dich Schlappschwanz
empfohlen hat!
Dabei hatte ich den Amyntas aus Kos bei der Hand;
Dem stand sein Stempel so fest auf den unerschöpflichen Lenden
Wie ein junger Baum, der am Hang wächst. –
Wem habe ich in aller Eile zweimal gefärbte Purpurgewänder
Besorgen lassen? Natürlich dir!

Ne foret aequalis inter conviva, magis quem
　　　　Diligeret mulier sua quam te.
　　O ego non felix, quam tu fugis, ut pavet acris 25
　　　　Agna lupos capreaeque leones!‹

13

Horrida tempestas caelum contraxit et imbres
　　Nivesque deducunt Iovem; nunc mare, nunc siluae
Threicio Aquilone sonant: rapiamus, amici,
　　Occasionem de die, dumque virent genua
Et decet, obducta solvatur fronte senectus. 5
　　Tu vina Torquato move consule pressa meo.
Cetera mitte loqui: deus haec fortasse benigna
　　Reducet in sedem vice. Nunc et Achaemenio
Perfundi nardo iuvat et fide Cyllenaea
　　Levare diris pectora sollicitudinibus, 10
Nobilis ut grandi cecinit Centaurus alumno:
　　›Invicte, mortalis dea nate puer Thetide,
Te manet Assaraci tellus, quam frigida parvi
　　Findunt Scamandri flumina lubricus et Simois,
Unde tibi reditum certo subtemine Parcae 15
　　Rupere, nec mater domum caerula te revehet.
Illic omne malum vino cantuque levato,
　　Deformis aegrimoniae dulcibus adloquiis.‹

Es sollte doch unter deinen Freunden kein Tischgenosse sein, für
den
Sein Weib mehr übrig hatte als für dich.
Ach, ich Unglückliche, vor der du flüchtest, so wie sich vor
reißenden
Wölfen ein Lamm ängstigt und Rehe vor Löwen.«

13

Scheußliches Wetter hat den Himmel eng werden lassen, und
Wolkenbrüche
Und Schneestürme ziehen Jupiter herab; nun rauscht das Meer,
nun der Wald
Im thrakischen Nordwind. Ergreifen wir denn, Freunde,
Die Gelegenheit untertags: Solange die Knie noch kräftig sind
Und es sich schickt, soll von der gerunzelten Stirn die
Grämlichkeit weichen!
Du laß Wein anrücken, unter dem Konsulat meines Torquatus
gekeltert,
Alles andere berede nicht! Vielleicht wird es ein Gott durch gütige
Fügung wieder in Ordnung bringen. Jetzt macht es Freude, sich
mit achämenidischem
Nardenöl zu salben und mit der kyllenischen Leier
Das Herz von grausigen Sorgen zu befreien,
Wie einst der edle Zentaur seinem erhabenen Zögling verkündete:
»Unbesiegbarer, sterblicher Knabe, Sohn der Göttin Thetis,
Dich erwartet Assaracus' Land, das die kalte Flut des bescheidenen
Skamander teilt und der hurtige Simois,
Von wo dir die Rückkehr mit untrüglichem Faden die Parzen
Abgeschnitten haben und auch die Mutter aus dem blauen Meer
dich nicht heimbringt:
Dort sollst du alles Leid durch Wein und Gesang lindern,
Dem süßen Trost bei schmachvollem Kummer!«

14

Mollis inertia cur tantam diffuderit imis
    Oblivionem sensibus,
Pocula Lethaeos ut si ducentia somnos
    Arente fauce traxerim,
Candide Maecenas, occidis saepe rogando:
    Deus, deus nam me vetat
Inceptos, olim promissum carmen, iambos
    Ad umbilicum adducere.
Non aliter Samio dicunt arsisse Bathyllo
    Anacreonta Teium,
Qui persaepe cava testudine flevit amorem
    Non elaboratum ad pedem.
Ureris ipse miser: quodsi non pulcrior ignis
    Accendit obsessam Ilion,
Gaude sorte tua; me libertina nec uno
    Contenta Phryne macerat.

15

Nox erat et caelo fulgebat Luna sereno
    Inter minora sidera,
Cum tu magnorum numen laesura deorum
    In verba iurabas mea,
Artius atque hedera procera adstringitur ilex
    Lentis adhaerens bracchiis,
Dum pecori lupus et nautis infestus Orion
    Turbaret hibernum mare

14

Warum erschlaffendes Nichtstun mir so viel Vergessen
Tief ins Gemüt gesenkt hat,
Als hätte ich zweihundert schlafbringende Becher Lethe
Mit lechzender Kehle geleert,
Danach, getreuer Maecenas, fragst du mich oft und bringst mich
  noch um:
Ein Gott, ein Gott verhindert es nämlich,
Daß ich die vor langer Zeit begonnenen Jamben, die versprochene
  Dichtung,
An den Stab bringe.
Nicht anders, sagt man, erglühte für den Samier Bathyllos
Anakreon aus Teos,
Der sehr oft zur gewölbten Schildkrötschale sein Liebesleid beklagte,
Aber nicht in kunstvolle Verse brachte.
Du selbst erglühst ja, du Armer! Wenn aber keine schönere Flamme
Das belagerte Ilion in Brand gesteckt hat,
Freue dich deines Geschicks! Mich hat die freigelassene und nicht
  mit einem
Zufriedene Phryne in der Mangel.

15

Nacht war es, und am klaren Himmel strahlte der Mond
Inmitten der kleineren Gestirne,
Als du, entschlossen, der großen Götter Hoheit zu beleidigen,
Den Schwur, den ich dir vorsprach, schworst
Und, fester als Efeu eine hohe Eiche umklammert,
Mit deinen Armen an mir hingst:
Solange dem Schaf der Wolf und den Seeleuten feindlich Orion
Das winterliche Meer aufwühlt

Intonsosque agitaret Apollinis aura capillos,
    Fore hunc amorem mutuum, 10
O dolitura mea multum virtute Neaera!
    Nam siquid in Flacco viri est,
Non feret adsiduas potiori te dare noctes
    Et quaeret iratus parem:
Nec semel offensi cedet constantia formae, 15
    Si certus intrarit dolor.
Et tu, quicumque es felicior atque meo nunc
    Superbus incedis malo,
Sis pecore et multa dives tellure licebit
    Tibique Pactolus fluat 20
Nec te Pythagorae fallant arcana renati
    Formaque vincas Nirea,
Eheu, translatos alio maerebis amores:
    Ast ego vicissim risero.

16

Altera iam teritur bellis civilibus aetas,
    Suis et ipsa Roma viribus ruit.
Quam neque finitimi valuerunt perdere Marsi
    Minacis aut Etrusca Porsenae manus,
Aemula nec virtus Capuae nec Spartacus acer 5
    Novisque rebus infidelis Allobrox,

Und das nie geschorene Haar Apolls ein Lufthauch bewegt,
Werde diese unsere beiderseitige Liebe währen.
Ach, Neaera, es wird dir noch sehr leid tun, da ich standhaft bleibe,
Denn wenn an Flaccus noch etwas von einem Mann ist,
Wird er es nicht ertragen, daß du einem Reicheren unaufhörlich Nächte schenkst,
Und wird sich ergrimmt nach einer Partnerin umsehen, die seiner wert ist.
Weil er nicht nur einmal gekränkt wurde, wird seine Festigkeit nicht vor deiner Schönheit
schwach werden, wenn echter Schmerz ihn erfüllt.
Und du, wer du auch bist, der mehr Glück hat und jetzt wegen
meines Pechs übermütig einherstolzierst:
Magst du auch begütert sein durch Herdenvieh und viel Landbesitz,
Mag dir der Paktolos fließen,
Mögen dir die Geheimnisse des wiedergeborenen Pythagoras nicht verborgen sein,
Magst du an Schönheit den Nireus übertreffen:
Wehe, du wirst dich grämen, wenn sich deine Liebste anderswohin wendet;
Ich meinerseits jedoch kann lachen!

16

Schon reibt sich in Bürgerkriegen eine zweite Generation auf,
Und durch eigene Kraft geht Rom selbst zugrunde,
Das weder die benachbarten Marser zu zerstören vermochten
Noch des bedrohlichen Porsenna Etruskerschar,
Auch nicht die eifersüchtige Macht Capuas und der wilde Spartacus
Sowie durch einen Umsturz der treulose Allobroger.

Nec fera caerulea domuit Germania pube
  Parentibusque abominatus Hannibal,
Inpia perdemus devoti sanguinis aetas,
  Ferisque rursus occupabitur solum: 10
Barbarus heu cineres insistet victor et urbem
  Eques sonante verberabit ungula;
Quaeque carent ventis et solibus ossa Quirini,
  – Nefas videre – dissipabit insolens.
Forte quid expediat communiter aut melior pars   15
  Malis carere quaeritis laboribus.
Nulla sit hac potior sententia: Phocaeorum
  Velut profugit exsecrata civitas
Agros atque lares patrios, habitandaque fana
  Apris reliquit et rapacibus lupis,   20
Ire pedes quocumque ferent, quocumque per undas
  Notus vocabit aut protervus Africus.
Sic placet, an melius quis habet suadere? Secunda
  Ratem occupare quid moramur alite?
Sed iuremus in haec: simul imis saxa renarint   25
  Vadis levata, ne redire sit nefas;
Neu conversa domum pigeat dare lintea, quando
  Padus Matina laverit cacumina,

Nicht einmal das wilde Germanien mit seinen helläugigen Mannen
  bezwang es
Und, verflucht von unseren Ahnen, Hannibal.
Wir, ein ruchloses Geschlecht aus fluchbeladenem Blut, werden es
  vernichten,
Und wilde Tiere werden die Stätte wieder in Besitz nehmen.
Ein Barbar, o weh, wird als Sieger den Fuß auf die Brandstätte
  setzen und die Stadt
Hoch zu Roß mit klapperndem Huf zerstampfen,
Und sie, die Wind und Sonnenschein nicht kennen, des Romulus
  Gebeine
Wird er – welch entsetzlicher Anblick – in seinem Übermut
  verstreuen!
Vielleicht fragt ihr allesamt oder doch der bessere Teil, was dazu
  hilft,
Der schlimmen Leiden ledig zu sein:
Kein Vorschlag ist wohl besser als dieser: So wie der Phokäer
Bürgerschaft einst floh, nachdem sie feierlich
Ihre Felder und die Häuser ihrer Väter verflucht hatte, und ihre
  Tempel als Wohnung
Ebern und reißenden Wölfen überließ,
Davonzuziehen, wohin auch immer die Füße tragen und wohin
  uns über die Wogen
Der Südwind ruft oder der ungestüme Africus.
Ist's recht so, oder hat jemand Besseres zu raten? Unter günstigem
Zeichen das Schiff zu besteigen – was zögern wir?
Doch folgendes wollen wir schwören: Sobald Felsen sich vom
  Meeresgrund
Lösen und wieder auftauchen, sei es kein Frevel mehr
  zurückzukommen.
Auch soll es uns nicht verdrießen, zur Heimat gewandt die Segel
  zu setzen, wenn
Der Po die Gipfel des Matinus bespült

In mare seu celsus procurrerit Appenninus
    Novaque monstra iunxerit libidine   30
Mirus amor, iuvet ut tigris subsidere cervis,
    Adulteretur et columba miluo,
Credula nec ravos timeant armenta leones
    Ametque salsa levis hircus aequora.
Haec et quae poterunt reditus abscindere dulcis   35
    Eamus omnis exsecrata civitas
Aut pars indocili melior grege; mollis et exspes
    Inominata perpremat cubilia:
Vos, quibus est virtus, muliebrem tollite luctum,
    Etrusca praeter et volate litora.   40
Nos manet Oceanus circumvagus: arva beata
    Petamus, arva divites et insulas,
Reddit ubi cererem tellus inarata quotannis
    Et inputata floret usque vinea,
Germinat et numquam fallentis termes olivae,   45
    Suamque pulla ficus ornat arborem,
Mella cava manant ex ilice, montibus altis
    Levis crepante lympha desilit pede.
Illic iniussae veniunt ad mulctra capellae
    Refertque tenta grex amicus ubera   50
Nec vespertinus circumgemit ursus ovile,
    Nec intumescit alta viperis humus.
Pluraque felices mirabimur, ut neque largis
    Aquosus Eurus arva radat imbribus,
Pinguia nec siccis urantur semina glaebis,   55
    Utrumque rege temperante caelitum.
Nulla nocent pecori contagia, nullius astri   61
    Gregem aestuosa torret inpotentia.   62

Oder sich der hochragende Appennin ins Meer vorschiebt
Und in beispielloser Lust widernatürliche Verbindungen stiftet
Ein seltsamer Trieb, daß es Tigerinnen gefällt, von Hirschen
      besprungen zu werden,
Und daß die Taube mit dem Habicht buhlt
Und arglose Rinder nicht mehr die falben Löwen fürchten
Und glatt der Bock die salzige Meerflut liebt.
Das und was sonst die süße Heimkehr abschneiden kann,
Wollen wir beschwören und fortziehen, die ganze Bürgerschaft
Oder der Teil, der besser ist als der unbelehrbare Haufe. Schlaff
      und hoffnungslos
Mag der auf fluchbeladenem Lager liegen bleiben.
Ihr, die ihr Mut und Kraft habt, laßt das weibische Klagen
Und segelt schnell an der Etruskerküste vorbei!
Uns erwartet der erdumströmende Ozean; zu glücklichen Fluren
Laßt uns eilen, zu reichen Fluren und Inseln,
Wo jedes Jahr die Erde ungepflügt der Ceres Gabe spendet
Und unbeschnitten immerfort der Weinstock blüht,
Des nie enttäuschenden Ölbaums abgebrochener Zweig ausschlägt
Und violett die Feige ihren Baum schmückt,
Honig aus der hohlen Eiche fließt, von hohen Bergen
Mit plätscherndem Fuß das hurtige Bächlein herabspringt.
Dort kommen ungerufen die Ziegen zu den Melkeimern,
Und pralle Euter bringt die liebe Herde heim.
Weder umschleicht ein Bär am Abend brummend den Schafstall,
Noch schwillt der Boden hoch von Vipern an.
Und über noch mehr werden wir Glücklichen staunen, wie weder
      mit viel
Regen der feuchte Ostwind die Saaten plättet
Noch der keimende Samen im trockenen Boden verdorrt,
Weil der König der Himmlischen beides verwehrt.
Keine Seuchen schaden dem Vieh, keines Gestirns
Rasende Glut läßt die Herde verschmachten.

Non huc Argoo contendit remige pinus 57
 Neque inpudica Colchis intulit pedem, 58
Non huc Sidonii torserunt cornua nautae 59
 Laboriosa nec cohors Ulixei. 60
Iuppiter illa piae secrevit litora genti, 63
 Ut inquinavit aere tempus aureum:
Aere, dehinc ferro duravit saecula, quorum 65
 Piis secunda vate me datur fuga.

17

›Iam iam efficaci do manus scientiae,
Supplex et oro regna per Proserpinae,
Per et Dianae non movenda numina,
Per atque libros carminum valentium
Refixa caelo devocare sidera: 5
Canidia, parce vocibus tandem sacris
Citumque retro solve, solve turbinem.
Movit nepotem Telephus Nereium,
In quem superbus ordinarat agmina
Mysorum et in quem tela acuta torserat; 10
Unxere matres Iliae addictum feris
Alitibus atque canibus homicidam Hectorem,
Postquam relictis moenibus rex procidit
Heu pervicacis ad pedes Achillei;
Saetosa duris exuere pellibus 15
Laboriosi remiges Ulixei
Volente Circa membra; tunc mens et sonus

Hierher fuhr nicht das Schiff mit Argonauten am Ruder,
Und die schamlose Kolcherin setzte ihren Fuß nicht auf diesen Boden.
Hierher wandten keine sidonischen Seeleute die Rahen,
Auch nicht die leidgeprüfte Schar des Odysseus.
Jupiter hat jene Gestade für ein frommes Volk entrückt,
Als er die Goldene Zeit mit Erz verdarb.
Mit Erz, danach mit Eisen verhärtete er die Zeiten; aus ihnen
Wird den Frommen von mir als Seher glückliche Flucht gewährt.

17

»Gleich, gleich gebe ich mich geschlagen durch deine starke Kunst
Und bitte dich flehentlich beim Reich Proserpinas,
Bei der Diana Macht, die man nicht reizen darf,
Und bei den Büchern deiner Zaubersprüche, die es schaffen,
Am Himmel aufgehängte Sterne herabzurufen:
Canidia, halt endlich ein mit deinen Beschwörungen
Und löse, löse, treib den Kreisel rückwärts!
Gerührt hat Telephos den Nereusenkel,
Gegen den er stolz in Reih und Glied die Scharen
Der Myser aufgestellt und gegen den er scharfe Speere geschleudert hatte.
Es salbten Trojas Mütter ihn, der schon den wilden
Vögeln bestimmt war und den Hunden, den männermordenden Hektor,
Nachdem der König seine Stadt verlassen und sich niedergeworfen hatte
Zu Füßen, ach, des unerbittlichen Achilleus.
Von Borsten und derber Schwarte durften
Die leidgeprüften Ruderer des Odysseus
Nach Kirkes Willen ihren Leib befreien; Verstand und Sprache kehrten da

Relapsus atque notus in voltus honor.
Dedi satis superque poenarum tibi,
Amata nautis multum et institoribus:
Fugit iuventas et verecundus color,
Reliquit ossa pelle amicta lurida,
Tuis capillus albus est odoribus,
Nullum a labore me reclinat otium;
Urget diem nox et dies noctem neque est
Levare tenta spiritu praecordia.
Ergo negatum vincor ut credam miser,
Sabella pectus increpare carmina
Caputque Marsa dissilire nenia.
Quid amplius vis? O mare et terra, ardeo,
Quantum neque atro delibutus Hercules
Nessi cruore nec Sicana fervida
Virens in Aetna flamma: tu, donec cinis
Iniuriosis aridus ventis ferar,
Cales venenis officina Colchicis?
Quae finis aut quod me manet stipendium?
Effare: iussas cum fide poenas luam,
Paratus expiare seu poposceris
Centum iuvencos, sive mendaci lyra
Voles sonare: ›Tu pudica, tu proba
Perambulabis astra sidus aureum.‹
Infamis Helenae Castor offensus vice
Fraterque magni Castoris victi prece
Adempta vati reddidere lumina:
Et tu – potes nam – solve me dementia,
O nec paternis obsoleta sordibus
Neque in sepulcris pauperum prudens anus
Novendialis dissipare pulveres;
Tibi hospitale pectus et purae manus
Tuusque venter Pactumeius et tuo
Cruore rubros obstetrix pannos lavit,

Zurück und die vertraute Schönheit in ihr Antlitz.
Ich habe genug und übergenug gebüßt,
Du Vielgeliebte von Matrosen und Hausierern,
Entschwunden ist die Jugendkraft, die zarte Röte;
Übrig blieb ein Gerippe, in fahle Haut gehüllt;
Mein Haar ist weiß durch deine Zaubersalben,
Von meiner Qual find' ich nicht Ruh noch Rast;
Last ist dem Tag die Nacht, der Tag der Nacht, und nie ist's möglich,
Durch einen Atemzug die beklommene Brust zu erleichtern.
So muß ich Armer denn, was ich bestritt, bezwungen glauben,
Daß sabellische Zaubersprüche ins Herz fahren
Und der Kopf beim marsischen Hexenlied zerspringt.
Was willst du mehr? Bei Meer und Land, ich brenne
Wie weder Herkules, benetzt vom schwarzen
Blut des Nessos, brannte noch auf Sizilien im heißen
Ätna die frische Glut. Du, bis als Asche
Mich ausgebrannt mutwillige Winde verwehen,
Du brodelst, Hexenküche, von Kolchergift.
Welches Ende oder welche Buße erwartet mich?
Sag an! Die auferlegte Strafe will ich getreulich zahlen,
Bereit zur Sühnung, ob du nun verlangst
Nach hundert jungen Stieren oder daß zur lügnerischen Lyra
Nach deinem Wunsch ich töne: ›Du Züchtige, du Sittenreine
Wirst wandeln unter den Gestirnen als goldener Stern.‹
Wegen der geschmähten Helena gekränkt, ließen Castor
Und des großen Castor Bruder sich doch von Bitten erweichen
Und gaben dem Dichter das geraubte Augenlicht zurück.
Auch du – du kannst es nämlich – erlöse mich vom Wahnsinn,
Du, die weder niedrige Abkunft des Vaters befleckt
Noch daß du in Armengräbern, eine weise Alte,
Neun Tage alte Asche durchstöberst.
Du hast ein menschenfreundliches Herz und reine Hände,
Und deine Leibesfrucht ist Pactumeius, und von deinem
Blut rote Lappen wäscht die Hebamme,

Utcumque fortis exsilis puerpera.‹
›Quid obseratis auribus fundis preces?
Non saxa nudis surdiora navitis
Neptunus alto tundit hibernus salo. 55
Inultus ut tu riseris Cotytia
Volgata, sacrum liberi Cupidinis,
Et Esquilini pontifex venefici
Inpune ut urbem nomine inpleris meo?
Quid proderat ditasse Paelignas anus 60
Velociusque miscuisse toxicum?
Sed tardiora fata te votis manent:
Ingrata misero vita ducenda est in hoc,
Novis ut usque suppetas laboribus.
Optat quietem Pelopis infidi pater, 65
Egens benignae Tantalus semper dapis,
Optat Prometheus obligatus aliti,
Optat supremo conlocare Sisyphus
In monte saxum; sed vetant leges Iovis.
Voles modo altis desilire turribus 70
Modo ense pectus Norico recludere
Frustraque vincla gutturi nectes tuo
Fastidiosa tristis aegrimonia.
Vectabor umeris tunc ego inimicis eques
Meaeque terra cedet insolentiae. 75
An quae movere cereas imagines,
Ut ipse nosti curiosus, et polo
Deripere lunam vocibus possim meis,
Possim crematos excitare mortuos
Desiderique temperare pocula, 80
Plorem artis in te nil agentis exitus?‹

Sooft du als brave Wöchnerin aus dem Bett springst.« –
»Was verschwendest du deine Bitten vor verschlossenen Ohren?
Nicht tauber sind für nackte Seeleute die Klippen,
Die Neptun im Winter peitscht mit hohem Wogenschwall.
Straflos solltest du die Cotytia verspottet
Und ausgeplaudert haben, die Feier der freien Liebe,
Und als Inquisitor des Hexentreibens auf dem Esquilin
Mich straflos zum Stadtgespräch gemacht haben?
Was hätte es sonst gebracht, daß ich die alten Vetteln aus dem
                                          Pälignerland reich gemacht
Und ein noch rascher wirkendes Gift gemischt habe?
Indes, ein langsameres Sterben, als du wünschst, steht dir bevor!
Ein widerwärtiges Leben sollst du, Elender, hinbringen nur zu
                                          dem Zweck,
Daß du für immer neue Qualen zu Gebote stehst.
Es sehnt nach Frieden sich des treulosen Pelops Vater,
Der immerdar bei reichem Mahle schmachtet, Tantalus,
Es sehnt Prometheus sich, gebunden für den Adler,
Es sehnt sich Sisyphus danach, auf Bergesgipfel
Den Felsblock fest zu machen; doch Jupiters Gebote verwehren es.
Du wirst dich bald von hohen Türmen stürzen,
Bald mit einem norischen Schwert die Brust durchbohren wollen
Und wirst umsonst die Schlinge um deinen Hals legen
In lebensüberdrüssiger Schwermut, kummervoll.
Dann lasse ich mich auf den Schultern meines Feindes tragen als
                                          Reiterin,
Und meinem Stolz muß sich der Erdkreis fügen –
Oder sollte ich, die ich Wachsfiguren Bewegung verleihen
(Wie du Vorwitziger selber weißt) und vom Himmel
Den Mond durch meine Sprüche herunterzerren kann,
Die ich verbrannte Tote beschwören kann
Und Liebestränke mischen,
Das Scheitern meiner Kunst beklagen müssen, die bei dir nichts
                                          bewirkt?«

ANHANG

EINFÜHRUNG

Not lehrt dichten

Dem Quintus Horatius Flaccus, geboren am 8. Dezember 65 v. Chr. im apulischen Venosa, wurde es nicht an der Wiege gesungen, daß er ein großer, vielleicht sogar der größte Dichter Roms werden sollte. Sein Vater war ein freigelassener Sklave mit etwas Grundbesitz und einem wohl nicht unbeträchtlichen Zusatzeinkommen aus seiner Tätigkeit als *coactor* (»Eintreiber«)[1]. Was Horatius senior eingetrieben hat, Steuern, Gebote bei Versteigerungen oder, als Makler in Vertretung des Verkäufers, den Preis bestimmter Waren, ist mit letzter Gewißheit nicht zu entscheiden[2]. Leicht war sein Beruf gewiß nicht und auch nicht eben angesehen[3]; sein Sohn sollte es einmal besser haben. Darum brachte er den aufgeweckten Jungen zum

---

1 Horaz selbst bezeichnet seinen Vater in sat. I 6,86 als *coactor*; in der Vita Horatii, die einige Handschriften – vermutlich als gekürzte Fassung der Biographie aus Suetons größtenteils verlorenem Sammelwerk De viris illustribus – bewahren, ist *exactionum* (»Erhebungen, Steuern«) beigefügt.

2 E. Fraenkel, Horaz (Darmstadt 1983⁶) S. 5, Anm. 3, verwahrt sich im Rahmen einer ausführlichen Interpretation der o. g. Vita energisch dagegen, daß »viele Kommentatoren ..., Übersetzer, Verfasser von Büchern und Zeitschriftenartikeln nach wie vor den Vater des Horaz zu einem Steuereinnehmer oder etwas ähnlichem« machen. E. Lefèvre, Horaz. Dichter im augusteischen Rom (München 1993) S. 38, denkt an einen *coactor argentarius* (Mittelsmann bei Versteigerungen), G. Maurach, Horaz. Werk und Leben (Heidelberg 2001) S. 4, an einen Makler, der z.B. die Öl- oder Weinernte seiner Auftraggeber an den Mann brachte.

3 *Ut vero creditum est,* ergänzt die Vita, *salsamentario* (»Wie man aber glaubte, von einem Salzfischhändler«).

Das wäre, wenn auch wir es glauben wollten, nun wirklich ein »anrüchiger« Beruf.

Unterricht nach Rom und ermöglichte ihm danach ein Studium in Athen.

Während der junge Horaz in Platons Akademie die Wahrheit zu ergründen suchte – *inter silvas Academi quaerere verum* (epist. II 2,45) –, fiel in Rom der Diktator auf Lebenszeit, Gaius Iulius Caesar, einer Verschwörung zum Opfer. Deren führende Köpfe, Brutus und Cassius, mußten danach überrascht feststellen, daß die Mehrheit der Römer ihnen die »Befreiung von der Tyrannei« gar nicht dankte, und setzten sich nach Griechenland ab, um dort ein Heer gegen Caesars selbsternannten Erben Marcus Antonius aufzustellen.

Der schlug sich noch in Italien mit dem wirklichen Erben, Caesars Großneffen und Adoptivsohn Octavian, herum – doch nach einigem Hin und Her arrangierten sich die Kontrahenten und beschlossen, gemeinsam gegen die Caesarmörder zu ziehen. Im Osten Makedoniens, bei der Stadt Philippi, wo später der Apostel Paulus die erste Christengemeinde Europas gründete, stießen im Oktober 42 v. Chr. die Bürgerkriegsarmeen aufeinander. Horaz, der blutjunge Freigelassenensohn, der sich voll Idealismus für die Sache der Caesarmörder und damit für die Wiederherstellung der römischen Republik entschieden hatte, kommandierte als Militärtribun eine Legion.

Eine solche Blitzkarriere wäre unter normalen Umständen unmöglich gewesen, doch in jenen aufgewühlten Zeiten galt das Herkommen wenig: Octavian, der spätere Kaiser Augustus, geboren am 23. September 63 v. Chr. und damit noch jünger als Horaz, hatte – freilich mit einigem militärischen Nachdruck – schon als Zwanzigjähriger seine Wahl zum Konsul durchgesetzt! Nach der römischen Verfassung hätte er darauf noch dreiundzwanzig Jahre warten müssen.

Die Schlacht, in die beide Seiten neunzehn Legionen warfen, begann für Octavian mit einer Blamage: Der Heeresflügel, den er kommandierte, wurde von Brutus zurückgeschlagen, sein Lager erobert. Dagegen gelang es dem erfahrenen General Antonius, Cassius aus seiner festen Stellung und – weil dieser vom Erfolg des Brutus nichts wußte – in den Selbstmord zu treiben. Die Entscheidung fiel vierzehn Tage später: Brutus und die Sache der Republik unterlagen. Hätte sie gesiegt, wäre Horaz ohne Zweifel noch höher gestiegen, hätte Staatsämter bekleidet, Provinzen verwaltet und – wahrscheinlich – ausgebeutet, weil das nun einmal so üblich war. Er hätte das ganz normale Leben eines arrivierten Römers geführt und, wenn überhaupt, nur zum Zeitvertreib gelegentlich ein wenig philosophiert, ein wenig gedichtet.

Nun aber hatte ihn das Schicksal auf die Seite der Verlierer gestellt, ja noch schlimmer: Er hatte nach seinem eigenen Zeugnis in der Schlacht die Flucht ergriffen und dabei seinen Schild weggeworfen (*relicta non bene parmula*: c II 7,10).

Geplatzt wie Seifenblasen waren seine Träume von Ruhm und Reichtum: Von einem Tag auf den anderen war er ein armer Mann geworden, denn sein väterliches Gut hatten die Sieger beschlagnahmt. Sollte er sich nun in sein Schwert stürzen?

Doch Horaz war kein Cassius; er schickte sich in die neue Lage und ergatterte eine Anstellung als *scriba quaestorius*, d.h. als Sekretär in der Finanzverwaltung. Damit war für sein Auskommen gesorgt; doch die seelischen Wunden wollten nicht so schnell vernarben. Also begann er, sich all seinen Frust von der Seele zu schreiben oder, um es mit seinen eigenen Worten zu sagen: »Armut trieb mich, die dreiste, Verse zu machen« (*paupertas impulit audax, ut versus facerem* epist. II 2,51 f.).

Auf nach Utopia!

Aufgrund ihres Inhalts darf man die Epoden 7 und 16 zum Frühwerk des Horaz rechnen; sie entstanden in der Endphase der Bürgerkriege und lassen erkennen, daß der Dichter damals höchst pessimistisch in die Zukunft blickte: Wie würde es mit den Römern enden, die sich nun schon in der zweiten Generation zur Freude ihrer Feinde gegenseitig abschlachteten?

War es blinder Wahn, eine alte Schuld oder gar ein Verhängnis, ein Fluch, der auf ihnen lastete? Horaz weiß die Antwort: Der Brudermord am Anfang ihrer Stadtgeschichte treibt sie um, das Blut des unschuldigen Remus, den Romulus erschlug, schreit zum Himmel! Vor den *acerba fata* (e 7,17) gibt es kein Entrinnen – oder doch?

> »Kein Vorschlag ist wohl besser als dieser: So wie der Phokäer
> Bürgerschaft einst floh, nachdem sie feierlich
> Ihre Felder und die Häuser ihrer Väter verflucht hatte, und ihre Tempel als Wohnung
> Ebern und reißenden Wölfen überließ,
> Davonzuziehen, wohin auch immer die Füße tragen und wohin uns über die Wogen
> Der Südwind ruft oder der ungestüme Africus.
> Ist's recht so, oder hat jemand Besseres zu raten? Unter günstigem
> Zeichen das Schiff zu besteigen – was zögern wir?«
> (e 16,17 ff.)

Auswandern sollen die Römer oder zumindest der »bessere« Teil von ihnen, der noch die Energie dafür aufbringt und hoffen darf, vor den Augen der Götter Gnade zu finden, denn für ein »frommes Volk« hat weit draußen im

Weltmeer Jupiter die Inseln der Seligen aufgespart! So ist denn nicht das ganze Römervolk verflucht, ist das vernichtende Urteil »Wir, ein ruchloses Geschlecht aus fluchbeladenem Blut« (ebd. 9) nicht ganz wörtlich zu nehmen?

In der Tat läßt Horaz in der 16. Epode andere Saiten anklingen als in der 7., die in schriller Demaskierung aus dem zum Gott erhobenen Stadtgründer einen gottlosen Mörder macht und ihm an allem Elend der Bürgerkriege die Schuld gibt: Rom, wie es jetzt ist, mag verloren sein, doch irgendwo darf auch ein Römer noch auf Rettung hoffen – in einer Welt des Segens und des Friedens,

> »wo jedes Jahr die Erde ungepflügt der Ceres Gabe spendet
> Und unbeschnitten immerfort der Weinstock blüht.«

So, wie Vergil in seiner berühmten 4. Ekloge die Wiederkehr des Goldenen Zeitalters verheißt, zeigt Horaz in dieser Epode[4] einen gewiß utopischen, aber durch die Leuchtkraft seiner Schilderung doch irgendwie tröstlichen Fluchtweg aus der Hoffnungslosigkeit und deutet zugleich an, daß er auch für sich selbst wieder Hoffnung schöpft.

Parische Iamben

Die Annahme, Horaz habe durch die beiden Bürgerkriegsepoden erste Aufmerksamkeit auf sich gezogen[5], hat viel für sich, doch auch seine drastischen Schmähgedichte dürften Beachtung gefunden haben. Derber Spott lag den Rö-

---

4 Für G. Maurach a. O. S. 21 f. ist sie eine Antwort auf Vergils prophetisches Gedicht. Ähnlich löst auch E. Lefèvre a. O. S. 66 das »Prioritätsproblem«.
5 E. Lefèvre a. O. S. 61.

mern, und eine aus den Fugen geratene Welt verlangte nach starkem Tobak.

Als Horaz, längst als Dichter anerkannt, die Sammlung der siebzehn Epoden zusammenstellte, nahm er auch ein so garstiges Gedicht wie e 8 auf, von dem sich schon mancher Übersetzer und Interpret angewidert abgewandt hat[6].

Doch gerade die häßlichen Ausfälle der Epoden zeigen, daß Horaz auch auf dem Gebiet der groben Verunglimpfung dem griechischen Dichter Archilochos von Paros gleichkam, den er selbst – mit Einschränkungen – als sein Vorbild nennt:

»Parische Iamben habe ich als erster
Latium vorgeführt und bin in Versmaß und geistiger
  Haltung
Dem Archilochos gefolgt, nicht aber im Stoff und dem
  Spott, der Lykambes gehetzt hat.« (epist. I 19,23 ff.)

Als Sohn eines Freien und einer Sklavin war dieser Archilochos in seiner Zeit, dem 7. Jahrhundert v. Chr., ein Außenseiter. Er hatte eine schwere Jugend in seiner Heimat Paros und fand auch in der Fremde nicht das Glück: Auf der Felseninsel Thasos, wo nach seinen Worten »das Elend von ganz Griechenland« (fr. 54 D) zusammenströmte, diente er griechischen Kolonisten als Söldner, nahm an zahlreichen Kämpfen mit den Thrakerstämmen auf dem Festland teil und warf dabei auch einmal seinen Schild in ein Gebüsch, um sein Leben zu retten (fr. 6 D).

---

6 Beispielsweise H. Menge, Die Oden und Epoden des Horaz für Freunde klassischer Bildung, besonders für die Primaner unserer Gymnasien (Berlin-Schöneberg 1910[5]) S. 472 f.; G. Maurach a. O. S. 40 erklärt offen seinen Abscheu: »... das achte (Gedicht), eine grobe Obszönität, wird hier, obschon derlei sehr wohl zum Jambus gehört, übergangen; es sei zugegeben: Es ist dem Verfasser dieses Buches zu widerwärtig.«

Sein bewegtes Leben spiegelt sich in leider nur bruchstückhaft erhaltenen, ungemein affektbetonten Dichtungen[7]: auf wüste Verwünschung folgt ätzender Spott, auf Resignation und Verzweiflung ein trotziges »Dennoch«.

Der von Horaz erwähnte Lykambes hatte seine Tochter Neobule dem Dichterkrieger erst versprochen, dann aber versagt. Deswegen schleuderte dieser gegen den wortbrüchigen Vater und vermutlich auch gegen die junge Frau so bitterböse Verse, daß sie sich mit ihren Schwestern erhängt haben soll.

Bei seinen Attacken bediente sich Archilochos gern des Iambus, eines Metrums, das schon in seiner Grundform – kurz, lang, kurz, lang – aggressiv wirkt. Im Vergleich zum Hexameter, dem Vers der epischen Dichtung, sind iambische Verse wandelbarer und erweitern dadurch die Ausdrucksmöglichkeiten des Dichters. Als äußerst kreativ erwies sich Archilochos bei der Kombination unterschiedlicher Metren, zum Beispiel eines iambischen Trimeters oder eines daktylischen Hexameters mit einem zweiten, meist kürzeren, bald iambischen, bald daktylischen Vers, dem *epôdos* (»Nachgesang«), von dem eine ganze Dichtungsgattung ihren Namen bekam. In Zweizeilern verschiedenen Typs sind auch die meisten Epoden des Horaz abgefaßt, nur die letzte (e 17) fällt mit ihren iambischen Trimetern aus dem Rahmen und ist, streng genommen, keine Epode. Auch durch ihren Inhalt, gespielte Verzweiflung und ironisch-zerknirschte Abbitte, nähert sie sich der römisch geprägten Gattung Satire, an der Horaz sich schon früh versuchte.

---

7 Ob das »Ich in der Dichtung und die geschichtlich reale Persönlichkeit des Archilochos als identisch« gelten dürfen, ist aufgrund der neueren Forschung allerdings fraglich geworden; vgl. dazu E. A. Schmidt, Zeit und Form. Dichtungen des Horaz (Heidelberg 2002), S. 38f.

Zuvörderst aber fühlte er sich in seiner Situation – ein geschlagener Krieger, ohne Mittel und Perspektiven, voll Wut und Verbitterung – dem Archilochos wesensverwandt[8]. Am Ende hat er die Sache mit dem Schild frei erfunden und tischt sie nur auf, um seinem Vorbild noch ähnlicher zu sein.

Er wurde ihm auch nicht unähnlich, als er sich, erst in den Epoden, dann in den vier Odenbüchern, seinen späteren Lieblingsthemen, der Liebe, dem Lob der Freundschaft und des Weins zuwandte, denn Archilochos war weit mehr als nur Iambograph: Er verfaßte auch Elegien und Hymnen und darf für sich den Ruhm in Anspruch nehmen, Europas erster lyrischer Dichter gewesen zu sein, der sich selbst so vorstellte:

»Ich bin ein Diener des Herrschers Ares, des
  Kriegsgotts,
   Doch auch der Musen liebliche Gabe kenne ich
    wohl.« (Archilochos fr. 1 D)

Im neunten Monat

Mit seinen ersten literarischen Versuchen machte Horaz zwei etwas ältere und bereits geschätzte Dichter auf sich aufmerksam: Publius Vergilius Maro, der in seinen Hirtengedichten kühn Personen und Themen der hellenistischen Gattung Bukolik mit Zeitgeschichtlichem verschmolz, und Lucius Varius Rufus, dessen Lehrgedicht wider die Todesfurcht offensichtlich den Nerv der Zeit getroffen hatte.

Beide erfreuten sich der Gunst des reichen römischen Ritters Gaius Cilnius Maecenas, der seinerseits ein enger

---

8 E. A. Schmidt a. O. S. 44 nennt »existentielle Betroffenheit und Hilflosigkeit …« wichtige Elemente der Jambik des Archilochos.

Vertrauter Octavians war und an dessen Seite bei Philippi gekämpft hatte. Er stammte aus altem etruskischen Adel, wußte das Leben zu genießen, liebte die Kunst und förderte Künstler, versuchte sich auch selbst als Dichter und umgab sich mit einem Kreis von hoffnungsvollen Literaten.

Da, so meinten Vergil und Varius, sei wohl auch für Horaz ein Plätzchen frei, wenn sie bei Maecenas ein gutes Wort für ihn einlegten.

Tatsächlich ließ dieser den jungen Dichter 38 v. Chr. zu sich bestellen.

An die für sein weiteres Leben schicksalhafte Begegnung erinnert Horaz den mächtigen Gönner in einer seiner Satiren (I 6,56 ff.) folgendermaßen:

»Als ich vor dein Angesicht trat, brachte ich nur
  stockend Weniges heraus,
Denn sprachlose Scham hinderte mich, mehr zu sagen.
Nicht, daß ich einen berühmten Vater hätte, nicht, daß
  ich rings
Um mein Besitztum mich tragen ließe von einem
  Tarentinergaul,
Nein, was ich war, erzählte ich. Du erwiderst, wie es
  deine Art ist,
Wenig; ich gehe, und du läßt mich im neunten Monat
  danach wieder rufen und gebietest,
Ich solle unter deinen Freunden sein.«

Horaz mußte auf die für ihn so wichtige Entscheidung des Maecenas wohl nicht nur deswegen so lange warten, weil dieser in diplomatischer Mission verreist war[9]. Die Frage,

---

9 G. Maurach a. O. S. 26: »Die lange Zeitspanne war keine Schrulle des Maecen und hat nichts mit irgend einer Schwangerschafts-Metaphorik zu tun (da hätte ein Römer von zehn Monaten gesprochen) ...; vielmehr weilte Maecenas längere Zeit in Octavians Auftrag bei Antonius.«

ob er den Freigelassenensohn, der bei Philippi auf Seiten der Caesarmörder gekämpft hatte, unter seine Fittiche nehmen könne, wollte reiflich überdacht sein. Vielleicht war auch behutsame Rücksprache mit Octavian vonnöten. Zu guter Letzt aber entschloß sich Maecenas, Horaz wie eine ganze Reihe anderer Talente zu fördern. Eine »Freundschaft« im heutigen Sinn war damit noch nicht begründet[10]; die entwickelte sich erst im Lauf der Zeit, wurde immer enger und bestand ungetrübt bis zum Tod des Maecenas. Horaz starb nur zwei Monate später, am 27. November 8 v. Chr.

Lesbische Lieder

Frei von drückenden Sorgen, herausgehoben aus der Anonymität und den Großen seiner Zeit ganz nahe, konnte sich Horaz als Schützling des Maecenas nahezu ungestört der Dichtkunst widmen und bald nach-, bald nebeneinander an seinen nur scheinbar im lockeren Plauderton hinplätschernden Satiren und an den formvollendeten Oden feilen. Von Größerem hielt er sich noch entschiedener fern als der um 54 v. Chr. jung verstorbene Catull, der immerhin Kleinepen in der Art des Alexandriners Kallimachos verfaßt hatte, worauf er selbst sehr stolz war. Menschen von heute spricht er weit eher mit einigen lyrischen Gedichten an, die echtes Gefühl verraten und dadurch der marmornen Glätte horazischer Oden etwas voraus haben.

Catull kannte Griechenlands größte Dichterin, Sappho aus Lesbos, und benützte das nach ihr benannte Versmaß[11].

---

10 Vgl. E. Lefèvre a. O. S. 48.
11 H. P. Syndikus, Die Lyrik des Horaz. Eine Interpretation der Oden (Darmstadt 2001³), Bd. 1, S. 1, meint: »Die Verwendung sapphischer Strophen in zwei Catullgedichten war offenbar so untypisch, daß sich

Insofern mag man ihn einen Vorläufer des Horaz nennen; Vorbild aber war er ihm nicht: Horaz meidet konsequent die von Catull geschätzten Elfsilbler und erwähnt in seinem gesamten Werk nur ein einziges Mal den Namen des Dichterkollegen, als er sich über einen »dummen Affen« mokiert, der nichts versteht als Calvus und Catull herzuleiern (sat. I 10,19 bzw. 27).

Dergleichen hat Horaz nicht nötig: Er orientiert sich an Sappho selbst und an ihrem Landsmann und Zeitgenossen Alkaios, er schlägt – symbolisch – zu seinen Dichtungen das lesbische Barbiton (c I 1,34) und rühmt sich, als erster das äolische Lied (Lesbos gehörte zum Siedlungsraum des Griechenstamms der Aioler) nach Italien gebracht zu haben (c III 30,13 f.). Entsprechend häufig begegnen in seinen vier Odenbüchern sapphische und alkäische Strophen; den 34 Carmina in Versmaßen des hellenistischen Dichters Asklepiades (um 300 v. Chr.) stehen fast doppelt so viele in »klassischen« Metren gegenüber und zeigen deutlich, welche Epoche der griechischen Literatur Horaz für seine Person als exemplarisch empfand.

Seine besondere Neigung scheint dabei dem Alkaios gegolten zu haben[12], einem kämpferischen Dichter, der sich um 600 v. Chr. wortgewaltig in die politischen Zwistigkeiten einmischte, die Lesbos erschütterten. Ihm verdankt

---

Horaz ... als den ersten bezeichnen konnte, der lesbische Lyrik in lateinischer Sprache verfaßt hatte.«

12 Von 88 Oden der Bücher I – III weist fast ein Drittel (33) das alkäische Versmaß auf, genau ein Viertel (22) die beiden sapphischen Metren. Nimmt man zum vierten Odenbuch noch das Säkularlied hinzu, dann begegnen viermal die alkäische Strophe, ebenso oft die 1. sapphische und achtmal andere Versmaße in bunter Mischung. Auf die thematische Nähe vieler Horazgedichte zu solchen des Alkaios verwies zuletzt E. A. Schmidt a. O. S. 82 f. und 268; beispielsweise ist »die 13. Epode ... in ihren Motiven und Bauelementen – Wintersturm, Symposion, Hetairie, Anrede, Gefahr, Sorge, Alter, Sterblichkeit, mythologisches Exempel – geradezu eine Summe der sympotischen Lyrik des Alkaios«.

Horaz das eindrucksvolle Bild vom angeschlagenen Staatsschiff, das in schweren Stürmen unterzugehen droht (fr. 46 D/c I 14).

Sappho, der Alkaios in einem bis auf wenige Worte verlorenen Gedicht, wohl ohne erotischen Hintersinn, versicherte, sie sei »veilchenlockig, verehrenswert, honigsüß lächelnd« (fr. 63 D), verstand sich meisterhaft darauf, Seelenzustände zu beschreiben. Auch Nachtbilder und Naturschilderungen lagen ihr:

> Die Sterne rings um den schönen Mond,
> Sie verbergen alle ihr strahlendes Antlitz,
> Wenn er sich füllt und am hellsten leuchtet
>   Über der Erde. (fr. 4 D)

Bei den Adelsfamilien auf Lesbos war es zu jener Zeit üblich, die heranwachsenden Töchter einer gebildeten Dame anzuvertrauen, die sie auf ihren zukünftigen Beruf als Ehefrau und Mutter vorbereitete und in Gesang und Tanz unterwies. Das tat auch Sappho, und zwar mit großer Hingabe. Daß sie einige ihrer Mädchen leidenschaftlich liebte und den Abschied von ihnen als äußerst schmerzlich empfand, gesteht sie mehrfach in den wenigen Versen, die von insgesamt neun Büchern sapphischer Lyrik erhalten blieben. Schon in der Antike trug ihr diese Offenheit mancherlei gehässige Nachrede ein. Der dezente Horaz erwähnt davon nichts und läßt sie nur in den Gefilden der Seligen zur äolischen Leier um die Mädchen ihrer Heimat klagen, während Alkaios markig von Schiffbruch, Verbannung und Kriegesgreueln singt (c II 13,23 ff.).

Solche Themen werden im Werk des Horaz nur selten berührt; er scheint, ein echter Epikureer, das Leben genießen zu wollen; *carpe diem* (c I 11,8) ist seine Devise und sicherlich auch *láthe biôsas*, lebe im Verborgenen. Milde Hei-

terkeit strahlt aus vielen seiner Gedichte, da und dort meint
man auch die Weisheit des Alters zu spüren, stets gutmütig
ist der Spott, der oft genug der eigenen Person gilt. Anscheinend
hat sich unser Dichter die Hörner abgestoßen, hat sich
in die Verhältnisse geschickt und ist längst nicht mehr so ein
junger Heißsporn wie damals, bei Philippi (c III 14,27f.:
calidus iuventa consule Planco). Er hat sich eben mit dem
Sieger arrangiert, bringt ihm dann und wann die erwarteten
Huldigungen dar und schafft es zugleich, indem er die eigenen
Fähigkeiten kleinredet, eine gewisse Distanz zu halten.
Für das Epos, das Augustus gern von ihm hätte, reicht angeblich
sein bescheidenes Talent nicht aus, und den Posten
eines Privatsekretärs, den ihm der Kaiser anbietet[13], kann er
ablehnen, ohne diesen zu vergrämen. So oft wie möglich
zieht er sich aufs Land zurück, freut sich an frugalen Mahlzeiten
und läßt die Dinge in Rom ihren Gang gehen.

Nicht gänzlich angepaßt

Die eben skizzierte Metamorphose vom begeisterten Republikaner
zum braven, völlig unpolitischen Duckmäuser
müßte, sollte sie wirklich erfolgt sein, zumindest Schatten
auf den Charakter des Horaz werfen: Hatte der Mann
überhaupt keine Selbstachtung?

Nun wäre es freilich eine Riesentorheit gewesen, wenn
er die Stellung, zu der ihn sein Glück und sein Genie erhoben
hatten, durch unbedachte Kritik am allmächtigen Kaiser
aufs Spiel gesetzt hätte. Die Zeiten waren vorüber, da
Dichter wie Catull oder Calvus den großen Caesar ungestraft
schmähen durften[14]! Doch die alteingewurzelte Ab-

---

13 Sueton, Vita Horatii (Epitome, ed. A. Rostagni, Torino 1934) 6.
14 Vgl. Sueton, Divus Iulius 73.

neigung der Römer gegen Alleinherrscher konnte ihnen nicht von einem Tag auf den anderen ausgetrieben werden, und gerade die Intellektuellen begegneten dem neuen Regime mit deutlicher Reserviertheit. Daß ausgerechnet Horaz sich jedes kritische Wort verkniffen haben soll, ist darum unwahrscheinlich.

Allerdings mußte er angesichts seiner allgemein bekannten Vergangenheit besondere Vorsicht walten lassen und konnte nur dann und wann in aller Behutsamkeit eine kleine Spitze gegen den Kaiser anbringen.

Dessen Sieg bei Aktium scheint er in seiner 9. Epode geradezu hymnisch zu preisen: *Victore laetus Caesare* will er mit seinem Freund und Gönner Maecenas kräftig bechern, lange für ein Fest aufgehobenen Caecuber soll es geben, Wein aus Chios, aus Lesbos und, als Gipfel der alkoholischen Klimax, *vel quod fluentem nauseam coerceat ... Caecubum* (v. 35 f.).

Da ist er also wieder, der Wein vom Anfang der Epode, aber mit einem seltsamen Zusatz: Was soll die *fluens nausea* in diesem Zusammenhang? »... miß uns Caecuber dar«, übersetzt Chr. M. Wieland, »der den geschwächten Magen stärke.«[15]

Dagegen mahnt E. Lefèvre[16], man sollte bei einer Seeschlacht doch wohl eher an Seekrankheit denken. Das Gedicht gibt sich, als sei es am Vorabend der Schlacht entstanden, deren für Octavian günstiger Ausgang als sicher

---

15 Diese interpretierende Übersetzung orientiert sich an einer Notiz in der Naturalis historia des Plinius (XXIII 43), wo unvermischter Wein (*merum*) als Mittel gegen Übelkeit empfohlen wird. E. Fraenkel a. O. S. 88 vermerkt dazu humorvoll, daß man »wohl zu gleichem Zweck Cognac verwenden« könne.
16 Siehe a. O. S. 69; G. Maurach a. O. S. 40, Anm. 55 erklärt das »krude Detail ... als Folge zu scharfen Trinkens« und warnt zugleich davor, »Quisquilien« zu viel Beachtung zu schenken.

erwartet wird. Man trinkt – so die angenommene Situation –, in Vorfreude auf den Sieg, um nicht seekrank zu werden und um *curam metumque Caesaris rerum* fortzuspülen. Doch warum sollte man sich um einen sicheren Sieger sorgen? Vermutlich, weil Octavian als Admiral nicht die erste Wahl war. Über seine Niederlagen zur See, die ihm Sextus Pompeius beigebracht hatte, gab es viel Spott (Sueton, Aug. 70,2), und vor der Schlacht bei Mylae, die Agrippa für ihn gewann, soll er eine ganz miese Figur gemacht haben (Sueton, Aug. 16,2). Es liegt darum nahe, daß er auch bei Aktium wenig Zuversicht ausstrahlte (vgl. Plinius, nat. hist. VII 148: *Martis Actiaci sollicitudo*).

Wenn nun Horaz mit der zunächst doppelsinnigen Wortfolge *curam metumque Caesaris*[17] – auf diese Haltung und mit der Seekrankheit auf den stets labilen Gesundheitszustand Octavians (Sueton, Aug. 80f.) anspielen sollte, dann wäre das eine subtile Bosheit, die den lauten vorangegangenen Jubel sehr wohl relativieren könnte, vorausgesetzt, daß es den Dichter noch gelüstete, mit gespaltener Zunge zu sprechen und er noch nicht zum aufrichtigen Anhänger des Prinzeps geworden war.

Die Annahme seiner unbedingten Loyalität vertrat zuletzt mit Entschiedenheit E. Lefèvre[18], verdeckte Spitzen

---

17 »Es ist doch eine Lust, die bange Sorge um Cäsars Wohl mit dem süßen Tranke des Sorgenlösers wegzuspülen!« Diese Übersetzung von H. Menge (a. O. S. 475) schafft wie viele andere zu rasch Eindeutigkeit, während im Lateinischen beim Rezitieren des Verses schon eine minimale Pause vor dem nachklappenden Wort *rerum* genügt, um die Vorstellung von einem angstgequälten Octavian beim Hörer hervorzurufen. Unsere Übersetzung »Unruhe und Besorgnis Caesars ... Sache wegen« sucht den Hintersinn des Originals zu bewahren.

18 Siehe a. O., bes. S. 164 ff.: »... ist aber mit allem Nachdruck festzustellen, daß es keinerlei Beweis für die immer wieder aufgestellte Behauptung gibt, Horaz' anerkennende Äußerungen über Augustus seien nicht aufrichtig gewesen.«

suchten und fanden unter anderen U. W. Scholz[19], E. G. Schmidt[20] und S. Koster[21].

Ein zweiter Herkules?

Relativ auffällig sind kritische Untertöne in c III 14, das F. Klingner[22] »vielleicht das seltsamste unter den Augustusgedichten« nennt. Solche Beurteilung macht gespannt auf Klingners Interpretation, doch diese geht den Seltsamkeiten des Gedichts in seltsamer Weise aus dem Wege: »Mit *Herculis ritu* setzt das Gedicht sehr hoch ein«, schreibt er. »Der Halbgott, der ausharrend unter einem harten Gebot heldenhaft bis zum Ende der Welt gegen Sonnenuntergang gezogen ist, um allenthalben das Rohe, Ungeheure zu bändigen und für menschlich gesittetes Leben Raum zu schaffen, und der sich mit diesem Erdenleben den Platz am Göttertisch verdient hat, Herkules beherrscht das Gedicht, noch ehe ein Mensch genannt ist. Augustus, der in der zweiten Hälfte der Strophe hinzutritt, ist nach diesem Anfang vom Wesen des Halbgotts umwittert und erhöht und nimmt teil daran ...«

Aber müßte sich Klinger nicht ein wenig irritiert zeigen über diesen Vergleich des überstarken Helden mit dem zartgliedrigen, ewig kränkelnden Augustus[23]?

---

19 Herculis ritu – Augustus – consule Planco (Horaz, c. 3,14), in: Wiener Studien, Neue Folge 5 (1971) S., 123 ff.
20 Der politische, der unpolitische und der ganze Horaz, in: Klio 67 (1985) S. 139–157.
21 Quaerit patria Caesarem? oder Horaz und Augustus, in: Ille Ego Qui. Dichter zwischen Wort und Macht (Erlangen 1988; Erlanger Forschungen Reihe A Band 42), S. 49 ff.
22 F. Klingner, Römische Geisteswelt (München 1965⁵), S. 395.
23 Daß »der Vergleich geläufig« ist und schon mit Pompeius angestellt wurde (H. P. Syndikus a. O. Bd. 2, S. 138), ist unbestreitbar – doch im Fall des Augustus paßt er nicht!

Gerade zu der Zeit, auf die c III 14 Bezug nimmt, bei seiner Rückkehr aus dem Feldzug gegen die kriegerischen Kantabrer am Fuß der Pyrenäen, ging es ihm besonders übel: *Graves et periculosas valitudines per omnem vitam aliquot expertus est, praecipue Cantabria domita, cum etiam destillationibus iocinere vitiato ad desperationem redactus (est)* (Sueton, Aug. 81,1). Wie macht sich das, ein Herkules mit Leberschaden? Nun denn, Augustus wollte ja einen Lorbeer erringen, der nur um den Preis des Todes zu haben war. Gestorben ist er allerdings nicht. Hat er den Lorbeer trotzdem errungen?

Zwischen diese beiden irritierenden Passagen schiebt sich, häßlich im Klang und allen Gesetzen lyrischer Dichtung zum Trotz, das Doppel-Monosyllabon *o plebs*. Daß dies eine ganz singuläre Fügung ist, vermerken auch die Kommentatoren, nehmen aber keinen Anstoß daran: Nach Kießling-Heinze[24] »belebt« *o plebs* »den Eingang und besagt in glücklichster Kürze, wie lebhaft die freudige Teilnahme der unteren Volksschichten an dem Fest ist«. Eduard Fraenkel[25] hört aus dem Vokativ, der »einzig in seiner Art« ist, einen »feierlichen Klang« heraus, und auch Hans Peter Syndikus[26] betont mehrfach, wie feierlich das Gedicht beginne, in dessen »4. Strophe ... der Dichter in den Chor der Frohen seine eigene Freude« mischt und damit

---

24 A. Kießling/R. Heinze, Q. Horatius Flaccus, Oden und Epoden (Berlin 1930[7]), S. 319; die hier formulierte Bewertung übernimmt K. Numberger, Horaz – Lyrische Gedichte. Kommentar für Lehrer der Gymnasien und für Studierende (Münster 1997[3]) S. 510.
25 Siehe a. O. S. 341.
26 Siehe a. O. Bd. 2, S. 138f. .; auch E. A. Schmidt a. O. S. 281 betont, daß diese Anrede »in der ganzen Latinität singulär« sei und daß sie deutlich abweiche von »der sonst für die Odenedition I – III typischen schroffen Abweisung des Volkes, der verächtlichen Trennung von ihm«. Hier werde »gerade das niedrige Volk angeredet, weil es vom Segen der Taten des Caesar betroffen ist«.

»zu persönlichen Aussagen« übergeht: Er will ganz privat[27] eine gute Flasche leeren, möglichst in Gesellschaft eines Mädchens (Klingner meint, einer Musikantin), das sein Sklave – wahrscheinlich bei einem *leno* – abholen soll. Wir fragen: Was wird Augustus, der Moral-Erneuerer, dazu sagen[28]?

Doch ganz so wichtig ist dem Dichter das Mädchen nicht: Wenn der Pförtner Schwierigkeiten macht, soll der Sklave wieder gehen. Horaz ist kein solcher Hitzkopf mehr, wie damals, als Plancus Konsul war – d.h. im Jahr der Schlacht bei Philippi. Ist das nun eine Huldigung an Augustus in der Art: Damals warst du der Sieger, und das hat mich verwandelt, oder heißt es, daß in Horaz bei Siegen des Prinzeps ungute Erinnerungen aufsteigen?

Was soll ferner die Chiffre für Livia *unico gaudens mulier marito* bedeuten? Etwa: Die Gattin, die sich nur eines einzigen Mannes erfreut – d.h. die gerühmte altrömische *uni-*

---

27 E. Lefévre a. O. S. 171 bemerkt sehr wohl, wie schon andere vor ihm, »daß das Gedicht zwei, wie es scheint, ganz verschiedene Teile, einen offiziellen und einen privaten, hat«, und sucht das Dilemma mit dem Hinweis zu lösen, »daß Horaz neben die offizielle Welt immer auch die seine stellte: War die offizielle Welt in Ordnung, war auch die seine in Ordnung«. Der Rückschluß »aus den unterschiedlichen Teilen des Gedichts ... auf eine Opposition des Dichters gegen den Prinzeps ist abwegig«. Daß in der Ode noch mehr irritiert, nicht nur die seltsame Zweiteilung, erörtert E. Lefèvre nicht. G. Maurach geht in seinem Werk auf diese Ode nicht ein, H. P. Syndikus a. O. Bd. 2 S. 136ff. interpretiert sie im wesentlichen ähnlich wie E. Lefèvre. E. A. Schmidt dagegen glaubt a. O. S. 284, die Ode deute »zurückhaltend, indirekt, ohne Schuldzuweisung, auf den geschichtlichen Verlust, den Preis hin, den die Pax Augusta kostet: das Ende eines Jugendfeuers, das Verlöschen individueller agonaler Kraft und Tüchtigkeit«.
28 »Und wenn Horaz dem Diener ... auch noch den Befehl gibt, eine sangeskundige Hetäre aus der Nachbarschaft zu rufen, so mag das einem Heutigen als etwas frivole Art, ein Staatsfest zu begehen, erscheinen; aber wieder legt man einen unantiken Maßstab an; für den antiken Dichter gehörte dergleichen seit den ältesten Zeiten zu der gelösten, heiteren Stimmung eines rechten Gelages.« (H. P. Syndikus a. O. Bd. 2, S. 144).

vira? Das kann nicht stimmen, denn Livia hatte ja, ehe Augustus kam, schon einen Mann. Also denken wir eher an »einzigartig«[29] – doch der andere Gedanke hat das bewirkt, was er wohl sollte: Er hat irritiert. Irritierend ist auch die Fügung *puellae iam virum expertae*, der manche Horaz-Ausleger mit *cruces*[30] oder einer Konjektur (*non expertae*)[31] zu Leibe rücken. Für Klingner sind »die jungen Leute von jungem Eheglück umstrahlt«. Doch warum fordert Horaz sie auf, sich vor *verba male nominata* zu hüten? »Sie sollen ihre (gewiß verständliche) Freude etwas dämpfen«, erklärt Syndikus[32] und schlägt zugleich vor, das überlieferte *nominatis* durch *ominatis* zu ersetzen – trotz dem Hiat, der so entsteht. Die Stelle ist, wie es scheint, voller Stolpersteine und gibt bösen Deutungen Raum[33]. Zumindest mag man in ihr eine Spitze gegen die Unmoral unter den Augen des Moralisten Augustus sehen, etwa in der Art: Rom ist längst

---

29 Kießling/Heinze a. O. S. 320 weisen darauf hin, daß »dieser hyperbolische Gebrauch von *unicus* bei Personen zu allen Zeiten selten gewesen ist«.
30 So Kießling/Heinze a. O. mit der Bemerkung »das überlieferte *iam virum expertae* wäre auch, abgesehen von der Petron (c. 127) angemessenen Krudität des Ausdrucks, ... als Bezeichnung der Jungvermählten höchst ungeschickt«.
31 Beispielsweise H. Färber/W. Schöne (Hg.), Horaz, Sämtliche Werke, lateinisch und deutsch (München 1993¹¹) S. 140, nach R. Bentley; Menge a. O S. 294f. vermutet, es sei an Kriegswaisen gedacht, und ersetzt *expertae* durch *expertes*. Syndikus a. O. Bd. 2, S. 141 Anm. 31 verteidigt die überlieferte Lesart wie Kießling/Heinze und Klingner: Es würden Jungverheiratete angesprochen.
32 Siehe a. O. Bd. 2, S. 141.
33 Beispielsweise bei S. Koster, der a. O. S. 55f. darauf hinweist, daß *nominatis* auch finite Verbform sein kann; dementsprechend sei z.B. folgende Übersetzung möglich. »Aber ihr, Jungen und Mädchen, die ihr den Mann früher schon kennengelernt habt, ihr habt böse Namen für ihn. Aber spart euch die Worte.« Zieht man zur Interpretation die Aussage Suetons (Aug. 71,1) heran, der Kaiser sei *ad vitiandas virgines promptior* gewesen, enthält nach Ansicht Kosters der Text gar eine »Warnung vor einem Wüstling«.

nicht so züchtig, wie du es gern hättest. Sieh dir einmal die Ehrenjungfrauen an!

Gesetzt, Horaz hätte dieses Gedicht, wie wir vermuten, mit einigen verdeckten Boshaftigkeiten gespickt, dann mußte er vermeiden, daß sie den Zeitgenossen gleich auffielen. Wir Heutigen haben es, nach gut zweitausend Jahren, dementsprechend besonders schwer, dergleichen noch zu identifizieren, zumal dem Dichter die für das Latein kennzeichnende Mehrdeutigkeit mancher Wörter und Wendungen entgegenkommt – so wie im folgenden Carmen IV 15, in dem er sich dem Wunsch des Augustus entzieht, etwas Episches zu dichten.

Zwischen Apoll und Augustus

Phoebus volentem proelia me loqui
Victas et urbis increpuit lyra,
   Ne parva Tyrrhenum per aequor
    Vela darem. Tua, Caesar, aetas ...

»Von Schlachten wollt' ich singen und Städtesieg,
Da rauschte Phöbus' Leier und warnte mich ...«

In dieser Übersetzung[34] wird angenommen, daß *volentem* als Participium coniunctum zu *me* gehört – was wohl auch angenommen werden soll. Den Doppelsinn der Stelle entdeckt man nur im Original: *volentem* kann ebensogut Objekt zu *increpuit* sein und einen AcI bei sich haben: *me proelia loqui ...;* unklar ist auch der Bezug von *lyra;* die meisten Übersetzer verbinden das Wort mit *increpuit* und verstehen das Ganze dann so, daß Apoll irgendwie mittels seines In-

---

34 Färber/Schöne a. O. S. 209; ebenso schon H. Menge a. O. S. 429.

struments den Dichter gewarnt habe[35]. Das wäre freilich eine recht seltsame Verwendung des Verbs *increpare*, doch auch die Fügung *lyra loqui* – analog zu *fidibus canere* – wäre ungewöhnlich. Sie könnte allerdings das zum Scheitern verurteilte Unternehmen, vor dem sich Horaz drückt, implizieren: Kriege sind kein Thema für einen Lyriker, und wenn er sich daran versucht, gerät es prosaisch (*loqui* statt *canere*). Doch stellen wir ruhig das Wort zu *increpuit* und malen wir uns aus, was passiert, wenn man mit einem Musikinstrument »lärmt«, »höhnt«, »jemanden hart anfährt«, »tadelt«, »schilt« oder auch »antreibt« (*boves stimulo* vermerkt das Wörterbuch). Was immer man sich nun auch denken mag, auf jeden Fall wird die Lyra zweckentfremdet, am Ende gar – wir erinnern uns an Herakles und seinen Lehrer Linos –, um sie jemandem um die Ohren zu schlagen. Daß Apollon dergleichen tun könnte, ist eine erheiternde Vorstellung. Leider übersehen es viele, die sich mit Horaz befassen: Unser Dichter hatte Humor – man denke nur an die Sache mit dem Wolf im Sabinerwald, der vor seinem Gesang Reißaus nahm (c I 22,9ff.)!

Jedenfalls scheint Apollon drastische Maßnahmen zu ergreifen, am Ende gar gegen jenen zunächst Ungenannten, der von Horaz Unpassendes verlangt, und das ist – man weiß es nur zu gut – der Kaiser persönlich, der sich solcherart Ärger mit seinem persönlichen Schutzgott einhandelt. Der steht beherrschend am Anfang der Strophe, am Schluß taucht der Caesar Augustus auf, und zwischen beiden – man mag ihn sich mit hängenden Ohren denken – steht klein und bescheiden (*me*) der Dichter, der sich verstohlen ins Fäustchen lacht.

---

35 Ausführlich Stellung nehmen H. P. Syndikus a. O. Bd. 2, S. 402f. (zugunsten von *lyra increpare*) und G. Maurach a. O. S. 436f.

Freilich, wenn wir nun Augustus und Horaz aus der Unterwelt heraufbeschwören könnten und letzteren fragten, ob er es denn so gemeint habe, wie wir vermuten, würde er uns wohl mit treuherzigem Augenaufschlag versichern, das sei ihm nicht im Traum eingefallen. Für sich allein oder im Kreis seiner Freunde hat er es aber mit hoher Wahrscheinlichkeit genossen, daß ihm da ein ganz besonders hintersinniges Meisterstück gelungen war.

Heldengesänge

Wer sich auf keine Weise mit dem Gedanken anfreunden kann, Horaz habe im Schatten des Augustus bisweilen höchst geistreich und nicht ohne ein gewisses Risiko seine Distanz zum Prinzeps im einen oder anderen Gedicht durchscheinen lassen, müßte von Rechts wegen das bisweilen überschwenglich gespendete Lob entweder als ernst gemeint hinnehmen oder als Ausdruck serviler Kriecherei betrachten. Im einen Fall kommt der Intellekt, im anderen der Charakter des Dichters schlecht weg[36]. Man kann aber auch ein Drittes tun und – wie es oft genug geschah – alles Übermäßige und Seltsame schlichtweg übersehen. Horaz ist ein großer, ein hehrer Dichter. Folglich ist alles, was er schrieb, ebenso groß und hehr und ungemein erbaulich, zum Beispiel jene Szene am Ende des 4. Odenbuchs, die es, wie R. A. Schröder[37] meinte, als »zugleich feierliche und schlichte Huldigung würdig beschließt«. Darum auch

---

36 In einem Brief an Karl Marx vom 21. 12. 1866 meint Friedrich Engels, der Dichter krieche »Augustus in den Hintern«, und vom jungen Bert Brecht wurde er in einem Schulaufsatz als »des Imperators feister Hofnarr« abqualifiziert (ausführliche Zitate bei E. Lefèvre a. O. S. 28 und 158).
37 Horaz deutsch, in: Gesammelte Werke V (Frankfurt a. M. 1952), zitiert bei E. Lefèvre a. O. S. 289f.

»schließt ein Bild uralten Familienbrauchs, bei dem der Vater zugleich den Hauspriester macht, das Gedicht«[38], in einem »Rahmen altrömischer, geordneter Häuslichkeit«[39]:

Wir aber werden an Arbeits- und Festtagen
Bei den Gaben des heiteren Bacchus
Mit unseren Kindern und Ehefrauen
Zuerst gebührend zu den Göttern beten

Und dann nach Väterbrauch die Feldherrn, die
                Tapferkeit bewiesen,
Im Lied, begleitet von lydischer Flöte,
Und Troja und Anchises und der holden
Venus Nachkommenschaft besingen.

So seltsam endet das Carmen IV 15, das seltsam begann, so endet die Sammlung der Oden – ist das nun erhaben oder bizarr?[40]

Horaz, der Mann ohne Weib und Kind, der Epikureer, spricht da von Gattinnen und Kindern, mit denen gebetet und gesungen werden soll, in Rom, in einer modernen, aufgeklärten Stadt.

Das ist kaum anders, als wenn ein deutscher Dichter an der Schwelle zum dritten nachchristlichen Jahrtausend und am Ende eines zunehmend ehefeindlichen, scheidungsfreudigen und wenig gottesfürchtigen Jahrhunderts folgendes geschrieben hätte:

---

38 R. A. Schröder a. O.
39 H. P. Syndikus a. O. Bd. 2, S. 410.
40 G. Maurach a. O. S. 439 warnt, man solle »nun nicht zu tifteln beginnen, wie denn ein ganzes Volk wohl tagein, tagaus Feste feiern und singen könne: Allein das Lebensgefühl ist beschrieben, das herrscht, wenn endlich Frieden ist und die für das Volk Verantwortlichen von höchstem Ethos erfüllt sind, wie wir es nach dem Zweiten Weltkrieg dankbar erleben durften«.

»Wir aber sprechen nun fromm unser Tischgebet,
zusammen mit unseren Frauen und süßen Kindern,
dann aber stimmen die Laute wir zum Gesang
und preisen die Helden, die Deutschland einst groß
 gemacht,
Hermann den Varussieger und Karl den Kaiser
Und den, der im Berge sitzt, rabenumflattert,
den Rauschebart, den alten, den Barbarossa.«

Kein Mensch würde dergleichen ernst nehmen, und wenn auch die Großstadtrömer der ersten Zeitenwende sich von den Deutschen der dritten erheblich unterschieden haben mögen, auf den Gedanken, Anchises und Äneas im trauten Familienkreis zu besingen, ist gewiß keiner verfallen – das wäre ihm abartig vorgekommen.

Bedenkt man das, so wird man den Schluß der Ode nicht würdig, sondern nur merkwürdig finden, gleich dem von c IV 5[41], das ähnlich vollmundig den Kaiser preist, aber folgendermaßen schließt:

> *»Longas o utinam, dux bone, ferias*
> *praestes Hesperiae« dicimus integro*
> *sicci mane die, dicimus u v i d i ,*
> *cum Sol Oceano subest.*

Das Wort, aus dem sich ein Mißklang heraushören lässt, ist *uvidi*: Was darf man auf das Reden von Betrunkenen geben? Im Wein soll zwar Wahrheit sein, doch zeigt die Lebenserfahrung, daß man im Rausch viel dummes Zeug redet.

---

41 Bemerkenswertes dazu bringt S. Koster a. O. S. 59ff.

Nullis polluitur casta domus stupris,
mos et lex maculosum edomuit nefas,
laudantur simili prole puerperae,
culpam poena premit comes. (c IV 5,21ff.)

»Dummes Zeug«, würde Tacitus sagen; »mit seiner Tochter Julia hatte Augustus schon damals ziemlichen Ärger; lesen Sie doch, was ich in meinem Nachruf auf sie schreibe:

Sempronius Gracchus hatte bereits ein Verhältnis mit ihr, als Agrippa noch lebte, *nec is libidini finis: traditam Tibero pervicax adulter contumacia et odiis in maritum accendebat, litteraeque, quas Iulia patri Augusto cum insectatione Tiberii scripsit, a Graccho compositae credebantur*« (ann. I 53,3).

Das Lob, das Horaz dem Kaiser spendet, ist streckenweise so überzogen, daß es sich selbst widerlegt, doch scheint es Augustus behagt zu haben. Leute, die sich gerne schmeicheln lassen, merken es nicht, wenn der Schmeichler übertreibt. Ja, der Kaiser hätte es wohl gern gehabt, wenn ihm der Dichter noch etwas heftiger um den Bart gegangen wäre:

Irasci me tibi scito, quod non in plerisque eiusmodi scriptis mecum potissimum loquaris. An vereris, ne apud posteros infame tibi sit, quod videaris familiaris nobis esse? Diese Passage aus einem Brief des Augustus hat Sueton in seiner Horazvita bewahrt, und M. Fuhrmann[42] schreibt dazu: »Augustus meinte, Horaz geize – trotz manchen Preises, den er in die Oden hatte einfließen lassen – noch immer allzusehr mit Erwähnungen und Lob seiner kaiserlichen Person, und so wünschte er, der Dichter möge ihm auch eine jener Versepisteln widmen, von denen damals gerade eine stattliche Anzahl erschienen war. Horaz hat dem Verlangen

---

42 Siehe a. O. S. 195.

des Kaisers entsprochen«, nicht nur, indem er ihm ep. II 1 widmete, sondern auch und besonders in seinem letzten Odenbuch: »Weder die Geten noch die Chinesen noch die treulosen Perser werden die Verordnungen des Augustus übertreten« (c IV 15,22f.) – das ist wahrlich stark, denn wie sollten angesichts der nicht-expansiven Außenpolitik des Augustus so ferne Völker Roms Herrschaft unterworfen werden? Der Glaube, daß sie sich ganz von selbst römischen Verwaltungsbeamten fügten, ist ja wohl illusorisch!

Trotzdem tut Horaz so, als sei Roms Herrschaft über Chinesen und Inder eine ausgemachte Sache – er führte diese Exoten ja schon im Triumphzug vor (c I 12,54ff.). Dabei bedient er sich vermutlich eines Topos der alexandrinischen Herrscherpanegyrik[43], mit der sich solche Hymnik am ehesten vergleichen läßt. Man sollte sie gerade deshalb nicht gar zu ernst nehmen und dem Horaz unterstellen, er habe als »Anhänger und Verehrer des Augustus«[44] den Bezug zur Realität verloren.

Er hat sich nur manchmal so gestellt, aber den Kundigen doch erkennen lassen, daß es Verstellung war – zum Glück, denn das macht ihn sympathisch.

Lebensweise, Lebensweisheit

Von dem Philosophen Seneca wissen wir, daß er als Erzieher, Berater und rechte Hand Kaiser Neros zu außergewöhnlichem Reichtum gelangte, daß aber sein Einfluß nicht groß genug war, um die Mutation des jugendlich strahlenden Hoffnungsträgers zum mörderischen Monstrum zu

---

43 »Dergleichen Gedanken waren ursprünglich im Osten beheimatet« (H. P. Syndikus a. O. Bd. 1, S. 152).
44 H. Menge a. O. S. X.

verhindern, ja, daß er sogar mithalf, einen Muttermord zu rechtfertigen.

Ob wohl Horaz an Senecas Stelle gleichen Versuchungen erlegen, in gleiche Untaten verstrickt worden wäre?

Wenn wir seinen zahlreichen Selbstzeugnissen glauben dürfen, dann schützte ihn vor den Gefährdungen dessen, der ganz nach oben gelangt, sein begrenzter Ehrgeiz. Er wollte ein guter, ein sehr guter Dichter werden. In die Politik zog es ihn nicht, und die Chance, als Privatsekretär des Kaisers seine Einflußmöglichkeiten zu vermehren, nahm er nicht wahr.

Das zurückgezogene Leben auf dem Lande, das er in seiner Satire II 6 geradezu hymnisch preist, lag ihm wohl wirklich[45], dazu ländliche Kost, ein ordentlicher Wein und das Gespräch im kleinen Freundeskreis.

Als wahrer Anhänger Epikurs weiß er, daß jede Lust ihren Preis hat. Darum ist es gut, abzuwägen und das zu meiden, woraus vermutlich viel Unlust erwächst. Nur wer Epikurs Lustlehre mißversteht, betrachtet sie als Aufforderung zu hemmungslosem Genuß. Den Typ eines solchen Pseudo-Epikureers finden wir am Ende der Satire II 6 in der Person der Stadtmaus, die um der Leckereien willen, die sie nascht, gefährlich lebt.

Der Maus vom Lande, der sie ein angenehmeres Dasein in anderer Umgebung verspricht, leuchten ihre Argumente zunächst ein: Das Leben ist kurz – alle müssen sterben – also genieße das Dasein, so lange es möglich ist.

Das sind Variationen des Horaz über eigene Maximen, die er der Stadtmaus in den Mund legt: *Vitae summa brevis* (c I 4,15) – *Omnis una manet nox* (c I 28,15) – *Frui paratis* (c I 31,17).

---

45 Sueton, Vita Horatii: *vixit plurimum in secessu ruris sui.*

Bald stellt es sich aber heraus, daß das scheinbare Glück in der Stadt seinen Preis hat: Unsicherheit, Angst, Bedrohung. Darum kehrt die Landmaus in ihr Loch am Berghang zurück. »Dort ist sie auch nicht sicherer als im Stadthaus«, mag man einwenden. »Mäuse haben überall Feinde.«

Doch die Fabel will uns nicht lehren, wo man sicherer lebt, sondern wie man sein Leben einigermaßen sicher und glücklich verbringt: Dadurch, daß man seine Ansprüche zurückschraubt, daß man eben nicht nach jeder Art Vergnügen giert, sondern sich an Bescheidenem freut, wie unsere Maus vom Land an Gras- und Wickensamen.

Horaz kann Wegweiser zu einem solchen Leben sein, er schenkt Freude und Genuß mit Gedichten von hohem ästhetischen Reiz, er verfügt über Humor und Menschenkenntnis und zeigt Verständnis für unsere großen und kleinen Schwächen – kurz, er ist ein ungemein humaner Dichter; man merkt es nur nicht immer gleich und auch nicht überall. Für ihn gilt, was er einmal von seinem Freund Maecenas sagte: *Difficilis aditus primos habet* (sat. I 9,56).

Frühlingstraum

Vides, ut alta stet nive candidum
Soracte, nec iam sustineant onus ... (c I 9,1f.)

Generationen von Gymnasiasten haben dieses Horazgedicht mehr oder weniger mühevoll übersetzt, haben sich vertan und irgendwann auch über besonders wüste Entstellungen gelacht: »Siehst du, wie der alte Sokrates im weißen Schnee steht und es schon nicht mehr aushält, der Esel.«

Doch auch Philologen haben diesem Carmen übel mitgespielt[46], haben in Zweifel gezogen, ob es überhaupt ein Gedicht sei, und sich daran gestoßen, daß Horaz im Winter beginne und irgendwie in den Frühling gerate[47], oder, wenn das Ganze im Winter bleiben solle, doch recht törichte Ratschläge für ein kaltes Stelldichein im Freien gebe[48].

Richtig und offenkundig ist, daß eingangs ein bitterkalter Wintertag skizziert wird: Tiefverschneit ist der Soracte, ein Berg nördlich von Rom, an dessen Fuß sich heute ein Rastplatz der Autostrada befindet. Die Wälder ächzen unter der Last des Schnees, die Flüsse sind zugefroren – waren die Winter in der Antike wirklich so streng? Anscheinend, denn auch in dem Gedicht des Alkaios, das Horaz partiell zum Vorbild nahm (fr. 90 D), ist von Regen und Sturm und gefrorenen Wasserläufen die Rede.

Die zweite Strophe hält sich eng an das Vorbild: Der Kälte muß Paroli geboten werden (*kábballe tòn cheímôn'*, »wirf die Kälte nieder«, sagt Alkaios und gebraucht dabei wohl einen Ausdruck aus der Sprache der Ringer); dabei helfen ein gutes Feuer und ein kräftiger Schluck Wein.

So weit gesehen, ist das alles sehr faßlich, sehr vordergründig; nur die feierliche Anrede und der preziöse Name[49] fallen auf. Wir erfahren nicht, wer Thaliarch ist und in welchem Verhältnis er zum Dichter steht. Auf jeden Fall ist er

---

46 Eine gute Zusammenstellung kritischer Stimmen bringt E. Lefèvre a. O. S. 147f.

47 Sehr dezidiert erklärt E. Fraenkel a. O. S. 209f.: »Die heterogenen Elemente sind nicht zu einer Einheit verschmolzen. Zeile 18, *nunc et campus et areae,* und das folgende setzen eine völlig andere Jahreszeit voraus als den strengen Winter am Anfang. Diese Inkongruenz läßt sich durch kein apologisierendes Interpretationskunststück beseitigen.«

48 Dagegen treten neuerdings Interpreten wie G. Maurach a. O. S. 181 und H. P. Syndikus a. O. Bd. 1, S. 112f. energisch dafür ein, daß das Gedicht eine gedankliche Einheit darstelle.

49 »Der Festfreude Führer« vermuten Kießling/Heinze a. O. S. 48 und sehen in Thaliarch den Gastgeber (»Wirt«) des Dichters.

deutlich jünger; das ergibt sich aus den folgenden Strophen, und das soll wohl auch der redende Name verraten, zusammengesetzt aus den griechischen Wortstämmen *thal-* (blühen, grünen) und *arch-* (beginnen).

Diesen Jüngling ermahnt Horaz, er solle den Göttern »alles übrige« anheimstellen, denn wenn sie den Stürmen Einhalt geboten haben – das kraftvolle *sternere* (niederschmettern) mag einen Hinweis auf die große Macht der Himmlischen enthalten[50] –, rührt sich kein Zweig mehr an den hohen Bäumen.

Oberflächlich betrachtet, verläßt bereits hier der Dichter die winterliche Szene, denn damit der Sturm eine Esche so richtig schütteln kann, muß sie belaubt sein. Doch wenn die Gedanken des Lesers zu nichts weiter als zu etwas Beckmesserei gelangen, gehen sie den falschen Weg. Horaz möchte wohl in dieser Strophe dem jungen Mann sagen, daß es hinter den Ursachen und Wirkungen, die wir wahrnehmen, noch etwas Wirkungsmächtiges gibt, gegen das wir uns nicht stellen können. Die Kälte mag der Mensch besiegen und sich im warmen Haus geborgen fühlen – doch aus seiner scheinbaren Geborgenheit kann ihn jederzeit das Schicksal herausreißen. Darum tut er auch in der Jugend gut daran, wenn er sich nicht in der trügerischen Hoffnung wiegt, er habe noch viele Jahre vor sich, und in Erwartung des Morgen das Heute verliert, sondern dankbar jeden Tag als Geschenk annimmt.

»Wer jegliche Zeit für sich zu nützen weiß«, schreibt Seneca[51], »wer alle seine Tage wie das ganze Leben einrichtet, der wünscht sich das Morgen nicht und hat auch keine Angst davor.«

---

[50] »Nirgends zeigt sich ihre Macht sinnenfälliger als in dem plötzlichen Uebergang von Sturm zur Stille«: Kießling /Heinze a. O. S. 50.
[51] De brevitate vitae 7,9.

Es ist ein Stück Lebensweisheit, das der Dichter dem Jüngeren mitgibt, eine Variation des bekannten *Carpe diem* und auch ein bißchen Träumerei am warmen Herd[52]: Wie bald wird es wieder Frühling sein, wird Thaliarch sich der Liebe und des Lebens freuen dürfen! Ein Graukopf ist dafür zu alt; doch wenn er mit Wohlgefallen den hübschen Jungen anschaut, wird es ihm in der Erinnerung an die eigene Jugend warm ums Herz.

Nicht weil Horaz auf Logik wenig gibt, endet das Carmen I 9 in einer lauen Frühlingsnacht, sondern weil der Fluß der – teilweise unausgesprochenen – Gedanken, von dem auch der Leser sich tragen lassen sollte, zum Wesen seiner Lyrik gehört[53].

So beginnt beispielsweise c II 13 mit einer Verwünschung jenes Strunks, der stürzend beinahe den Dichter erschlagen hätte, und versteigt sich, nicht ohne eine gewisse Komik, zu Vermutungen über sonstige Übeltaten des Unmenschen, der den Baum einst pflanzte: Ein Vatermörder, ein Gastabschlächter, ein Giftmischer zumindest muß er gewesen sein!

Dann aber stellt sich der Gedanke daran ein, daß ein Mensch immer und überall gefährdet ist, und im Bewußtsein, daß ihn eben die kalte Hand des Todes gestreift hat, durchwandert Horaz die Unterwelt, sieht seine großen Vorbilder Alkaios und Sappho und lauscht gebannt mit all den Toten ihren Liedern, während sogar der Höllenhund

---

52 »Ein rechter Wintertagstraum«, meint G. Maurach a. O. S. 181, »ein Träumen von einer ganz besonderen Situation, oft erlebt vielleicht, oft erträumt: So ist es an einem schönen Sommerabend, so könnte es sein.«

53 Eine schöne Zusammenstellung »horazischer Schemata«, d.h. der für Horaz typischen »Verdichtungs- und Konstruktionsverfahren« bietet E. A. Schmidt a. O. S. 335 ff.: Horaz steuert überlegt die »Ergänzung des Textes durch den Leser« (a. O. S. 343) und stellt »Zusammenhang durch Verflechtung« her (S. 347). Dazu bedient er sich, unter anderem, der »verschränkten Versparung« (S. 344).

die Ohren senkt und zu ewiger Buße Verdammte für kurze Zeit ihre Qualen vergessen.

Wie kunstvoll Horaz mit Hilfe von Vor- und Rückverweisen und mythologischen Exempla seinen Lesern *expressis verbis* nicht Gesagtes nahezubringen wußte, zeigt E. A. Schmidt[54] sehr instruktiv an der Verfluchung des »Stinkers« Mevius (e 10). Dem flüchtigen Betrachter drängt sich die Frage auf, warum unser Dichter einem Menschen, nur weil er übel riecht, so viel Böses wünscht. Schlägt man aber eine Brücke vom (Bocks-)Geruch des Mevius zu dem »geilen Bock«, der am Ende geopfert werden soll, und berücksichtigt man, daß sowohl der Jäger Orion (v. 10) wie der lokrische Aias (v. 14) durch brutale Vergewaltigungen den Zorn der Götter herausforderten, dann wird klar, was Horaz an Mevius empörend und verabscheuenswert fand.

»Diese Gedichtlektüre«, meint E. A. Schmidt[55], »war für den antiken Leser kein Lösen poetischer Rätsel, sondern der Nachvollzug eines geistigen und gestalthaften Prozesses.«

Nach mehr als zweitausend Jahren fällt dieser Nachvollzug naturgemäß sehr schwer: Während die Zeitgenossen des Dichters über die Voraussetzungen zum Verständnis seiner Werke verfügten, müssen wir darum ringen und kommen oft genug nicht zum Ziel, weil Horaz aus Quellen schöpft, die durch die Ungunst der Überlieferung längst verschüttet sind, weil er auf Personen und Ereignisse der Zeitgeschichte anspielt, von denen wir viel weniger wissen als er, oder weil wir das, was er sagen will, wegen der für viele lateinische Wörter und Wendungen kennzeichnenden Ambiguität nicht zweifelsfrei fassen können.

Dazu kommt, daß es »unter den horazischen Oden keine Dubletten, keine Analogien, keine Variationen eines

---

54 Siehe a. O. S. 50ff.
55 Siehe a. O. S. 57.

EINFÜHRUNG 351

Grundmusters« gibt. »Daher gibt es keine erlernbare Interpretationsmethode, kein einsträngiges Transfer-Rezept. Jede Ode verlangt eine neue Interpretation, ein neues Verfahren, eine neue Methode. Und die jeweilige Interpretationsmethode ist nicht der Anfang, sondern das Ende, das Ergebnis der Interpretation: Die Interpretationsmethode ist das verstandene Gedicht.«[56]

Ein Ding der Unmöglichkeit

Nach allem, was bisher über die hohe Kunst des Horaz, über sein oft heiteres, oft hintersinniges, noch öfter aber gedankentiefes Dichten gesagt ist, liegt das Geständnis nahe, daß man seine Oden im Grunde nicht angemessen übersetzen kann.

Lyrik ist noch viel empfindlicher als epische Dichtung: Ein falscher Zungenschlag genügt, um dem Leser den Genuß einer ganzen Ode zu vergällen, zum Beispiel des zarten Frühlingslieds c I 4, aus dem die folgenden Verse stammen:

... Iam Cytherea Venus choros ducit imminente luna
iunctaeque Nymphis Gratiae decentes
alterno terram quatiunt pede, dum gravis Cyclopum
Volcanus ardens visit officinas. (c I 4,5–8)

»... Und schon führt Cytherea den Reihn in dem Schein
   des klaren Mondes
Und Grazien stampfen hold im Bund mit Nymphen
Wieder den Grund mit wechselndem Fuß, während
   glutbestrahlten Eifers
Vulkan schwer aufsucht der Cyklopen Schmiede.«[57]

---

56 Siehe a. O. S. 217.
57 Färber/Schöne a. O. S. 15.

Ein kritischer Leser wird sich fragen, wie man »hold stampfen« kann, was man sich unter »glutbestrahltem Eifer« vorzustellen habe und was mit »schwer aufsuchen« gemeint ist. Das Argument, es handle sich eben um hohe Poesie, fernab der Alltagssprache, wird er kaum gelten lassen, zumal er im lateinischen Original so schwer verdauliche Fügungen nicht findet. Somit bleibt dem Apologeten nur noch der Rückzug auf den Zwang des Versmaßes, dem sich freilich Horaz eleganter gefügt hat als der Übersetzer. Der hätte, wenn er das Metrum als ein Prokrustesbett empfand, von diesem üblen Lager schleunigst aufspringen müssen.

Allerdings geht von den wechselnden Strophenformen der Oden ein eigener Reiz aus, der den Übersetzer verführen kann, sie möglichst getreu nachzugestalten, obwohl dieser Versuch schon deshalb zum Scheitern verurteilt ist, weil im Deutschen an die Stelle von Längen und Kürzen betonte und unbetonte Silben treten müssen. Im Gegensatz zum epischen Hexameter und zu Iamben übt zudem der strenge Aufbau lyrischer Gedichte auf das dem Lateinischen doch sehr unähnliche Deutsch einen enormen Zwang aus, der unweigerlich Mißgriffe bei der Wortwahl und gewaltsame Wortstellung nach sich zieht.

Mit gutem Grund entschied sich Eckard Lefèvre in seinem Horazbuch dafür, aus Übersetzungen des 18. Jahrhunderts zu zitieren, die sich jenem Zwang entzogen und sich dank »ihrer unvergleichlichen Lesbarkeit« positiv unterscheiden von »modernen Übersetzungen, die in der Regel von Philologen stammen und sich bemühen, das Original so getreu wie möglich wiederzugeben«. Sie sind »bei einem so schwierigen Dichter wie Horaz eher geeignet, von ihm weg- als zu ihm hinzuführen«[58].

---

58 Siehe a. O. S. 11; auch G. Maurach meidet metrische Übersetzungen.

Eine Hinführung im Sinne bestmöglicher Verstehenshilfe darf man freilich von jenen älteren Übertragungen auch nicht erwarten:

»Seht, schon führet Cythere den Reihentanz auf im
                                  Mondenschimmer.
Die holden Grazien, mit den Nymphen verschlungen,
schlagen, wechselnden Fußes, den Boden, indes der
                                Cyklopen mühselige Werkstatt
Vulkanus glühend besucht.«

So gab Christian Friedrich Karl Herzlieb[59] die oben zitierte Passage wieder, ohne holdes Gestampfe[60] und zweifellos der Szenerie angemessen, aber eben auch ziemlich frei. Das mag einem nachempfindenden Dichter anstehen und den Fachmann, der keiner Übersetzung bedarf[61], nicht stören; dem in der alten Sprache nicht ganz so firmen Freund der Antike, der vergeblich nach Entsprechungen

---

59 Die Übersetzungen Herzliebs und des Ansbacher Dichters Johann Peter Uz, die zwischen 1773 und 1791 entstanden, wurden zuletzt aufgelegt unter dem Titel: Horaz, Glanz der Bescheidenheit. Oden und Epoden, lateinisch und deutsch, eingeleitet und bearbeitet von W. Killy und E. A. Schmidt (Augsburg 2001). Das obige Zitat ist entnommen aus: Oden des Horatius Flaccus, übersetzt und mit Anmerkungen begleitet von Christian Friedrich Karl Herzlieb; Stendal (Franzen und Grosse) 1787.
60 Wir Deutschen stellen uns Nymphen zartgliedrig, ja ätherisch vor und wehren uns gegen die Vorstellung, sie könnten den Boden »stampfen« – was bei Horaz ohne Zweifel geschieht. Ein hübsches Beispiel für die Not der Übersetzer mit dem bäuerlich-derben *quatiunt* bietet eine 1749 anonym bei Hüter und Harms in Kassel erschienene frühe Prosaübersetzung des Horaz (»Ungebundene Uebersetzungen der Gedichte des Quintus Horatius Flaccus nebst den nöthigsten Anmerkungen und vorgängiger Lebensbeschreibung des Schriftstellers, 1. Theil«): ... und die Huldgöttinnen und angenehmen Nymphen springen miteinander, sich umfassend, auf einen Fuß um den anderen wacker herum ...
61 So E. Lefèvre a. O. S. 11.

für »seht« und »in Flammen setzt«[62] Ausschau hält, der sich fragt, was eine »mühselige Werkstatt« sei, und über die »verschlungenen Nymphen« lächelt, ist mit einer solchen Lösung wenig gedient. Darum sucht die vorliegende Übersetzung unter weitgehendem Verzicht auf das Versmaß des Originals[63] dessen Wortlaut und Wortfolge möglichst getreu zu bewahren, was angesichts der vom Deutschen abweichenden und in der Poesie besonders frei behandelten lateinischen Wortstellung kein einfaches, aber auch kein ganz aussichtsloses Unterfangen ist, wenn man das wünschenswerte Prinzip nicht zu Tode reitet und nicht Unsagbares in Kauf nimmt.

Bei den meisten Gedichten erwies es sich als möglich, nahezu zeilengleich zu übersetzen, zum Beispiel auch in der zitierten Strophe aus c I 4:

Iam Cytherea ducit choros Venus imminente luna
Schon führt Venus von Kythera den Reigen im
   Mondschein an
Iunctaeque Nymphis Gratiae decentes
Und, vereint mit den Nymphen, die lieblichen Grazien
alterno terram quatiunt pede, dum gravis Cyclopum
stampfen im Wechselschritt den Boden, während der
   Zyklopen rußige
Vulcanus ardens visit officinas.
Schmiede der hitzige Vulcanus aufsucht.

---

62 Herzlieb folgte der Lesart *urit* (statt *visit*), die Kießling/Heinze a. O. S. 27 mit Recht ablehnen.
63 Dieser Verzicht sollte nicht dahin führen, daß sich Lyrik in platte Prosa verwandelte; auch äußerlich wurde die Strophenform gewahrt, Iamben lassen sich ziemlich oft heraushören, und die Adonisverse der 1. sapphischen Strophe, die im Deutschen ein gewisses Heimatrecht erhalten haben, wurden gerettet.

Dadurch wird dem Benützer der Übersetzung der Vergleich mit dem Original wesentlich erleichtert, ohne daß, wie es bei einer konsequenten Interlinearversion unvermeidlich wäre, dem Deutschen Gewalt angetan würde.

Wo sprachliche Gründe, z.B. bewußte Mehrdeutigkeit, eine wörtliche Lösung verbieten und der Nachvollzug erschwert wird wie in unserem Beispiel bei *ardens*, greift der Anmerkungsteil hilfreich ein.

Im Bewußtsein seiner dem Leser helfenden, dem Dichter dienenden Rolle vermißt sich der Übersetzer nicht, mit Horaz zu wetteifern; ihm genügt es, wenn durch die eine oder andere poetische Formulierung ein Abglanz des unvergleichlichen, unnachahmlichen Originals auf seine Lösungen fällt.

»Zweiter Horaz«

Nicht einmal in Rom fand Horaz einen Nachfolger, der es ihm auf dem Gebiet der lyrischen Dichtung gleichgetan hätte[64] – er blieb für lange Zeit der erste und einzige »Sänger des lesbischen Liedes« in lateinischer Sprache.

Das Mittelalter schätzte ihn vor allem als Satiriker, als Moralisten; erst die Renaissance wandte sich allmählich wieder seiner Lyrik zu[65]. Aber noch Ludovico Ariosto, der vielseitigste und bedeutendste italienische Dichter an der Schwelle der Neuzeit, wetteiferte mit Horaz nur auf dem Gebiet der Satire. Auch Dichterzirkel, die sich in Neapel, Ferrara, Florenz und Rom mit Hingabe der Wiederbelebung antiker poetischer Gattungen widmeten, gaben der

---

64 Quintilian, inst. or. X 1,96: *Lyricorum idem Horatius fere solus legi dignus.*
65 Francesco Petrarca (1304-1374) würdigte ihn in seinem Carmen *Ad Horatium Flaccum lyricum poetam* in: V. Rossi (Hg.): Petrarca, Le Familiari vol. 4 (Florenz 1942) S. 247ff.

Bukolik, der Liebeselegie und dem Epigramm, dazu der Tragödie und Komödie den Vorzug vor der Lyrik. Immerhin wurde in Italien um 1472 Horaz erstmals gedruckt; zehn Jahre später erschien die erste kommentierte Ausgabe. Zu dieser Zeit war das Neulatein gegenüber dem Italienischen in der Dichtung bereits ins Hintertreffen geraten: Als großes Vorbild verdrängte Petrarcas Canzoniere mit den berühmten Sonetten an Laura die römischen Poeten und fand selbst im fernen England eifrige Nachahmer.

Jenseits der Alpen, in Deutschland, lagen die Dinge anders: Die Landessprache, so schien es, war für Lyrik noch viel zu ungelenk; wer nicht als stammelnder Tölpel verlacht werden wollte, mußte es den Erben der alten Römer an römischer Eloquenz gleichtun. Dieses Ziel verfolgte der deutsche »Erzhumanist« Conrad Celtis, den Kaiser Friedrich III. 1487 auf der Nürnberger Burg mit dem Dichterlorbeer krönte. Selbstbewußt wetteiferte er in seinen Oden mit Horaz und lud im Schlußgedicht seiner *Ars versificandi* den Dichtergott Apoll persönlich ein, er solle bei den Barbaren des Nordens erscheinen, um sie das Lied zu lehren,

Quod ferunt dulcem cecinisse Orpheum	das, wie man sagt, der liebliche Orpheus sang,
Quem ferae bestiae agilisque cervi	dem wilde Bestien und flinke Hirsche
Arboresque altae celeres secutae	und hohe Bäume eilends folgten, als die
Plectra moventem.	Leier er spielte.

Celtis ist es zu danken, daß Horaz »zum vorherrschenden Vorbild« wurde, »das er auch in Italien nicht gewesen war«[66].

---

66 E. Schäfer, Deutscher Horaz. Conrad Celtis – Georg Fabricius – Paul Melissus – Jacob Balde. Die Nachwirkung des Horaz in der neulateinischen Dichtung Deutschlands (Wiesbaden 1976) S. 2.

Wie eng sich der Humanist selbst an dieses Vorbild hielt, zeigt die Disposition seiner Odae: Auf vier Bücher Oden folgen ein Buch Epoden sowie ein Carmen saeculare, bestimmt für einen gemischten Chor aus Mädchen und Knaben. Auch in der Thematik – Lebensgenuß und Liebe, Götterhymnen (!) und Selbstdarstellung – ist die Nähe zu Horaz evident.

Von Celtis angeregt, übten sich die deutschen Humanisten in der Nachfolge des Horaz; besonders oft imitiert wurde c III 13, der Preis der Quelle Bandusia.

Nach der Reformation »fügten sich die humanistisch Gebildeten in ihrer beherrschenden Mehrzahl in die protestantische Bewegung ein, neulateinisches Dichten wird fast zum Monopol der Lutheraner und Kalvinisten«[67]. Georg Fabricius, der mit Philipp Melanchthon befreundet war, empfahl den von ihm herausgegebenen und erklärten Horaz wegen seiner sprachlichen und ethischen Qualitäten. Gleichzeitig wetterte er gegen »die schamlosen und törichten Nachahmer des Catull und Martial«[68]. Einiges Unbehagen empfanden die christlichen Rezipienten bei Horazens Bekenntnissen zur Lehre des Epikur (z.B. epist. I 4,16: *Epicuri de grege porcus*), doch konnte man anhand zahlreicher anderer Stellen (z.B. c I 34: *Parcus deorum cultor*) eine Abkehr vom »gottlosen« Epikureismus nachweisen. Der Preis der Tugenden und die Kritik an den Lastern machten Horaz, sofern der Lehrer die rechte Auswahl traf, auch nach den strengen Kriterien der protestantischen Pädagogik schultauglich. Außerdem ließen sich die Oden in schöpferischer Imitatio mit christlichen Inhalten füllen, wobei die äußere Form und allgemeine Gedanken erhalten blieben.

---

67 Schäfer a. O. S. 45.
68 Carolus Baumgarten-Crusius (Hg.): Georgii Fabricii Chemnicensis epistolae (Leipzig 1845) S. 131.

Auch für die Gelegenheitsgedichte der höheren Stände bot Horaz ein reiches Repertoire.

Im Zuge der Gegenreformation nahm sich der Jesuitenorden in den katholischen Gebieten der Schul- und Universitätsausbildung an und entwickelte einen Kanon lesenswerter antiker Autoren. In ihm fand auch Horaz seinen Platz, freilich in »entschärfter« Form: Anstößige Stellen wurden entweder eliminiert oder umgedichtet; später setzten sich Auswahlen jugendgemäßer Oden durch. Dazu kamen selbständige Dichtungen in horazischen Metren, unter denen die des »polnischen Horaz« Matthias Kasimir Sarbievski (Sarbievius) und des Elsässers Jacob Balde hervorragen. Ihm, der lange Jahre in Ingolstadt und München als Rhetorikprofessor und Prediger wirkte, trugen seine eng an das große Vorbild angelehnten Marienlieder den Ehrentitel des »deutschen Horaz« ein. Einige dieser hochpoetischen Hymnen wurden durch Johann Gottfried Herder, einen großen Bewunderer des Horaz, ins Deutsche übersetzt, und noch der Romantiker August Wilhelm Schlegel rühmte ihre Qualitäten.

Mittlerweile war Horaz zum allgemeinen Besitz der Gebildeten geworden, dank zahlreicher Übersetzungen und auch wegen der formal vollendeten Oden des führenden deutschen Dichters der frühen Klassik, Friedrich Gottlieb Klopstock:

»Süß ist, fröhlicher Lenz, deiner Begeistrung Hauch,
Wenn die Flur dich gebiert, wenn sich dein Odem sanft
In der Jünglinge Herzen
Und die Herzen der Mädchen gießt.« (Der Zürchersee,
1. Strophe)

Harmonisch fügt sich das Deutsche dem strengen Gesetz der dritten asklepiadeischen Strophe, nur die »Begeistrung« verrät den metrischen Zwang. Außerdem ist der angeschlagene Ton für den heutigen Leser allzu pathetisch. Die Zeitgenossen aber sahen in Klopstock einen begnadeten Dichter, der in Deutschland eine neue Blütezeit der Poesie heraufgeführt hatte[69]. Er selbst empfand sein Dichten als heiliges Tun, darin dem *vates* Horaz vergleichbar, und konnte oft beim Vortrag seiner Verse die Tränen nicht zurückhalten.

Die großen Dichter der deutschen Klassik, Goethe und Schiller, begeisterten sich wie viele ihrer Zeitgenossen an den griechischen Originalen, denen Horaz, wie sie meinten, nur in formaler Hinsicht, nicht aber in der Tiefe der Empfindung gleichkam. Doch wenn sich auch die Dichter von ihm abwandten, die Schule hielt ihm die Treue und ganze Heerscharen von Übersetzern versuchten sich mit mehr oder weniger Glück an seinem Werk. Horaz wurde – was nur dem Bekannten widerfährt – parodiert und travestiert, von der Forschung intensiv interpretiert und in den »besseren Kreisen« gerne zitiert.

Erst nach dem zweiten Weltkrieg mußte er, Schritt für Schritt, den Rückzug aus der Schule antreten: Seine Oden erwiesen sich als zu schwere Kost für Schüler von heute.

Vergessen ist er deswegen noch lange nicht, das beweisen die zahlreichen Veröffentlichungen, die ihm kurz vor und nach der Jahrtausendwende gewidmet wurden.

So mag für ihn *mutato nomine* gelten, was einst über den ihm geistig verwandten größten mittelhochdeutschen Dichter gesagt wurde: »Her Walther von der Vogelweide, swer des vergaez, der taet mir leide.«[70]

---

69 Dem Thema »Horaz und die Erneuerung der deutschen Lyrik im 18. Jahrhundert« widmet E. A. Schmidt a. O. S. 380 ff. ein ganzes Kapitel. Lesenswert ist auch sein Essay über »Liebesfreiheit. Deutsche Nachdichtungen des Liebesduetts *Donec gratus eram tibi* (c. 3,9) im 18. Jahrhundert. – Zur horazischen Liebeslyrik im Zeitalter der Tugend.« (a. O. S. 230 ff.)
70 Hugo vom Trimberg (um 1300)

ERLÄUTERUNGEN

Namen von Personen und Orten, die nur ein- oder zweimal vorkommen, werden *suo loco* erklärt; diejenigen, die häufiger erscheinen, sind in einem eigenen Register zusammengefaßt; die Schreibung richtet sich dort nach dem lateinischen Text.

Folgende Abkürzungen werden verwendet: c: Carmen; cs: Carmen saeculare; e: Epode; T: Thema/Inhalt des jeweiligen Gedichts in Kurzform; V: Versmaß.

Oden I

1 T: Auf eine Huldigung für seinen Gönner Maecenas läßt Horaz acht Skizzen von Lebensformen (Spitzensportler, Politiker, Großgrundbesitzer, Landwirt, seefahrender Kaufmann, Genießer, Krieger, Jäger) folgen, gegen die er seine eigene, die des gottbegeisterten Dichters, abgrenzt.
V: 1. asklepiadeische Stophe.
1 Die Vorfahren des Maecenas gehörten zum Hochadel der etruskischen Stadt Arretium (heute: Arezzo), die vor der Eroberung durch die Römer von Priesterkönigen (*lucumones*) regiert wurde.
3 Wagenrennen waren im antiken Griechenland als teure Sportart ein Privileg der Reichen und Mächtigen. Indem Horaz vom »Staubaufsammeln« spricht, geht er auf ironische Distanz.
4 Wendepfeiler (gr.: *nýssa*) markierten die beiden Enden einer niedrigen Mauer, die die Rennbahn in der Mitte teilte. Beim Rennen mußte man versuchen, die Pfeiler möglichst knapp zu umfahren, um einen Vorsprung zu gewinnen. Das Unfallrisiko dabei war erheblich.
5 Bei den Olympischen Spielen, die alle vier Jahre auf der Peloponnes stattfanden, erhielten die Sieger in klassischer Zeit einen Kranz aus Zweigen des heiligen Ölbaums; Palmzweige spielten zunächst nur bei Festen zu Ehren Apollons eine Rolle; im Hellenismus, bei

den Römern und später auch im Christentum verdrängten sie allmählich andere Siegessymbole.
6 *Terrarum dominos* kann auch als Apposition zu *deos* aufgefaßt werden.
8 Horaz meint wohl die drei höheren Ehrenämter des Ädils, Prätors und Konsuls, denkbar ist jedoch auch die von ihm z.B. in c. II 17,26 erwähnte Ehrung durch dreifachen Hochruf.
13 Zedern von der Insel Zypern lieferten wertvolles Holz für den Schiffbau.
14 Als *mare Myrtoum* bezeichneten die Römer das Seegebiet zwischen der Peloponnes und den Kykladen, d.h. den südwestlichen Teil der Ägäis.
15 »Ikarisch« hieß die südöstliche Ägäis, v.a. das Seegebiet um Samos; zum Namen vgl. c II 20,13 und III 7,21.
20 Der *solidus dies*, der römische Arbeitstag, begann mit dem Aufgang der Sonne und endete gegen 16 Uhr unserer Zeit. Wer einen Teil davon seinem Vergnügen widmete, galt als unsolide.
21 Der Erdbeerbaum (Arbutus unedo L.) wird bis zu 5 m hoch und trägt angenehm säuerliche, erdbeerähnliche Früchte; seine Blätter ähneln denen des Lorbeers.
22 Quellen waren den Nymphen heilig.
29 Efeu spielte bei den Griechen im Kult des Weingottes Dionysos eine wichtige Rolle; als Attribut der Dichter verweist er auf dionysische Begeisterung (»Enthusiasmos«).
30f. Der kühle Hain, in dem sich Naturgottheiten tummeln, steht hier für die Weltentrücktheit des Poeten.
33 Euterpe und Polyhymnia: zwei der neun Musen.
34 Der Barbitos war ein Saiteninstrument, der Lyra (»Leier, Laute«) vergleichbar, aber größer; »lesbisch« nennt es Horaz mit Blick auf seine dichterischen Vorbilder Sappho und Alkaios (Alcaeus), deren Heimat die Insel Lesbos war.
35 *Vates* bezeichnete ursprünglich einen Wahrsager oder Seher; Vergil und Horaz verwenden das Wort an Stelle des aus dem Griechischen entlehnten *poeta* als feierliche Bezeichnung des gottbegeisterten Dichters. – Zur Entwicklung der lyrischen Dichtung vgl. die Einführung S. 328ff.

2 T: Huldigungsadresse an Kaiser Augustus als gottgleichen Retter Roms aus dem Chaos der Bürgerkriege.
V: 1. sapphische Strophe.
2 Mit *pater* ist Jupiter gemeint, der »Vater der Götter und Menschen«, der mit seiner Rechten die Blitze schleudert.
3 Heilige Höhen: Roms sieben Hügel, speziell das Kapitol mit der Burg (*arx*) und dem Haupttempel der Stadt.
6 Pyrrha und ihr Mann Deukalion überlebten der Sage nach als einzige die Große Flut.
7 Proteus, ein alter Meergott, erscheint in Homers Odyssee (IV 411) als Hirt einer Robbenherde; wenn die Welt im Meer versinkt, kann er diese auf den Bergen weiden lassen.
13 »Gelb« ist der Tiber infolge des Schlamms, den er mit sich führt.
14 In alter Zeit reichte das Herrschaftsgebiet der Etrusker bis ans westliche Ufer des Tibers, wo sich der Höhenzug des Ianiculum erhebt. Bei Hochwasser brach sich dort die Flut und überschwemmte die Senke des Forums.
15 f. Auf dem Forum befanden sich der Tempel der Vesta, deren Priesterinnen das heilige Feuer hüteten, und der Amtssitz des obersten Priesters, *regia* genannt, weil dieses Gebäude nach der Sage Roms zweiter König Numa bewohnt hatte.
17 Ilia war nach alter Überlieferung eine Tochter des Äneas und galt als Ahnfrau der Familie der Julier. Spätere setzten sie gleich mit Rea Silvia, der Tochter des Königs Numitor von Alba Longa, den sein Bruder Amulius vertrieb. Als Ilia, die er zur Priesterschaft der Vesta und damit zur Ehelosigkeit gezwungen hatte, dem Gott Mars die Zwillinge Romulus und Remus gebar, ließ Amulius die Kinder aussetzen. Ilia wurde in den Tiber gestürzt, doch der Flußgott machte sie unsterblich und nahm sie zur Frau. Als Mutter des Stadtgründers Romulus müßte Ilia Rom eigentlich beschützen, doch in ihrer Empörung über die Ermordung Caesars (ihm gelten ihre Klagen!) drängt sie ihren Mann, die Tat durch jene Überschwemmung zu rächen. Der ist dazu bereit, doch Jupiter verhindert die Zerstörung der Stadt.
21 f. Horaz spielt auf die Zeit der Bürgerkriege an, vielleicht auch auf Niederlagen im Kampf mit den Parthern; gegen diese, so meint er, sollten die Römer kämpfen, nicht gegeneinander.

28 Vesta erhört die Gebete ihrer Priesterinnen nicht mehr, weil in der Person Caesars der oberste Priester Roms den Dolchen der Verschwörer zum Opfer fiel – der Mord war also zugleich ein Sakrileg!
33 Erycina ist ein Beiname der Göttin Venus nach ihrem Heiligtum auf dem Berg Eryx im Westen Siziliens.
34 Iocus: Personifikation des heiteren Liebesspiels.
36 *Auctor*: gemeint ist der Kriegsgott Mars als Vater des Romulus und Ahnherr des Römervolks.
37 *ludus* dürfte, entsprechend dem Kontext, auf die Liebschaft des Mars und der Venus anspielen, derentwegen der Kriegsgott seiner eigentlichen Aufgaben und sein Römervolk vernachlässigte (E. A. Schmidt, Zeit und Form. Dichtungen des Horaz, Heidelberg 2002, S. 210).
43 Maia, eine Nymphe, war die Mutter des Götterboten Hermes/Merkur, den man sich mit geflügelten Sandalen und einem Flügelhut ausgestattet vorstellte.
44 Als Rächer Caesars trat dessen Adoptivsohn Octavianus, der spätere Kaiser Augustus, auf; seine Gestalt, so deutet der Dichter an, könnte Merkur angenommen haben.
52 Hier und auch an allen weiteren Stellen der Oden und Epoden ist mit Caesar Octavianus Augustus gemeint.

3 T: Geleitgedicht für Vergil anläßlich einer Reise von Italien nach Griechenland.
V: 4. asklepiadeische Strophe.
1 Gemeint ist Venus, die auf Zypern besonders verehrt wurde. Dort soll die »Schaumgeborene« dem Meer entstiegen sein.
2f. Die beiden Brüder der aus der Trojasage bekannten schönen Helena, Castor und Pollux, galten als göttliche Helfer der Seeleute; am Sternenhimmel kann man sie als die Zwillinge finden. – Herr über die Winde ist der Gott Aiolos/Aeolus; er kann sie in Höhlen gefangen halten.
4 Der Iapyx, ein Nordwestwind, war ideal für Vergils Reiseroute.
8 Zwei Freunde sind, wie man sagt, »ein Herz und eine Seele« – demnach entfällt auf jeden ein *dimidium animae*. »Die Hälfte meiner Seele hat mir der Südwind geraubt«, so klagt der griechische Dichter Meleagros (Anthologia Graeca XII 52,2) um seinen Geliebten, der bei einem Schiffbruch den Tod fand.

9 Das Bild vom gepanzerten Herzen erinnert an die drei Bänder, die das Herz des getreuen Heinrich in Grimms Märchen vom Froschkönig umspannen.
15 Hyaden (»Regenbringerinnen«) nannten die Griechen das Siebengestirn im Sternbild des Stiers, weil zur Zeit seines Frühaufgangs Anfang Mai nasses und stürmisches Wetter die Regel war.
20 Das Vorgebirge Akrokeraunia (»Donnergipfel«) an der Küste von Epirus war wegen der dort häufigen Gewitter und Stürme gefürchtet.
24 Mit *transilire* (»darüber hinwegtanzen«) wird auf die das Schicksal herausfordernde Verwegenheit der Seefahrer angespielt, ähnlich wie in dem berühmten Chorlied aus der »Antigone« des Sophokles (v. 336ff.): »... über das graue Meer, im Wintersturm, jagt es dahin, unter hochaufschäumenden Wogen hindurch.« Als sündhaft (*fraus*) bezeichnet es Vergil in seiner 4. Ekloge (v. 31f.), »das Meer mit Schiffen herauszufordern«.
27 Iapetos war der Vater des Prometheus, der das Feuer zu den Menschen brachte. Weil Prometheus es sich durch List verschafft hatte, mußten er selbst und die ganze Menschheit schwer büßen.
30 Macies (»Auszehrung«) und Febres (»Seuchen«) treten hier, personifiziert, an die Stelle der zahllosen Übel, die sich zur Strafe für die Tat des Prometheus aus dem sogenannten Faß der Pandora auf die Menschheit stürzten.
36 Der Acheron (»Strom der Klagen«) ist einer der mythischen Flüsse der Unterwelt; sein Name wird oft für das Totenreich selbst gebraucht.
37f. Das vermessene Streben der Menschen nach allzu Hohem erinnert Horaz an den Versuch der Giganten, den Himmel zu stürmen.

4 T: Frühlingslied; Aufforderung, das kurze Leben zu genießen.
V: 3. archilochische Strophe.
1 Wenn der Favonius (gr. Zephyros), ein milder Westwind, Mitte Februar zu wehen begann, war der Winter vorüber. Mit der v – v – F – v –Alliteration malt Horaz das Säuseln des Windes.
2 Im Herbst wurden die Schiffe an Land geholt, zu Beginn des Frühlings brachte man sie auf Rollbahnen oder Schlitten und mit Hilfe von Seilwinden wieder ins Meer.

5 Die Insel Kythera südöstlich der Peloponnes war ein bedeutender Kultort der Aphrodite/Venus.

7 *gravis*: Akkusativ Plural zu *officinas*; das vieldeutige Adjektiv kann sowohl positive wie negative Eigenschaften bezeichnen. In Bezug auf die Schmiede der Zyklopen, die man sich im Schlund des Ätna dachte, dürfte das Unangenehme überwiegen.

8 Auch *ardens* (»glühend«) erlaubt unterschiedliche Assoziationen: Es charakterisiert Vulkan als Gott des Feuers, es kann ferner den Eifer ausdrücken, mit dem er sich wieder an die Arbeit macht, und ebenso die Eifersucht, die ihn bei dem Gedanken plagt, daß Venus ihn in seiner Abwesenheit betrügen könnte (Homer, Odyssee VIII 267 ff.).

9 *nitidum caput*: Es ist an duftende Pomade gedacht.

13 Wenn der Tod mit dem Fuß gegen Türen tritt, verlangt er gebieterisch Einlaß. Horaz unterstützt das Bild durch die pochende p-Alliteration.

14 Lucius Sestius Quirinus, ein Freund des Horaz, hatte wie dieser im Bürgerkrieg auf der Seite der Caesarmörder gestanden, sich aber bald Octavian, dem späteren Kaisers Augustus, angeschlossen.

16 Manes (»die Guten«) nannten die Römer euphemistisch die Totengeister. Dadurch, daß Horaz *fabulosae* hinzufügt, drückt er aus, daß er – als Epikureer – nicht so recht an sie glaubt.

18 Um den Vorsitz beim Gelage wurde gewürfelt. Den besten Wurf – Venus genannt – tat, wer vier verschiedene Zahlen warf; der schlechteste, viermal die Eins, hieß *canis* (Hund).

19 Lycidas: ein hübscher Knabe an der Schwelle zum Jünglingsalter.

5 T: Horaz empört sich über eine ungetreue Geliebte und einen Nebenbuhler.
   V: 3. asklepiadeische Strophe.

3 Pyrrha (»die Rotblonde«): griechischer Mädchenname.

6 Der neue Liebhaber wird bald merken, daß Pyrrha »wetterwendisch« ist: Auf eitel Sonnenschein folgen schwere Stürme.

13 f. Aus solchen Stürmen hat sich Horaz gerettet und hängt, wie ein Schiffbrüchiger, der mit dem Leben davonkam, zum Dank seine Kleider mit einem Votivtäfelchen im Neptuntempel auf.

6 T: Höfliche Weigerung, die Taten des Agrippa zu verherrlichen: Horaz versichert, er sei kein Epiker, sein bescheidenes Talent tauge nur für die Liebeslyrik.
V: 2. asklepiadeische Strophe.
1 Lucius Varius Rufus, ein älterer Freund Vergils, schrieb – heute verlorene – Tragödien und Epen.
2 »Mäonisch« nennt Horaz die Gattung des Heldenepos nach Homer, dessen Heimat die kleinasiatische Landschaft Mäonien mit dem Hauptort Smyrna gewesen sein soll. Mit *ales* (Vogel) ist auf die Vorstellung vom Dichter als singendem Schwan angespielt; vgl. dazu c II 20,10.
5 Marcus Vipsanius Agrippa hatte als erfahrener Heer- und Flottenführer großen Anteil an Octavians Siegen im Bürgerkrieg, insbesondere an der Entscheidungsschlacht bei Aktium.
6 Pelide, Sohn des Peleus, ist der Superheld Achilleus.
15 Meriones war im Krieg um Troja der Wagenlenker des Kreterkönigs Idomeneus.
16 Tydides, ein weiteres Patronymikon (»Benennung nach dem Namen des Vaters«), steht für Diomedes, den Sohn des Tydeus, der mit Hilfe der Göttin Athene sogar gegen Götter zu kämpfen wagte und sowohl den Kriegsgott Ares wie die Liebesgöttin Aphrodite verwundete.

7 T: »Warum in die Ferne schweifen?«
V: 1. archilochische Strophe.
1 Rhodos: Insel vor der Südostküste Kleinasiens. – Mytilene: Stadt auf der Insel Lesbos im nordöstlichen Teil der Ägäis.
2 Ephesos: reiche Stadt an der kleinasiatischen Westküste. – Korinth: die Handelsstadt an der nach ihr benannten Meerenge zwischen Mittelgriechenland und der Peloponnes.
3 Delphi: berühmtes Orakel des Apollon in Mittelgriechenland, am Golf von Korinth.
9 Die Landschaft Argos im Nordosten der Peloponnes heißt schon bei Homer »rossenährend«. Der gleichnamige Hauptort verehrte Hera/Juno als schützende Gottheit. – Mykene in Argos galt als Herrschersitz des Agamemnon und war, wie Schliemanns Ausgrabungen zeigten, in der Vorzeit tatsächlich »reich«.
11 Larisa war eine bedeutende Stadt in Thessalien (Nordostgrie-

chenland); die fruchtbaren Felder und Weiden dieser weithin ebenen Landschaft waren berühmt.
12 Albunea: Göttin einer Quelle beim heutigen Tivoli; Vergil (Aeneis VII 83) nennt sie »die höchste Nymphe der Wälder«.
13 Der Anio (heute: Aniene), ein Nebenfluß des Tibers, der bei Tibur, dem heutigen Tivoli, »in ein weites Becken stürzt« (Properz III 16,4). – Tiburnus: einer der mythischen Gründer von Tibur.
19 Die Form *molli* kann auch Imperativ sein (»lindere«). – Lucius Munacius Plancus, ein ehemaliger Anhänger des Marcus Antonius, hatte rechtzeitig die Partei gewechselt und war zum eifrigen Anhänger Octavians geworden; für diesen beantragte er 27 v. Chr. im Senat den Ehrentitel Augustus.
23 Die Silberpappel ist dem Herkules heilig; ihn riefen, weil er während seines Erdenlebens die ganze Welt durchwandert hatte, die Reisenden als ihren Beschützer an.
29 Mit dem zweiten Salamis ist nicht die bekannte griechische Insel, sondern die gleichnamige Stadt auf Zypern gemeint.

8 T: Was hast du, Lydia, aus deinem Liebsten gemacht?
V: 2. sapphische Strophe.
2 Sybaris: Als Name des plötzlich zum Sportsfeind gewordenen jungen Mannes hat Horaz wohl mit Absicht den einer Griechenstadt in Süditalien gewählt: Den Sybariten sagte man nach, sie seien völlig verweichlicht, und erzählte über sie boshafte Witze.
4 Der *campus* ist das römische Marsfeld, auf dem die jungen Leute Sport trieben und sich auf den Kriegsdienst vorbereiteten.
6 Pferde aus Gallien galten als besonders feurig; um sie gefügig zu machen, benützte man eine mit Stacheln besetzte Kandare.
8 Besonders für den Ringkampf salbten sich antike Sportler tüchtig mit Olivenöl ein – so konnten sie ihrem Gegner leichter entgleiten. War der Kampf vorüber, kratzte man die Ölschicht und den anhaftenden Sand des Ringplatzes mit einem Striegel ab.
14 Die Meergöttin Thetis wußte darum, daß ihr Sohn Achilleus vor Troja fallen werde; darum suchte sie ihn in Mädchenkleidung auf der Insel Skyros unter den Töchtern des Königs Lykomedes zu verbergen.
16 Die Lykier, ein kleinasiatisches Volk, kämpften auf Seiten der Trojaner.

9 T: Ein Frühlingstraum im tiefen Winter.
V: Alkäische Strophe.
Zum ganzen Gedicht vgl. die Einführung S. 346.
1 Soracte: markanter Berg nördlich von Rom. – Die erste und zweite Strophe stimmen inhaltlich mit Passagen aus einem nur bruchstückhaft erhaltenen Gedicht des Alkaios (fr. 90 D) überein, das Horaz als Vorbild diente: »Regnen läßt's Zeus, vom Himmel schwerer Sturm, gefroren sind die Wasserläufe ... Vertreibe die Kälte, lege beim Feuer zu, im Mischkrug reichlich süßen Wein, und unter die Schläfe schieb mir ein weiches Kissen.«
7 »Herabgeholt« wird der Wein, weil die Römer die Amphoren nicht im Keller, sondern in einer Art Räucherkammer im ersten Stock des Hauses aufbewahrten.
8 *diota* (gr.: »Zweiohr«): ein Krug mit zwei Henkeln. – Der Zusatz »sabinisch« bezieht sich auf den Inhalt; Wein aus dem Sabinerland war nicht die allererste Wahl.
16 Schon das Fremdwort *chorea* verrät, daß Tanzen bei den Römern nicht dieselbe Bedeutung hatte wie in Griechenland. »Fast niemand tanzt, wenn er nüchtern ist – es sei denn, er ist verrückt«, meint Cicero (pro Murena 6,13).
18 Die Zeitangabe *nunc* bezieht sich nicht auf den Wintertag, den Horaz eingangs beschrieb, sondern auf die Jugend des Thaliarch: Er soll das Dasein genießen, solange er dessen Frühling durchlebt. – Mit *campus et areae* sind keine Sportstätten gemeint, sondern die öffentlichen Plätze, auf denen sich – wie noch heute in südlichen Ländern – die Menschen am Abend einfinden.
23 Bei dem Liebespfand handelt es sich um einen Armreif oder einen Fingerring.

10 T: Hymnus auf den Gott Merkur, den Hermes der Griechen.
V: 1. sapphische Strophe.
1 Atlas, der Riese, der das Himmelsgewölbe trägt, war der Vater der Nymphe Maia (vgl. c I 2,43) und damit der Großvater des Merkur. – Das Horazgedicht folgt einem griechischen Vorbild (Alkaios fr. 2 D), von dem eine Strophe erhalten ist: »Gruß dir, der du über Kyllene wachst, denn dich zu besingen hab' ich im Sinn, dich, den auf diesen Höhen Maia, dem Kronossohn in Liebe verbunden, dem Herrn über alles, geboren hat«.

Dem einfallsreichen, jugendlichen Gott wurden zahlreiche Erfindungen zugeschrieben, darunter auch der Sport.
6ff. Kaum geboren, soll der kleine Hermes aus seiner Wiege geklettert sein und eine Rinderherde, die sein Halbbruder Apollon hüten mußte, gestohlen haben. Nebenher machte er sich aus der Schale einer Schildkröte und aus gedrehten Rinderdärmen ein Saiteninstrument, die Lyra (Homerischer Hymnus auf Hermes).
11 Hermes war unverfroren genug, dem wegen des Diebstahls empörten Apoll auch noch den Köcher zu entwenden. Über so viel Frechheit konnte der Bestohlene nur noch lachen.
13ff. In der Ilias (XXIV 333ff.) wird berichtet, wie der alte Trojanerkönig Priamos zur Nachtzeit unter dem Schutz des Hermes mit reichen Gaben ins Lager der Griechen kam, um die Leiche seines Lieblingssohnes Hektor von Achilles loszukaufen. – Die beiden Atreussöhne sind Agamemnon, der das Griechenheer vor Troja befehligte, und sein Bruder Menelaos, der Mann der schönen Helena.
15 An den thessalischen Feuern lagern die Männer Achills, der aus Phthia in Thessalien stammte.
17ff. Hermes/Merkur geleitet die Seelen der Toten in die Unterwelt; dabei bedient er sich seines goldenen Herolds- und Zauberstabs.

11 T: Nütze den Tag und setze deine Hoffnungen nicht auf das Morgen!
V: 5. asklepiadeische Strophe.
2 Leuconoe: wohl nur Deckname für eine Geliebte des Dichters. – Die Babylonier galten als große Astrologen; aufgrund ihrer Tabellen und Berechnungen (*numeri*) wurden Horoskope erstellt.
4 Nach verbreitetem Glauben waren es die Parzen, die den Menschen ihre Lebenszeit zuteilten. Daß Horaz hier von Jupiter spricht, mag durch eine Erinnerung an die Ilias bedingt sein: Dort erscheint Zeus als Spender bald guter, bald böser Gaben (XXIV 527ff.).
5f. Das Tyrrhenische Meer bricht sich an der Westküste Italiens.
6 Um den Wein zu klären, verwendete man ein feines Sieb (*colum*) oder einen Filter (*saccus vinarius*).

12 T: Wen von Roms Helden soll ich preisen?
   V: 1. sapphische Strophe.
1 Der ansteigenden Klimax – *vir, heros, deus* – entspricht ab v. 13 eine fallende: Jupiter ..., Herkules ..., Cato ... In einer olympischen Ode (II 2) fragt der griechische Chorlyriker Pindar: »Welchen Gott, welchen Halbgott, welchen Helden werden wir preisen?«
2 Klio, eine der neun Musen, wurde wegen der Ähnlichkeit ihres Namens mit gr. *kleos,* Ruhm, im späten Hellenismus zur Patronin der Geschichtsschreibung.
5 Auf dem Helikon, einem den Musen heiligen Berg in Böotien/ Mittelgriechenland, entsprang die Dichterquelle Hippukrene.
6 Musenberge weiter im Norden sind der Pindos in Thessalien und der thrakische Haimos.
7f. Der mythische Sänger Orpheus, ein Sohn der Muse Kalliope, soll durch seinen Gesang selbst Bäume bezaubert haben, so daß sie ihm folgten.
21 Die Beifügung *proeliis audax* kann sich sowohl auf die Kriegsgöttin Pallas Athene beziehen wie auf Bacchus, der sich im Gigantenkampf hervorgetan haben soll (c II 19,21 ff.).
22 Mit *virgo* ist die jungfräuliche Göttin Diana gemeint.
25 Alcides, Alkeusenkel, nennt der Dichter den Herkules nach Alkaios/Alkeus, dem Vater seines Ziehvaters Amphitryon. – Leda, die Frau des Spartanerkönigs Tyndareos, die Zeus/Jupiter in Gestalt eines Schwans verführte, gebar die schöne Helena und zwei Söhne, die in c I 3,2 genannten Dioskuren Kastor und Polydeukes/ Pollux, die als Sternbild der Zwillinge an den Himmel versetzt wurden.
26f. Vgl. Homer, Ilias III 237: »Kastor, den Pferdebändiger, und, mit der Faust gut, den Polydeukes«.
34 Numa Pompilius, der zweite König Roms und Nachfolger des Romulus, »führte Opferbräuche ein und lehrte sein Volk, das an wilden Krieg gewöhnt war, die Künste des Friedens« (Ovid, Met. XV 483f.).
35 Tarquinius Superbus, der letzte König Roms, wurde nach der Sage 510 v. Chr. von Brutus gestürzt. Auf diese Heldentat mag Horaz anspielen, wenn er nicht mit den »stolzen Faszes des Tarquinius« den fünften König Roms, Tarquinius Priscus, meint. – Cato: nicht der berühmte »alte Cato«, sondern dessen Urenkel, Marcus

ERLÄUTERUNGEN ZU DEN ODEN · ERSTES BUCH 371

Porcius Cato Uticensis, ein erbitterter Gegner Caesars, der nach dessen Sieg im Bürgerkrieg in der nordafrikanischen Stadt Utica den Freitod wählte und dadurch zum Märtyrer und Helden der anticaesarischen Opposition wurde. Daß ihm Horaz in dieser Ode ein Denkmal setzen kann, spricht für den Kaiser Augustus.

37 Marcus Atilius Regulus geriet im Ersten Punischen Krieg in karthagische Gefangenschaft und wurde 250 v. Chr. auf Ehrenwort freigelassen, um in Rom Friedensverhandlungen zu führen. Dort angekommen, sprach er sich energisch gegen jedes Nachgeben aus und kehrte nach Karthago zurück, wo er – angeblich unter grausamen Martern – hingerichtet wurde. – Marcus Aemilius Scaurus soll im Kimbernkrieg seinen Sohn, der mit der Reiterei geflohen war, so scharf getadelt haben, daß dieser Selbstmord verübte (Valerius Maximus V 8,4).

38 Lucius Aemilius Paulus war einer der beiden Konsuln, deren Heer von Hannibal (den Horaz hier nur »den Punier« nennt) 216 v. Chr. bei Cannae nahezu vernichtet wurde. Im Gegensatz zu seinem Kollegen Varro verschmähte es Paulus, sich durch die Flucht zu retten.

39 *Camena* steht hier metonymisch für *carmen*.

40 Gaius Fabricius Luscinus, der sich im Krieg Roms gegen König Pyrrhus von Epirus auszeichnete, galt als Muster von Unbestechlichkeit und Genügsamkeit.

41 Manius Curius Dentatus errang Siege über die Samniten (290 v. Chr.) und über Pyrrhus (275 v. Chr.); nach altrömischer Art trug er einen Bart. Erst Scipio, der Sieger über Hannibal, ließ sich rasieren.

42 Marcus Furius Camillus eroberte 396 v. Chr. die mächtige Etruskerstadt Veji und schlug 384 v. Chr. die Gallier, die Rom erobert und das Kapitol lange belagert hatten. Über ihn waren zahlreiche Heldensagen in Umlauf.

46 Der Name Marcellus dient wohl als Klammer zwischen den Helden der Vorzeit und dem Haus des Augustus: Marcus Claudius Marcellus hatte im Zweiten Punischen Krieg Syrakus erobert und sich dabei, was Beutekunst anging, bemerkenswert zurückgehalten. Den Namen M. Claudius Marcellus trug auch der Neffe des Augustus, den dieser als möglichen Nachfolger mit seiner einzigen Tochter verheiratete. Der junge Mann starb bereits 23 v. Chr.

47 *Iulium sidus*: Vermutlich ist auf den Kometen angespielt, der nach Caesars Ermordung erschien und den Dichter als die zu den Göttern aufsteigende Seele des Diktators deuteten (z.B. Ovid, Met. XV 845 ff.).
53 Daß die Parther Latium bedrohten, ist eine dichterische Übertreibung.
56 An die Unterwerfung der Serer im heutigen China und der Inder dürfte Augustus kaum gedacht haben. Die Hoffnung, daß es dazu komme, ergibt sich aus dem römischen Weltherrschaftsanspruch, den z.B. Vergil in der Äneis (I 286 ff.) als göttlichen Auftrag verkündet.
58 Zum Wagen Jupiters, dessen Rollen wie Donner klingt, vgl. c I 34,6 f. – Olympus: der Götterberg im Nordosten Griechenlands und, metonymisch, der Himmel.

13 T: Eifersucht auf einen Nebenbuhler.
    V: 4. asklepiadeische Strophe.
4 Die Leber galt als Sitz der Leidenschaften. – Was ein Eifersüchtiger im einzelnen empfindet, hat Catull in seinem c. 51 – nach einem Sappho-Gedicht (fr. 2 D) – eindrucksvoll dargestellt.
5 f. Wörtlich: »Dann bleibt weder mein Verstand noch mein Gesicht in fester Verfassung«.
16 Vermutlich Anspielung auf ein Rezept für *mulsum*, ein Gemisch aus altem Wein und Honig, womit sowohl das Berauschende an den Küssen der Lydia (4/5) als auch ihre Süße (1/5) erfaßt ist.

14 T: Allegorie auf den römischen Staat, der – mit einem Schiff verglichen – erneut in die Stürme des Bürgerkriegs zu geraten droht.
    V: 3. asklepiadeische Strophe.
1 Direkte Anrede an das »Schiff«, sog. Apostrophe. – »Die ganze Passage«, schrieb der antike Rhetor und Literaturkritiker Quintilian (VIII 6,44), »ist bei Horaz allegorisch: Mit dem Schiff meint er darin den Staat, mit Fluten und Stürmen die Bürgerkriege, mit dem Hafen Frieden und Eintracht.« – Als Vorbild dienten wohl nur in Bruchstücken erhaltene Gedichte des Alkaios (fr. 46 a, 119 f., 122): »Unbegreiflich ist mir der Aufruhr der Stürme, denn von da rollt die eine Woge heran, von dort die andre – doch in der Mitte

fahren wir dahin im dunklen Schiff und kämpfen hart an gegen den schweren Sturm, denn die Flut erreicht den Mastschuh, das Segel aber ist schon ganz zerrissen und hängt in großen Fetzen herab ... Leck sind die Planken vom Kampf mit den Wellen ... Auf, dichten wir sie ab und nehmen Kurs auf den schützenden Hafen!«

6f. Die Taue waren von außen um das Schiff geschnürt, um ein Brechen der auf den Kielbalken (*carinae*) aufliegenden Planken zu verhindern.

10 Am Heck antiker Schiffe befanden sich oft geschnitzte und bemalte Götterbilder; diese sind von der schweren See längst weggerissen.

11 Aus der Landschaft Pontus am Südufer des Schwarzen Meers kam gutes Schiffsbauholz.

17f. Nach der Niederlage der Caesarmörder, deren Fahnen Horaz gefolgt war, stand er der neuen Führung reserviert bis ablehnend gegenüber. Nun deutet er an, daß er sich um den Staat wieder Sorgen macht.

19f. Die felsigen Küsten der Kykladen im der südwestlichen Ägäis leuchten weit über das Meer. Die Durchfahrt zwischen den Inseln ist wegen plötzlich auftretender heftiger Stürme riskant.

15 T: Der weissagende Meergott Nereus warnt Paris, den Entführer der schönen Helena, vor den Folgen seiner Tat.
V: 2. asklepiadeische Strophe.

1 Paris war nach seiner Geburt wegen schlimmer Vorzeichen im Gebirge ausgesetzt worden und als Hirt unter Hirten aufgewachsen.

2 Die Schiffe des Trojanerprinzen sind aus Bäumen vom Berg Ida in Phrygien gezimmert.

3 Winde sind ihrem Wesen nach unruhig; also muß ihnen die von Nereus verordnete Ruhe unangenehm sein.

5 *avis*, Vogel(zeichen), steht hier metonymisch für *omen*.

7 Der Vater der schönen Helena, Tyndareos, hatte die zahlreichen Bewerber um die Hand seiner Tochter schwören lassen, daß sie seinem künftigen Schwiegersohn, falls er in Schwierigkeiten geraten sollte, beistehen würden.

10 Dardanos, ein Sohn des Zeus, war einer der mythischen Ahnherrn der Trojaner.

11 Pallas Athene haßte die Trojaner besonders, weil ihr bei jener berühmten Schönheitskonkurrenz Paris den goldenen Apfel versagte. – Auf der Ägis, dem furchterregenden Schild der Athene, war das Haupt der Gorgo Medusa befestigt.
13 Aphrodite/Venus hatte den Apfel von Paris bekommen, also beschützte sie ihn.
15 Auf der Kithara spielt Paris bei Homer (Ilias III 54), und in seinem Palast ist er lieber als auf dem Schlachtfeld, von dem ihn Aphrodite entrückt (Ilias III 374ff.), doch ein völliger Versager im Krieg (*imbellis*) ist er nicht: Wenn es kritisch wird, steht auch er seinen Mann.
17 Knossos auf Kreta war der Herrschersitz des mythischen Königs Minos.
19 Der schnelle Verfolger ist der »kleinere« Ajax, der Sohn des Oileus (vgl. Ilias XIV 520f.)
21 Das Patronymikon Laertiade, Laertessohn, bezeichnet hier den klugen Odysseus/Ulixes, der auf die Kriegslist mit dem hölzernen Pferd verfiel und damit Trojas Untergang herbeiführte.
22 Nestor, der König von Pylos auf der Peloponnes, war der älteste Teilnehmer am Trojanischen Krieg.
24 Sthenelos hieß der Wagenlenker des in c I 6,16 und einige Verse weiter (v. 28) als Tydeussohn erwähnten Helden Diomedes.
26 Meriones lenkte den Wagen des Kreterkönigs Idomeneus.
35 Homer nennt die Griechen, die Troja belagern, i. a. Achaioi oder Danaoi; dementsprechend ist *ignis Achaicus* der von den Griechen gelegte Brand, der die Häuser von Ilion, d.h. Troja, zerstörte.

16 T: Widerruf kränkender Verse.
V: Alkäische Strophe
5 Die Göttin vom Berg Dindymon in Phrygien ist die »Mutter der Götter« Kybele, deren Kult orgiastische Züge trug.
6 Pythius heißt Apollon als Sieger über den Drachen Python und als Herr des Orakels von Delphi/Pytho. Seine Priesterin, die Pythia, verkündete ihre Prophezeiungen in Trance.
8 Die Korybanten, Tänzer und Musikanten im Dienst der in v. 5 erwähnten Kybele, machten ohrenbetäubenden Lärm. – Mit *aera* sind Becken aus Bronze gemeint.

ERLÄUTERUNGEN ZU DEN ODEN · ERSTES BUCH 375

9 Aus Noricum, der heutigen Steiermark, kam vorzüglicher Stahl.
13 ff. Die Erschaffung der Menschen durch Prometheus gehört nicht zum alten Sagengut der Griechen; daß der Titan bei der Ausstattung der zuletzt vollendeten Geschöpfe in Schwierigkeiten geriet, erzählt Platon im Protagoras 320 d ff.; in einer äsopischen Fabel (383 H) macht Zeus dem Prometheus Vorwürfe, er habe zu viele Tiere und zu wenige Menschen geschaffen; daraufhin werden zahlreiche Tiere äußerlich »vermenschlicht«, behalten aber ihre tierischen Seelen. Auf eine ähnliche Geschichte spielt Horaz an: Prometheus benötigte gewissermaßen Seelensubstanz für seine neuen Menschen und machte Anleihen bei den Tieren.
17 Thyestes, ein Sohn des Pelops, verführte die Frau seines Bruders Atreus und ermunterte dessen Sohn zu einem Mordanschlag auf den eigenen Vater. Atreus rächte sich dafür, indem er die Söhne des Thyestes schlachtete und ihm ihr Fleisch zu essen gab. Daraufhin wurden er und sein Haus von Thyestes verflucht.
20 f. Nach der Eroberung von Karthago 146 v. Chr. machten die Römer die Stadt dem Erdboden gleich, zogen den Pflug über die Stätte und bestreuten sie mit Salz: Sie sollte nie mehr besiedelt werden.
28 *animum reddere* ist wohl doppeldeutig: das Herz wieder schenken bzw. das Leben zurückgeben.

17 T: Einladung auf das Gut des Horaz.
V: Alkäische Strophe.
1 Lucretilis: ein Berg im Sabinerland, nicht weit vom Gut des Horaz, heute Monte Gennaro.
2 Lykaios: Gebirge in Arkadien auf der Peloponnes. – Faunus, ein römischer Naturgott, wird hier mit dem griechischen Hirtengott Pan gleichgesetzt.
7 Böcke haben einen sehr strengen Geruch, doch Ziegen mögen ihn lieblich finden – insofern ist *olere* doppeldeutig: stinkend/duftend.
9 Der Wolf ist das heilige Tier des Kriegsgottes Mars. – Unter dem Schutz des Faunus, des »Wolfsabwehrers« (Lupercus), brauchen sich die Zicklein nicht zu fürchten; vgl. dazu c III 18,13.
10 Der Name des eingeladenen Mädchens scheint zu reden: Tyndaris = Tochter des Tyndareos = Helena = »meine Schöne«. – *Fi-*

stula ist die Schilfflöte (Syrinx) des Pan; vgl. dazu Ovid, Met. I 689–712.

11 Ustica: ein Wald- und Weidegebiet am Berghang.

16 Das Füllhorn, aus dem alle möglichen guten Gaben strömen, ist Attribut verschiedener Göttinnen, der Fortuna, der Copia/Ops und der Flora. Nach der Sage stammte es von der Ziege Amaltheia, die den jungen Zeus gesäugt hatte, oder war beim Kampf mit Herkules dem Flußgott Acheloos abgebrochen.

17 Mit dem Frühaufgang des Sirius im Sternbild des Großen Hundes (daher *canicula*, Hundsstern) beginnt die heiße Jahreszeit – noch heute spricht man von Hundstagen.

18 Von der griechischen Insel Teos stammte der Dichter Anakreon; er pries wie Horaz die Freuden des Daseins, die Liebe und den Wein.

20 Penelope, die Frau des Odysseus/Ulixes, hielt ihm zwanzig Jahre lang die Treue, mit der er selbst es nicht so genau nahm; die Reize der zauberkundige Göttin Kirke fesselten ihn ein ganzes Jahr lang. – Das Beiwort *vitrea* für Kirke versteht man, wenn man antike Gläser betrachtet: Sie haben etwas Schillerndes.

21 Wein von der Insel Lesbos war nicht stark.

22f. Bacchus war der Sohn der Semele; nach ihrer Aufnahme unter die Götter hieß sie Thyone, und von diesem Namen ist Thyoneus (»Sohn der Thyone«) abgeleitet.

23 »Bacchus gerät mit Mars aneinander« steht metaphorisch für die beim Gelage häufigen Streitigkeiten der Betrunkenen.

24f. Den Cyrus erweist schon sein Name als tyrannisch und gewalttätig.

18 T: Preislied auf den Wein.

V: 5. asklepiadeische Strophe.

1 Quintilius Varus, ein Dichter aus Cremona, war mit Vergil und Horaz befreundet. – Die erste Strophe ist die fast wörtliche Wiedergabe eines Alkaiosverses (fr. 97 D): »Keinen anderen Baum pflanze früher als den Weinstock.«

2 Catilus, gr. Katillos, kam angeblich aus Arkadien oder Argos in Griechenland und war an der Gründung von Tibur, dem heutigen Tivoli, beteiligt (Vergil, Äneis VII 670ff.).

7 Mit *modicus Liber* (»das Maß liebender Bacchus«) korrigiert Ho-

raz die herkömmlichen Vorstellungen vom Wesen des Weingotts: Er will nicht den Rausch, die Ekstase!
8 Die Lapithen, ein kriegerisches Volk in Thessalien, gerieten bei der Hochzeit ihres Königs Peirithoos mit den wilden Pferdemenschen, den Zentauren, in Streit, als diese die Braut entführen wollten. Breit geschildet ist dieser Kampf bei Ovid (Met. XII 210–535).
9 Euhius: Beiname des Bacchus nach Euhoe, dem Jubelruf seiner Anhänger. – Die Sithonier waren ein thrakischer Stamm auf der Halbinsel Chalkidike; sie galten, wie alle Thraker, als äußerst unbeherrscht und waren im Rausch angeblich zu jedem Frevel fähig.
11 Bassareus: Beiname des Bacchus, abgeleitet von dem thrakischen Wort für Fuchs (*bassára*), in dessen Fell Bacchanten sich kleideten; für Horaz ist der Gott in seinem Kultgegenstand, dem Thyrsosstab, gegenwärtig – den will er nicht schwingen.
12 Für bacchantische Feiern wurden in einer mit Laub bedeckten Kiste heilige Gegenstände bereitgehalten, um sie den Gläubigen zu zeigen. Uneingeweihte durften sie nicht zu Gesicht bekommen.
13f. Horaz bittet den Gott, ihn nicht durch erregende Musik in bacchantische Raserei zu versetzen. – Auf dem Berekynthos, einem Gebirge in Phrygien, fanden orgiastische Opferfeiern für die Göttermutter Kybele statt.

19 T: Rasend verliebt!
V: 4. asklepiadeische Strophe.
1 Die Vorstellung, es gebe viele kleine Liebesgötter (Cupidines, Amoretten) war weit verbreitet und schlug sich auch in der antiken Kunst, zum Beispiel in der pompejanischen Wandmalerei, nieder.
2 Semele war eine Tochter des Thebanerkönigs Kadmos und von Zeus Mutter des Bacchus (vgl. c I 17,22). Licentia personifiziert die Leichtfertigkeit des Dichters, die ihn – wenn Wein und Liebe mitwirken – über die Stränge schlagen läßt.
5 Glycera (gr. *glykýs*, süß) ist ein redender Name.
6 Marmor von der Kykladeninsel Paros ist blendend weiß.
11 Es war eine Taktik der Parther, wilde Flucht vorzutäuschen und unmittelbar danach wieder anzugreifen.
13f. Der Rasen wird benötigt, um einen kleinen Altar im Freien zu bauen. Mit den *verbenae* soll er bekränzt werden.

20 T: Einladung an Maecenas.
V: 1. sapphische Strophe.
2 Kantharos: ein zweihenkliger Becher. – Horaz füllte seinen Eigenanbau, um den Geschmack zu verbessern, in ein Gefäß, das griechischen Wein enthalten hatte oder sogar noch etwas davon enthielt.
3 Über den Stöpsel, mit dem Amphoren verschlossen wurden, strich man noch Pech oder einen Gipsbrei.
4 Der Beifall wurde Maecenas entweder als zeitweiligem Stellvertreter des Augustus gespendet oder anläßlich seiner Genesung nach längerer Krankheit.
5 f. Die Stadt Arretium/Arezzo, aus der Maecenas stammte, liegt am Tiber.
7 f. Die Anhöhen des *ager Vaticanus* durchziehen, vom Ianiculum ausgehend, das Flachland am rechten Tiberufer, gegenüber dem Pompeiustheater auf dem Marsfeld, wo die Menschen Maecenas zujubelten. Sie müssen tüchtig geschrien haben, daß es auf diese Distanz ein Echo gab.
9 ff. In der letzten Strophe nennt Horaz – als Kontrast zum Beginn der Ode – die edelsten Weine Italiens.

21 T: Hymnus auf Diana und Apollo.
V: 3. asklepiadeische Strophe.
2 Cynthius heißt Apollon nach dem Berg Kynthos auf der Kykladeninsel Delos, wo die Göttin Leto/Latona ihre Zwillinge zur Welt brachte.
7 Erymanthos: Gebirge in Arkadien auf der Peloponnes.
8 Kragos: Berg in Lykien (Kleinasien) mit einem Apolloheiligtum.
12 Die Lyra hatte Apoll von seinem Bruder Hermes/Merkur erhalten, vgl. c I 10,6.

22 T: Der Sänger ist auch ohne Waffen sicher.
V: 1. sapphische Strophe.
4 Aristius Fuscus wird als (humorvoller) Freund des Horaz in den Satiren und Episteln mehrfach erwähnt.
8 Hydaspes: westlicher Nebenfluß des Indus.
10 Lalage ist ein redender Name (von gr. *lalein*, plaudern): »Plappermäulchen«. – ... *dum canto* bringt die selbstironische Mitte des

Gedichts: Warum braucht der Dichter weder Wölfe noch Löwen zu fürchten? Sie nehmen vor seinem Gesang Reißaus!
15 Juba hießen zwei Könige von Mauretanien in Nordwestafrika.
17-20 Als Kontrast zu den heißen Wüstengegenden beschreibt Horaz nun die kalten Steppen des Nordens …
21-22 … um sich gleich darauf wieder in der Hitze braten zu lassen.

23 T: Ziere dich nicht länger!
V: 3. asklepiadeische Strophe.
1 Horaz gibt dem Mädchen einen redenden Namen: gr. *chloé* bezeichnet das junge Grün.
1-4 Der Vergleich mit dem ängstlichen Rehkitz oder Hirschkälbchen, das sich, von der Mutter verlassen, im wilden Wald ängstigt, ist ein poetischer Topos (z. B. bei Anakreon fr. 39 D).
5f. Wörtlich: »Ob die Ankunft des Frühlings erschauerte in zitterndem Laub …« Vermutlich ist der Frühling persönlich gedacht und fröstelt bei seinem ersten Erscheinen: Noch ist es kühl!

24 T: Trauer und Trost.
V: 2. asklepiadeische Strophe.
2f. Die Aufforderung *praecipe* weist der Muse Melpomene zugleich die Rolle der Vorsängerin und der Lehrmeisterin des Dichters zu.
5 Quintilius Varus: der in c I 18,1 angesprochene Dichterfreund, starb um 23 v. Chr.
6f. Die genannten Tugenden sind personifiziert, als mittrauernde Frauengestalten.
11 Die Erinnerung daran, daß Angehörige und Freunde dem Menschen nur auf Zeit »anvertraut« sind, gehörte zum Repertoire von Trostschriften: »Daß Du einen ausgezeichneten Bruder hattest, das betrachte als höchstes Glück! Du mußt nicht daran denken, wieviel länger Du ihn hättest haben können, sondern daran, wie lange Du ihn hattest. Die Natur hat ihn Dir, genau wie anderen Brüdern die ihren, nicht zum Eigentum gegeben, sondern nur geliehen« (Seneca, Ad Polybium 10).
13 Nach dem Tod seiner jungen Frau Eurydike stieg der Sänger Orpheus (vgl. c I 12,8 ff.) in die Unterwelt hinab, um die Verlorene von Pluto und Proserpina zurückzufordern. Von seinem Gesang

gerührt, übergaben sie ihm die Totengötter, freilich unter einer Bedingung: Er durfte sich auf dem Weg zur Oberwelt nicht nach ihr umblicken. Da Orpheus das Gebot – aus Sorge und Liebe – übertrat, verlor er Eurydike zum zweiten Mal. Diese Sage hat Vergil in seinem 29 v. Chr. vollendeten Lehrgedicht über den Landbau ausführlich behandelt (Georgica IV 453 ff.). Durch die Erinnerung daran tröstet ihn Horaz gewissermaßen mit seinen eigenen Worten.
17f. Zu Merkur als Geleiter der Toten vgl. c I 10,17 ff.
19 Eine ähnliche Mahnung zur *patientia* findet sich in Vergils Äneis V 710: *Quidquid erit, superanda omnis fortuna ferendo est.*

25 T: Merkst du, daß du alt wirst, Lydia? Keiner will mehr etwas von dir!
V: 1. sapphische Strophe.
1f. Lydias Kammer, in der sie einst zahlreichen Männerbesuch hatte, befand sich wohl im ersten Stock eines Hauses. Wer nachts zu ihr wollte, machte mit Steinchen, die er gegen die Fensterläden warf, auf sich aufmerksam.
7f. Kurzfassung einer Liebesklage vor verschlossener Tür (gr.: Paraklausithyron).
15 Die Leber galt als Sitz der Leidenschaften (vgl. c I 13,4).

26 T: Sorglos will ich ein Lied auf Lamia singen!
V: Alkäische Strophe.
3 Arctos, das Sternbild des Großen Bären, steht hier für den Norden.
4 Welcher König gemeint ist, bleibt unklar. Vielleicht liegt das in der Absicht des Dichters, der seine völlige Sorglosigkeit betonen will.
5 Tiridates, der Anführer eines gescheiterten Aufstands gegen den Partherkönig Phraates, war auf römisches Gebiet geflüchtet und hatte 25 v. Chr. mit Augustus in Spanien verhandelt.
9 Pipleis: svw. Muse, nach der Landschaft Piplea in Makedonien; dort soll sich auch eine den Musen heilige Quelle befunden haben.
11 Anspielung auf das Versmaß des Gedichts und auf das Vorbild des Horaz, den Dichter Alkaios von der Insel Lesbos. – Mit dem Plektron, einem Blättchen aus Holz, Metall oder – selten – aus Elfenbein, wurden die Saiten der Kithara angeschlagen. Hier steht *plectrum* metonymisch für »Lied«.

27 T: Treibt es nicht zu bunt, Freunde!
V: Alkäische Strophe.
1 *Scyphi* waren große Trinkgefäße (»Humpen«); das Wort erlaubt Rückschlüsse auf die Trunkenheit der Angesprochenen.
2 Thraker galten als trunksüchtige Raufbolde.
2 ff. »Auf denn, laßt uns nicht mit solchem Schlachtenlärm und Geschrei eine Skythenbesäufnis veranstalten!« Diese Mahnung des Anakreon (fr. 43 D) entfaltet Horaz in mehreren Versen.
3 Solange man maßvoll trinkt, bleibt Bacchus *verecundus*; Unmäßigkeit läßt ihn jede Scheu verlieren.
5 Schon das Wort *acinaces* klingt bedrohlich; es handelt sich um eine ziemlich kurze Hieb- und Stichwaffe.
8 Nach griechischem Vorbild lagen die Römer beim *convivium* auf Sofas (*lecti*), wobei sie sich mit dem linken Arm auf ein Kissen oder Polster stützten.
10 f. Das Mädchen Megilla aus der Stadt Opus in Mittelgriechenland wird mit komischem Pathos erwähnt – ganz, als wäre es eine hochbedeutende Person, die es zu ehren gilt.
11 f. »Über eine Wunde glücklich« kann nur sein, wen Amors Pfeil getroffen hat.
16 Horaz unterstellt dem Angesprochenen, daß seine »Sündenfälle« in Sachen Liebe immer anständigen Mädchen galten und somit ihm, einem anständigen jungen Mann, keine Schande brachten.
18 Vor dem entsetzten *a, miser!* muß man sich, geflüstert, die Antwort des Gefragten denken.
19 Die Charybdis, der aus Homers Odyssee (XII 235 ff.) bekannte furchtbare Strudel, der ganze Schiffe verschlingt und wieder ausspeit, steht hier metonymisch für eine unersättliche Dirne.
21 f. Thessalien in Nordgriechenland war berüchtigt als Hochburg der Hexerei. – Bei den *Thessala venena* kann es sich sowohl um einen Liebestrank handeln, der dem jungen Mann verabreicht wurde (dann muß er von dessen Wirkung befreit werden), als auch um ein Gegenmittel (*remedium amoris*).
24 Auf dem Flügelroß Pegasos bekämpfte der griechische Sagenheld Bellerophontes die Chimaira, ein Mischwesen mit dem Kopf eines Löwen, dem Leib einer Ziege und dem Schwanz einer Schlange.

28 T: Nichts weiter als ein bißchen Staub!
V: 1. archilochische Strophe.
1ff. Es liegt offenbar in der Absicht des Dichters, daß sich der Inhalt der Ode dem Leser nur allmählich erschließt. So wird erst in v. 23 klar, wer bisher zu dem in v. 2 genannten Archytas gesprochen hat.
2 Archytas von Tarent, ein Zeitgenosse und Freund des Philosophen Platon, diente seiner Vaterstadt als Feldherr und Politiker; außerdem befaßte er sich intensiv mit den Lehren des Pythagoras und der von diesem eigenwilligen Denker hochgeschätzten Mathematik. – *Arenae mensor* spielt auf ein Problem an, dem der bedeutende Ingenieur und Mathematiker Archimedes eine eigene Abhandlung gewidmet hat: In seiner Schrift Psammites (»Sandzählung«) beschreibt er ein Verfahren zur ökonomischen Darstellung unendlich großer Zahlen und berechnet die Zahl der Sandkörner, mit denen sich das Weltall füllen ließe. Modern ausgedrückt, sind es 10^{51} Stück.
2f. Warum Archytas ein bißchen Staub an die Küste bannt (*cohibet*), wird erst allmählich klar: Er liegt dort unbestattet! Darum kann sein Geist nicht in die Unterwelt eingehen. Woran derjenige, der ihn anspricht, erkennt, daß er Archytas vor sich hat, wird nicht gesagt.
3 Bei dem Matinus dürfte es sich um einen Berg an der apulischen Adriaküste (beim heutigen Monte Gargano) handeln; vgl. dazu v. 22.
5f. Poetische Umschreibung der astronomischen Studien des Archytas.
7 Der Vater des Pelops war Tantalus.
8 Tithonos, ein Sohn des trojanischen Königs Laomedon, wurde von Eos, der Göttin der Morgenröte, entführt. Sie erbat sich für ihn von Zeus ewiges Leben, vergaß aber, auch um ewige Jugend zu bitten. Darum vertrocknete der Entführte immer mehr und schrumpfte bis auf die Größe einer Zikade zusammen.
9 Minos, ein Sohn des Zeus von Europa, herrschte als König über Kreta und erließ Gesetze, die er von seinem göttlichen Vater empfing (daher *arcanis admissus*). Nach seinem Tod wurde er einer der Richter in der Unterwelt.
10 Tartara bezeichnet allgemein die Unterwelt, Orcus ihren Herrscher, den Totengott Pluto. – Der Sohn des Panthoos, Euphorbos,

war ein Trojaner, der im Kampf um Troja von Menelaos getötet wurde. Den Schild des Besiegten ließ der Sieger im Heraheiligtum von Argos aufhängen. Dort sah ihn, Generationen später, der Philosoph Pythagoras und erklärte, den habe er getragen, als er das Leben des Euphorbos lebte. Tatsächlich fand sich dessen Name auf dem Schild. So schien die Seelenwanderungslehre des Pythagoras bewiesen zu sein. »Aber«, läßt Horaz seinen namenlosen Sprecher einwenden, »Pythagoras mußte erneut sterben und – so muß man weiterdenken – ist offensichtlich seitdem nicht wiedergekommen.«
13 *Nervos atque cutem*: Umschreibung für den Körper, im Gegensatz zur unsterblichen Seele.
14 Für Archytas, den Pythagoreer, ist der große Meister ein ganz untrüglicher Zeuge, dessen Wort über jeden Zweifel erhaben war: »Er selbst hat es gesagt«, war ein geflügeltes Wort unter seinen Anhängern.
17 Die Furien, die den Menschen mit Wahnsinn schlagen, treiben sie auch in Kriege gegeneinander und verschaffen so dem Mars ein blutiges Schauspiel.
21 Spätestens hier setzt die Entgegnung des Archytas ein. – Der frühe Untergang des Sternbilds Orion Anfang November fällt zusammen mit dem Aufkommen heftiger Stürme.
22 Die Illyrer siedelten im Norden und Osten der Adria; also ist sie mit den *Illyricae undae* gemeint.
26 Venusia (heute: Venosa di Puglia), eine kleine Stadt im Norden Apuliens, war die Heimat des Horaz.
29 Tarent: die griechische Kolonie am nach ihr benannten Golf in Süditalien.
30 Aus dem Folgenden geht hervor, daß der Geist des Archytas mit einem Lebenden spricht.
36 Für eine symbolische Bestattung genügten drei Handvoll Staub, die man über den Leichnam warf.

29 T: Du willst in den Krieg ziehen?
   V: Alkäische Strophe.
1 Iccius: ein junger, an Philosophie interessierter Bekannter des Horaz. – Um 25 v. Chr. plante der römische Statthalter von Ägypten einen Feldzug nach Südarabien, dessen Reichtum sprichwörtlich war. Das Unternehmen verfehlte jedoch sein Ziel.

3 Sabäa am Roten Meer, der heutige Jemen, lieferte Weihrauch und Gewürze.
5ff. In komischer Übertreibung faßt Horaz die Wunschträume des Iccius in Worte: Einem Araber wird er die Braut wegnehmen, ein junger Prinz wird ihn bedienen ...
8 Mit dem *cyathus* schöpfte man den verdünnten Wein aus dem Mischkrug und füllte die Becher.
9 Eine weitere Übertreibung: Der Junge ist ein Chinese – das bedeutet, daß Iccius an die Eroberung ganz Asiens denkt!
10ff. »Nun ist nichts mehr unmöglich!« meint Horaz und fügt zwei sogenannte Adynata (»Unmöglichkeiten«) an: Nun werden auch die Naturgesetze aufgehoben! Dazu vgl. c I 33,8; e 16,28ff.
14 Panaitios war im 2. Jh. v. Chr. ein führender Vertreter der stoischen Philosophenschule. Sowohl er wie Sokrates predigten größtmögliche Bedürfnislosigkeit. Davon hat Iccius nun genug.
15 Iccius wird unterstellt, er wolle seine mühsam aufgebaute Bibliothek verkaufen und sich mit dem Erlös einen spanischen Riemenpanzer – nichts eben Wertvolles – kaufen.

30 T: Komm doch, Venus, zum Opferfest!
 V: 1. sapphische Strophe.
1f. Knidos im Südwesten Kleinasiens und Paphos auf Zypern waren bedeutende Kultorte der Aphrodite/Venus.
3 Glycera (von gr. *glykýs*, süß) ist ein redender Name.
5 *Fervidus puer*: Umschreibung für Amor.
6 Die drei Grazien werden in der bildenden Kunst meist nackt dargestellt; wenn sie den Gürtel lösen, zeigen sie sich »locker gewandet« und bald vielleicht hüllenlos.
7 Sinn: Erst durch die Liebe wird die Jugend schön. – Iuventas ist personifiziert.
8 Merkur, der vielgewandte Gott, vertritt hier Peitho, die griechische Göttin der Überredungskunst (lat. Suada), die sonst im Gefolge der Liebesgöttin erscheint.

31 T: Was erbitte ich, der Dichter, von Apoll?
 V: Alkäische Strophe.
1ff. Anläßlich der Einweihung eines Apollotempels auf dem Palatin bringt auch Horaz sein Opfer dar und führt dabei erst ein

Selbstgespräch, ehe er, in der letzten Strophe, seine bescheidene Bitte vorbringt.
4 Sardinien war in der Antike fruchtbarer als heute.
5 Im Südosten Italiens, der in der Antike Calabria hieß, lohnte sich trotz der heißen Sommer die Viehzucht.
7 Der Liris (heute: Garigliano) fließt durch den flachen Süden Latiums, wo Wein und Olivenöl von ausgezeichneter Qualität produziert wurden.
9 Auch der Wein von Cales im Norden Kampaniens war berühmt.
10 *Culilli* – große Trinkgefäße – aus Gold wirken protzig; sie, am Ende in einem Zug, bis auf den Grund zu leeren (*exsiccare*) zeugt von schrankenloser Genußsucht.
12 Gemeint sind die Schätze des Orients: Gewürze, Edelsteine, Elfenbein, wertvolle Stoffe usw.
14 Wer sich auf den Atlantik hinauswagte, galt als verwegen und forderte den Zorn der Götter heraus. Der Kaufmann, der mehrmals im Jahr ein solches Unternehmen übersteht, muß sich also ihres besonderen Schutzes erfreuen.
17 ff. Zum geflügelten Wort wurde eine ähnliche Stelle bei Juvenal, sat. X 356: *Orandum est, ut sit mens sana in corpore sano.*

32 T: Singe, liebe Laute!
V: 1. sapphische Strophe.
1 Der Dichter spricht zu sich selbst im Plural der Bescheidenheit.
2 Auch *ludere* (»tändeln«) enthält ein gewisses Understatement, desgleichen die Gedanken zum Fortleben der Werke.
4 Man darf die Stelle nicht so verstehen, als griffe nun Horaz zum Barbitos (vgl. dazu c I 1,34), um seinen Gesang zu begleiten. Das taten seine griechischen Vorbilder; römische Lyrik wurde in der Regel rezitiert. »Singen« und »Leierspiel« werden im übertragenen Sinn für »dichten« gebraucht. – Mit einer ähnlichen Aufforderungen an das Musikinstrument beginnen ein Sapphofragment (103 D): »Auf, göttliche Schildkrötschale ...« und die 1. Pythische Ode des Chorlyrikers Pindar: »Goldene Phorminx, die zu Recht Apoll und den veilchengelockten Musen gehört ...«
5 Alkaios ist für Horaz nicht der Erfinder des Barbitos, sondern der erste große Lyriker. – Mit *civis* ist vermutlich auf den Einsatz

des Dichters für bürgerliche Freiheit und gegen Alleinherrscher angespielt.
10 *puer*: Eros/Amor, der anhängliche Sohn der Aphrodite/Venus.
11 Lycus: ein schöner Knabe, den Alkaios liebte.
13ff. Zweite Apostrophe des Barbitos mit Anklängen an ein Gebet; das Instrument wird in den Olymp erhoben und selbst zur Gottheit, die *rite* (in feierlicher Form) angerufen werden muß.

33 T: Weine ihr nicht nach, der falschen Schlange!
V: 2. asklepiadeische Strophe.
1 Albius Tibullus (um 50–19 v.Chr.), einer der großen elegischen Dichter Roms, neigte zu Schwermut.
2 Ob es sich um dieselbe Glycera handelt wie in c I 19,5 und I 30,3, ist fraglich. – Da *immitis* auch »herb«, »bitter«, »unreif« bedeuten kann, entlarvt es den »süßen« Mädchennamen als falsch.
3 Die Bezeichnung *elegi* erfaßte in Rom alle in Distichen (Hexameter und Pentameter) abgefaßten Gedichte; »elegisch« in unserem Sinne wird die Klage des Tibull durch den Zusatz *miserabilis*.
5f. Lycoris, Pholoe: gr. Mädchennamen. – Eine schmale Stirn mit tiefem Haaransatz galt als schön. – Cyrus: vgl. c I 17,25. – Dasselbe Problem hat Heinrich Heine in »Dichterliebe und Leben« behandelt: »Ein Jüngling liebt ein Mädchen; die hat einen anderen erwählt; der andere liebt eine andre und hat sich mit dieser vermählt ...«
7f. Adynata wie in c I 29,10ff.
10ff. Venus erlaubt sich den grausamen Scherz, verschieden geartete Menschen aneinanderzubinden – vielleicht, weil sie, die schöne und zarte Göttin, den hinkenden, rußigen, groben Vulcanus zum Mann nehmen mußte.
11f. *sub iugum mittere* schließt den Aspekt des Schändlichen und Entehrenden ein: Wurde ein römisches Heer zur Kapitulation gezwungen wie z.B. während des Samnitenkriegs 321 v.Chr. in der Falle von Caudium, konnten die Sieger Mann für Mann unter dem »Joch« – gebildet aus drei Speeren in Form eines TT – durchschikken und ihnen damit ihre Mannesehre nehmen.
14 *grata compes* ist witzig-widersinnig (sog. Oxymoron) und entlarvt die Verrücktheit des Verliebten. – Myrtale: gr. Mädchenname.

15 Der Vergleich mit der stürmischen Adria ist ein häufiger Topos (vgl. c I 3,14 ff.; III 9,23).
16 Calabria hieß in der Antike der äußerste Südosten Italiens.

34 T: Ab sofort will ich an die Macht der Götter glauben!
V: Alkäische Strophe.
2 *insaniens sapientia*: ein Oxymoron wie in c I 33,14.
3 Auch *consultus erro* enthält einen starken inneren Widerspruch: Wie kann man »erfahren/kundig, wohlberaten« in die Irre gehen? – Horaz vollzieht hier eine Abkehr von der Lehre Epikurs, der jeden Einfluß der Götter auf das Weltgeschehen und die Schicksale der Menschen bestritt. – Für den Neuanfang wählt er Bilder aus der Seefahrt: Er ist vom Kurs abgekommen und muß nun Segel für die Rückfahrt setzen.
5 Diespiter bezeichnet Jupiter als Gott, der die Blitze schleudert.
7 Blitz und Donner bei heiterem Himmel galten als höchst bedeutsames Omen.
8 Vgl. c I 12,58.
9 *bruta* betont das Ruhen des Erdreichs im Gegensatz zu den *vaga flumina*.
10 Taenarum: Bei dem Vorgebirge Tainaron auf der Peloponnes befand sich angeblich einer der Eingänge zur Unterwelt; stellvertretend für sie steht der Name des Ortes.
11 *Atlanteus finis* meint den Westrand der Welt, wo nach der Sage der Riese Atlas das Himmelsgewölbe auf seinen Schultern trug.
13 ff. Was kurz vorher allgemein gesagt war (*ima summis mutare*), wird nun durch ein Beispiel erläutert. – Der Grundgedanke findet sich bereits bei Archilochos (fr. 58 D): »Den Göttern stell alles anheim, denn oft richten sie nach Schicksalsschlägen Menschen wieder auf, die auf der schwarzen Erde liegen, oft aber stürzen sie auch solche, die ganz sicher dastanden.«
15 *stridor*: Fortuna wurde, gleich der Siegesgöttin Victoria, oft geflügelt dargestellt.
16 *sustulit, ... posuisse gaudet*: Die Wahl der Tempora verstärkt den Eindruck plötzlicher Veränderung: Nimmt man sie wahr, ist sie schon erfolgt.

35 T: Gebet zu Fortuna.
   V: Alkäische Strophe.
1 Antium: Stadt an der Küste von Latium, südlich von Rom, mit einem berühmten Fortunatempel.
2f. Vgl. c I 34,13 ff. – Horaz mag an Beispiele aus der römischen Geschichte denken, zum Beispiel an den Plebejer Gaius Marius, der siebenmal Konsul war, oder an Lucius Aemilius Paullus, der während der Feiern anläßlich seines triumphalen Siegs über König Perseus von Makedonien zwei Söhne verlor.
6 Über der risikoreichen Seefahrt waltete Fortuna in besonderem Maße; eines ihrer Attribute – neben dem Füllhorn, aus dem sie ihre Gaben spendet – ist darum das Steuerruder.
7 Das waldreiche Bithynien im Nordwesten Kleinasiens lieferte Holz für den Schiffsbau.
8 Von Karpathos, einer langgestreckten Insel südwestlich von Rhodos, hat das *mare Carpathium* seinen Namen.
9 Die Daker im heutigen Rumänien und die skythischen Nomaden (daher *profugi*, unstet) Südrußlands galten als zivilisationsfern und darum auch als besonders wild – doch selbst sie fürchten Fortuna!
10 Latium steht für seine Bewohner, die kriegerischen Römer.
11f. *reges* und *tyranni* müssen, gerade weil sie absolute Macht ausüben, deren Verlust fürchten: *Multos timere debet, quem multi timent*, meinte Publilius Syrus.
13 *iniuria* – rechtswidrige Gewalttat – ist das Eingreifen der Fortuna aus der Sicht der *tyranni*.
14 Die Säule ist ein Symbol der Festigkeit, z. B. als Attribut der Tugend *Constantia*.
17 Necessitas, gr. *Anánke*, personifiziert die Unabänderlichkeit des Schicksals. Gleich den Liktoren, die mit ihren Beilen und Rutenbündeln hohen römischen Beamten vorausgingen, schreitet sie vor Fortuna einher und trägt Zeichen ihres Wirkens.
18ff. War ein *clavus trabalis*, ein Nagel von besonderer Größe und Dicke, einmal eingeschlagen, ließ er sich nicht mehr herausziehen. Die sprichworthafte Wendung *clavo trabali fixum* drückt aus, daß etwas ein für allemal entschieden ist, z. B. bei Petron, sat. 75,7. Auch die *cunei*, die zum Verkeilen des Schiffsgebälks dienten, die *unci*, die Bauquadern und Säulentrommeln gegen Verrutschen si-

cherten, und das Blei, mit dem man Fugen ausgoß, lassen sich als Symbole der Festigkeit deuten. Allerdings lenkt Horaz mit dem Beiwort *severus* die Gedanken des Lesers in eine weitere Richtung: An einem Haken zog der Henker die Leichen von Schwerverbrechern nach der Hinrichtung aus dem Carcer. Diese neue Assoziation macht Necessitas zur Vollstreckerin von Fortunas Willen. Beim Blei ist daran zu denken, daß es im Aberglauben eine gewisse Rolle spielte – Verwünschungen ritzte man auf Bleitäfelchen und verbarg sie in Gräbern oder Totenkammern. Als »Schicksalsmetall« erweist es auch der uns vertraute Brauch des Bleigießens.

21 Spes »ehrt« Fortuna, weil sie nicht mit einem widrigen Schicksal hadert, sondern es hinnimmt in der Erwartung, daß es sich wieder zum Besseren wenden werde.

21 ff. Was Fides im Gefolge Fortunas bedeutet, erklärt Horaz selbst: Treue im Unglück ist zwar selten, doch es gibt sie: Ein wahrhaft treuer Freund wird den Freund auch dann nicht verlassen, wenn sich alle anderen von ihm abwenden. – Das weiße Gewand der Fides symbolisiert ihre Aufrichtigkeit; zugleich erinnert der *albus pannus* an einen bei Livius I 21,4 beschriebenen, nach der Sage von König Numa begründeten Ritus: Beim Opfer für Fides war die Hand des Priesters bis zu den Fingern eingehüllt. – *mutata veste* läßt sich unterschiedlich deuten: Legt Fortuna zum Zeichen ihres Grolls schmutzige Trauerkleidung an oder trägt das Haus, das sie verläßt, nun Trauer?

25 Der Vers erinnert stark an jene Szene aus Hugo von Hofmannsthals »Jedermann«, in der die sogenannten Freunde und die Buhlschaft beim Auftritt des Todes flüchten.

29 Daß Horaz erst jetzt sein Anliegen vorträgt, entspricht durchaus dem Stil antiker Gebete, die in der Regel mit rühmenden Aussagen über die Macht der jeweiligen Gottheit begannen; vgl. dazu c I 10.

30 Es ist nicht an unmittelbar bevorstehende Unternehmungen gedacht. Horaz deutet nur an, daß Britannien und der Orient ein besseres Betätigungsfeld für römische Heere wären als das vom Bürgerkrieg zerrissene Imperium – wenn die Götter sie nicht für die alten Frevel büßen lassen.

40 Die Massageten waren ein Reitervolk nordöstlich des Kaspischen Meers.

36 T: Den Göttern sei Dank! Ein Freund ist heimgekehrt – nun wollen wir feiern!
V: 4. asklepiadeische Strophe.
1 *debitum* ist das Opfer, weil es bei der Abreise gelobt wurde (vgl. c II 7,17: *obligata daps*).
3 Numida (»Nordafrikaner«): Beiname eines nicht sicher identifizierbaren Freundes des Horaz.
4 Mit Hesperia, dem fernen Westen, kann sowohl Spanien wie auch Mauretanien gemeint sein.
7 Es ist derselbe Aelius Lamia wie in c I 26.
9 Im 15. oder 16. Lebensjahr vertauschten die jungen Römer am 17. März, während des Fests der Liberalia, die purpurverbrämte Knabentoga (*toga praetexta*) mit dem Festgewand der Erwachsenen, der *toga virilis*.
10 Glückstage markierte man im Kalender mit (weißer) Kreide, »schwarze« Tage (*dies atri*) mit Kohle. Wegen der gleichen Lautung brachte man *creta*, Kreide, mit der Insel Kreta zusammen – daher das Beiwort *Cressus*, kretisch.
12 Die Salier (»Springer«), Priester des Mars, zogen beim Fest des Gottes Anfang März singend und tanzend durch Rom. Ihre Unermüdlichkeit war sprichwörtlich.
13 Damalis: Name einer trinkfesten Hetäre.
14 Bassus: vielleicht der von Ovid in den Tristien (IV 10,47) zusammen mit Properz und Horaz genannte Jambendichter. – *amystis*: Austrinken des Bechers in einem Zug, wie es bei den Thrakern üblich war. Hier geht es wohl um ein Wetttrinken.
16 Mit *apium* dürfte hier der immergrüne Efeu (Hedera helix) gemeint sein, der »langlebig« ist im Vergleich zu den schnell welkenden Lilien.
18 f. Der neue Liebhaber ist Numida.

37 T: Triumph über Kleopatra, die Königin von Ägypten.
V: Alkäische Strophe.
1 Horaz bildet einen Gedichtanfang des Alkaios nach: »Nun muß man trinken, nun gewaltig saufen, weil Myrsilos gestorben ist.« Myrsilos war ein Tyrann von Lesbos, den der Dichter bekämpfte.
2 ff. Die aufwendigen Opferfeste der Salier (vgl. c I 36,12) waren sprichwörtlich.

3 Horaz fordert ein *lectisternium*, eine feierliche Götterbewirtung zum Dank für den Sieg. Bei dieser Art von Gottesdienst wurden den Bildern und Symbolen der Götter, die auf Polstern lagen, Speisen vorgesetzt.
5f. Zur Aufbewahrung des Weins vgl. c I 9,7.
7 *regina* ist ebenso wie *rex* für Römer mit dem Odium der Tyrannei behaftet und somit ein Reizwort.
8 Angeblich wollten Marcus Antonius und Kleopatra im Fall ihres Siegs weiterhin in Alexandria residieren; sie hätten damit Rom als Hauptstadt der Welt entthront.
9f. Gemeint sind die Eunuchen, die an orientalischen Königshöfen auch politisch eine bedeutende Rolle spielten und denen man gerade wegen ihres berufsspezifischen Defizits alle möglichen sexuellen Verirrungen zutraute.
11 Immerhin war es Kleopatra gelungen, dem großen Gaius Iulius Caesar und seinem tüchtigen General Antonius völlig den Kopf zu verdrehen.
13 In der Seeschlacht bei Aktium (31 v. Chr.) waren die meisten Schiffe des Marcus Antonius vernichtet worden; Kleopatra aber war mit ihrer Flotte von 60 Schiffen entkommen.
14 Am Mareotissee in Ägypten wuchs ein schwerer Süßwein.
16 Mit *volare* übertreibt Horaz: Der Angriff auf Ägypten erfolgte erst ein Jahr nach der Seeschlacht.
23 Kleopatra war in Alexandria mit Octavian zusammengetroffen, um ihn für sich einzunehmen, hatte aber nichts erreicht. Der Sieger ließ sie in ihren Palast bringen und dort bewachen. Damals unternahm sie mit einem Dolch den ersten Selbstmordversuch.
23f. Horaz weiß nicht oder verschweigt, daß Kleopatra eine Flucht bis nach Indien ins Auge gefaßt hatte; dieses Vorhaben vereitelten rebellische Araber, als sie die Schiffe verbrannten, die ins Rote Meer gebracht werden sollten.
25f. Um ihre römischen Bewacher zu täuschen, gab sich die Königin in ihrem halbzerstörten Palast betont unbeschwert.
26ff. Von Vertrauten ließ sich Kleopatra in einem Körbchen, unter grünen Feigen versteckt, eine Giftschlange bringen, an deren Biß sie starb.
29ff. Aus der letzten Strophe spricht Respekt für die erst so er-

bittert als *fatale monstrum* geschmähte Königin: Sie hat sich der demütigenden Vorführung im Triumph durch den Tod entzogen!
30 Die Liburner, ein seeräuberischer Illyrerstamm, verfügten über besonders schnelle, wendige Schiffe; von diesen bekamen die Schnellsegler der römischen Flotte ihren Namen.

38 T: Mach keine Umstände – es geht auch einfach!
V: 1. sapphische Strophe.
1 Persischer Luxus war sprichwörtlich.
2 Feiner Lindenbast diente zum Binden von Kränzen.
5 Das Wort *simplex* in der Mitte des Gedichts charakterisiert den Lebensstil des Dichters.

Oden II

1 T: Die Geschichte des römischen Bürgerkriegs – ein großes und nicht ungefährliches Vorhaben.
V: Alkäische Strophe.
1 Unter dem Konsulat des Quintus Caecilus Metellus Celer im Jahr 60 v. Chr. zeichneten sich die Spannungen bereits ab, die in den Bürgerkrieg führten. Metellus selbst war ein geschworener Gegner Caesars und seiner Politik.
4 *principum amicitias et arma*: Anspielung auf Caesar und Pompeius, die aus Verbündeten zu erbitterten Gegnern wurden.
5 Wie die von Bürgerblut befleckten Waffen entsühnt werden könnten, sagt Horaz in c I 36,30 ff.
6 *alea* (Würfelspiel) steht hier für das Risiko, das jeder eingeht, der einen politisch brisanten Stoff behandelt. Der alte Haß der Kriegsparteien glimmt unter der Asche fort!
9 f. Mit *Musa tragoediae* umschreibt Horaz die Werke des noch ungenannten Adressaten der Ode.
12 »kekropisch« hieß der Kothurn, der dicksohlige Schaftstiefel der tragischen Schauspieler, nach Kekrops, einem mythischen Urkönig Athens, der Heimat der großen Tragiker. Somit ist *Cecropius cothurnus* eine weitere Umschreibung, die sich diesmal auf den »erhabenen« Stil der Gattung bezieht.

14 Gaius Asinius Pollio (76 v. Chr. – 5 n. Chr.), ein fähiger Feldherr, Politiker, Diplomat und Rechtsbeistand, schrieb nach seinem Rückzug ins Privatleben Tragödien und 17 Bücher Zeitgeschichte, förderte Vergil und Horaz, gründete die erste öffentliche Bibliothek Roms und ermunterte Literaten zu Lesungen aus ihren Werken.
15 f. Pollio feierte 39 v. Chr. einen Triumph über die Parthiner, einen illyrischen Volksstamm in Dalmatien.
17 ff. Horaz wendet sich wieder dem Geschichtswerk zu, an dem Pollio arbeitet. Dabei läßt er zuerst mit dumpfem Hörnerklang (*minaci murmure cornuum*) das Fußvolk vorrücken, dann die helleren Signale der Reiterei ertönen (*iam litui strepunt*), läßt Waffen blitzen, Feldherrn kommandieren und aus der Niederlage der republikanischen Partei den jüngeren Cato (vgl. c I 12,35) wie einen Sieger hervorgehen.
20 Die Entscheidung in der Schlacht bei Pharsalos (48 v. Chr.) fiel, als die Reiter des Pompeius von Caesars Leuten in die Flucht geschlagen wurden (Caesar, De bello civili III 93).
25 ff. Auf die Impressionen aus dem Kampfgeschehen folgt eine mythische Überhöhung: Juno und die anderen Schutzgötter Karthagos, die weder dessen Untergang noch den Tod des Jugurtha hatten verhindern können, nehmen nun späte Rache an den Römern.
26 *cesserat*: Nach römischer Vorstellung verließen die Götter das Land oder die Stadt, die sie nicht mehr schützen konnten.
28 Jugurtha, ein Neffe des mit Rom verbündeten Numiderkönigs Micipsa, ermordete nacheinander dessen Söhne und schwang sich zum König von ganz Numidien auf. Römische Feldherrn, die ihn in seine Schranken weisen sollten, erwiesen sich als korrupt und unfähig; erst Quintus Caecilius Metellus fügte dem Usurpator empfindliche Niederlagen zu. Von Gaius Marius endgültig besiegt, floh er zu seinem Schwiegervater, dem König von Mauretanien, den Lucius Cornelius Sulla dazu brachte, ihn auszuliefern. 104 v. Chr. wurde er in Rom hingerichtet. – Als Totenopfer für Jugurtha deutet Horaz die Schlacht von Thapsus (46 v. Chr.), bei der die 50000 Anhänger des Pompeius von Caesars Legionären niedergemacht wurden.
33 ff. Anspielung auf die Seeschlachten in der Endphase des Bürgerkriegs, v. a. auf die bei Aktium (vgl. c I 37,13).

34 Daunius, nach einem mythischen König Apuliens svw. apulisch, steht hier für »italisch«.
37 ff. Eben noch verriet Horaz, daß er über die rhetorischen Mittel verfügt, um ein horrendes Geschehen effektvoll darzustellen. Nun ruft er sich gewissermaßen zur Ordnung: Das sei nicht sein Metier!
38 Der Ruhm des griechischen Chorlyrikers Simonides von der Kykladeninsel Keos beruhte v. a. auf seinen zur Zeit der Perserkriege gedichteten Threnoi (Totenklagen) und Epigrammen, z.B. auf die bei den Thermopylen gefallenen Spartaner (»Wanderer, kommst du nach Sparta ...«).
39 Dione ist in Homers Ilias (V 370ff.) die Mutter der Aphrodite/Venus. Horaz verwendet – wie Vergil in Ekloge 9,47 (*Dionaei Caesaris astrum*) und Ovid in den Fasti II 461 und V 309 – den Namen an Stelle von Venus. Vielleicht ist mit *Dionaeo sub antro* sogar verhalten auf den Vergilvers und auf Venus als Ahnherrin des Geschlechts der Julier angespielt.
40 Zum Plektron vgl. c I 26,11. – Beim zarten Liebeslied genügt ein sanfterer Anschlag.

2 T: Reich ist, wen Reichtum gleichgültig läßt.

V: 1. sapphische Strophe.

1 *avaris* kann sich auf *terris* beziehen und andeuten, daß die Erde in ihr verborgene Schätze ungern preisgibt, es kann sich aber auch um einen Dativus auctoris (»von Geizigen verborgen«) handeln.
2 *lamna*: Umgangssprachlich-salopp wird edles Metall als Blech bezeichnet.
3 Gaius Sallustius Crispus, der Großneffe und Adoptivsohn des 33 v. Chr. verstorbenen Historikers, nützte das ererbte Vermögen, um ein Leben »nach Art des Maecenas« (Tacitus, Annalen III 30,2) zu führen.
5 Gaius Proculeius Varro Murena, der Schwager des Maecenas und ein enger Vertrauter des Kaisers Augustus, teilte sein Vermögen mit seinen Brüdern, die das ihre im Bürgerkrieg verloren hatten.
7f. *pennâ metuente solvi*: *penna* steht als kollektiver Singular für *pennis*: »Mit Schwingen, die sich scheuen zu ermatten«. – Fama, die Göttin des Gerüchts, dachte man sich geflügelt, vgl. Vergil, Äneis IV 180: *pernicibus alis*, mit kräftigen Schwingen.
9f. Variation des stoischen Paradoxons, d. h. eines für Durch-

schnittsmenschen widersinnigen Kernsatzes der Stoiker, daß nur der Weise König sei, selbst – und gerade wenn – er überhaupt nichts besitze und begehre.

11 Gades: phönizische Kolonie an der spanischen Südküste, heute Cadiz. – Mit *uterque Poenus* sind die beiden – längst von den Römern eroberten – Herrschaftsgebiete der Karthager in Nordafrika und in Spanien gemeint.

13 Der Vergleich von Habgier und Wassersucht war bei den kynischen Philosophen beliebt, die Bedürfnislosigkeit predigten und erklärten, der zusammengescharrte Reichtum sei dem Habgierigen zu nichts nütze, sondern schade ihm, genau wie Wasser in Brust und Bauchraum dem Wassersüchtigen.

13f. Nicht der Kranke hat unstillbaren Durst, sondern die durch *dirus* als dämonisch charakterisierte Krankheit. Daher folgt sie ihrem Drang und hält das Wasser im Körper, obwohl dieser, solange es da ist, nicht gesund werden kann.

15f. Blässe, Erschöpfungszustände und weiche, teigige Schwellungen sind Symptome der Wassersucht.

16 Wörtlich: »wässrige Ermattung«.

17 Der Partherkönig Phraates IV. wurde 29 v. Chr. bei einem Aufruhr gestürzt, gewann aber mit Hilfe seiner skythischen Verbündeten die verlorene Macht bald wieder. – Die Parther betrachteten sich als Erneuerer des von Kyros/Cyrus geschaffenen persischen Großreichs.

18f. Nach dem Urteil der Masse ist ein König »glücklich«; die Virtus teilt diese Ansicht nicht und mißbilligt die falsche Verwendung des Wortes *beatus* für den nur äußerlich Glücklichen.

21ff. In Wahrheit verdient nur der die Königskrone und den Lorbeer des Siegers, der sich selbst bezwungen hat und sein Verlangen beherrscht, indem er beispielsweise beim Anblick eines Haufens (*acervus*) Gold weitergeht, ohne den Blick zu wenden.

3 T: Bleibe gelassen und nütze die kurze Zeit deines Lebens!
V: Alkäische Strophe.

4 Quintus Dellius, zeitweilig Parteigänger des Marcus Antonius, wechselte noch vor der Schlacht bei Aktium die Fronten, gewann das Vertrauen Octavians und gehörte später zu seinem engeren Freundeskreis.

8 *nota*: ein Täfelchen am Hals der Amphore, auf dem die Herkunft des Weins und die Konsuln genannt waren, in deren Amtsjahr er geerntet worden war; vgl. Petron, sat. 34,6: *amphorae ..., quarum in cervicibus pittacia erant affixa cum hoc titulo: Falernum Opimianum ...* – *interior* ist sinngemäß auf den Wein bezogen und deutet an, daß bessere Qualitäten in der *cella vinaria* weiter hinten gelagert wurden; vgl. dazu e 9,1: *repostum Caecubum*.
9 ff. Hinter den rhetorischen Fragen verbirgt sich ein Appell: Wozu taugt das schöne Ambiente, wenn man es nicht genießt? Also ...
11 f. Der Bach, der sich durch den Garten des Dellius schlängelt, wird personifiziert, ähnlich wie kurz vorher die Bäume.
15 f. Die drei göttlichen Schwestern Klotho, Lachesis und Atropos bestimmen das Schicksal der Menschen: Klotho spinnt ihre Lebensfäden nach Vorgabe der Lachesis, und Atropos schneidet sie ab. – *ater* weist auf das unvermeidliche Ende.
21 Inachos, der Gott des gleichnamigen Flusses im griechischen Argos, galt als erster König des Landes; wer sein Geschlecht auf ihn zurückführte, war somit »von ältestem Adel«.
25 ... der die Seelen in den Hades treibt; vgl. dazu c I 10,18 f.: ... *virgaque levem coerces aurea turbam* ...
26 f. Lose wurden in Rom nicht »gezogen«; man schüttelte einen Topf, in dem sich die Lose befanden, so daß sie nacheinander heraussprangen.
28 *exilium*: Die Vorstellung von der Unterwelt als einem trostlosen Ort findet sich schon bei Homer (Ilias XX 64 f.: »... die Behausung ..., grauenvoll und modrig, die selbst die Götter hassen.«) – *cumba* ist der Nachen des Totenfährmanns Charon.

4 T: Der Liebe zu einer Sklavin braucht sich niemand zu schämen.
V: 1. sapphische Strophe.
2 Xanthias, vielleicht ein Freigelassener, stammte aus Phokis in Mittelgriechenland.
3 Briseis: kriegsgefangene Sklavin, derentwegen in Homers Ilias I Achilleus und König Agamemnon sich streiten.
5 Ajax, der Sohn Telamons und König von Salamis, war nach Achilleus der tapferste Griechenfürst im Krieg um Troja.
6 Tekmessa, eine Königstochter aus Phrygien, war Ajax als Kriegsbeute zugefallen.

ERLÄUTERUNGEN ZU DEN ODEN · ZWEITES BUCH 397

9f. Agamemnon, der Sohn des Atreus, führte nach der Eroberung Trojas die Seherin Kassandra, eine Tochter des Trojanerkönigs Priamos, als Gefangene mit sich fort.
10 Achilleus stammte aus der Landschaft Phthia im nordgriechischen Thessalien. Sein Sieg im Zweikampf mit Hektor beraubte Troja seines stärksten Schutzes.
12 Pergama: die Burg von Troja. – Grai: poetisch statt Graeci.
14 Phyllis: gr. Mädchenname.
15 Da es sich bei den von Horaz genannten Mädchen der Sage hauptsächlich um Königstöchter handelte, muß – so meint er mit verhaltenem Spott – auch die Geliebte des Xanthias eine ins Unglück geratene Prinzessin sein. – Penates: entweder die Schutzgötter ihres Hauses, die es mit Phyllis nicht gut meinten, als sie sie in Sklaverei geraten ließen, oder – metonymisch – das angesichts ihrer Abkunft nicht standesgemäße Haus des Xanthias.
19 *lucro aversa*: Phyllis könnte ja die Neigung ihres Herrn zu ihrem Vorteil ausnützen.
21 Es entbehrt nicht einer gewissen Komik, daß Horaz die »drallen Waden« des Mädchens lobt, das »ganz sicher königlicher Abkunft« ist.
23f. Horaz ist also bereits vierzig Jahre alt.

5 T: Laß ihr noch ein wenig Zeit!
V: Alkäische Strophe.
1ff. Horaz erweckt zunächst den Eindruck, als spräche er von einer jungen Kuh, die in v. 6 ausdrücklich genannt wird. Erst die dritte Strophe verrät durch *tolle cupidinem* und das Bild von der unreifen Traube, daß die *iuvenca* ein Mädchen ist und daß die Wendungen *iugum ferre, munia comparis aequare* sowie – deutlich genug – *pondus tauri tolerare* allesamt das meinen, was der ungenannte Adressat des Gedichts von diesem Mädchen will.
16 Lalage: Kosename (»Plappermäulchen«) wie in c I 22,10.
18 Chloris: gr. Mädchenname, abgeleitet von dem Adjektiv *chloros*, das sowohl das frische Grün junger Triebe als auch die Blässe bezeichnet, für die Horaz so schöne Vergleiche findet.
20ff. Gyges aus dem kleinasiatischen Knidos ist ein Knabe von so mädchenhaftem Aussehen, daß man ihn, würde er wie einst Achilleus unter Mädchen versteckt, kaum entdecken würde. – Mit *hos-*

pites (Gäste, Fremde) kann auf Odysseus und Diomedes angespielt sein, denen es gelang, Achillens unter den Töchtern des Königs Lykomedes herauszufinden.

6 T: Wo soll ich meine alten Tage verbringen?
V: 1. sapphische Strophe.
1 Septimius: ein nicht näher bekannter Freund des Horaz. – Gades: das heutige Cadiz in Südspanien.
2 Das Volk der Kantabrer am Golf von Biscaya wurde erst 19 v. Chr. nach harten Kämpfen der römischen Herrschaft unterworfen.
3 Zwei Meeresbuchten an der Küste des heutigen Tunesien, gefürchtet wegen ihrer Sandbänke und der wilden Bewohner des Hinterlands. – Maurisch: svw. afrikanisch; vgl. dt. »Mohr« und »Mohrenland«.
5 Tibur, jetzt: Tivoli, wurde nach der Sage von griechischen Auswanderern gegründet.
8 Horaz denkt an seinen Kriegsdienst unter dem Caesarmörder Brutus, vgl. c II 7,2.
9 Parzen: die Schicksalsgöttinnen; vgl. c II 3,15 f.
10 Den erwähnten Schafen verpaßte man zum Schutz ihrer wertvollen Wolle lederne Hüllen. – Galaesus: ein Fluß bei Tarent in Unteritalien.
11 f. Phalanthos aus Sparta soll 707 v. Chr. Tarent gegründet haben.
14 Von dem Bergrücken Hymettos südlich von Athen kam vorzüglicher Honig.
16 Venafrum in Kampanien war wegen seines Öls berühmt.
18 Aulon: ein Tal bei Tarent, an dessen Hängen ein großer Wein gedieh.
22 ff. War der Scheiterhaufen niedergebrannt, dann besprengten nahe Angehörige die noch glimmende Asche mit Wein oder Wasser; Septimius wird es unter Tränen tun.

7 T: Ein alter Freund und Kriegskamerad ist heimgekehrt – nun laßt uns feiern!
V: Alkäische Strophe.
2 Marcus Iunius Brutus, ein Neffe von Caesars Intimfeind Marcus Porcius Cato d. J., hatte im Bürgerkrieg auf der Seite des Pompeius

gestanden. Von Caesar begnadigt und zu hohen Ämtern berufen, schien er sich mit der neuen Lage abgefunden zu haben. In Wirklichkeit plante er zusammen mit seinem Schwager Gaius Cassius und anderen die Ermordung des Diktators auf Lebenszeit. Nach der Tat konnten sich die Verschwörer in Rom nicht behaupten und zogen sich nach Griechenland zurück, wo Brutus und Cassius ein Heer aufstellten; in diesem diente auch Horaz.

3 *Quis ...?* – Die Antwort muß lauten: der Kaiser, der 29 v. Chr. eine Generalamnestie für seine ehemaligen Gegner im Bürgerkrieg erließ.

5 Pompeius Varus, ein Jugendfreund des Horaz, hatte nach der Niederlage des Brutus und Cassius den Kampf gegen Octavian nicht aufgegeben.

9 Philippi: Stadt in Thrakien, eine Gründung König Philipps von Makedonien. Dort fand 42 v. Chr. die Entscheidungsschlacht zwischen dem von Octavian und Marcus Antonius geführten Heer der Caesarianer und dem der Caesarmörder statt.

10 Horaz hat damals wohl wirklich seinen Schild weggeworfen, um schneller fliehen zu können. Er hat dafür aber auch literarische Vorbilder aus einer Zeit, als ein solcher Verlust noch schwere Schmach nach sich zog: »Mit meinem Schild gibt jetzt irgendein Saier an; ungern ließ ich das gute Stück in einem Gebüsch liegen. Mein Leben aber hab' ich gerettet. Zum Teufel mit jenem Schild! Gleich kaufe ich mir einen, der nicht schlechter ist« (Archilochos fr. 6 D); »Den Schild warf ich in des schönfließenden Flusses Wellen« (Anakreon fr. 51 D).

11f. *fracta virtus* drückt aus, daß die besten Männer ihr Leben verloren (vgl. Tacitus, ann. I 2,1: *... cum ferocissimi per acies ... cecidissent*. Den Rest charakterisiert er bitter als *servitio promptior*). Mit den *minaces* können, sofern Horaz ähnlich dachte, all die rabiaten Republikaner gemeint sein, die nach der Niederlage vor den Siegern ihren Kotau machten.

13f. Homerische Helden werden, in Nebel gehüllt, durch Götter entrückt, z. B. Paris durch Aphrodite (Ilias III 381) oder Hektor durch Apollon (Ilias XX 443f.). – Den Horaz, einen *vir Mercurialis* (c II 17,29f.), rettet Hermes/Merkur, der geleitende Gott, der die Klugen schätzt und beschützt.

15f. Vgl. die Anm. zu v. 5.

24 Eppich: eine Wildform des Selleries.
25 Vgl. zum Venuswurf die Anm. zu c I 4,18.
27 Die Edonen galten, wie alle Thrakervölker, als trunksüchtig.

8 T: Warum macht jeder Meineid dich nur noch schöner, Barine?
V: 1. sapphische Strophe.
2 Barine: gr. Mädchenname.
3f. Der Glaube, daß Götter die Meineidigen am Leib straften, war verbreitet und spiegelt sich noch in alten Eidesformeln: »Diese Hand möge verdorren ...«
4 Fleckige Fingernägel galten als Indiz der Verlogenheit.
9ff. Barine hat bei der Asche ihrer Mutter, bei den Sternen am Himmel und bei den Göttern geschworen, aber ihr Wort gebrochen; nun müßte sie die Strafe treffen, zumal sie sich selbst verflucht hat (*obligasti ... votis caput* v. 5f.).
13 Mit *inquam* (»ich muß es gestehen«) drückt Horaz seine Verblüffung aus.
16 Von den vielen Wunden, die Amor schlägt, sind seine Pfeile blutig und färben den Wetzstein, auf dem er sie schärft.
21 *iuvencae*: vgl. c II 5,6.
22 Der sparsame Alte ist ein Typ der antiken Komödie: Er versucht seinen lebenslustigen Sohn kurz zu halten, vor allem, wenn dieser hinter leichten Mädchen her ist.
24 *aura* ist ähnlich verwendet, wie wir heute das Fremdwort Aura gebrauchen (»Ausstrahlung«).

9 T: Lasse die Klagen, denn ewig trauern kannst du nicht!
V: Alkäische Strophe.
5 Gaius Valgius Rufus dichtete Elegien und Epigramme und war auch wissenschaftlich tätig.
7 Den Monte Gargano, ein markantes Vorgebirge an der Küste Apuliens, bedecken auch heute noch stattliche Wälder.
9 Ständige Klage stört die Ruhe der Toten, vgl. das Grimmsche Märchen vom Tränenkrüglein.
10 Der Name Mystes (»der Eingeweihte«) deutet das enge Verhältnis des geliebten Knaben zu Valgius an. – Der Planet Venus erscheint am Abend als *Vesper*, als Morgenstern heißt er i. a. *Lucifer*.
13f. Gemeint ist Nestor, der älteste Grieche vor Troja, der »drei

Menschenalter sah« (Schiller, Das Siegesfest). Sein Sohn Antilochos rettete ihn vor dem Äthiopier Memnon und wurde dabei selbst getötet. Diese Szene hat, als Beispiel für aufopfernde Kindesliebe, Pindar in seiner Pythischen Ode VI 28 ff. dramatisch geschildert.

15 f. Troilos, ein Sohn des Trojanerkönigs Priamos, wird bei Homer nur ein einziges Mal (Ilias XXIV 257) erwähnt; seine Ermordung durch Achilleus war in den heute verlorenen Kyprien behandelt und ein beliebtes Thema der Vasenmalerei. Die mittelalterlichen Troja-Romane machten ihn zu einer wichtigen Figur, und Shakespeare widmete ihm und seiner Geliebten die höchst eigenwillige Tragikomödie Troilus und Cressida.

16 Phrygisch: svw. trojanisch; gemeint sind die Töchter des Priamos.

19 Horaz tut so, als wolle auch er die außenpolitische Erfolge des Augustus preisen, was er – unter Hinweis auf sein angeblich bescheidenes Talent (z. B. in c IV 15,3 f.) – sonst eher vermeidet. – Mit den *tropaea* ist die kurzfristige Vertreibung des Partherkönigs Phraates (vgl. c I 26,5) durch den römerfreundlichen Tiridates gemeint; römische Truppen waren daran aber nicht beteiligt.

20 Niphates: Berg im südlichen Armenien, nordöstlich des Van-Sees.

21 *Medum flumen*: wahrscheinlich der Euphrat. – Daß der Fluß »den besiegten Völkern beigesellt wird«, verweist auf den römischen Brauch, bei Triumphzügen auch die Ströme, die man bezwungen hatte, vorzuführen, und zwar in Gestalt von Abbildungen ihrer Götter; vgl. dazu Ovid, Ars amandi I 223: »Der da, mit dem Schilfkranz auf dem Haupt, ist der Euphrat.«

22 Der Strom ist gewissermaßen eingeschüchtert und fließt verhaltener dahin.

23 f. Die Gelonen waren ein skythisches Reitervolk am Danais, dem heutigen Don; daß ihr Spielraum in den Weiten der südrussischen Steppen fühlbar eingeengt worden sei, ist dichterische Übertreibung.

10 T: Schlag den goldenen Mittelweg ein!
    V: 1. sapphische Strophe.

1 *rectius*: Der Auftakt kann einen unausgesprochenen Tadel (»... als bisher«) enthalten. – Licinius: vermutlich Lucius Licinius Murena, der, durch Adoption in die Familie der Terentier aufge-

nommen, ein Schwager des Maecenas wurde. Als er 23 v. Chr. das Konsulat bekleidete, erregte er auf irgendeine Weise das Mißfallen des Kaisers und wurde aus dem Amt entfernt. Dieses Ereignis kann Horaz zum Anlaß für seine warnenden Worte genommen haben. Bewirkt haben sie nichts, denn Licinius ließ sich in eine Verschwörung hineinziehen und fand den Tod.

1ff. Gegensätzliche Lebensformen werden mit Bildern aus der Seefahrt dargestellt; vgl. unsere Redensart »sein Lebensschifflein steuern«.

4 Die Küste ist wegen ihrer Klippen, der Untiefen und vor allem wegen der Brandung gefährlich.

6f. Wörtl.: »meidet den Schmutz eines verfallenen Hauses« (*sordes*, Schmutz, bezeichnet auch den schmutzigen Geiz, der sich nichts gönnt, im Gegensatz zu *avaritia*, der Habgier).

14 *bene praeparatum pectus*: Die stoische Philosophie rät dazu, sich auf mögliche Schicksalsschläge gedanklich einzustellen (sog. Praemeditatio).

16 Hier mag eine Anspielung auf den Kaiser vorliegen (vgl. c I 12,51f., wo Augustus als Jupiters Stellvertreter auf Erden erscheint).

20 Mit Apollon fühlte sich Augustus eng verbunden (vgl. Sueton, Aug. 70,1: ... *ipsum pro Apolline ornatum* ...). Daher läßt sich der bogenspannende Gott als der strafende Kaiser, der Musenführer Apoll als der gnädige Friedensfürst deuten.

22ff. Das eingangs gewählte Bild von der Seefahrt wird wieder aufgegriffen.

11 T: Quäle dich nicht mit unnötigen Sorgen: Heute wollen wir feiern!
   V: Alkäische Strophe.

1 Die Kantabrer im fernsten Westen und die Skythen weit im Osten stellten keine Bedrohung für Rom dar.

2 Quinctius Hirpinus: ein wohlhabender Bekannter des Horaz. – Die Adria ist hier ein rein hypothetisches Hindernis: Wenn die Skythen aus Südrußland kämen, dann ...

5 Daß der Mensch zum Leben nur wenig braucht, ist ein Kernsatz der kynischen Philosophie, den Diogenes, der Mann in der Tonne, seinen Zeitgenossen drastisch vorlebte.

ERLÄUTERUNGEN ZU DEN ODEN · ZWEITES BUCH 403

6 *lêvis*, glatt, im Gegensatz zur faltigen Haut des Alters.
13 Die Szenerie ähnelt der in c II 3,9ff.
16 Assyrisch (hier) svw. syrisch. – *nardus* bzw. *nardum* hießen verschiedene Pflanzen, aus denen sich wohlriechendes Öl gewinnen ließ, darunter die echte Narde aus Indien, einige asiatische Gräser, die Haselwurz u.a.
19 *restinguet* meint das Verdünnen des Weins mit Wasser.
21f. *devium* (abseits wohnend) und *elicere* (herauslocken) weist darauf hin, daß jene Lyde keine gewöhnliche Prostituierte ist – die hätte auch keine elfenbeinverzierte Lyra. Horaz nennt sie trotzdem ziemlich unlyrisch *scortum*, Nutte.
23 Lacaena: In Sparta war jeder Luxus verpönt; trotzdem oder gerade deswegen galt die schlichte Knotenfrisur der Spartanerinnen anderswo als reizvoll.

12 T: Große Themen liegen mir nicht – ich kann nur schöne Frauen besingen!
V: 2. asklepiadeische Strophe.
1 Numantia: feste Stadt der Keltiberer in Spanien, die erst nach langen und verlustreichen Kämpfen 133 v.Chr. vom jüngeren Scipio Africanus erobert wurde.
2 *mare Siculum*: Anspielung auf Roms ersten Krieg mit Karthago; die entscheidenden Schlachten wurden damals im Seegebiet um Sizilien ausgetragen.
5 Der Kampf der Lapithen mit den Zentauren war ein beliebtes mythologisches Thema, vgl. c I 18,8 und die Anm. dazu.
6 Als Herkules bei dem Zentauren Pholos einkehrte und ein Weinfaß öffnete, das den Pferdemenschen gemeinsam gehörte, wurde er von diesen angegriffen. Eine Szene aus diesem Kampf findet sich auf einem schwarzfigurigen attischen Kantharos (doppelhenkeligen Trinkbecher) des Berliner Antikenmuseums. Beischriften nennen die Akteure, darunter auch Hylaios. Daß Herkules diesen erschlug, erwähnt Vergil in der Äneis VIII 294, ein Opfer des Weins nennt er ihn in den Georgica II 455ff.
7 *Telluris iuvenes*: die riesenhaften Giganten, die den Olymp stürmen wollten.
9ff. Maecenas versuchte sich als Dichter; ob er auch Prosawerke verfaßt hat, ist unbekannt.

12 *colla* (Hälse, Nacken): Anspielung auf die Ketten, die den im Triumph aufgeführten Fürsten umgelegt wurden.
13 Licymnia: Hinter dem griechischen Namen vermuten manche Horazinterpreten eine Dame (*domina!*) der römischen Gesellschaft, z. B. Terentia, die Frau des Maecenas. Ebensogut kann aber *domina* die in der erotischen Dichtung häufige Bezeichnung der Geliebten sein; vgl. dazu Ovid, Ars amandi I 139.
21 Achaemenes: der Ahnherr des persischen Königshauses der Achämeniden.
22 Dadurch, daß Horaz den Reichtum der kleinasiatischen Landschaft Phrygien »mygdonisch« nennt, spielt er auf die Herkunft eines Teils der Bewohner aus Makedonien und Thrakien an; von dort soll auch der mythische Phrygerkönig Midas stammen, der für kurze Zeit – und zu seinem Schaden – alles, was er berührte, in Gold verwandeln konnte.

13 T: Verwünschter Baum! Fast hättest du mich erschlagen!
V: Alkäische Strophe.
1 *Dies nefasti* nannte man Tage, an denen in Rom aus religiösen Gründen Wahlversammlungen und Gerichtssitzungen untersagt waren.
5ff. In komischer Übertreibung malt sich Horaz aus, was jener Unbekannte, den er für seinen Beinahe-Unfall verantwortlich macht, sonst noch an Freveln begangen haben könnte.
6 *penetralia* sind die inneren Räume des Hauses, insbesondere der Ort, wo die Hausgötter verehrt wurden, unter deren Schutz auch jeder Gast stand.
8 Kolchis am Südostufer des Schwarzen Meers war die Heimat der Zauberin und Giftmischerin Medea.
14f. *in horas*: vgl. *in dies*, von Tag zu Tag. – Die Fahrt durch die Meerenge des Bosporus war wegen starker Strömungen gefährlich; sogar die erfahrenen Seeleute aus Phönizien (Poenus für gr. Phoinix) fürchteten sie.
17f. Mit *miles* meint Horaz die römischen Soldaten. – Zur parthischen Taktik vgl. c I 19,11f. und Anm.
19 *robur* kann sowohl die Bewaffnung der Römer (»Eichenspeer«) als auch ihre besten Leute (»Elitetruppen«), ja sogar das Staatsgefängnis am Kapitol bezeichnen. – *Sed improvisa ...*: Wer nur von

ERLÄUTERUNGEN ZU DEN ODEN · ZWEITES BUCH 405

einer bestimmten Seite Gefahr fürchtet, verhält sich töricht, denn der Tod kann auch da auf ihn lauern, wo er es überhaupt nicht vermutet.

22 Aeacus: einer der drei Totenrichter.

23 Das Elysium, die *sedes beatae*, dachte man sich getrennt von der übrigen Unterwelt.

24 Äolisch heißt die Leier, weil Sapphos Heimat, die Insel Lesbos, zum Siedlungsgebiet des Griechenstamms der Äolier gehörte.

24f. Zu ihren Lebzeiten hatte Sappho Mädchen um sich gesammelt und auf ihre künftigen Aufgaben vorbereitet. Schied eines davon aus, war sie oft schmerzlich berührt und beklagte den Verlust. Da die Menschen nach verbreiteter Ansicht in der Unterwelt weiterhin das tun, was sie früher taten, singt auch ihr Schatten Klagelieder.

26ff. Ebenso wiederholt Sapphos Landsmann Alkaios, was er im Leben besang. – Das goldene Plektron (vgl. dazu c I 26,11) zeichnet ihn als Dichterfürsten aus.

31 Alkaios bekämpfte, auch literarisch, die Tyrannen (Alleinherrscher) von Mytilene auf Lesbos.

34 Das Untier ist der Höllenhund Zerberus, der gewöhnlich mit nur drei Köpfen dargestellt wird. Das Senken der Ohren deutet an, daß er nicht mehr als scharfer Wachhund auf dem Posten ist.

36 Eumeniden (»die Wohlmeinenden«) nannten die Griechen euphemistisch die Rachegöttinnen, die Schlangen im Haar tragen.

37 Der Vater des Pelops ist Tantalus, der in der Unterwelt die sprichwörtlichen Qualen leidet.

14 T: Das Leben enteilt so schnell, und den letzten Gang muß jeder gehen.

V: Alkäische Strophe.

1 Postumus (»der Nachgeborene«): vermutlich ein Beiname; wie der Angeredete weiter hieß, ist unbekannt.

7 Pluto, den Gott der Unterwelt, können selbst die größten Opfer nicht gnädig stimmen.

8 Geryones, ein Riese mit drei Leibern und drei Köpfen, wurde von Herkules erschlagen, als dieser kam, um seine Rinderherden zu rauben. – Tityos, ein riesenhafter Sohn der Erdgöttin, hatte der Göttin Leto Gewalt antun wollen. Dafür büßt er in der Unterwelt,

auf den Boden hingestreckt und von Geiern gequält, die seine Leber zerhacken.

8 ff. Über den Unterweltsfluß Acheron schafft der Fährmann Charon in seinem Nachen die Verstorbenen.

13 Mars steht metonymisch für »Krieg«.

16 Den heißen Scirocco, der im Spätsommer und Herbst das Leben in Rom beschwerlich machte, gab man auch die Schuld an der Malaria.

18 Der Kokytos ist ein weiterer Unterweltsfluß mit besonders träger Strömung. – Danaos, der Bruder des Königs Aigyptos von Ägypten, war von diesem dazu gezwungen worden, seine fünfzig Töchter mit dessen fünfzig Söhnen zu verheiraten. In seiner Wut stiftete er die jungen Frauen dazu an, ihre Männer in der Hochzeitsnacht zu ermorden. Bis auf eine einzige gehorchten alle und müssen nun zur Sühne für ihre Tat in der Unterwelt aus einer versiegten Quelle mit Sieben Wasser schöpfen und in ein bodenloses Faß schütten.

20 Sisyphos, der Sohn des Aiolos und König von Korinth, schaffte es mehrfach, die Götter und sogar den Tod zu überlisten. Dafür muß er nun auf ewig einen Stein, der immer wieder herabrollt, auf einen hohen Berg wälzen.

23 Das wohlriechende Zypressenholz verwendete man für die Särge und für den Leichenbrand; der Baum selbst wurde (und wird noch immer!) gern auf Friedhöfe gepflanzt.

28 Daß römische Priester üppig tafelten, ist auch in c I 37,2 angedeutet; der Wein aber, den Postumus törichterweise nicht getrunken hat, ist noch besser als alles, was bei den Priestern kredenzt wird.

15 T: Gegen die maßlose Bauwut.
V: Alkäische Strophe.

1 ff. Gegen Paläste und Landsitze mit den Dimensionen einer Großstadt wettert Sallust in seiner Coniuratio Catilinae 12,3.

3 Der Lucrinersee in Kampanien, beim heutigen Pozzuoli, war berühmt wegen seiner Austern.

4 Reiche Römer ließen riesige Fischteiche ausheben, in denen sie auch Seefische hielten, z.B. Muränen. – »Unvermählt« heißt die Platane, weil man an ihr nicht, wie an Ulmen oder Pappeln, Wein-

reben hochranken ließ. Horaz nennt den Vorgang in e 2,10 *maritare*, vermählen.
5 ff. In reine Ziergärten mit allerlei Blumen werden sich die ehedem lebenswichtigen Olivenhaine verwandeln. Sie haben Frucht getragen; den Ertrag (*copia*) der Blumengärten kann man nur riechen.
10 f. Romulus und der alte Cato stehen für römische Schlichtheit; das kommt auch in dem Beiwort *intonsus* (unrasiert, unfrisiert) zum Ausdruck. Der Brauch, sich zu rasieren, verbreitete sich in Rom gegen Ende des 3. Jh. v. Chr.
13 f. *privatus census*: das steuerpflichtige Vermögen der Bürger, im Gegensatz zum *commune*, dem Staatseigentum.
14 f. Das Dreimetermaß fordert Rückschlüsse auf die Abmessungen des geplanten Säulenumgangs heraus. – Die *porticus* ist nach Norden hin angelegt; ihre Vorzüge werden durch die Wörter *opacus* (schattig) und Arctos ausgedrückt (Arctos ist das Sternbild des Großen Bären, dann oft svw. »Norden«, hier wohl der kühle Nordwind).
17 f. Ausgestochene und getrocknete Rasenstücke dienten v. a. als Füllmaterial für einfaches Fachwerk.
18 Gedacht ist an die *leges sumptuariae*, die den Luxus eindämmen sollten.
20 Großbauten wurden i. d. R. aus Ziegelsteinen errichtet; nur die Außenseiten verkleidete man mit Steinplatten (daher *decorare*).

16 T: Das Glück der Ruhe und Zufriedenheit.
V: 2. sapphische Strophe.
1 ff. *otium* hat ein breites Bedeutungsspektrum, das sich mit einem einzigen deutschen Wort nicht leicht wiedergeben läßt: In v. 1 ist vordergründig »Windstille«, »ruhige See« (gr. *galéne*) gemeint, in v. 5 Frieden – im Gegensatz zu *bellum*. Bei den Parthern (v. 6) mag man an ihre häufigen Thronstreitigkeiten denken und annehmen, daß sie sich nach Ruhe im Innern sehnen. Danach geht es eindeutig um den Seelenfrieden, den die Epikureer *ataraxía* oder, bildhaft, *galéne* nannten. Doch dieser Zustand wäre auch dem Seemann, den Thrakern und Persern zu wünschen!
4 Auf hoher See konnten sich antike Seeleute nur am Sonnenstand bzw. an den Sternen orientieren, denn der Kompaß war noch nicht erfunden.

7 Pompeius Grosphus, ein reicher Römer aus dem Ritterstand, wird von Horaz auch in Epistel I 12,22 f. erwähnt.

8 Purpurgefärbte Stoffe waren kostbar; außerdem war der breite Purpursaum an der Toga in Rom das Privileg der hohen Amtsträger und Priester und damit ein Symbol für Macht und Einfluß.

9 ff. Was eben bereits angedeutet wurde, wiederholt Horaz um des größeren Nachdrucks willen: Weder Besitz noch Macht schützen vor innerer Unruhe. – Die Liktoren gingen vor den Konsuln her und machten ihnen den Weg frei.

11 f. Kassettendecken mit bemalter Stuckierung, Vergoldung oder Mosaikeinlagen gab es nur in den Prunkräumen reicher Häuser. – Dadurch, daß Horaz gerade unter diesen Decken die Sorgen wie Fledermäuse flattern läßt, schafft er einen starken Kontrast.

12 Vgl. c II 11,5 *poscentis aevi pauca*.

14 Auch in wenig begüterten Familien war das Salzfäßchen in der Regel aus Silber (*splendet*!) und wurde als kostbarer Besitz weitervererbt.

17 f. Zum Gedanken vgl. Seneca, De ira III 6: Um zur inneren Ruhe zu gelangen, darf man sich nicht unter Streß setzen, sich nicht bei vielfältigen Aufgaben erschöpfen oder bei großen Vorhaben, die über unsere Kraft gehen.

20 In seiner Epistula moralis über das Reisen (28,2) sagt Seneca mit etwas anderen Worten dasselbe: Du fragst, warum dir diese Flucht nichts hilft? Du bist mit dir selbst auf der Flucht! (*Tecum fugis.*)

21 f. Die gleichen Bilder verwendet Horaz in c III 1,37 ff.: *Timor et Minae scandunt eodem, quo dominus, neque decedit aerata triremi et post equitem sedet atra Cura.* Die große Ähnlichkeit der beiden Passagen ließ – wohl unbegründete – Zweifel an der Echtheit von c II 16,21–24 aufkommen.

27 f. Eindrucksvoll entfaltet ist diese Aussage im Homerischen Gleichnis von den beiden Fässern des Zeus (Ilias XXIV 525 ff.) und in Herodots Geschichte vom Ring des Polykrates (III 39–43; 120; 122–125), der Quelle für Schillers gleichnamige Ballade, in der Polykrates von seinem ägyptischen Gast gewarnt wird: »Mir grauet vor der Götter Neide: Des Lebens ungemischte Freude ward keinem Sterblichen zuteil.«

29 ff. Um die Sentenz *nihil est ab omni parte beatum* als richtig zu

erweisen, wird das kurze, aber ruhmreiche Leben Achills zur tristen Ewigkeit des Tithonos (vgl. c I 28,8) in Kontrast gesetzt.
35 f. Durch das Färben mit dem Purpursaft verschiedener Schneckenarten, der eigentlichen Purpurschnecke und der Trompetenschnecke, erreichte man den für edelste Ware typischen Farbton.
38 Durch die Verbindung von *Graius*, griechisch, mit den römischen Camenen weist sich Horaz als Mittler zwischen Griechenland und Rom aus. – Bei *tenuis spiritus* kann Horazisches Understatement vorliegen, es kann aber auch angedeutet sein, daß ihm der besonders zarte, ätherische Hauch göttlicher Inspiration zuteil wurde.
39 Mit *Parca non mendax* ist ausgedrückt, daß Horaz seine Stellung und die Hochachtung bedeutender Männer überlegter Fügung der Schicksalsgöttin und nicht dem blinden Zufall verdankt, wie seine Neider meinen; vgl. dazu Satiren I 6,45 ff.; I 9,45 und II 6,49 (*Fortunae filius*).
40 Auf die Neider zielt der letzte Vers ab.

17 T: Wenn du gehst, will ich auch gehen, denn wir gehören zusammen.
V: Alkäische Strophe.
1 Nach längerer Krankheit quälte Maecenas sich und seinen Freund mit Todesgedanken.
3 f. Vgl. c I 1,2: *O et praesidium et dulce decus meum!*
5 *pars animae:* vgl. c I 3,8: *animae dimidium meae* (von Vergil).
10 Der Fahneneid verpflichtete zu unbedingtem Gehorsam.
13 Zur Chimaira vgl. c I 27,24 mit Anm.
14 Gyas: Briareos, Gyges und Kottos heißen bei Hesiod (Theogonie 147 ff., 617 ff.) die drei hundertarmigen Riesen, die ihr Vater Uranos wegen ihres gräßlichen Aussehens in die Unterwelt verbannte. Dem jungen Zeus standen sie bei, als er sich gegen seinen Vater Kronos auflehnte. Nun bewachen sie die gestürzten Titanen im Tartaros.
Für Horaz ist Gyas, wie c III 4,69 f. zeigt, ein Rebell gegen die Götter; vgl. dazu auch Ovid, Fasti IV 593.
16 Iustitia: die Göttin der Gerechtigkeit, gr. Dike, eine Tochter des Zeus und der Themis. – Parcae: die Schicksalsgöttinnen; vgl. dazu II 3,15 f., c II 6,9 und c II 16,39.

17 Horaz kennt zwar seinen Geburtstag, doch da er sich nie näher mit Astrologie beschäftigt hat, kann er nicht sagen, welche Gestirne damals schicksalhaft auf ihn eingewirkt haben.
20 Capricornus: der Steinbock. So, wie über die Sternbilder des Tierkreises bestimmte Planeten herrschten, beherrschten die Sternbilder bestimmte Bereiche der Erde.
22 f. Nach Meinung der antiken Astrologen übte der Planet Jupiter einen positiven, der Saturn einen negativen Einfluß aus; dieser wurde im Fall des Maecenas durch Jupiter aufgehoben; darum ereilte ihn noch nicht sein Geschick.
24 Fatum: Personifikation des Verhängnisses, die griechische Moira.
25 f. Hinweis auf die Begeisterung der Menschen, als Maecenas nach langem Krankenlager sich wieder in der Öffentlichkeit zeigte.
27 f. *truncus*: der umgestürzte Baum von c II 13.
28 Faunus, ein Naturgott wie der griechische Pan, liebt die Dichter, weil diese die Natur lieben. Als Gottheit minderen Rangs betont er zugleich den Abstand zwischen Horaz und seinem Jupiter-beschützten Gönner, einen Abstand, der in v. 30 ff. durch ganz unterschiedlich große Dankopfer fast schon überzeichnet wird.
29 Vgl. dazu die Errettung des Dichters aus der Schlacht bei Philippi c II 7,13 f.

18 T: Wozu Paläste bauen und dem Meer Land abringen? Uns allen ist bereits die letzte Wohnung sicher.
V: Hipponakteische Strophe.
2 *lacunar*: vgl. c II 16,11.
3 *trabes*: die Tragbalken des Architravs, die auf den Säulenkapitellen ruhten. – Hymettos: Bergrücken in Attika, südlich von Athen. Der dort gebrochene weiße Marmor hatte einen Blauschimmer.
4 f. der numidische Marmor aus Nordafrika war gelb mit rötlichen Einsprengungen.
5 f. König Attalos III. von Pergamon vermachte 133 v. Chr. sein kleinasiatisches Reich den Römern.
6 *ignotus* ist ein Erbe, mit dem niemand gerechnet hat.
7 f. Auch an der Südküste der Peloponnes und auf der Insel Kythera wurde Purpur gewonnen.
8 War ein Klient (»Schutzbefohlener«) so reich, daß seine Frau für

den Patronus (»Schutzherrn«) Gewänder oder Teppiche aus purpurgefärbter Wolle herstellen konnte, dann mußte der Patron ja wohl noch viel reicher sein.

9f. *ingeni benigna vena*: vgl. c II 16,38; ähnlich ist c I 17,13f.: *pietas mea et Musa*.

10f. *pauperemque dives petit*: Normalerweise ist es umgekehrt.

12 Der mächtige Freund ist Maecenas.

14 Gemeint ist das Landgut im Sabinerland, das Horaz 33 v.Chr. von Maecenas erhielt.

17 »DU« zielt in dieser Ode auf keine bestimmte Person, sondern auf den Menschentyp, der plant und baut, als sollte er ewig leben.

20 Baiae am Golf von Neapel war ein beliebter Erholungs- und Badeort der vornehmen Römer.

21 Schon Sallust (Coniuratio Catilinae 13,1) beklagt, daß »Privatleute Berge abgetragen und Meere aufgefüllt« hätten.

24 Grenzsteine zu Ungunsten des Nachbarn zu versetzen, galt als schwerer Frevel.

25 Noch schlimmer war es, wenn sich ein reicher Patronus am Besitz der eigenen Klienten vergriff: »Wer seinen Klienten betrügt, soll verflucht sein!« stand im Zwölftafelgesetz (tab. VIII 21).

27 Gemeint sind die Laren und Penaten, die Beschützer des Hauses und der Familie.

31 *aula*, »Palast, Halle«, bezeichnet ironisch die weiten, öden Räume der Unterwelt.

34 *satelles Orci*: der Totenfährmann Charon.

35f. Entweder folgt Horaz hier einer heute verlorenen Fassung des Prometheus-Mythos oder er hat ihm selbst, ähnlich wie in c II 13,37, eine eigene Wendung gegeben. Üblicherweise ist Prometheus zur Strafe für seinen Feuerdiebstahl an den Kaukasus geschmiedet.

19 T: Ich habe Bacchus gesehen; darum will ich Bacchus preisen!
V: Alkäische Strophe.

2 Bacchus als Lehrmeister von Liedern ist ungewöhnlich; vielleicht will Horaz ausdrücken, daß der Wein ihn zum Dichten begeistert.

5 *euhoe*: Jubelruf der Bacchanten.

8 An der Spitze des mit Efeu oder Weinlaub umschlungenen Thyrsosstabs war in der Regel ein Pinienzapfen befestigt. Wen der

Gott mit seinem Thyrsos schlägt, den versetzt er in wahnsinnige Raserei.

9 Thyiades: die Bacchantinnen.

10 ff. Die Macht des Gottes verwandelt nicht nur Wasser in Wein, sondern läßt auch »Milch und Honig fließen«.

13 Die kretische Königstochter Ariadne hatte dem Helden Theseus dabei geholfen, das Monster Minotaurus zu bezwingen, und befand sich mit ihm auf dem Weg nach Athen. Während der nächtlichen Rast auf der Insel Naxos träumte Theseus, daß Bacchus Ariadne für sich beanspruche. Daraufhin ließ er die junge Frau am Strand zurück. Bald erschien der Weingott mit seinem Gefolge und feierte Hochzeit mit Ariadne, deren Diadem er unter die Sterne versetzte. Diesen Sagenstoff hat Richard Strauß in der Oper »Ariadne auf Naxos« behandelt.

14 f. Pentheus, ein König von Theben, bekämpfte den Kult des Bacchus und wurde zur Strafe von rasenden Frauen, darunter seiner eigenen Mutter, in Stücke gerissen; vgl. Ovid, Met. III 513 ff.

16 Auch der Thrakerkönig Lykurgos war ein Bacchusgegner; als er Weinstöcke roden wollte, traf er sich tödlich mit dem eigenen Beil.

17 Anspielung auf den sagenhaften Zug des Bacchus nach Indien; damals soll er den Lauf von Flüssen mit seinem Thyrsos aufgehalten und den stürmischen Ozean besänftigt haben.

20 Bistonides: Frauen aus dem thrakischen Volk der Bistonen. – *sine fraude*: Die Macht des Gottes schützt seine Dienerinnen, so daß ihnen die Schlangen im Haar nicht schaden können.

23 f. Rhoitos: einer der Giganten. – Bacchus verwandelte sich in einen Löwen.

29 ff. In die Unterwelt ging Bacchus, um seine Mutter Semele in den Olymp zu entführen, vgl. c I 17,22.

30 *cornu*: kollektiver Singular; Hörner sind Symbole großer Kraft und häufiges Attribut der Flußgötter. Bacchus tritt nur gelegentlich gehörnt auf, vgl. Ovid, Met. IV 19 f.: *tibi, cum sine cornibus adstas, virgineum caput est.*

31 Der, im Gegensatz zu c II 13,34, hier nur dreiköpfige Höllenhund ist ganz zutraulich!

ERLÄUTERUNGEN ZU DEN ODEN · DRITTES BUCH 413

20 T: Ich werde nicht sterben!
  V: Alkäische Strophe.
2 *biformis*: Es ist wohl nicht an ein Mischwesen gedacht, etwa an einen Schwan mit Menschenkopf, sondern an eine Verwandlung, bei der sich nur die äußere Erscheinung verändert, nicht das Wesen des Verwandelten. – *aether*: der reine Luftraum hoch über der Erde, oft svw. Himmel.
4 *invidia maior*: vgl. c II 16,39f.
13 Dädalus, ein berühmter Künstler aus Athen, wurde von dem Kreterkönig Minos, dem er das Labyrinth erbaut hatte, auf der Insel festgehalten. Heimlich verfertigte er Flügel und entfloh zusammen mit seinem Sohn Ikarus durch die Lüfte. Bei diesem Flug kam der Junge dem glühenden Sonnenwagen zu nahe und stürzte ab. Horaz wird das nicht widerfahren (Lesart *tutior* bzw. Lesart *notior*): Er wird noch berühmter werden als Ikarus.
15f. Schwäne, so glaubte man, stimmten angesichts des Todes einen wundervollen Gesang an (»Schwanengesang«).
16 Hyperboreer: sagenhaftes, glückliches Volk hoch im Norden.
17ff. Bei dieser Aufzählung unterschiedlicher Völker geht das Bild vom weiten Flug in die gewisse Erwartung weltweiten Nachruhms über.
19 *peritus* drückt aus, daß der zu Lebzeiten nur von wenigen recht gewürdigte Dichter schließlich selbst in fernen Ländern verständnisvolle, (durch ihn) gebildete Leser finden werde.

Oden III

1 T: Einleitungsgedicht zum Zyklus der sogenannten Römeroden (III 1–6) – Preis der Genügsamkeit.
  V: Alkäische Strophe.
1f. Der Ausschluß (*arcere*) Uneingeweihter (*profanum vulgus*) und die kultische Formel *favete linguis* (hütet eure Zungen – damit kein unpassendes Wort die heilige Handlung stört) lassen an ein feierliches Opfer denken, das der Dichter den Musen darbringt.
5f. Der begrenzten Macht irdischer Könige wird die unbegrenzte des Götterkönigs gegenübergestellt; vgl. Vergil, Ekloge III 60: *Ab Iove principium*.

8 Vgl. Homer, Ilias I 528 ff.: »So sprach Kronion (Zeus) und senkte die dunklen Brauen ... und erschütterte den gewaltigen Olymp.« Ähnlich auch Vergil, Äneis IX 106: ... *adnuit et totum nutu tremefecit Olympum.*

10 Bei der Anlage eines Obstgartens wurden die Bäumchen überkreuz (entsprechend der Fünf beim Würfel: *obliquis ordinibus in quincuncem*) in Furchen (*sulci*) gepflanzt.

11 Auf dem Marsfeld in der Tiberniederung (daher *descendere*) fanden die Wahlversammlungen statt.

13 Die Klienten, ärmere römische Bürger, die sich dem Schutz eines Mächtigeren anvertraut hatten, waren verpflichtet, ihn zu begleiten, wenn er sich in der Öffentlichkeit zeigte.

14 ff. Die *Necessitas* (vgl. dazu c II 3,25 ff. und 18,32 ff.) schüttelt einen Lostopf, der die Todeslose aller Sterblichen enthält (*capax*!). Ohne Unterschied springt bald das Los eines Reichen, bald das eines Armen heraus.

17 ff. Anspielung auf die berühmte Anekdote vom Schwert des Damokles (Cicero, Tusculanen V 21,61 f.). Dieser hatte den Tyrannen Dionysios I. von Syrakus wegen seiner Macht und seines Reichtums glücklich gepriesen. »Willst du mein Glück einmal kosten?« fragte Dionys, und Damokles wollte! Er wurde zu einem prächtigen Gelage gebeten (*Siculae dapes* waren sprichwörtlich!) und genoß es, bis er ein Schwert über sich an einem Pferdehaar hängen sah.

17 *impius*: Anspielung auf die sündhafte Gier nach Macht und Geld.

20 Singvögel in Volièren zu halten, gehörte zum »gehobenen Luxus« der reichen Römer, vgl. Seneca, De vita beata 17,2: *Cur aviarium disponitur?*

24 Der Name des thessalischen Flußtales steht hier verallgemeinernd für eine besonders schöne Landschaft.

27 f. Wenn der Arcturus (»Bärenhüter«) im Herbst spät unterging und zugleich die beiden Haedi im Sternbild des Fuhrmanns früh aufgingen, tobten die Stürme der Tag-und-Nachtgleiche.

30 Das Grundstück und der Baum sind personifiziert.

31 f. Gemeint sind der Sirius und das Sternbild des Löwen; vgl. dazu c I 17,17 f.

33 f. In ähnlicher Weise ereifert sich der Historiker Sallust (Coniuratio Catilinae 13,1) darüber, daß Privatleute Berge abgetragen

und Meere zugeschüttet hätten (*subvorsos montis, maria constrata esse*).
35 *redemptor* ist ein Unternehmer, der für einen Pauschalbetrag eine bestimmte Leistung erbringt.
37/40 Timor, Minae und Cura sind als dämonische Wesen gedacht; vgl. dazu c II 16,11f. und 21ff.
41 Aus Phrygien in Kleinasien kam besonders kostbarer Marmor, weiß mit roten Flecken.
44 *Achaemenius*, abgeleitet von Achaemenes, dem Ahnherrn des persischen Königshauses, steht hier allgemein für »persisch«. Nardenöl wurde allerdings aus der Wurzel eines indischen Strauchs gewonnen.
46 Das Atrium, ursprünglich der Mittelpunkt des römischen Hauses, diente zur Zeit des Horaz als Repräsentations- und Empfangsraum.

2 T: Was ist *virtus*?
V: Alkäische Strophe.
1 *indocilis pauperiem pati* ist der geldgierige Kaufmann in c I 1,18; mit der Forderung, die jungen Leute sollten das, was viele verlernt haben, wieder gründlich lernen (*condiscere*), knüpft Horaz an c III 1 an. Der Kriegsdienst, den er selbst in seiner Jugend kennengelernt hat, scheint ihm dafür gute Voraussetzungen zu bieten.
6ff. Nach dem Vorbild Homers (Ilias III 166ff.; XXII 463ff.) skizziert Horaz eine »Mauerschau«.
13 Diesen seit langem heißumstrittenen Horazvers sollte man nicht isoliert betrachten: Erstens handelt es sich um einen literarischen Topos (z.B. Homer, Ilias XV 496f.: »Es ist nicht unrühmlich, für die Heimat kämpfend zu sterben«; Tyrtaios fr. 6 D, v. 1f.: »Schön ist es, in vorderster Front als braver Mann im Kampf für die Heimat zu fallen«), zweitens wird der Vers durch den folgenden bereits relativiert (»Flucht hilft auch nichts«) und drittens weiß der Leser aufgrund von Horaz' eigenem Geständnis (c II 7,10), wie wenig dieser den Heldentod schätzte – und daß er ihm glücklich durch die Flucht entronnen ist. Eine gute Zusammenfassung unterschiedlicher Deutungsversuche und, meist kritischer, Stellungnahmen findet sich bei E. Lefèvre, Horaz. Dichter im augusteischen Rom (München 1993) S. 157ff.

16 Verwundungen am Rücken galten als höchst unehrenhaft.
17f. Eine *repulsa*, d.h. ein Mißerfolg bei der Bewerbung um ein Staatsamt, kann den idealen Mann, der Horaz vorschwebt, nicht treffen, weil dieser nach Höherem strebt (v. 21ff.) als nach äußerlicher Ehrung.
19 *securis*: die Beile der Liktoren als Symbol der Amtsgewalt höherer Magistrate.
22f. Das Bild vom steilen Pfad der Tugend ist sehr alt (vgl. Hesiod, Erga 289ff.); breit ausgeführt hat es Seneca z.B. in De constantia sapientis 1.
25ff. Vgl. Simonides von Keos fr. 36 D: Auch Schweigen hat seinen bestimmten Lohn. – Horaz spielt auf die Mysterien der Demeter/Ceres an. Wer in sie eingeweiht war, durfte unter keinen Umständen die Inhalte der heiligen Handlungen ausplaudern.
29f. Gemeinschaft mit dem Frevler stürzt auch den Unschuldigen ins Verderben.
29 Diespiter: Jupiter, der Gottlose mit seinem Blitz straft.
31f. Der lahme Fuß der personifizierten Poena deutet an, daß Verbrecher oft lange straflos bleiben – doch irgendwann holt die Poena sie ein.

3 T: Gerechtigkeit als höchste Tugend.
   V: Alkäische Strophe.
2f. Der Gerechte läßt sich weder in einer entarteten Demokratie noch in der Tyrannis vom rechten Weg abbringen.
12 *purpureo ore*: Wenn Augustus unter die Götter aufgenommen wird, zieht er wie ein Triumphator in den Himmel ein – mit rot geschminkten Lippen. Durch die Schminke wurden die Gefeierten dem Bild des Jupiter ähnlich, dessen Gewand sie am Tag des Triumphes trugen.
14 In der griechischen Mythologie ziehen Panther den Wagen des Bacchus.
15 Quirinus heißt der vergöttlichte Stadtgründer Romulus, der Sohn des Mars.
16 Acheron, der Name eines Flusses der Unterwelt, steht hier für diese selbst.
18ff. Ilion steht für Troja; mit dem *fatalis iudex* ist auf das Urteil des trojanischen Königssohns Paris angespielt, bei dem Juno leer aus-

ging. Die *peregrina mulier* ist die von Paris aus Sparta entführte schöne Helena.

22 Für den Trojanerkönig Laomedon hatten Apollon und Poseidon/Neptunus die Stadt ummauert. Den dafür in Aussicht gestellten Lohn erhielten sie nicht (Homer, Ilias XXI 441ff.).

25f. Erneute Umschreibung der Namen Helena und Paris; vgl. v. 18.

27 *periura*: Eidbrüchig wurde das Haus des Priamos, weil es die vor dem Zweikampf des Paris mit Menelaos geleisteten Schwüre nicht hielt (Homer, Ilias III 68ff.): Paris als der Unterlegene, durch Aphrodite vom Kampfplatz Entrückte, hätte Helena und die geraubten Schätze ausliefern müssen.

27 »Achäer« oder »Argiver« heißen die Griechen bei Homer.

29 Die Götter griffen in den Kampf um Troja teils auf Seiten der Griechen, teils der Trojaner ein und waren auch nach der Zerstörung der Stadt uneins, was aus den mit Äneas geflüchteten Trojanern werden solle.

31f. Ares/Mars ist ein Sohn der Hera/Juno und Romulus demnach ihr Enkel. Dessen Mutter, Rea Silvia, stammte von Äneas ab, daher heißt sie »trojanisch«; ihr Onkel Amulius hatte sie zur Priesterin der Vesta gemacht, wodurch sie zur Ehelosigkeit verpflichtet war.

35 *adscribi*: Wie in Rom führt man offenbar auch im Olymp eine Bürgerliste.

49 Daß Gold die *materies summi mali* (c III 24,49) sei, ist ein Topos; vgl. Vergil, Äneis III 56f.: *Quid non mortalia pectora cogis, auri sacra fames?* und Ovid, Met. I 138ff.: *... itum est in viscera terrae, quasque recondiderat ..., effodiuntur opes, inritamenta malorum. Iamque nocens ferrum ferroque nocentius aurum prodierat ...*

52 *sacrum* deutet an, daß auf dem Gold, das die Götter den Menschen vorenthalten wollen, ein Fluch liegt.

54ff. Nach antiker Vorstellung waren die Gebiete im Süden wegen unvorstellbarer Hitze ebenso unbewohnbar wie der im Frost erstarrte, in ewigen Nebel gehüllte hohe Norden – doch die Römer werden selbst in diese unwirtlichen Regionen vorstoßen, weil ihr Forscherdrang (*visere gestiens*), nicht Herrschsucht, sie treibt.

58 Falsche *pietas* wäre es, wenn die Römer das durch göttlichen Zorn vernichtete Troja wieder aufbauten, weil sie von dort stammen.

61 Die Beobachtung des Vogelflugs als Mittel der Weissagung spielte bei den Römern eine große Rolle.
62 Nach antiker Vorstellung hatten Städte und Staatswesen ihre spezifische Glücks- und Schicksalsgöttin (Tyche/Fortuna), die mit ihnen lebte und zugrunde ging.
64 Vgl. Homer, Ilias XVI 432: »(Zeus) sprach zu Hera, seiner Schwester und Gattin«.
66 Phoebus Apollo war einer der Götter, die Troja beschützten.
67 Vgl. v. 27.
69 ff. Wie in c II 1,37 ff. ruft sich Horaz abrupt »zur Ordnung«: Epische Stoffe sind nicht sein Metier; ihm liegen nicht die langen Hexameter, sondern nur die *parvi modi* des Lyrikers.

4 T: Im Schutz der Musen fühlt der Dichter sich geborgen; sie werden auch Augustus schützen und mit Weisheit erfüllen. Dagegen hassen und vernichten die Götter jede rohe Gewalt.
V: Alkäische Strophe.
2 Kalliope ist nach Hesiod (Theogonie 79 f.) »die hervorragendste von allen Musen, weil sie sogar ehrwürdige Könige begleitet«.
3 Mit der *vox acuta* ist wohl die Flöte gemeint.
9 Voltur: ein Berg im Norden Apuliens, unweit von Venusia, dem Geburtsort des Horaz; heute: Monte Vulture.
10 Auf den Namen der Amme kann sich das Adjektiv *fabulosae* beziehen; es wäre dann ausgesagt, daß Pullia viele Geschichten kannte.
12 Tauben galten schon im alten Orient als heilige Vögel der Liebesgöttin Astarte; die Griechen übernahmen sie in den Aphroditekult. Das legt die Beziehung von *fabulosae* auf *palumbes* nahe (»von denen man viele Sagen erzählt«).
14 Aceruntia: eine römische Kolonie auf einem steilen Berg, etwa 30 km südlich von Venusia; heute: Acerenza.
15 f. Bantia, Forentum: weitere Kleinstädte bei Venusia, heute: Santa Maria di Banzi und Forenzo.
19 Der Lorbeer war dem Apollo heilig, die Myrte der Venus; das Wunder, von dem Horaz berichtet, war somit seine Weihe zum Dichter der Liebeslyrik.
20 Horaz deutet an, daß er vom Haus der Pullia wohl nicht weggelaufen wäre, wenn er nicht gespürt hätte, daß die Götter ihn schützten.

ERLÄUTERUNGEN ZU DEN ODEN · DRITTES BUCH 419

24 Baiae: vielbesuchter Badeort in Kampanien.
26 Bei Philippi in Thrakien wurde das Heer der Caesarmörder 42 v. Chr. von Marcus Antonius und Octavianus geschlagen; vgl. dazu c II 7,9.
27 Gemeint ist der in c II 13 verwünschte Baum.
28 Palinurus: ein gefährliches Vorgebirge in Lukanien (Süditalien); dort soll nach der Sage der Steuermann des Äneas, vom Schlafgott überwältigt, den Tod gefunden haben (Vergil, Äneis V 833 ff. und VI 337 ff.). Horaz scheint dort einen schweren Sturm überstanden zu haben.
30 Zu den Gefahren des Bosporus vgl. c II 13,14.
32 Assyrius steht hier für »orientalisch«.
33 Ebenso wie andere keltische Völker brachten die Britannier Menschenopfer dar.
34 Concani: sonst unbekannter Stamm, vielleicht im Norden Spaniens. Der Brauch, Pferdeblut zu trinken, weist allerdings eher auf die im folgenden genannten Reitervölker.
37f. Augustus siedelte nach dem Ende des Bürgerkriegs mehr als 300000 ausgediente Soldaten in Landstädten an; vgl. Res Gestae Divi Augusti 3: *milia aliquanto plura quam trecenta.*
40 Die Landschaft Pierien am Olymp in Nordgriechenland galt als Heimat der Musen; »pierisch« bedeutet »den Musen heilig«. Mit dem Bild vom Kaiser in der Musengrotte drückt Horaz aus, daß Augustus sich nach seinem Sieg u.a. mit Tempelbauten und der Förderung von Kunst und Wissenschaft befaßte.
41 Augustus zeigte mit fortschreitendem Alter eine erstaunliche Milde, die ihm als jungen Mann abging.
43 Titanen: Söhne und Töchter des Himmelsgottes Uranos und der Erdgöttin Gaia. Als Zeus sich gegen seinen Vater Kronos erhob, schloß sich nur ein Teil der Titanen ihm an, die übrigen unterstützten Kronos. Sie wurden nach ihrer Niederlage in die unterste Unterwelt verbannt. – *immanis turba*: die Giganten, die im folgenden als *horrida iuventus* und, individualisiert, unter den Namen Mimas, Porphyrion, Rhoetus und Enceladus erscheinen.
51 Die riesenhaften Brüder Otos und Ephialtes, Söhne des Poseidon von einer Sterblichen, wollten den Olymp stürmen, indem sie Berge aufeinander türmten. Diesen Plan vereitelte Apollon (Homer, Odyssee XI 305 ff.).

52 Pelion, Olymp: Berge im nordgriechischen Thessalien.
53 Typhoeus: ein Drache mit hundert Köpfen, den Gaia im Zorn auf Zeus dem Tartaros geboren hatte. Er wurde erst nach einem erbitterten Kampf bezwungen und unter dem Ätna begraben (Pindar, Olympische Ode IV 6f.; Apollodoros, Bibliotheke I 39ff.; Ovid, Metamorphosen V 321ff.). In der Pythischen Ode VIII 17 macht ihn Pindar zum »König der Giganten«.
57 Zur Ägis vgl. c I 15,11.
61 Die Quelle Kastalia am Parnaß, nicht weit von Delphi, war dem Apollon heilig.
62/64 Patara in der kleinasiatischen Landschaft Lykien war ein bedeutender Kultort des Apollon.
69 Zu Gyas vgl. c II 17,14.
73 Terra: die Erdgöttin Gaia als Mutter der Giganten, des Typhoeus und anderer Monster.
80 Peirithoos, ein Freund des Athenerkönigs Theseus, wollte mit dessen Hilfe die Göttin Persephone aus der Unterwelt entführen, wurde aber mit ihm auf einem Felsen festgebannt. Als Herkules, der den Zerberus holen sollte, die beiden erkannte, konnte er nur Theseus befreien. Peirithoos blieb im Orkus.

5 T: Das Opfer des Regulus.
   V: Alkäische Strophe.
3f. Die Hoffnung, Augustus werde Britannier und Perser unterwerfen, erfüllte sich nicht.
5 Marcus Licinius Crassus der Reiche, Partner von Caesar und Pompeius im 1. Triumvirat, verlor 53 v. Chr. bei Carrhae in Nordsyrien Schlacht und Leben. Von seinen Legionären gerieten 10000 in die Gefangenschaft der siegreichen Parther.
7 Die Kurie, der Versammlungsort des römischen Senats, steht hier für diesen selbst.
10 *ancilia*: heilige Schilde der Salier, einer Priesterschaft des Mars. Nach der Sage war einer davon (nach anderer Überlieferung: alle) vom Himmel gefallen. Vom Besitz dieser Schilde hing angeblich der Bestand der römischen Herrschaft ab. – Die *toga* war das typische Kleidungsstück der Römer; Vergil nennt diese darum *gens togata* (Äneis I 282).
12 Gemeint ist Jupiters Tempel auf dem Kapitol.

13 Marcus Atilius Regulus hatte im ersten Krieg Roms gegen Karthago einen Seesieg errungen und war in Nordafrika eingefallen. Ein weiterer Sieg machte ihn unvorsichtig; er wurde geschlagen und geriet in Gefangenschaft. 250 v. Chr. schickten ihn die Karthager nach Rom, um wegen des Austauschs von Gefangenen und eines Friedensschlusses zu verhandeln. Angeblich sprach sich Regulus im Senat gegen beides aus, kehrte, wie er versprochen hatte, nach Karthago zurück und wurde unter grausamen Martern getötet (Cicero, De officiis III 99f.). Dafür sollen sich seine Söhne an karthagischen Geiseln nicht weniger grausam gerächt haben (Gellius, Noctes Atticae VII 4). – Die Geschichte von Regulus ist wohl der – gelungene – Versuch, eine militärische Schlappe in einen moralischen Sieg zu verwandeln.

18 *signa*: römische Feldzeichen.

23 Die offenen Tore zeigen, wie sicher sich die Karthager wieder fühlen.

37f. Die Römer, meint Regulus, hätten um ihr Leben kämpfen müssen und nicht kapitulieren dürfen. Indem sie gewissermaßen mitten im Krieg ihren Frieden mit dem Feind machten, haben sie Krieg und Frieden »durcheinandergebracht«.

42 Die *deminutio capitis*, der teil- und zeitweise Verlust der bürgerlichen Rechte, traf auch Kriegsgefangene. Auch die Ehe eines *capite minutus* wurde aufgelöst.

53ff. Regulus reist heiter ab, als ginge es – nach langen und ermüdenden Prozessen – in den Urlaub.

55 Venafrum: Ort in Kampanien, berühmt wegen seines ausgezeichneten Olivenöls.

56 »Spartanisch« nennt Horaz Tarent, weil es im 7. Jh. v. Chr. von spartanischen Kolonisten gegründet wurde – als einzige spartanische Pflanzstadt.

6 T: Wie tief ist Rom gesunken – und wie tief wird es noch sinken?

V: Alkäische Strophe.

1ff. Während der langen Bürgerkriege waren viele Tempel verfallen, weil die Menschen den Gottesdienst vernachlässigten. – Der Glaube, Nachkommen müßten für die Sünden der Vorfahren büßen, war weit verbreitet; vgl. Solon fr. 1 D 31f.: »Unschuldig büßen für ihre Taten entweder ihre Kinder oder das folgende Geschlecht.«

9 Monaeses: ein Parther, der 36 v. Chr. einen Feldherrn des Marcus Antonius besiegte. – Pacorus: ein parthischer Königssohn, 40 v. Chr. siegreich über den römischen Legaten von Syrien.

12 Die goldenen Ketten der Parther, meint Horaz ironisch, sind nichts wert im Vergleich zu der den Römern abgenommenen Beute.

13f. Anspielung auf die Bedrohung Roms durch Marcus Antonius, in dessen Heer angeblich auch Daker (aus dem heutigen Rumänien) und Äthiopier dienten.

21 Tänze aus Ionien an der kleinasiatischen Küste, besonders solche aus der Hafenstadt Milet, galten als äußerst lasziv.

24 *tenero ab ungui*: sprichwörtlich aus dem Griechischen »Von zarten Nägeln an«.

25 *iuniores*: jünger als der – meist deutlich ältere – Ehemann.

26 An Gelagen sollten Römerinnen nicht teilnehmen.

30f. Der *institor* verkauft allerlei Luxuskram, der spanische Schiffsherr ist offensichtlich reich.

34 Anspielung auf die römischen Seesiege im ersten Krieg mit Karthago.

35 König Pyrrhus von Epirus in Nordwestgriechenland errang über die Römer die noch heute sprichwörtlichen, äußerst blutigen Pyrrhussiege und wurde 275 v. Chr. bei Benevent geschlagen.

36 Antiochos III., der Große, unterlag den Brüdern Scipio 190 v. Chr. bei Magnesia in Kleinasien.

38 Die Sabeller im Appennin östlich von Rom waren als rauhe, biedere Bauern bekannt.

42 *umbras mutare*: Die Schatten werden nicht nur wieder länger, sondern fallen auch in eine andere Richtung als am Vormittag.

44 *agens abire*: ein Paradoxon, von ferne vergleichbar mit Sappho, fr. 120 D: »Abendstern, bringst alles heim, was die strahlende Morgenröte zerstreut hat: Bringst heim das Schaf, bringst heim die Geiß, bringst weg von der Mutter das Kind.«

45ff. Der zutiefst pessimistische Schluß der letzten Römerode enthält dieselbe Diagnose, wie sie der Historiker Livius in der Vorrede zu seinem Riesenwerk (I praef. 9) seinen Zeitgenossen stellt: Der Verfall der Sitten habe sich immer mehr beschleunigt bis *ad haec tempora, quibus nec vitia nostra nec remedia pati possumus.* »Unheilbar krank« lautet der Befund, und niedergeschrieben wurde er unter der Herrschaft des Friedenskaisers Augustus!

7 T: Warte auf deinen Liebsten, Asterie, er kommt ja wieder – und bleibe ihm treu!
V: 3. asklepiadeische Strophe.
1 Asterie (»Sternenschöne«): in der Mythologie Name einer Titanin, hier wohl Kosename.
2 Während des Winters ruhte die Schiffahrt.
3 Thynien im Nordwesten Kleinasiens und das benachbarte Bithynien waren von thrakischen Einwanderern besiedelt; vgl. Catull c 31,5 f.: ... *Thyniam atque Bithynos liquisse campos.*
4 *fide*: hier Genitiv zu *constantis.*
5 Oricum: griechische Kolonie an der Küste von Epirus.
6 Mit dem Aufgang der Ziege im Sternbild des Fuhrmanns begannen die Herbststürme.
10 Chloe (»junges Grün«) heißt die verliebte *hospita.*
13 ff. Anteia, die Frau des Königs Proitos von Argos, versuchte den jungen, schönen Prinzen von Korinth, Bellerophontes, zu verführen und verleumdete ihn, als er sie abwies. Proitos scheute zwar vor einem Mord zurück, weil ihm das Gastrecht heilig war, schickte aber den jungen Mann mit einem Brief zu seinem Schwager, dem König von Lykien, der nach mehreren Versuchen, Bellerophontes in den Tod zu schicken, erkannte, daß dieser unter dem besonderen Schutz der Götter stand.
17 f. Eine ähnliche Geschichte wurde von Peleus, dem Sohn des Aiakos, erzählt, den Hippolyta, die Frau des Königs Akastos von Iolkos, verleumdete, als er gegenüber ihren Verführungskünsten kalt blieb. – Hippolyta stammte aus der kleinasiatischen Stadt Magnesia.
21 Ikaros: felsige Ägäisinsel vor der Westküste Kleinasiens; nach der Sage hat sie ihren Namen von Ikaros, dem Sohn des Daidalos, der dort abstürzte; vgl. c II 20,13.
23 Enipeus: in der Mythologie der Gott eines thessalischen Flusses, dessen Gestalt Poseidon/Neptun bei einem seiner Liebesabenteuer annimmt (Ovid, Met. VI 116 f.). Der Name soll den jungen Mann, vor dem Asterie gewarnt wird, wohl als besonders stürmisch charakterisieren.

26 Auf dem Marsfeld in der Tibersenke trafen sich die jungen Römer zu militärischen Übungen.
28 *Tuscus* heißt der Tiber, weil er aus Etrurien kommt.
30 Enipeus bringt seiner Angebeteten ein Ständchen. – *despicere*: Die Schlafzimmer lagen i.d.R. im Obergeschoß römischer Häuser.

8 T: Komm, wir wollen feiern!
  V: 1. sapphische Strophe.
1 Am 1. März feierten die verheirateten Römerinnen das Matronalienfest zu Ehren der Iuno Lucina. Da Horaz unverheiratet ist, betrifft ihn das Fest überhaupt nicht.
2 Mit Blumen wurde beim Opfer der Altar geschmückt.
4 Der schlichte Altar war aus Rasensoden errichtet.
6 Den himmlischen Göttern wurden bevorzugt weiße Opfertiere geschlachtet, den unterirdischen schwarze.
7 Das Bockopfer für Bacchus erklärte man daraus, daß Böcke gern an Weinstöcken knabbern; vgl. dazu Vergil, Georgica II 380f.: *Non aliam ob culpam Baccho caper omnibus aris caeditur.* – Auch Bacchus ist ein Gott der Dichter, da er sie begeistert und beschützt. In c II 17,28f. wird allerdings Faunus als Retter vor dem umstürzenden Baum gerühmt, in c III 4,27 sind es die Musen.
10 Vgl. c I 20,3.
11 Man ließ den auf Amphoren abgezogenen Wein in einer Räucherkammer reifen; vgl. Columella I 6,20: ... *vina celerius vetustescunt, quae fumi quodam genere praecoquem maturitatem trahunt.*
12 Bei dem nur mit seinem Beinamen genannten Konsul kann es sich um Lucius Volcatius Tullus, der 66 v.Chr. das Amt innehatte, oder um seinen gleichnamigen Sohn handeln, der 33 v.Chr. als Konsul amtierte. Für das Jahr 33 spricht, daß Horaz damals sein Sabinergut von Maecenas erhielt und den ersten eigenen Wein ernten konnte.
18 Cotiso herrschte um 40 v.Chr. über die Daker im heutigen Rumänien (Florus II 28) oder über die Geten (Sueton, Divus Augustus 63,2); er scheint ziemlich mächtig gewesen zu sein, denn Octavian faßte ihn – wenn man Sueton glauben darf – sogar als Schwiegersohn ins Auge. Von seiner Niederlage erfahren wir nur durch Horaz.
26 Maecenas hat nie ein öffentliches Amt bekleidet.

9 T: Wie wär's, wenn wir es noch einmal miteinander versuchten?
V: 4. asklepiadeische Strophe.
4 Das Glück des Perserkönigs scheint sprichwörtlich gewesen zu sein, vgl. Cicero, Tusculanen V 12,35: ... *ne de Persarum quidem rege magno potes dicere, beatusne sit?*
8 Ilia (Rea Silvia, vgl. c I 2,17) ist als Mutter des Romulus die Ahnfrau der Römer.
9 Die Thraker galten als besonders leidenschaftlich.
14 Mit den drei griechischen Namen trumpft Lydia auf; Kala-is (»Schön-Kraft«) und Ornytos (»Feurig«, zu *ornymi*, »ich sporne an«) klingen zudem vielversprechend. – Thurii: alte und wohlhabende griechische Kolonie in Unteritalien.
22 »Leicht wie Kork« ist zwar auch im Deutschen eine geläufige Wendung, doch wird sie nicht auf einen leichtsinnigen Menschen übertragen. Wir übersetzen daher »Leichtfuß«.
23 Vgl. c I 3,14 ff.; 33,15. – Daß Horaz zu Jähzorn neigte, bezeugt er selbst: c III 14,27.

10 T: Klagelied eines Verliebten vor der versperrten Tür (»Paraklausithyron«).
V: 2. asklepiadeische Strophe.
1 Tanais: der heutige Don.
2 *saevus* charakterisiert nicht nur den Skythen als Barbaren, sondern spielt auch darauf an, daß im Skythenland angeblich auf Ehebruch der Tod stand (c III 24,17 ff.).
3 f. Die Tür, vor der der Ausgesperrte jammert, geht nach Norden; dort sind die kalten Winde daheim.
5 f. Im Innenhof der Häuser vornehmer Römer befand sich oft ein Gärtchen, manchmal sogar mit Bäumen.
8 *numen*: die göttliche Macht Jupiters zeigt sich hier am sternklaren Nachthimmel.
10 Es ist – vielleicht in Anspielung auf ein Sprichwort – an einen einfachen Lastenaufzug gedacht, dem man nicht zuviel zumuten sollte.
11 Penelope, die Frau des Odysseus, die zwanzig Jahre auf ihren Mann wartete, galt als Muster an Tugendhaftigkeit.
12 Den Etruskerinnen sagte man dagegen sexuelle Begehrlichkeit nach.

14 Die Blässe des Verliebten wird mit einer Blume verglichen, vermutlich der Nachtviole; wir haben uns für »leichenfahl« entschieden.
15 Pierisch ist svw. thrakisch; vgl. dazu c III 9,9.
18 Die Schlangen Mauretaniens machte der Nahrungsmangel in den Steppen angeblich besonders aggressiv; vgl. Sallust, Jugurtha 89,5: *(serpentes), quarum vis ... inopia cibi acrior.*

11 T: Bitte an Merkur und die Laute, dem Dichter dabei zu helfen, daß die spröde Lyde ihn erhört.
   V: 1. sapphische Strophe.
2 Amphion, ein Sohn des Zeus, erbaute zusammen mit seinem Bruder Zethos die Mauern von Theben. Er soll dabei die Steine durch sein Lautenspiel bewegt haben (Hesiod fr. 60 Rz.).
3 Einen Schildkrötenpanzer nahm Hermes/Merkur als Resonanzboden der von ihm erfundenen Kithara, vgl. c I 10,6 und Homerischer Hymnus 4,25 ff.: »Hermes schuf als erster die singende Schildkröte..., Tanzbegleiterin, Festmahlgenossin...«
9 ff. Die Strophe enthält deutliche Anklänge an Anakreon, fr. 88 D: »Thrakisches Fohlen, was schaust du mich so mißtrauisch an und weichst mir erbarmungslos aus? Du meinst wohl, ich verstünde nichts Rechtes; doch laß dir gesagt sein, ich könnte dich schön an die Kandare nehmen und durch die Reitbahn zum Ziel lenken. Noch weidest du auf grüner Wiese und springst lustig umher, weil du noch keinen erfahrenen Reiter hast, der dich besteigt.«
13 ff. Anspielung auf den mythischen Sänger Orpheus, der mit seinem Saitenspiel wilde Tiere besänftigte, Wälder dazu brachte, ihm zu folgen, und, als er seine junge Frau Eurydike verloren hatte, sogar die Götter der Unterwelt rührte; vgl. Ovid, Met. X 1 ff.; XI 1 ff.
21 Ixion versuchte der Göttin Hera Gewalt anzutun und muß dafür, auf ein wirbelndes Feuerrad geflochten, in der Unterwelt büßen. – Zu Tityos vgl. c II 14,8.
23 Vgl. zu den Danaiden c II 14,18.
33 *una*: Hypermestra rettete den ihr verlobten Lynkeus.
35 *splendide mendax*: ein schönes Oxymoron für die lebensrettende Lüge.

12 T: Klage eines verliebten Mädchens, das seiner Neigung nicht folgen darf.

V: Ionische Strophe.

1 ff. Vorbild des Horaz dürfte ein im gleichen Versmaß abgefaßtes Alkaiosgedicht gewesen sein, dessen Anfang erhalten ist (fr. 123 D): *Eme deilan, eme paisan kakotaton pedechoisan!* – »Ach ich Arme, die ich ganz den Widrigkeiten bin verfallen!«

4 Das Mädchen, so muß man annehmen, hat keinen Vater mehr und untersteht nun nach römischem Recht der Vormundschaft eines Onkels väterlicherseits, der diese Aufgabe sehr ernst nimmt. – Die Strenge der *patrui* war sprichwörtlich.

5 f. *puer Cythereae*: Amor.

7 Minerva ist auch für weibliche Kunstfertigkeit zuständig und selbst eine ausgezeichnete Weberin, vgl. Ovid, Met. VI 5 ff.

8 Neobule und Hebros sind griechische Namen. – Lipara: die größte der Äolischen Inseln nordöstlich von Sizilien.

9 Vgl. c I 8,3 ff.

11 Zu Bellerophon, dem Reiter des Flügelrosses Pegasos, vgl. c I 27,24.

12 *segni pede*: »trägen Fußes«, was natürlich nicht zutrifft.

16 *excipere*: mit dem Jagdspieß.

13 T: Horaz verspricht der Quelle auf seinem Grundstück ein Opfer und künftigen Ruhm.

V: 3. Asklepiadeische Strophe.

1 Der Name Bandusia ist für eine Quelle bei Venusia, der Geburtsstadt des Horaz, bezeugt; vermutlich hat er den Namen auf den *iugis aquae fons* (sat. II 6,2) übertragen, der auf seinem Sabinergut entsprang. – Bandusiae: Gemeint ist die Nymphe der Quelle.

6 f. *gelidos – rubro*: ein schönes Beispiel für die »Verknappungstechnik« des Horaz. Die Kühle des Wassers steht im Kontrast zur – unausgesprochenen – Wärme des Bluts, während *rubro* zusammen mit *inficiet* die – nun getrübte – Klarheit des Quells erahnen lassen; vgl. dazu Kießling/Heinze a. O. S. 317 und E. A. Schmidt a. O. S. 344 ff. (mit zahlreichen weiteren Beispielen).

9 Canicula: der Hundsstern, vgl. c I 17,17.

13 *nobiles fontes* waren z. B. die Quelle Kastalia bei Delphi und die Hippukrene am Helikon.

14 T: Horaz begrüßt den aus Spanien zurückkehrenden Kaiser und arrangiert eine private Feier.
V: 1. sapphische Strophe.
1 Herkules kam zweimal in den fernsten Westen der Welt, als er die Äpfel der Hesperiden holte und als er die Herden des Riesen Geryoneus raubte. – Der Vergleich des schmächtigen Kaisers mit dem Muskelprotz Herkules berührt eigenartig; vgl. dazu und zum Tenor des ganzen Gedichts die Einführung S. 334 ff.
2 Durch seine »Arbeiten« und den Tod auf dem Scheiterhaufen ertrotzte sich Herkules die Aufnahme in den Olymp.
3 Die Penaten (Götter des Hauses) stehen metonymisch für das Haus selbst. – Von dem Feldzug gegen die Kantabrer kehrte Augustus 24 v. Chr. nach Rom zurück.
5 *mulier*: Livia, die dritte Frau des Kaisers.
6 *prodeat*: Livia soll an die Spitze des Zugs der Opfernden treten.
7 *soror*: Augustus' Schwester Octavia, die zeitweilig mit Marcus Antonius verheiratet war. Ihr – früh verstorbener – Sohn Marcellus sollte der Nachfolger des Kaisers werden.
8 *vitta*: Die wollene Stirnbinde war das Zeichen der Schutzflehenden und Danksagenden.
11 *iam* wird von vielen Herausgebern nach einer Konjektur von R. Bentley durch *non* ersetzt.
12 *parcite* ... entspricht der Aufforderung *favete linguis* in c III 1,2.
17 Salböl und Kränze gehörten zu einem antiken Gelage, vgl. c I 4,9.
18 Gemeint ist der Bundesgenossenkrieg 91–89 v. Chr.; Horaz will sich also einen besonders alten Wein gönnen.
19 Spartacus: der Führer des großen Sklavenaufstands 73–71 v. Chr.
21 Die Situation ist die gleiche wie in c II 11,21 ff., ein *scortum* namens Neaira soll, offenbar aus einem Bordell, herbeigerufen werden. Dabei könnte es Ärger mit dem Pförtner wegen des geforderten Preises geben oder weil das Mädchen von dem alten Freier nichts wissen will. Breit ausgeführt ist eine solche Szene als Scheltrede des Liebhabers auf sturen Pförtner in den Amores des Ovid (I 6).
28 Lucius Munatius Plancus war 42 v. Chr. Konsul – im Jahr der Schlacht bei Philippi; vgl. dazu c II 7,9 ff. und III 4,26.

15 T: Eine Alte sollte lieber sich lieber ans Spinnrad setzen und auf den Tod vorbereiten, statt die Kokette zu spielen.
  V: 4. asklepiadeische Strophe.
1 Den Namen Ibykos für einen Mann, dessen Frau fremd geht, hat Horaz wohl nicht zufällig gewählt: Der aus Schillers Ballade bekannte Lyriker des 6. Jh. v. Chr., dessen Mörder nach der Sage durch Kraniche überführt wurden, galt als leidenschaftlicher Päderast; vgl. Cicero, Tusculanen IV 33,71: *Quae de iuvenum amore scribit Alcaeus ... Maxume vero omnium flagrasse amore Reginum Ibycum apparet ex scriptis.*
5 Zum Bedeutungsspektrum von *ludere* gehört auch der erotische Bereich, vom Flirt bis zum Sexualverkehr.
6 Wie eine schwarze Wolke in der Nacht die Sterne verdunkelt, so beeinträchtigt die Anwesenheit der Alten den Reiz der jungen Mädchen – meint Horaz.
7f. Pholoe ist wohl die Tochter der alten Chloris.
9ff. Das beschriebene Treiben der Tochter legt den Schluß nahe, daß sie ebenso mannstoll ist wie ihre Mutter.
10 Thyias: vgl. c II 19,9. – *tympanum*: vgl. c I 18,14.
14 Luceria: Stadt im Norden Apuliens, heute: Lucera. – *citharae*: Andeutung, daß Chloris als Musikantin bei Gelagen erscheint; das erklärt den Vorwurf *famosis laboribus* in v. 3.
16 *faece tenus*: bis zur Hefe, die sich am Boden des *cadus*, eines ziemlich großen Kruges, absetzte.

16 T: Horaz bekennt sich zu einem bescheidenen, anspruchslosen Leben.
  V: 2. asklepiadeische Strophe.
1ff. Dem König Akrisios von Argos war geweissagt worden, der Sohn seiner Tochter Danae werde ihn töten. Daher schloß er das Mädchen in einem Turm (oder einem Kellergewölbe) ein und ließ es streng bewachen. Zeus/Jupiter aber fiel als goldener Regen in Danaes Schoß und zeugte den Perseus. Als Akrisios erkannte, daß all seine Vorsicht nichts geholfen hatte, ließ er die junge Mutter mit dem Kind in eine Kiste stecken und ins Meer werfen. Beide wurden gerettet, Perseus vollbrachte viele Heldentaten und erfüllte schließlich – unabsichtlich, beim Wurf mit dem Diskos – die Prophezeiung.

7 *fore* …: von *risissent* abhängiger AcI als Gedanke der beiden Gottheiten.
8 Die betont ironische Formulierung mag Tizian inspiriert haben, als er seine »Danae« malte (um 1550, Paris, Louvre). Da regnet es Münzen von der Decke, und eine alte Dienerin spannt ihre Schürze, um auch etwas von dem Segen abzubekommen.
11 ff. Der Seher Amphiaraos aus Argos wußte, daß ihm die Teilnahme am Zug der »Sieben gegen Theben« zum Verhängnis werden würde, und sträubte sich heftig, mußte aber schließlich dem Drängen seiner Frau Eriphyle nachgeben, weil er anläßlich eines Streits seinem Schwager geschworen hatte, künftig bei allen strittigen Fragen auf Eriphyle zu hören. Besonders erbittert war er darüber, daß seine Frau sich von Polyneikes, dem Führer des Feldzugs, mit einem herrlichen Halsband hatte bestechen lassen. Darum befahl er seinen Söhnen beim Abschied, sie sollten, sobald sie erwachsen seien, ihre Mutter töten und dann den Krieg führen, aus dem er nicht zurückkehren werde. Eriphyle fiel durch die Hand ihres Sohnes Alkmaion, dem seinerseits jener Schmuck kein Glück brachte: Er wurde deswegen ermordet – daher: *concidit domus*.
14 f. König Philipp von Makedonien schaltete alle seine Rivalen skrupellos aus, zum Teil durch Bestechung. Einmal belagerte er eine besonders starke Festung, von der seine Späher sagten, sie sei uneinnehmbar; der Zugang sei zu schwierig. »Auch für einen goldbeladenen Esel?« fragte Philipp zurück (Plutarch, Regum et imperatorum apophthegmata 177 E).
15 f. Hier könnte Menodoros gemeint sein, ein ehemaliger Seeräuber, der im römischen Bürgerkrieg das Kommando über eine Flottenabteilung des Sextus Pompeius hatte, bis er, von Octavian bestochen, die Fronten wechselte (was er noch zweimal tat!).
20 Ein feines Kompliment für Maecenas, der sich mit der Ritterwürde zufrieden gab, obwohl es ihm ein Leichtes gewesen wäre, in den Senatorenstand aufzusteigen.
21 f. Ein Kernsatz der stoischen Philosophie besagt, daß nicht der an äußeren Gütern Reiche reich sei, sondern der Bedürfnislose. Demzufolge ist *plura* ambivalent: Zuerst sind jene scheinbaren Güter gemeint, dann die wahren Güter, über die der Weise verfügt.
22 ff. Wie feindliche Heere liegen sich die Reichen und die Zufriedenen gegenüber.

25f. Die Stelle läßt sich auch so verstehen, daß Horaz durch die Verachtung des Reichtums über diesen Macht gewinnt, die die Reichen als Sklaven ihres Besitzes nicht haben.

29ff. Der komplexe Satzbau kann in der Übersetzung nicht nachgestaltet werden: Die Verse 29 und 30 enthalten die drei Subjekte des Satzes (*rivos* = *rivus, silva, certa fides*), das zugehörige Prädikat ist *fallit* (es entgeht, bleibt unbemerkt), von dem *fulgentem (imperio ...)* als Akkusativobjekt abhängt. *Beatior* (*sorte*) schließlich ist Praedicativum und bezieht sich sinngemäß auf den eingangs genannten Besitz, der dem stolzen Grundbesitzer »als beglückender entgeht«. – Von völliger Bedürfnislosigkeit ist unser Dichter noch ziemlich entfernt; immerhin mag sein Gut in den Augen eines Superreichen eine *res contempta* sein.

33 Zum kalabrischen Honig vgl. c II 6,14f.

34 »Lästrygonisch« nennt Horaz seinen Wein aus Formiae, einer Küstenstadt Latiums, weil dort nach der Sage jene menschenfressenden Riesen hausten, mit denen Odysseus sehr üble Erfahrungen machte (Homer, Odyssee X 81ff.). – Bacchus steht metaphorisch für seine Gabe, den Wein.

35f. Gedacht ist an Gallia Cisalpina, d.h. vor allem an die Poebene in Norditalien.

39f. Vgl. *magnum vectigal sit parsimonia* (»eine große Einnahmequelle ist Sparsamkeit«: Cicero, Paradoxa Stoicorum VI 3,49) und *... possit ipsa paupertas in divitias se advocata frugalitate convertere* (»... es kann sich sogar Armut in Reichtum verwandeln, wenn man die Sparsamkeit zu Hilfe ruft«: Seneca, De tranquillitate animi 9,1).

41 Mygdonien: Landschaft im Nordwesten Kleinasiens. – Alyattes: König von Lydien in Kleinasien, Vater des reichen Krösus.

42ff. Den Topos, daß gerade die Reichen nie genug bekommen können, hat Martial in eines seiner pointierten Epigramme gefaßt: *Habet Africanus miliens, tamen captat: Fortuna multis dat nimis, satis nulli* (XII 10).

17 T: Aufforderung zum Opferschmaus.
V: Alkäische Strophe.

1ff. Die Anrede ist bewußt gravitätisch formuliert und voll gutmütigem Spott. – Lucius Aelius Lamia, ein Dichterfreund des Horaz, hat einen wenig hübschen Beinamen geerbt, vielleicht, weil einer seiner Vorfahren von abstoßendem Äußeren war (*Lucius Aelius Lamia, deformis, ut nostis*: Cicero, De oratore II 65,262). Die Lamia ist nämlich ein garstiger Dämon, der Blut saugt, Herzen ausreißt und kleine Kinder verschlingt. Horaz aber hat für Lamia eine neue Deutung parat ...

4 *fasti*: Gemeint ist wohl die Familienchronik der Aelier.

6 Die Stadt Formiae soll der Lästrygonenkönig (vgl. c III 16,34) Lamos gegründet haben.

7 Marica, eine lokale Gottheit, hatte östlich von Formiae einen heiligen Hain, durch den der Liris, ein Fluß mit geringem Gefälle, seinen Weg suchte.

9 Als *tyrannus* ist Lamos kein besonders rühmlicher Ahn; dazu kommt, daß er – was Horaz nicht zu sagen braucht, weil es jeder Gebildete wußte – als Kannibale über ein Volk von kannibalischen Riesen herrschte. Mit der neuen Deutung seines Beinamens kommt Lamia also vom Regen in die Traufe.

9ff. Die lange Introduktion bricht überraschend ab; nun spricht Horaz vom Wetter: Es wird Sturm geben, sofern die alte Wetterprophetin, die Krähe, die er sah, sich nicht geirrt hat.

11 Es ist der Windgott Eurus, der das Unwetter schickt.

13 Nach Hesiod (fr. 171 Rz.) umfaßt das Leben einer Krähe neun Menschenalter.

14 Der Genius ist der persönliche Schutzgott, den jeder Mann hat; Opfer für den Genius wurden vor allem an Geburtstagen dargebracht. Die Wendung *genio indulgere* drückt aus, daß man es sich gut gehen läßt.

18 T: Ein Gebet zu Faunus als dem Beschützer der Herden.

V: 1. sapphische Strophe.

1 Man mag hier an die Nymphe Syrinx denken, die vor dem verliebten Hirtengott flüchtete (Ovid, Met. I 689ff.).

4 Mit *alumni* (»Pflegebefohlene«) meint Horaz seine Lämmer und Kälber.

5 *Si ...*: Es ist kennzeichnend für den Gebetsstil, daß der Beter seine Leistungen für den Gott aufzählt; sind diese erbracht, darf er auf dessen Gnade hoffen (*Do, ut des*).

6f. »Genosse der Venus« heißt der Krug, weil der Wein Hemmun-

gen schwinden läßt, so daß Verliebte eher zueinander finden: *Cum Veneris puero non male, Bacche, facis* (Ovid, Ars amandi III 762).
10 Die Nonen sind der 9. Tag vor den Iden; da diese im Dezember auf den 13. fallen, findet also das Fest am 5. Dezember statt.
13 In mythischer Überhöhung läßt Horaz den »Wolfsabwehrer« Faunus (vgl. Servius zu Vergil, Äneis VIII 343f.), ähnlich wie in c I 17,9, seine Gegenwart bei dem Fest durch ein Wunder zeigen.
14 Auch der herbstliche Blätterfall erhält eine Deutung: Wie man den Weg von Prozessionen mit Blumen bestreut, so spendet der Wald sein Laub dem Gott.
15f. *invisa terra:* Der Erde müssen ihre Gaben abgerungen werden, sie spendet sie nicht mehr von sich aus wie im Goldenen Zeitalter, insoweit ist sie gehässig und deswegen dem *fossor* verhaßt. – *pepulisse … ter pede terram*: Das rhythmische Stampfen der tanzenden Bauern kommt im Metrum und durch die p/t-Alliteration zum Ausdruck.

19 T: Laß die Gelehrsamkeit, wir wollen kräftig feiern!
V: 4. asklepiadeische Strophe.
1f. Inachos, der erste König von Argos (vgl. c II 3,21), und Kodros, der letzte König der Athener, sind Gestalten der Sage, wurden aber, genau wie der trojanische Krieg, in spekulative Chronologien eingepaßt. Horaz hält dergleichen für uninteressant. – Als der kriegerische Stamm der Dorer in Attika einfiel, verkündete den Athenern ein Orakel, daß sie siegen würden, wenn ihr König von einem Dorer getötet werde. Darauf schlich sich Kodros verkleidet ins Dorerlager, provozierte einen Krieger und wurde erschlagen. Durch diesen seinen Opfertod sicherte er seinem Volk den Sieg.
3 Aiakos, ein Sohn des Zeus, herrschte über die Insel Ägina; seinem Sohn Peleus gebar die Göttin Thetis den gewaltigen Achilleus, sein anderer Sohn Telamon wurde der Vater des »größeren« Ajax.
4 »Heilige Ilios« nennt Homer die Stadt Troja (Ilias IV 46 u. ö.).
5 Wein von der griechischen Insel Chios war gefragt und teuer.
6 Im Winter mischte man den Wein mit heißem Wasser.
8 Die Päligner lebten in den Abruzzen östlich von Rom; *paelignum frigus* war sprichwörtlich, ähnlich dem deutschen Ausdruck »sibirische Kälte«.

9f. Der dreifache Zutrunk des Horaz verrät Zeitpunkt und Anlaß des Gelages: Es ist Mitternacht, ein neuer Monat beginnt und Lucius Licinius Murena (vgl. dazu c II 10,1) ist in das Kollegium der Auguren aufgenommen.

11f. Horaz als selbsternannter *rex convivii* (vgl. c I 4,18; II 7,25f.) läßt nun zwei Mischkrüge füllen: Für die scharfen Zecher sollen auf drei Becher Wasser neun Becher Wein kommen; für Gäste, die weniger vertragen, soll das umgekehrte Mischungsverhältnis gelten. Zwölf *cyathi* faßte nämlich ein *sextarius* (ca. 0,55 l), das gebräuchlichste Hohlmaß. – Inhaltliche Parallelen bestehen zu einem Trinklied des Anakreon (fr. 43 D): »Auf, Bursche, bring mir einen Krug, damit ich mit einem tüchtigen Schluck zutrinken kann: Zehn Becher Wasser und fünf vom Wein ...«

13ff. Für die Dichter, die sich Begeisterung antrinken müssen, ist die Neunzahl der Musen maßgeblich, die anderen mögen sich an der Zahl der Grazien orientieren.

16 Die drei Grazien wurden von Malern und Bildhauern i.d.R. unbekleidet und engumschlungen dargestellt.

18 Vgl. c. I 18,13.

23 Lykos (gr. »Wolf«) ist ein redender Name, der den Nachbarn als grimmig charakterisiert.

24 Die Frau des Nachbarn ist wohl wesentlich jünger als er.

26 Auch der Name Telephos (vgl. dazu e 17,8) ist mit Bedacht gewählt: Der junge Mann ist (von Amor) verwundet.

28 Ganz zum Schluß erfährt man, warum Horaz so maßlos trinken will: Er hat Liebeskummer.

20 T: Nimm dich vor deinem Nebenbuhler in Acht!
V: 1. sapphische Strophe.

1 Pyrrhus (»Der Rotblonde«), ein häufiger Name.

2 Gätulien: das heutige Marokko.

6 Erst jetzt wird klar, daß nicht von einer wirklichen Löwin und ihren Jungen die Rede ist, sondern von einem Liebesverhältnis: Pyrrhus hat den hübschen Nearchus einem anderen Liebhaber abspenstig gemacht, der das nicht dulden wird. Daß dieser als Löw**in** auftritt, erklärt sich daraus, daß (wie man heute noch sagt) Löwinnen ganz erbittert um ihre Jungen kämpfen.

10 Ein neues Bild: Die »Löwin« wetzt ihre Zähne wie ein Eber.

11f. Indem der umkämpfte Junge den Fuß auf den Palmzweig setzt, zeigt er, daß ihn der ganze Streit nichts angeht; wenn es einen Sieger gibt, dann ihn selber!
15 »Nireus, der als schönster Mann von allen Danaern nach dem untadeligen Achilleus unter die Mauern von Ilion kam« (Homer, Ilias II 673f.).
16 Gemeint ist der von Zeus in den Olymp entführte trojanische Königssohn Ganymedes (vgl. c IV 4,4).

21 T: Hymnus auf den Weinkrug.
V: Alkäische Strophe
1 Lucius Manlius Torquatus war 65 v. Chr. Konsul, im Geburtsjahr des Dichters.
2ff. Die Anapher von *seu/sive* ist typisch für den Hymnenstil: Die Wirkungen des Weins werden ähnlich wie die Beinamen einer Gottheit aufgezählt, vgl. sat. II 6,20: *Matutine pater seu Iane libentius audis*.
7 *descende* – wie eine olympische Gottheit, vgl. c III 4,1: *Descende caelo!* – Zur Aufbewahrung des Weins vgl. c I 9,7. – Marcus Valerius Messalla Corvinus gehörte zum römischen Hochadel, bewährte sich als Militär, Politiker und Redner und förderte wie Maecenas einen Kreis römischer Dichter.
9 *madet*: »er trieft« von klugen Sprüchen wie andere von Wein und Salböl.
10ff. Ein so feinsinniger Mensch wie Corvinus kann unmöglich *horridus* sein, doch selbst wenn er so wäre wie der alte Cato, ein rauher, sittenstrenger Römer von der alten Art, würde er den Wein nicht verschmähen. – Daß Cato gern den Vorsitz beim Gelage führte und mit seinen Nachbarn nicht unmäßig, aber jedenfalls *ad multam noctem* zechte, läßt ihn Cicero im Dialog Cato maior de senectute (XIV 46) verraten.
13 *lene tormentum* (»sanfte Daumenschraube«): Das Oxymoron drückt aus, daß der Wein selbst diejenigen zum Sprechen bringt, die auf der Folter eisern schweigen.
16 Lyaios »Löser« ist einer der vielen Beinamen des Bacchus.
18 Hörner sind ein Symbol für Kraft und Selbstvertrauen, vgl. Ovid, Ars amandi I 239: *tum pauper cornua sumit*.
19 *post te*: wie *post vina* in c I 18,5.

20 *apex* »Spitze« weist auf die Tiara der orientalischen Könige, die als besonders despotisch und grausam galten.
22 Vgl. c III 19,16f. – Die drei stets in Eintracht verbundenen Grazien stehen für die Harmonie, die während des ganzen Festes herrschen soll.

22 T: Gebet an Diana.
V: 1. sapphische Strophe.
1ff. Die jungfräuliche Göttin ist nicht nur Herrin der Wälder und wilden Tiere, sondern auch Beschützerin der Frauen, Fruchtbarkeitsgöttin und Geburtshelferin.
4 *triformis*: Drei Köpfe und oft auch drei Leiber hat die Unterweltsgöttin Hekate, die mit Artemis/Diana gleichgesetzt wurde; vgl. aber auch Catull c 34,13ff.: *Tu Lucina dolentibus Iuno dicta puerperis, tu potens Trivia et notho es dicta nomina Luna*. Hier sind Diana, neben ihrem Wirken als Naturgottheit, drei weitere Bereiche zugewiesen: Als Geburtshelferin heißt sie Iuno (!) Lucina, als Unterweltsgöttin Hekate Trivia (weil diese nachts an Dreiwegen angerufen wurde), als Mondgöttin Luna.

23 T: Auch ein bescheidenes Opfer, frommen Herzens dargebracht, erfreut die Götter.
V: Alkäische Strophe.
1 Griechen und Römer beteten mit erhobenen Armen, wobei sie die Handflächen dem Himmel zuwandten.
2 Der Name Phidyle ist von gr. *pheidomai* »ich spare« abgeleitet und soll die betende Bäuerin charakterisieren. – Opfer für die Hausgötter wurden vor allem am Monatsersten, aber auch an den anderen Fixtagen, den Nonen und Iden, dargebracht.
5/8 Der heiße Scirocco weht im September, zur Zeit der Obsternte.
7 »*Aspera Robigo, parcas Cerialibus herbis!*« betete nach Ovid (Fasti IV 911) am 22. April ein Priester im alten Hain der Göttin des Getreiderosts, während er eine Hündin und ein Schaf opferte. Der gefürchtete Rost oder Meltau trat gewöhnlich Ende April auf. – *alumni*: das junge Vieh, wie c III 18,4.
9ff. An den Hängen des Algidus bei Tusculum im Gebiet des alten Alba Longa hatte die römische Priesterschaft reichen Grundbesitz:

Die ausschließlich für die Opfer bestimmten Schweine trieb man zur Eichelmast in die Wälder, auf den Wiesen weideten makellos weiße Rinder.

14 Bei Wiederkäuern fallen im zweiten Lebensjahr die mittleren Schneidezähne des Unterkiefers aus und werden durch deutlich größere ersetzt; mit *bidens*, »Zweizahn«, kann somit z.B. eine junge Kuh gemeint sein. In der Regel aber steht *bidens* für »zweijähriges Schaf«.

15f. Die kleinen Bilder der Laren standen in einer Nische oder in einem Schränkchen beim Herd.

17 Beter und Opfernde berührten den Altar mit der Hand.

20 Gesalzener Getreideschrot war beim Opfer unentbehrlich; er wurde entweder auf den Kopf des Opfertiers oder auf den Altar gestreut. Wenn das Salz im Feuer aufsprühte, galt das als gutes Vorzeichen.

24 T: Der Reichtum ist die Ursache aller Übel.
V: 4. asklepiadeische Strophe.

1 »Unberührt« sind die Schätze der Araber, weil die Römer sich ihrer noch nicht bemächtigen konnten.

3f. Gegen die Bauwut seiner Zeitgenossen wettert Horaz auch in c II 15,1ff.; II 18,19ff.; III 1,33ff.

5f. Zu Balkennägeln als Symbol des Unabänderlichen vgl. c I 35,18. – Indem die Necessitas ihre Nägel in die First der Paläste treibt, weiht sie diese dem Untergang.

8 Wie ein Jäger legt der Tod Schlingen aus.

10 Die skythischen Nomaden im Süden des heutigen Rußland beförderten ihre Habe in Planwagen, die ihnen auch als Wohnung dienten.

11 Die Geten an der unteren Donau betrachtet Horaz als Nordländer – daher *rigidi*.

12 Daß es bei Naturvölkern keinen privaten Grundbesitz gebe, war ein Topos; vgl. Caesar, De bello Gallico VI 22,2 (über die Germanen): *Neque quisquam agri modum certum aut fines habet proprios.* – *liber*: alle dürfen sich vom Ertrag nehmen, was sie benötigen.

14ff. Es ist wohl daran gedacht, daß Nachbarn sich in jährlichem Wechsel bei der Feldarbeit ablösen. Ähnliches berichtet Caesar von den Sueben in De bello Gallico IV 1,5.

18 Stiefmütter hatten in Rom einen sehr schlechten Ruf, vgl. Ovid, Met. I 147: *Lurida terribiles miscent aconita novercae.*
22 Das römische Gegenbild entwirft Horaz in c III 6,25 ff.
27 *pater urbium*: gewählt statt *pater patriae.*
30ff. Wer es unternimmt, der Sittenlosigkeit zu steuern, wird erst bei der Nachwelt Ruhm ernten: Die moralisch verkommenen Zeitgenossen hassen den Reformer und wünschen ihn erst herbei, wenn er nicht mehr da ist.
33 *querimoniae*: der »anständigen« Bürger.
36ff. Von den beiden unwirtlichen Zonen spricht Horaz auch in c I 22,17 ff.
44 Den Pfad der Tugend beschreibt Hesiod (Erga 290) so: »Lang und steil ist der Anstieg und am Anfang auch rauh.«
45ff. Nach der Wunschvorstellung des Dichters wird eine große Menschenmenge lauten Beifall spenden, wenn man all das Gold und den Glitzerkram wie im Triumphzug in den Jupitertempel bringt.
49 Ähnlich äußert sich Sallust über Geldgier und den Hunger nach Macht: *Ea quasi materies omnium malorum fuere* (Coniuratio Catilinae 10,3); dementsprechend rät er Caesar, er solle dem Geld, *quae maxuma omnium pernicies est, usum atque decus demere* (Epistula I 7,3).
53 Gedacht ist an militärischen Drill, vgl. c III 2,1ff.
57 Einen Reifen mit einem Stock zu treiben, war eigentlich ein Vergnügen von Kindern, doch fanden auch Erwachsene daran Vergnügen.
58 Das gesetzliche Verbot von Glücksspielen wurde in Rom häufig übertreten; selbst Augustus würfelte gern (Sueton, Aug. 70,2: *aleae indulgens*).
59 *periura fides*: ein besonders grelles Paradoxon.
60ff. Das rast- und skrupellose Gewinnstreben des Vaters kommt nur dem unwürdigen Sohn zugute.

25 T: Im Banne des Bacchus.
  V: 4. asklepiadeische Strophe.
1f. Der Dichter ist, im Zustand des Enthusiasmus, »des Gottes voll« (Schiller).
4 *antrum* ist im Vergleich mit *specus* das gewähltere Wort; *quibus antris* kann eine Ortsangabe sein; wahrscheinlicher aber ist, daß es

sich um einen Dativus auctoris handelt, da der in die Einsamkeit entrückte Dichter offenbar von niemandem sonst gehört wird.

6 Auch Caesar soll, als *sidus Iulium*, unter die Gestirne versetzt worden sein; vgl. c I 12,47. – Als Mitglied im Rat der Götter erscheint Augustus in Senecas Apocolocyntosis (10,1): Er hält seine erste Rede und plädiert dabei gegen die Vergöttlichung des Kaisers Claudius.

8 ff. Horaz vergleicht sich mit einer Mänade, die während der nächtlichen Feier in die thrakische Heimat des Gottes versetzt wurde. – Euhias: »die Euhoe-Ruferin«, nach dem Jubelruf der Bacchanten.

10 Hebros: Fluß in Thrakien, jetzt Maritza.

12 Rhodope: Gebirgszug im westlichen Thrakien.

14 Najaden: die Nymphen der Quellen und Bäche.

16 In der Ekstase entwickelten die Bacchantinnen angeblich Riesenkräfte.

19 Lenaios: »Kelterer«, Beiname des Bacchus von gr. *lênê*, die Kelter.

20 *cingentem* kann sich auf den Gott oder auf den Dichter beziehen.

26 T: Abschied vom Liebesdienst?
V: Alkäische Strophe.

1 *idoneus*: Er war also ein »tüchtiger« Liebhaber.

2 Der Vergleich von Liebe und Kriegsdienst ist in der erotischen Poesie häufig; vgl. z. B. Ovid, Ars amandi I 36: der Verliebte als *miles*; II 233: *Militiae species amor est*; Amores I 9,1: *Militat omnis amans*.

3 f. Wie entlassene Soldaten oder Gladiatoren ihre Waffen im Tempel des Mars, des Herkules oder anderer Helfergötter aufhängten, so will Horaz die seinen der Venus weihen; es sind die Laute, auf der er seine Liebeslieder begleitet hat, und die in v. 7 genannten Geräte. – Zum Tenor des Gedichts vgl. Anthologia Palatina VI 9,1 f.: »Für dich, Apollon, sind der krumme Bogen und der pfeilespendende Köcher als Gaben hier aufgehängt.«

5 Bei Etruskern und Römern galt die linke Seite als glückbringend. – Die Geburt der Aphrodite/Venus beschreibt Hesiod in seiner Theogonie (v. 188 ff.).

6 *ponite*: Angesprochen sind die Sklaven, die den Dichter begleiten.
7 *funalia*: aus wachsgetränkten Schnüren gedrehte Fackeln, die bei nächtlichen Liebesabenteuern den Weg wiesen. – *vectis*: Brechstangen, um sich gewaltsam Zutritt zum Haus der Geliebten zu verschaffen. – *arcus*: Türhüter und Sklaven, die den Eindringling abwehren wollten, versuchte dieser gelegentlich wohl auch mit Waffengewalt einzuschüchtern. Ob freilich Horaz ein so wilder Liebhaber war, wie er es hier darstellt, darf bezweifelt werden.
10 Das ägyptische Memphis war ein Zentrum des Isiskults, der auch in Rom zahlreiche Anhänger hatte. Isis wurde mit der orientalischen Liebesgöttin Ischtar/Astarte und auch mit Venus gleichgesetzt. – Sithonisch – nach einem Thrakerstamm auf der Halbinsel Chalkidike – steht hier verallgemeinernd für »thrakisch«, »nordländisch«.
11f. Das Gedicht, das als Weihung der Waffen begonnen hatte, verwandelt sich überraschend in ein Gebet: Venus soll dem Dichter, der eben noch von der Liebe Abschied nehmen wollte, bei seinem Werben um Chloe beistehen.

27 T: Lebe wohl, Galatea, und denke bei deiner Reise an die Sage von Europa!
V: 1. sapphische Strophe.
1ff. Die ersten sechs Verse erwecken den Eindruck, als wolle der Dichter jemanden verwünschen. – Der Ruf eines Steinkauzes galt als böses Vorzeichen, desgleichen die Begegnung mit einem Wolf, einem schwarzen Hund oder einer trächtigen Hündin.
3 Lanuvium: Stadt in Latium, südöstlich von Rom.
4 Füchse spielten, im Gegensatz zu den anderen genannten Tieren, im Aberglauben keine besondere Rolle.
7 *manni*: kleine, robuste Pferderasse aus Gallien, ähnlich unseren Ponies.
9f. Wenn Krähen zum Wasser fliegen, ist angeblich Regen zu erwarten, vgl. c III 17,12f.
11 *oscen*: Fachbegriff aus der Sprache der Auguren für alle Vögel, deren Ruf für die Weissagung bedeutsam war.
12 Bei der Deutung der Vogelzeichen spielten Himmelsrichtungen eine wichtige Rolle; für einen Augur, der nach Süden blickte, war

Rabengeschrei aus Osten – also zu seiner Linken – ein besonders günstiges Zeichen.
15 Die Griechen waren fest davon überzeugt, daß die linke Seite unheilvoll sei, und verunsicherten auch die abergläubischen Römer; darum kann *laevus* sowohl »günstig« als auch »ungünstig« bedeuten.
18 Zum Untergang des Orion vgl. c I 28,21.
20 Iapyx: ein stürmischer Nordwestwind.
25 *sic*: Etwas abrupt zieht Horaz einen Vergleich zwischen Galatea, die offenbar eine Seereise vorhat, und der von Zeus/Jupiter in Stiergestalt übers Meer nach Kreta entführten phönizischen Königstochter Europa.
27 *fraudes*: Die überlistete Europa ist dem *dolosus taurus* hilflos ausgeliefert.
30 *debita corona*: Es ist wohl an ein Gelübde gedacht.
33f. »Hundertstädtig«, *hekatómpolis*, ist bei Homer (Ilias II 649 u. ö.) schmückendes Beiwort für Kreta.
34f. wörtlich: »Zurückgelassen ist der Name ›Tochter‹.«
41 »Es gibt zwei Pforten für die flüchtigen Träume. Die eine ist aus Horn gefertigt, die andere aus Elfenbein.« So beginnt Penelope in Homers Odyssee (XIX 562 ff.) und erklärt weiter, daß aus dem Elfenbeintor die trügerischen Träume kommen, die nichts zu bedeuten haben.
62 *procella*: Gedacht ist an einen Wirbelsturm, der Europa entführen und gegen die Klippen schleudern könnte; vgl. dazu Ovid, Met. VI 310 f.: (Niobe) *circumdata turbine venti in patriam rapta est.*
64 *pensum*: Sklavinnen wurde täglich eine bestimmte Menge Wolle zum Spinnen abgewogen.
65 f. Horaz deutet an, Europa könnte als Sklavin zur Konkubine ihres Herrn werden und deswegen den Schikanen ihrer Herrin ausgesetzt sein.
75 *In divisione orbis terrae plerique in parte tertia Africam posuere, pauci tantummodo Asiam et Europam esse ...* (Sallust, Jugustha 17,3). Horaz folgt hier offenbar den *pauci*, die nur zwei Erdteile unterschieden.

28 T: Wir wollen das Neptunfest feiern!
V: 4. asklepiadeische Strophe.
1f. Die Neptunalia am 23. Juli waren ein Fest der Plebs, vergleichbar dem von Ovid in den Fasti (III 523ff.) beschriebenen Fest der Anna Perenna.
2 *reconditum*: vgl. e 9,1: *repostum Caecubum ad festas dapes*.
4 *munita sapientia* deutet an, daß Lyde – im Gegensatz zu Horaz – nicht schon am hellen Tag feiern und außerdem den teuren Wein gern sparen möchte.
7 *deripere ... cessantem* – als ob der Krug Widerstand leistete, der gebrochen werden muß.
8 Marcus Calpurnius Bibulus war 59 v. Chr. zusammen mit Caesar Konsul; sein Beiname (»Trinkfreudig«) paßt zu den Absichten des Horaz.
10 Nereiden: die 50 Töchter des alten Meergottes Nereus. – Götter der Gewässer haben bei den Dichtern der Griechen meist blauschwarzes, bei den Römern eher schilfgrünes Haar.
12 Latona ist die Mutter des Apollo und der Jagdgöttin Diana, die hier Cynthia genannt wird nach dem Berg Kynthos auf der Insel Delos, ihrem Geburtsort.
13f. In der kleinasiatischen Stadt Knidos und in Paphos auf Zypern standen berühmte Tempel der Aphrodite/Venus.
14 Zu den »schimmernden Kykladen« vgl. c I 14,20.
15 Schwäne sind i. d. R. die heiligen Vögel des Apollon; vgl. aber c IV 1,10.
16 In Hesiods Theogonie (v. 123) ist die Nacht eine uralte, aus dem Chaos hervorgegangene Gottheit. – *nenia* kann sich, im Gegensatz zu *summo carmine* (v. 13), auf den Schluß des Wechselgesangs beziehen.

29 T: Maecenas wird eingeladen, aus dem rastlosen Rom auf das Gut des Horaz zu kommen.
V: Alkäische Strophe.
1 Zur Abstammung des Maecenas vgl. c I 1,1.
2 *versus*: um Wein auszuschenken.
3 Vgl. c I 4,9f.
4 *balanus*: das kostbare Öl der arabischen Behennuß.
6 Aefula: Kleinstadt in der Nähe von Tibur, dem heutigen Tivoli.

7 Der hohe Palast des Maecenas befand sich auf dem Esquilin; von dort hatte er eine herrliche Aussicht.

8 Telegonos, der Sohn des Odysseus von der Göttin Kirke, war ausgezogen, um seinen Vater zu suchen. Als er auf Ithaka landete, trat ihm ein älterer Mann entgegen. Diesen tötete Telegonos, ohne zu ahnen, daß es der Gesuchte war. Nach römischer Überlieferung war Telegonos der Gründer von Tusculum (Livius I 49).

10 Zum Palast des Maecenas gehörte ein turmartiger Aufbau.

11f. Odysseus, von der Nymphe Kalypso schon sieben Jahre festgehalten, hat nur noch einen einzigen Wunsch: Er möchte den Rauch von Ithaka aufsteigen sehen und dann sterben (Homer, Odyssee I 58f.). Der Rauch von Rom, deutet Horaz an, ist nicht ganz so romantisch.

17ff. Andromedas Vater ist der mit ihr an den Himmel versetzte Äthiopenkönig Kepheus; der Frühaufgang dieses Sternbilds fiel ebenso in den Juli wie der des Kleinen Hundes. Gleichzeitig tritt die Sonne ins Sternbild des Löwen, was diesen angeblich in hitzige Wut versetzt.

23 Silvanus: altrömischer Gott der Wälder.

27f. Die Serer im heutigen China, die Baktrer in Afghanistan und die Sythen am Tanais, dem Don, stehen für (mögliche) ferne Feinde Roms. – Kyros, der Gründer des Perserreichs, hatte auch Baktrien unterworfen.

38f. Wörtlich: »Nicht ohne den Widerhall ...«

44 *pater*: Jupiter.

45ff. Der Gedanke, daß das Vergangene der einzige sichere Besitz des Menschen ist, findet sich auch bei Seneca (ep. 98,11): *Habere eripitur, habuisse numquam.*

50 Vgl. c II 1,2: *ludumque Fortunae.*

51f. Vgl. I 34,14ff.

54 *resignare*, ein Ausdruck der Kaufmannssprache, bezeichnet die Rückzahlung einer geborgten Summe. Horaz drückt damit aus, daß er alles, was das Glück ihm gab, nur als geliehen betrachtet.

55 *me involvo*: wie in einen schützenden Mantel.

55f. Horaz sucht sich somit eine neue Lebensgefährtin, die *proba paupertas*.

57ff. Wer keine Kostbarkeiten besitzt, braucht nicht um ihren Verlust zu bangen.

59 *pacisci* drückt aus, daß der Beter mit den Göttern um die Rettung seines Besitzes handelt.
60 Die Stadt Tyros an der phönizischen Küste war ein Zentrum der Purpurgewinnung.
61 Das Meer ist personifiziert: Es giert danach, Schätze zu verschlingen; vgl. dazu c II 2,1.
64 Die göttlichen Zwillinge Kastor und Pollux beschützten die Seefahrer, vgl. c I 3,2; I 12,27 ff.

30 T: Unsterblich werde ich sein!
V: 1. asklepiadeische Strophe.
1 *aes*: Es mag an Standbilder aus Bronze gedacht sein.
7 Libitina: altrömische Göttin der Bestattung; hier svw.»Tod«.
8 f. Nur an wenigen hohen Festtagen begab sich der Oberste Priester Roms mit der ältesten der sechs Vestalinnen auf das Kapitol, um Jupiter ein Opfer darzubringen.
10 Aufidus: ein Fluß in Apulien, heute: Ofanto.
11 Daunus: mythischer König in Süditalien; vgl. c I 22,14.
12 *ex humili*: als Sohn eines Freigelassenen.
13 *Aeolium carmen*: die Lyrik des Alkaios und der Sappho, vgl. c I 1,33 ff.
14 f. *sume superbiam*: Die Muse soll sich den berechtigten Stolz des Dichters zu eigen machen, da sie ihn ja inspiriert hat.
15 Der Lorbeer ist dem Apollon heilig.

Oden IV

1 T: Venus, verschone mich alten Mann mit neuen Liebesabenteuern – suche dir dafür einen Jüngeren!
M: 4. asklepiadeische Strophe.
2 Mit Krieg(sdienst) wird die Liebe in der erotischen Poesie oft verglichen, z.B. auch in c III 26,2 f.
4 Cinara: Pseudonym für eine früh verstorbene (c IV 13,22 f.) Geliebte des Dichters.
5 Selbstzitat von c I 19,1.
10 Paul(l)us Fabius Maximus aus der alten und hochangesehenen Familie der Fabier war mit Augustus verwandt und befreundet. –

Das Adjektiv *purpureus* bezeichnet nicht nur verschiedene Abstufungen der Farbe Rot, sondern überhaupt alles Strahlende und Prächtige.

11 *comissari*: griechisches Lehnwort, abgeleitet vom *kômos*, dem heiteren Umzug bei Götterfesten und Hochzeiten. Auch wenn eine betrunkene Gesellschaft unter Musik und Gesang von einem Gelage kam oder den nächsten Gastgeber heimsuchte, war das *kômázein;* vgl. dazu Platon, Symposion 212cff.

12 *iecur*: In der Antike galt vielfach die Leber als Sitz leidenschaftlicher Regungen.

16 Vgl. v. 2; *signa ferre* »die Feldzeichen tragen« ist ein militärischer Ausdruck.

19 *Albani lacus*: der Albanersee im Bergland südöstlich von Rom und einige kleinere Seen. In der reizvollen Gegend besaß Paulus Maximus anscheinend ein Landhaus.

20 *trabs citrea*: das wohlriechende Holz eines afrikanischen Nadelbaums.

21f. Horaz denkt sich die Göttin in ihrem Bild gegenwärtig.

22 *Berecynthia tibia*; vgl. c I 18,13 und III 19,18.

28 Zur Priesterschaft der Salier vgl. c I 36,12; zum Dreischritt c III 18,16.

31 Wetttrinken war bei Gelagen beliebt.

33 Ligurinus: ein Knabe, in den sich Horaz verliebt hat; vgl. dazu c IV 10.

39 Auf dem Marsfeld im Tiberbogen trafen sich junge Leute zum Sport und erfrischten sich danach im nahen Fluß.

2 T: Mit Pindar kann sich niemand messen, am wenigsten ich mit meinen bescheidenen Talent!

M: 1. sapphische Strophe.

1 Pindar (um 520 – nach 446 v. Chr.), der bedeutendste griechische Chorlyriker, verherrlichte in seinen Oden die Sieger bei den großen Wettkämpfen von Olympia, Delphi, Nemea und Korinth. Außerdem verfaßte er Götterhymnen, kultische Gesänge (Dithyramben und Paiane), Hochzeitslieder und Totenklagen (Threnoi).

2 Iullus Antonius, der Sohn von Caesars Kampfgefährten Marcus Antonius und dessen erster Frau, wuchs unter der Obhut seiner

Stiefmutter Octavia auf. Diese, die Schwester Octavians, des späteren Kaisers Augustus, war seit 40 v. Chr. mit Antonius verheiratet, bis dessen Zerwürfnis mit Octavian und seine Ehe mit der ägyptischen Königin Kleopatra zur Scheidung führten. Augustus schätzte Iullus sehr und vermählte ihn 21 v. Chr. mit seiner Nichte Claudia Marcella. Als jedoch der junge Mann 2 v. Chr. in den Skandal um die Kaisertochter Julia verwickelt und der Verschwörung beschuldigt wurde, ließ Augustus ihn hinrichten.

3f. *daturus nomina*: Gedacht ist an Ikarus, den Sohn des kunstreichen Dädalus, der für sich selbst und für seinen Sohn Flügel verfertigte, mit denen beiden die Flucht von der Insel Kreta gelang. Da sich Ikarus nicht an die Weisungen seines Vaters hielt, schmolz in der Sonnenhitze das Wachs, mit dem das Gefieder verklebt war, und Ikarus stürzte in das nach ihm benannte »Ikarische Meer« unweit von Samos.

5 ff. Die Kunstsprache Pindars zeichnet sich durch Wortgewalt und kühne Neuschöpfungen aus; den brausenden Strom seiner Dichtung ahmt Horaz in einem überlangen Satz nach, der sich über die folgenden fünf Strophen erstreckt.

9 Der dem Gott Apollon heilige Lorbeer schmückt auch die Sänger, die unter seinem Schutz stehen.

11f. *numeri lege soluti*: Anders als Horaz, der sich bestimmter Metren immer wieder bediente, schuf Pindar für jede seiner Oden ein eigenständiges, hochkompliziertes metrisches System.

13ff. *reges*: Theseus, König und Nationalheld der Athener, und sein Freund Peirithoos, der König der Lapithen, zeichneten sich im Kampf mit den Zentauren aus, die bei der Hochzeit des letzteren randalierten. Die Schilderung jenes Massakers war ein beliebtes Thema der Dichter; vgl. Ovid, Metamorphosen XII 210–535.

15 Die Chimaira, ein feuerspeiendes Mischwesen aus Löwe, Ziege und Schlange, wurde von Korinths Nationalhelden Bellerophon mit Hilfe des Flügelrosses Pegasos bezwungen.

16 In der Landschaft Elis liegt Olympia, der Austragungsort der berühmten Wettkämpfe.

19f. Die Unsterblichkeit, die der Dichter dem Gerühmten verleiht, ist mehr wert als die – zerstörbaren – Statuen, die man ihm zu Ehren errichtet; vgl. dazu c IV 8.

21ff. Inhaltsangabe eines (verlorenen) Threnos.

25 Die Quelle Dirke bei Theben war den Musen heilig; mit dem Schwan, Apollons heiligem Vogel, wird der gottbegeisterte Dichter verglichen.
26 Vgl. v. 2.
27 Matinus: Berg in Apulien, der Heimat des Horaz.
31 *parvos* (für *parvus* »als ein kleiner«): Horaz will ausdrücken, daß er nur für kleine Formen Talent hat; allerdings bringt er mit Fleiß (*per plurimum laborem, operosus!*) einiges zuwege, genau wie die Biene, die aus duftenden Thymianblüten süßen Honig sammelt.
33 *concines*: Die überraschende Wendung verrät, daß Horaz sich eben elegant vor der Aufgabe gedrückt hat, einen Triumph des Augustus zu verherrlichen. Iullus, so meint er, könne das gewiß besser. – Das größere Plektron (vgl. dazu c I 26,11) steht hier für die »erhabenere« Gattung, in der sich Iullus anscheinend versucht.
35 Über den *sacer clivus* am Südosthang des Kapitols führte die Heilige Straße zur Höhe hinauf.
35 f. Die germanischen Sygambrer hatten 16 v. Chr. den Rhein überschritten und dem Statthalter von Gallien, Marcus Lollius, eine Niederlage beigebracht. Als Augustus persönlich zur Gegenoffensive erschien, zogen sie sich zurück und stellten sogar Geiseln – Grund genug für den Kaiser, um über sie einen Triumph zu feiern. – *decorus fronde*: Gemeint ist der goldene Lorbeerkranz des Triumphators.
39 Anspielung auf das Goldene Zeitalter; vgl. dazu Hesiod, Erga v. 109 ff. und Ovid, Metamorphosen I 89 ff.
41 ff. *ludus*: das frohe Treiben überall in der Stadt anläßlich des Festtags. – *impetrato reditu*: Für die glückliche Rückkehr des Kaisers waren Gelübde geleistet worden. Nun ist sie »durch Bitten erreicht«.
44 An staatlichen Festtagen fanden keine Gerichtsverhandlungen statt.
49 *te*: Angesprochen ist der im Triumphzug gegenwärtige Gott des Festes; ihm gilt auch der Zuruf »*io triumpe*«.
54 *solvet*: von den in v. 42 bereits angedeuteten Gelübden.
58 *tertius ortus*: in der dritten Nacht nach dem Neumond.

3 T: Horaz dankt der Muse, daß sie ihm die Anerkennung seiner Mitbürger verschafft hat.

V: 4. asklepiadeische Strophe.

1 Melpomene ruft der Dichter auch in c III 30,16 als seine Beschützerin an.

2 Vgl. Hesiod, Theogonie 81f.: »Wen immer die Töchter des großen Zeus (die Musen) zu Ehren bringen wollen und bei der Geburt anblicken …«

3 Auf dem Isthmos, der Landenge von Korinth, fanden zu Ehren Poseidons vielbesuchte Wettkämpfe statt; vgl. F. v. Schiller, Die Kraniche des Ibykus: »Zum Kampf der Wagen und Gesänge, der auf Korinthos Landesenge der Griechen Stämme froh vereint …«

5 *Achaicus*: svw. griechisch; Homer nennt die Griechen *Achaioi* oder *Danaoi*, nie *Hellenes*.

6f. *Delia folia*: der Lorbeer, der dem auf Delos geborenen Gott Apollon heilig war.

17 *testudo:* Als Resonanzkörper der Kithara diente eine Schildkrötschale.

22 Vgl. Ovid, Amores III 1,19f. und Martial IX 97,3f.: … *rumpitur invidia, quod turba semper in omni / monstramur digito, rumpitur invidia.*

24 *spiro* umfaßt hier mehr als bloßes Atmen; der Dichter ist von der Gottheit »inspiriert« und gibt diese Inspiration in seinen Dichtungen weiter.

4 T: Lobpreis des Drusus, des Siegers über die Vindeliker, und seiner Vorfahren.

V: Alkäische Strophe.

1–28 Die lange Periode mit den doppelten Vergleich (Adler/Löwe), *monte decurrens velut amnis* (c IV 2,5), zeigt Horaz im Wettstreit mit Pindar – wozu er angeblich nicht fähig ist.

4 Ganymedes, einen wunderschönen Königssohn aus Troja, in den sich Zeus/Jupiter verliebt hatte, entführte sein Adler auf den Olymp.

7ff. Junge Adler werden im Sommer flügge und bleiben oft auch über den Winter im Horst der Eltern. Erst danach wagen sie sich an immer größere Beute.

11 Vgl. Homer, Ilias XII 200ff.: »… ein Adler erschien hoch am

Himmel ..., der trug in den Fängen eine sehr große blutrote Schlange. Noch lebte sie und setzte sich zur Wehr ...«

14 Mit *intenta* (»beschäftigt, in Anspruch genommen«) wird begründet, daß das Reh den jungen Löwen zu spät sieht und ihm nicht mehr entkommen kann.

17f. Die Räter waren in den Zentralalpen, von Graubünden bis Tirol, daheim, die keltischen Vindeliker im heutigen Oberbayern und Schwaben. Für sie kam Drusus, der über den Brenner nach Norden zog, aus den rätischen Alpen. – Decimus Claudius Drusus (Nero), der zweite Sohn des Tiberius Claudius Nero und der Livia und jüngere Bruder des späteren Kaisers Tiberius, wurde nach dem Tod seines Vaters als Stiefsohn des Augustus in dessen Haus erzogen und schon in jungen Jahren mit wichtigen militärischen Aufgaben betraut.

20 Das kriegerische Frauenvolk der Amazonen kämpfte nach der Sage mit Doppeläxten; solche Waffen führten auch die Vindeliker.

21f. Bei diesem Einschub folgt Horaz seinem Vorbild Pindar (Isthmische Ode I 60ff.: »Alles zu berichten ..., verwehrt mir der begrenzte Umfang der Ode. Doch oft bereitet mehr Vergnügen, was man verschweigt«). Zugleich mag eine ironische Spitze gegen die weitschweifige Gelehrsamkeit dichtender Zeitgenossen darin enthalten sein.

22f. Anspielung auf räuberische Einfälle der Alpenvölker in Oberitalien.

28 Gemeint sind Drusus und sein Bruder Tiberius, vgl. Anm. zu v. 17f. – Um auch den Stiefvater in den Ruhm der beiden einbeziehen zu können, betont Horaz, wie wichtig – neben guten Anlagen – die rechte Art der Erziehung sei. Der Gedanke wird v. 33f. noch einmal aufgegriffen.

33ff. Ziemlich abrupt wendet sich Horaz nun dem Preis der Vorfahren des Drusus zu und nennt stellvertretend für alle Gaius Claudius Nero, den Konsul des Jahres 207, dem Rom nach schweren Niederlagen den glänzenden Sieg über Hannibals Bruder Hasdrubal am Metaurus verdankte.

42 Afer: Karthagos großer Feldherr Hannibal.

49 Die angebliche Treulosigkeit der Karthager war in Rom sprichwörtlich. – Hannibal soll der Tod seines Bruders und der Untergang des Entsatzheeres, das dieser geführt hatte, schwer getroffen

haben (Livius XXVII 51,2: ... *agnoscere se fortunam Carthaginis fertur dixisse.*)

54 *Tusca aequora*: das tyrrhenische Meer.

56 ausonisch: svw. italisch, nach einem umbrischen Stamm.

57f. Es ist an den regelmäßigen Einschlag im halbhohen Eichenwald gedacht, wodurch Brennholz und Rinde zum Gerben gewonnen wurde.

61 Im Kampf mit der vielköpfigen Hydra, einer riesigen Wasserschlange, stellte Herkules entsetzt fest, daß für jeden abgeschlagenen Kopf zwei neue nachwuchsen. Erst als sein Freund und Helfer Iolaos die Stümpfe mit Fackeln ausbrannte, konnte der Held das Ungeheuer bezwingen.

63 Im Land der Kolcher, am Ostufer des Schwarzen Meers, mußte Iason, um das Goldene Vlies zu gewinnen, mit feuerspeienden Stieren ein Feld pflügen und dann eine Saat von Drachenzähnen ausbringen. Bald danach wuchsen gepanzerte Männer aus der Erde, die, als Iason einen Stein zwischen sie warf, sich gegenseitig erschlugen.

64 Ähnliches soll Kadmos, der Gründer von Theben, erlebt haben; Echion war einer der Erdgeborenen, der den mörderischen Kampf seiner Brüder überlebte.

5 T: Bitte an Augustus: Komm endlich wieder nach Rom: alle sehnen sich nach dir!
V: 2. asklepiadeische Strophe.

1f. Die feierliche Anrede enthält deutliche Anklänge an eine Passage aus den Annalen des Ennius (frg. 35, v. 111ff.); als Roms erster König Romulus in den Himmel entrückt ist, fühlen sich die Römer wie verwaist und klagen: *O Romule, Romule die, qualem te patriae custodem di genuerunt! O pater, o genitor, o sanguen dis oriundum! Tu produxisti nos intra luminis oras!*

2 Seit 16 v. Chr. widmete sich Augustus der Verwaltungsreform in Gallien und Spanien; diese Aufgabe hielt ihn drei Jahre von Rom fern.

10 Das Meer bei der kleinen Insel Karpathos, unweit von Rhodos, galt als besonders gefährlich.

13 *omina*: Gemeint ist, daß die besorgte Mutter auf alle Zeichen achtet, die ihr die Rückkehr des Sohns verheißen könnten.

18 Ceres, die Göttin der Feldfrüchte, besonders des Getreides (gr.: Demeter). Faustitas: Personifikation der Fruchtbarkeit.
21ff. Horaz rühmt das von Augustus 18 v. Chr. erlassene Gesetz zum Schutz der Ehe (*Lex Iulia de adulteriis coercendis*).
30 Dem Wein dienten lebende Bäume, vor allem Ulmen und Pappeln, als Stütze; er wurde sozusagen mit diesen vermählt (vgl. e 2,9f.).
31f. Beim Nachtisch wurde den Hausgöttern Wein gespendet.
35f. Castor und Herkules wurden von Griechen und Römern als göttliche Nothelfer verehrt.

6 T: Nach einer hymnischen Anrufung Apolls wendet sich der Dichter den Mädchen und Jungen zu, mit denen er seinen Säkulargesang einstudiert, und versichert, daß sie sich noch nach Jahren an das große Fest erinnern würden.
V: 1. sapphische Strophe.
1 Niobe, die Königin von Theben, schmähte die Göttin Latona, weil diese nur zwei Kinder habe – sie aber vierzehn. Darauf rächten Apollon und Artemis/Diana die Kränkung und töteten alle Söhne und Töchter der Niobe.
2 Tityos, ein riesenhafter Sohn der Gaia, wollte Latona Gewalt antun. Dafür liegt er nun in der Unterwelt, »ausgestreckt über neun Morgen Landes, und zwei Geier hacken an seiner Leber« (Homer, Odyssee XI 577f.).
7 »Dardanisch« nennt Horaz Trojas Türme nach dem Ahnherrn des trojanischen Königshauses, dem Zeus-Sohn Dardanos.
12 Teukros, der König der Teukrer, gab seine Tochter dem o. g. Dardanos zur Frau; »teukrisch« ist demnach, wie »dardanisch«, eine poetische Umschreibung für »trojanisch«.
13ff. Achill, meint Horaz, hätte sich nicht im Hölzernen Pferd versteckt, jenem angeblichen Weihgeschenk für die Göttin Athene/ Minerva, mit dessen Hilfe die Griechen Troja eroberten. Vielmehr hätte er die Stadt im Sturm genommen und die Drohung wahrgemacht, die Homer (Ilias VI 57ff.) dem Agamemnon in den Mund legt: »Keiner von ihnen soll dem jähen Verderben entrinnen und unseren Händen, auch nicht das Kind im Mutterleib, wenn es ein Knabe ist, nein, auch der nicht! Alle Trojaner seien gänzlich vertilgt ...«

21ff. Apoll und Venus, die den Trojanern gewogen waren, verhinderten die völlige Vernichtung des Volkes und ermöglichten Äneas und den Seinen die Flucht; vgl. dazu Vergil, Äneis I 227ff. und III 79ff.

25 Thalia, eine der neun Musen, ist hier stellvertretend für alle genannt.

26 Am Fluß Xanthos im kleinasiatischen Lykien lag Patara, ein bedeutendes Apollonheiligtum.

27 »Daunisch«, nach einem mythischen König Apuliens, nennt Horaz seine Muse, weil er selbst aus Apulien stammt.

28 Agyeus, ein Kultname Apollons, weist auf seine Funktion als Beschützer hin.

31 Den Chor, den der Dichter nun anspricht, bildeten 27 Mädchen und ebenso viele Jungen aus den angesehensten Familien Roms.

33 Die auf der Insel Delos geborene Artemis/Diana galt als Schutzgöttin der Jugendlichen.

34 Lieblingsunterhaltung der Diana ist die Jagd.

35 Lesbisch: Gemeint ist die sapphische Strophe, denn die Dichterin Sappho lebte auf der Insel Lesbos.

38 Noctiluca: Diana als Mondgöttin.

39 Der zunehmende Mond, so glaubt man, begünstigt das Wachstum der Feldfrüchte.

7 T: Der Frühling kommt, doch er wird auch vergehen; darum genieße das Leben, denn niemand verschont der Tod.
V: 2. archilochische Strophe.

9ff. Dadurch, daß Horaz den Jahreslauf in einer einzigen Strophe zusammenfaßt, macht er bewußt, wie schnell die Zeit vergeht. Zugleich werden der liebliche Frühling (... *mitescunt Zephyris*) und der schaurige Winter (*bruma recurrit iners*) lautmalend charakterisiert.

13 »Den Schaden am Himmel gleichen die schnellen Monde aus« – gedacht ist an das Abnehmen und scheinbare Verschwinden des Monds: Er wird wieder zunehmen.

15 Tullus Hostilius und Ancus Marcius: nach der Sage der dritte und vierte römische König.

21 Minos: Sohn des Zeus/Jupiter von Europa, König von Kreta, nach seinem Tod Richter in der Unterwelt.

23 Torquatus: Beiname verschiedener römischer *gentes*; bei dem hier genannten Torquatus kann es sich um einen Manlier handeln.
24 *restituere* ist ein Fachbegriff des Bürgerrechts: Wer dem Totenreich angehört, kann nicht mehr in die Rechte eingesetzt werden, die er als Lebender hatte.
26 Hippolytos, ein Sohn des Athenerkönigs Theseus, war von seiner Stiefmutter Phädra verleumdet und deswegen von seinem Vater verflucht worden. Artemis/Diana, die dem jungen Mann gewogen war, konnte ihn nicht vor einem schrecklichen Tod bewahren; vgl. die Euripides-Tragödie Hippolytos.
27 Lethaeus (nach Lethe, der Quelle des Vergessens, aus der die Verstorbenen der Sage nach tranken) svw. unterweltlich, im Hades. – Theseus (vgl. v. 26) wollte mit seinem Freund Peirithoos, dem König der thessalischen Lapithen, die Göttin Persephone aus der Unterwelt entführen. Bei diesem verwegenen Unternehmen wurden beide auf einem Felsblock festgebannt. Den Theseus konnte Herkules retten, doch dem Peirithoos konnten weder er selbst noch dessen Freund helfen.

8 T: Statt kostbarer Geschenke mag ein Gedicht genügen!
  V: 1. asklepiadeische Strophe.
1 *paterae*: Opferschalen (für die Weinspende) aus Gold oder Silber.
2 Gaius Marcius Censorinus, Konsul im Jahr 8 v. Chr., war mit Horaz befreundet. – Wertvolle alte Bronzen, vor allem aus Korinth, wurden in Rom mit Leidenschaft gesammelt.
3 Dreifüße, ursprünglich Untersätze für Kessel und Becken, waren als Preise für erfolgreiche Sportler beliebt.
6 Parrhasius: griechischer Maler des 5. Jh. v. Chr. – Skopas: griechischer Baumeister und Bildhauer des 4. Jh. v. Chr.
12 ff. Horaz spricht hier nicht vom Wert eines einzelnen Gedichts, sondern von dem der Dichtkunst überhaupt, die in höherem Maß Unsterblichkeit verleiht als z. B. rühmende Inschriften.
15 Es ist wohl an Hannibals Abzug aus Italien und an seine Flucht nach der Schlacht bei Zama gedacht.
17 Der Vers ist wohl nicht von Horaz, denn er ist inhaltlich falsch – Scipio d. Ä. hat Karthago nicht zerstört – und metrisch unkorrekt; es fehlt die Zäsur in der Mitte.

20 Kalabrische Musen: Umschreibung für den römischen Nationaldichter Ennius (239–169 v. Chr.), der den Ruhm des Scipio Africanus, des Siegers über Hannibal, verkündete. Ennius stammte aus Rudiae in Kalabrien.
22f. Der Sohn der Ilia (Rea Silvia) und des Mavors/Mars war Romulus, der erste König Roms.
25 Styx: Quelle und Fluß in der Unterwelt; stygisch: svw. unterweltlich. – Aiakos, ein Sohn des Zeus/Jupiter und König der Insel Aigina, wurde nach seinem Tod wie Minos und Rhadamanthys mit dem Richteramt im Hades betraut. Den Aiakos und sein Geschlecht rühmte Pindar in seinen Siegesliedern; dadurch wurde er, so Horaz, auf die Inseln der Seligen versetzt.
31 Tyndariden nennt Horaz die beiden Dioskuren Kastor und Polydeukes/Pollux nach Tyndareos, dem Vater ihrer Mutter Helena. Zur Verbindung mit *clarum sidus* vgl. Goethe, Lied eines Schiffers an die Dioskuren: »Dioskuren, Zwillingssterne ...«

9 T: In meinen Werken will ich deine Verdienste preisen, Lollius!
V: Alkäische Strophe.
2 Aufidus: Fluß in Apulien, der Heimat des Horaz.
5 Homer stammte angeblich aus der kleinasiatischen Landschaft Mäonien, aus Smyrna oder Kolophon.
6 Zu Pindar vgl. c IV 2,1.
7 Die Insel Keos war die Heimat der (Chor-)Lyriker Simonides (556–468 v. Chr.) und Bakchylides (um 520 – nach 450). – Alkaios von Lesbos (um 600 v. Chr.) bekämpfte mit seinen Gedichte Politiker, die nach der Alleinherrschaft (»Tyrannis«) strebten oder sie ausübten.
8 Stesichoros (um 640–555 v. Chr.) war als Chorlyriker auf Sizilien tätig und bearbeitete bevorzugt mythologische Stoffe.
9 Anakreon, ein Lyriker des 6. Jh. v. Chr., besang den Wein und die Liebe. Er hielt sich zeitweilig am Hof des Tyrannen Polykrates von Samos auf.
12 Die Insel Lesbos gehörte zum Siedlungsgebiet des Griechenstamms der Äolier; mit der »äolischen Jungfrau« ist die Dichterin Sappho gemeint.
13ff. Den Auftritt des jugendlich schönen, prächtig gekleideten Prinzen Paris in Sparta und seine Wirkung auf die Königin Helena

behandelten die Kyprien, ein Homer zugeschriebenes, heute verlorenes Epos.

17 Kydonisch (nach der Stadt Kydonia auf Kreta): svw. kretisch.

18 Ilios steht für Troja. – *non semel*: Nach der Sage wurde schon Jahrzehnte vor dem großen Krieg Troja von Herakles und Telamon erobert und geplündert.

20 Der Kreterkönig Idomeneus und Sthenelos, der Wagenlenker des Diomedes, stehen stellvertretend für die vielen griechischen Helden, die vor Troja kämpften.

22 Hektor, der älteste und tapferste Sohn des Trojanerkönigs Priamos, und sein Bruder Deiphobos sind als Verteidiger der belagerten Stadt und – allgemein – als Beschützer der Frauen und Kinder genannt. An die eigenen Frauen der beiden ist deshalb nicht zu denken, weil Deiphobos nach dem Tod des Paris die schöne Helena heiratete; auf sie paßt das Beiwort *pudica* gewiß nicht.

25 Agamemnon, der König von Mykene, befehligte das Griechenheer vor Troja.

33 Marcus Lollius Paullinus hatte als Verwaltungsmann und Heerführer im Dienst des Augustus Karriere gemacht, aber 16 v. Chr., als er für die Sicherheit Galliens verantwortlich war, durch die germanischen Sygambrer eine schwere Niederlage hinnehmen müssen. Das vorliegende Gedicht sollte wohl dazu beitragen, den Mann aufzurichten und sein ramponiertes Ansehen wieder herzustellen.

34 *animus* bezeichnet oft die ganze Person.

44 *explicare* beschreibt als militärischer Fachbegriff, wie ein Heer sich zum Angriff »entfaltet«; hier geht es darum, daß Lollius, gewappnet mit den vorher genannten Tugenden, sich einen Weg durch die Scharen seiner Widersacher bahnt.

45 ff. Es ist ein Kernsatz der stoischen Philosophie, daß nur Genügsamkeit, Tugend und Weisheit wahrhaft glücklich machen.

10 T: Warte nur, bis du alt bist, du Spröder!
   V: 5. asklepiadeische Strophe.

1 *Veneris munera*: Schönheit und Liebreiz.

2 ff. Spröde Mädchen werden in der erotischen Poesie daran erinnert, daß auch sie graue Haare und Runzeln bekommen. Bei Kna-

ben liegt das Alter, das sie für Liebhaber uninteressant macht, noch viel näher. Bald haben sie »Bart und wollig behaarte Schenkel« (Anthologia Palatina XI 326,1).

11 T: Komm zu mir, Phyllis; wir wollen den Geburtstag des Maecenas feiern!
V: 1. sapphische Strophe.
2 Der Wein aus den Albanerbergen südöstlich von Rom gehörten zu den besten Italiens (Plinius, nat. hist. XIV 64).
3 *apium*: vgl. c II 7,24.
5 *fulges* im Sinn von »dann siehst du toll aus«.
6/7 *argentum*: Gemeint ist das Tafelsilber. – *castus* bezeichnet die rituelle Reinheit der beim Opfer benötigten Gegenstände.
8 Die altertümliche Form *spargier* (statt *spargi*) weist auf die im Kult verwendeten tradierten Formeln hin.
14 Die Iden fielen entweder auf den 13. oder den 15. Tag des Monats; ein spätantikes Zeugnis (Macrobius, Saturnalia I 15,17) führt das Wort auf einen etruskischen Verbstamm zurück, der »teilen« bedeutet haben soll.
15f. Der Monatsname Aprilis wurde – zu Unrecht – mit der griechischen Liebesgöttin Aphrodite in Zusammenhang gebracht, deren Namen als »die Schaumgeborene« gedeutet wurde; vgl. Ovid, Fasti IV 61 f.: *Sed Veneris mensem Graio sermone notatum*
 Auguror: A spumis est dea dicta maris.
21 Telephus: ein umschwärmter junger Mann, vgl. c I 13,1 und III 19,26.
22 *non tuae sortis*: d.h. höheren Standes; Phyllis muß man sich als Freigelassene denken.
24 *compes*: eigentlich die Fußfessel der Sklaven, die sich niemand gern anlegen ließ.
25 Phaethon, ein Sohn des Sonnengotts, scheiterte bei dem Versuch, den flammenden Wagen seines Vaters zu lenken, löste einen Weltbrand aus und wurde von Jupiters Blitz getroffen, vgl. Ovid, Met. I 750 – II 400.
27f. Auf dem Flügelroß Pegasos versuchte der korinthische Nationalheld Bellerophon auf den Götterberg Olymp vorzudringen (Pindar, Isthmische Ode VII 44 ff.) – doch das Wundertier warf ihn ab.

12 T: Scherzhafte Einladung an einen Freund.
V: 2. asklepiadeische Strophe.
1–8 Der hochpoetische Auftakt steht in auffälligem Kontrast zu *Adduxere sitim tempora* (v. 13).
Zum Inhalt vgl. z.B. Anthologia Palatina X 5,1ff.: »Schon bauen die Schwalben ihr Nest, schon bläht auf dem Meer der Zephyr die schlaffen Segel, schon sind über dem Grün die Wiesen mit Blüten übersät ...«
2 Thrakien galt als Heimat der Winde (vgl. Homer, Ilias IX 4f.: »Wie zwei Winde das fischreiche Meer aufwühlten, der Boreas und der Zephyr, die von Thrakien her wehten ...«)
5ff. Anspielung auf die Sage von Prokne, der Tochter des Königs Pandion von Athen und Enkelin des Urkönigs Kekrops. Deren Mann, der Thrakerkönig Tereus, brachte ihre Schwester Philomela in seine Gewalt, sperrte sie in ein einsames Gehöft und vergewaltigte sie. Als sie ihm deswegen bittere Vorwürfe machte, schnitt er ihr die Zunge heraus, damit sie ihn nicht verraten könne. Trotzdem gelang es der Gefangenen mit Hilfe eines Tuchs, in das sie verräterische Schriftzeichen einwebte, ihre Schwester auf sich aufmerksam zu machen. Während eines bacchantischen Fests erschien Prokne, befreite Philomela, schlachtete mit ihr zusammen Itys, das Söhnchen des Tereus, und gab sein Fleisch dem Barbaren zu essen. Dann zeigte sie ihm den Kopf seines Kindes. Tereus, außer sich vor Zorn, verfolgte die beiden Frauen, da wurde er in einen Wiedehopf verwandelt, Prokne aber in eine Schwalbe und Philomela in eine Nachtigall – oder umgekehrt. Aus dem Gesang der Nachtigall hörte man den Klageruf *O Ity, o ity* heraus. Effektvoll behandelt ist die Sage bei Ovid, Metamorphosen VI 424–674.
12 Die Landschaft Arkadien im Herzen der Peloponnes galt als Lieblingsaufenthalt des Hirtengottes Pan.
13 Angesprochen ist nicht der Dichter Vergil, sondern ein Unbekannter gleichen Namens, der sich der Gunst junger Adliger erfreute (v. 15).
14 Cales: Ort in Kampanien, heute: Calvi. – Liber (»Freier«): Beiname des Bacchus; hier svw. »Wein«.
16 *nardus*: vgl. c II 11,16.
17 Döschen aus dem Halbedelstein Onyx bewahrten angeblich den Wohlgeruch kostbarer Parfüms und Salben besonders gut.

18 Die *horrea Sulpicii* waren eine Art Großmarkt am Fuß des Aventins; dort wird Horaz den Wein kaufen.
26 *nigri ignes:* die Flammen des Leichenbrands.

13 T: Alt bist du geworden, Lyke, alt und ausgebrannt!
   V: 3. asklepiadeische Strophe.
1 Zu Lyke vgl. c III 10.
7 Chia: ein Mädchen von der Insel Chios.
8 *excubare* ist ein militärischer Fachbegriff: Amor »schiebt Wache« und lauert dabei auf ein neues Opfer.
9 f. Eichen gehören zu den langlebigen Bäumen; wenn sie verdorren, sind sie im allgemeinen sehr alt.
13 Auf der Insel Kos vor der Südwestküste Kleinasiens wurde aus den Kokons eines heimischen Nachtfalters eine Art Seide gewonnen und mit Purpur gefärbt. Die Gewebe waren sehr dünn, nahezu durchscheinend; vgl. dazu Horaz, Satiren I 2,101 f.: ... *altera nil obstat: Cois tibi paene videre est ut nudam, ne crure malo, ne sit pede turpi.*
21 Zu Cinara vgl. c IV 1,4.
25 Krähen, so meinte man, lebten neunmal so lange wie ein Mensch.
26 ff. Einst, meint Horaz, war Lyke eine Fackel, die die jungen Männer »entflammte« – jetzt ist davon nur noch die Asche übrig.

14 T: In den Siegen, die Drusus und Tiberius für dich erringen, zeigt sich, Augustus, deine Macht.
   V: Alkäische Strophe.
1 *patres Quiritesve* ist feierlicher als die bekannte Formel *senatus populusque (Romanus)*.
8 Vom Sieg des Drusus über die Vindeliker handelt c IV 4,18 ff.
10 f. Die keltischen Genaunen waren an der Etsch, die Breuner im Inntal ansässig.
14 Der ältere der Neronen ist der spätere Adoptivsohn und Nachfolger des Augustus, Tiberius Claudius Nero.
15 Dem Stammesverband der Räter in den Zentralalpen wurde besondere Grausamkeit nachgesagt.
16 Das Recht zur Vogelschau vor einem Feldzug und, damit ver-

bunden, den Oberbefehl, hatte der Kaiser; die Siege wurden damit unter **seinen** Auspizien errungen.

18 *pectora* deutet an, daß sich die Räter mutig ins Gefecht stürzten, bereit, Wunden auf der Brust zu empfangen.

20ff. Horaz malt das Bild einer stürmischen Herbstnacht auf See, zur Zeit des Untergangs der Plejaden (des Siebengestirns), die noch für kurze Zeit zwischen den Wolken erscheinen.

25 Flußgötter trugen nach griechischer Vorstellung Stierhörner; Horaz geht noch weiter und macht den brausenden, brüllenden Strom ganz zum Stier.

26 Daunus: mythischer König in Apulien.

29 Claudius: der spätere Kaiser Tiberius.

32 *sine clade*: Es spricht für die Umsicht des Tiberius, daß er seine Siege fast ohne eigene Verluste errang, vgl. z. B. Velleius Paterculus II 107,3: … *incolumi inviolatoque … exercitu …*

34ff. Im Hochsommer des Jahres 30 v. Chr. öffnete Alexandria dem Sieger Octavian seinen Hafen, seine Tore und den verlassenen Königspalast. In den folgenden fünfzehn Jahren blieb ihm das Kriegsglück treu.

41 Die Kantabrer in Nordspanien hatten sich lange der römischen Herrschaft widersetzt.

42ff. Mit den folgenden Namen weist der Dichter erst nach Osten (Meder und Inder), dann nach Norden (Skythen), Süden (Nil) und schließlich nach Nordwesten (Britannier).

46 Daß neben dem Nil noch die Donau (Ister) und der Tigris genannt sind, hat seinen Sinn: Diese Flüsse stehen für die drei damals bekannten Erdteile Afrika, Europa, Asien. – Die Quellen des Nils waren unbekannt, und es ging die Sage, der Fluß habe »sein Haupt verborgen« (Ovid, Met. II 254f.).

49 Die todesmutige Kampfbereitschaft der Gallier war sprichwörtlich.

51 Zu den Sygambrern vgl. c IV 9,33.

15 T: Nicht von Kriegen und Siegen, sondern vom Frieden will ich singen!

V: Alkäische Strophe.

1f. Zum bewußt hintersinnigen Beginn der Ode vgl. die Einführung S. 338ff.

7 Daß man die römischen Feldzeichen, die bei der Niederlage des Crassus in die Hände der Parther gefallen waren, von den *postes* »herabgerissen« habe, ist dichterische Übertreibung, erwachsen aus dem Stolz auf die diplomatische Leistung des Augustus, der die alten Erbfeinde zur Rückgabe der *signa* bewogen hatte. Er selbst schreibt dazu in seinem Tatenbericht (Res gestae Divi Augusti 29): *Parthos trium exercituum Romanorum spolia et signa reddere mihi supplicesque amicitiam populi Romani petere coegi.*

6 *nostro ... Iovi* sagt Horaz, weil auch die Perser einen höchsten Gott verehrten, den die Römer mit Jupiter gleichsetzten.

9 Das doppelte Tor des nach der Sage von König Numa im Norden des Forums errichteten Ianusbogens wurde bei Beginn eines Kriegs geöffnet. Im Frieden wurde es geschlossen – das kam bis zur Zeit des Augustus nur zweimal vor, wie er selbst (Res gestae Divi Augusti 13) betont: *Ianum Quirinum, quem claussum esse maiores nostri voluerunt, cum per totum imperium populi Romani terra marique esset parta victoriis pax, cum prius quam nascerer a condita urbe bis omnino clausum fuisse prodatur memoriae, ter me principe senatus claudendum esse censuit.* – Das Beiwort *Quirinus* ist als Adjektiv aufzufassen (daraus erklärt sich das Genitiv-Attribut *Quirini* bei Horaz); die Deutung beider Beifügungen ist strittig.

10ff. Hinweis auf die von Augustus angestrebte Wiederherstellung der »guten alten Sitten«.

21 Danuvius hieß der Oberlauf der Donau, der Unterlauf Ister (c IV 14,46).

22 Die Geten, ein thrakischer Stamm, siedelten an der Theiß und am Ister.

23 Seres: die Chinesen – wieder eine dichterische Übertreibung!

24 Am Tanais, dem Don, waren die Skythen daheim.

25 ff. Das Gedicht schließt mit einer Idylle, die so tut, als ließe sich ein angeblicher Brauch aus Roms Frühzeit wiederbeleben. Damals soll es üblich gewesen sein, beim Gelage die Leistungen tapferer Männer zur Flötenbegleitung zu besingen (Cicero, Tusculanen IV 2,3).

30 Von den Etruskern hieß es, sie seien aus Lydien eingewandert und hätten von dort die Doppelflöte mitgebracht, die ihre Musiker meisterhaft spielten.

31 Anchises war der Vater, Venus die Mutter des Äneas.

Carmen saeculare

T: Hymnisches Gebet an Apollo, Diana und andere Götter, dem Römervolk gnädig zu sein.
V: 1. sapphische Strophe.
2 *lucidum ... decus* paßt zu den beiden Gottheiten: zu Apoll als Sonnengott und zur Mondgöttin Diana.
5 Die älteste Erwähnung einer gottbegeisterten Prophetin namens Sibylla stammt aus dem 6. Jh. v. Chr. und findet sich bei dem vorsokratischen Philosophen Heraklit (frg. 92 D/K). Später wurde aus dem Eigennamen eine Art Berufsbezeichnung; man unterschied die Sibyllen je nach ihrer Herkunft oder ihrem Aufenthaltsort. Der aus Vergils Äneis bekannten Sibylle von Cumae soll König Tarquinius eine Sammlung von Ritualvorschriften abgekauft haben, die sich hoher Wertschätzung erfreuten, bis sie 83 v. Chr. bei einem Brand des Kapitols vernichtet wurden. Auf eine Weisung dieser *libri Sibyllini* geht die Einrichtung von Säkularfeiern zurück, die – erstmals 249 v. Chr. abgehalten – alle hundert Jahre wiederholt werden sollten.
Als Augustus 17 v. Chr. nach zahlreichen außen- und innenpolitischen Erfolgen an diese Tradition anknüpfen wollte, war erst der gewählte Zeitpunkt mit ihr in Einklang zu bringen. Zu diesem Zweck scheint man einen neuen Sibyllenspruch, dessen Text noch erhalten ist, erfunden zu haben. In ihm wird ein *saeculum* als Zeitraum von 110 Jahren definiert. Gleichzeitig ließ Augustus die Eintragungen in den Fasti Capitolini »verbessern«, so daß – bezogen auf ein angeblich 126 v. Chr. gefeiertes Säkularfest – der neue Termin stimmte.
7 *septem colles*: Kapitol, Palatin, Aventin, Esquilin, Quirinal, Viminal, Caelius.
9 Sol: Apollo, vgl. v. 2.
14 Eileithyia (bisweilen auch Genetyllis, worauf sich Horazens Genitalis zu beziehen scheint) war die griechische Göttin der Geburt; sie galt i. a. als Tochter der Hera, der Beschützerin der Ehe. In Rom entsprach ihr Iuno Lucina. Die gelegentliche Gleichsetzung von Eileithyia/Lucina mit Artemis/Diana erklärt sich daraus, daß Artemis im Orient als Fruchtbarkeitsgöttin verehrt wurde. – Die Anrufung einer Gottheit unter verschiedenen Namen gehört

zum Stil des Hymnus: Auf diese Weise wird ihre umfassende Macht betont.

17 ff. Ein deutlicher Hinweis auf die Ehegesetzgebung des Augustus, die dem Staat reichen Nachwuchs verschaffen sollte (*Lex Iulia de maritandis ordinibus* von 18 v. Chr.). Dadurch wurden Männer zwischen 25 und 60 Jahren, Frauen zwischen 20 und 50 Jahren zur Eheschließung verpflichtet. Wer dieser Pflicht nicht nachkam, wurde im Erbrecht benachteiligt.

25 Parcae: die drei Schicksalsgöttinnen (griech. Moirai) Klotho, Lachesis und Atropos. Da Rom in vergangenen Jahrhunderten das Glück gewogen war, schließt der Dichter, daß die Parzen den Römern auch für die Zukunft *bona fata* zugedacht hätten.

29 f. Tellus: die Mutter Erde (gr. Gaia). Sie soll den Ährenkranz, eine Art Erntedankgabe, die die Bauern darbrachten, höchstselbst der Ceres aufsetzen.

31 f. Jupiter ist der Gott, der das Wetter beeinflußt.

33 Mit seinen Pfeilen sendet Apollo den Tod (vgl. Homer, Ilias I 43 ff.).

35 *bicornis*, doppelt gehörnt, ist die Mondsichel.

37 *Roma si vestrum est opus* ...: eine typische Gebetsformel; wenn die Götter bestimmte Dinge in Gang gebracht haben, stehen sie in der Verpflichtung, diese weiter zu fördern. – Ilius: trojanisch.

39 *Lares*, die Hausgötter, stehen oft metonymisch für »Haus und Herd«.

50 Hier ist nicht Äneas, der Sohn des Anchises und der Venus, gemeint, sondern der Kaiser, der als Adoptivsohn Caesars der Familie der Julier angehört. Diese nahm den Sohn des Äneas, Askanios/Iulus, als Ahnherrn für sich in Anspruch.

51 f. Deutliche Anspielung auf einen berühmtem Vers des Vergil: Roms Aufgabe sei es, so läßt er Anchises im Elysium prophezeien, über die Völker machtvoll zu herrschen, *parcere subiectis et debellare superbos* (Äneis VI 853).

54 Die Beile, die in den Rutenbündeln der Liktoren steckten, waren ein Symbol römischer Herrschaft. Dadurch, daß Horaz sie »albanisch« nennt – nach Alba Longa, der Mutterstadt Roms –, betont er das hohe Alter des Weltherrschaftsanspruchs, den die Römer in einem dramatischen Kampf mit Alba errangen (Livius I 25: Duell der Horatier und Curiatier).

57ff. Die Rückkehr von Fides, Pax usw. zeigt an, daß das Eiserne Zeitalter zu Ende ist und ein neues, Goldenes beginnt; vgl. Vergil, Ekloge 4,6: *Iam redit et virgo, redeunt Saturnia regna.*
60 Der Copia als Personifikation des Überflusses weist auch Ovid das Füllhorn zu (Metamorphosen IX 88: »*Divesque meo Bona Copia cornu est*«, versichert der Flußgott Acheloos, dem es Herkules im Zweikampf abgebrochen hat).
61ff. Apoll wird als Gott der Weissagung, als Schütze, Führer der Musen (Musagetes) und Heiler angerufen.
70 *quindecim viri*: das Kollegium, das für die Durchführung des Fests eingesetzt war.
74 *reporto*: Es spricht, wie v. 75 zeigt, der ganze Chor in der Ich-Form.

Epoden

1 T: Du willst dich ohne mich in Kriegsgefahr begeben, Maecenas? Nimm mich doch mit!
   V: Wechsel von iambischen Trimetern und Dimetern.
1 Liburnae: schnelle, wendige Schiffe, benannt nach dem dalmatinischen Stamm der Liburner, die in der Adria mit solchen Schiffen auf Seeraub ausgingen.
1f. *alta propugnacula*: Die Flotte des Marcus Antonius und der Kleopatra beeindruckte durch riesige Schiffe mit bis zu zehn Reihen von Ruderern übereinander und turmartigen Aufbauten. Dagegen mit Liburnae zu kämpfen, schien verwegen, doch zeigte es sich in der Schlacht bei Aktium, daß diese Schiffe den schwerfälligen Kolossen überlegen waren.
6 *si contra*: behutsame Andeutung der Möglichkeit, daß Maecenas den Tod finden könnte.
11ff. Vgl. zur Stelle c I 22,5–8.
13 *ultimus sinus occidentis*: der Golf von Biscaya.
16 Horaz untertreibt bewußt: Im Bürgerkrieg, auf der Seite der Caesarmörder, war er ja immerhin Offizier.
19f. Bei dem Vergleich mit der Vogelmutter und ihrer von einer Schlange bedrohten Brut mag Horaz an eine Stelle aus der Ilias (II 308ff.) gedacht haben. Dort verschlingt das Reptil acht junge

Sperlinge, während die Mutter ängstlich das Nest umflattert – bis sie selbst der Schlange zum Opfer fällt.

25 ff. Horaz weist den Verdacht zurück, nur aus Geldgier sich dem Gönner anzuschließen.

26 Die Anstrengung der Zugtiere ist auf die – belebt gedachten – Pflüge übertragen.

27 f. Im Sommer wurden die Herden aus dem heißen Kalabrien ins lukanische Bergland getrieben. – *sidus fervidum*: der Sirius im Sternbild des Großen Hundes, mit dessen Frühaufgang im August die »Hundstage« beginnen, vgl. c III 29,17–24.

29 f. An den Hängen unterhalb der Bergstadt Tusculum befanden sich die Landhäuser reicher Römer. Die Grundstücke waren um so teurer, je höher sie gelegen waren – wegen der weiten Aussicht. – *Circaea* nennt Horaz in der Art »gelehrter Dichter« die Mauern von Tusculum, weil die Sage Telegonos, den Sohn des Odysseus von der zauberkundigen Göttin Kirke, als ihren Erbauer nennt.

31 Zum Gedanken vgl. c II 18,11 ff. – Mit *benignitas tua* ist angespielt auf das Gut in den Sabinerbergen, das Horaz 33 v. Chr. von Maecenas erhielt.

33 Chremes: Figur der attischen Komödie, der Typ des geizigen Alten.

34 *discinctus* (»schlecht gegürtet«): Von der nachlässigen Kleidung des *nepos* schließt Horaz auf dessen Charakter (»liederlich«). – Das Wort *nepos* selbst bezeichnet u. a. einen Wüstling und Verschwender.

2 T: Auf dem Lande will ich leben, auf dem Lande will ich sein!
V: Iambische Trimeter und Dimeter im Wechsel.

1 *negotium*: jede Art von Inanspruchnahme (Geldgeschäfte, Handel, Politik, Anwaltstätigkeit).

2 Es ist wohl nicht an das Goldene Zeitalter gedacht (in dem nach der Sage die Erde alles von sich aus hergab und es keiner Pflüge bedurfte, vgl. Ovid, Met. I 101 f.), sondern an die »gute alte Zeit«, als Italien noch ein Bauernland war.

3 Als schuldenfreier Besitzer eines Erbhofs braucht der Bauer nicht zu befürchten, durch Wucherzinsen ruiniert zu werden. Die Stelle hat freilich noch einen Hintersinn, der in der Person des Sprechers begründet und erst vom Schluß her verständlich ist (»und nichts von all den Kreditgeschäften weiß«).

5 ff. Vgl. dazu sat. I 1,4 ff., eine kontrastierende Folge verschiedener Berufe und Lebensformen.

6 *horret mare*: eher der Handelsherr (*mercator*) als der einfache Seemann.

7 *forum*: das Zentrum des politischen Lebens, wo auch Rechtsstreitigkeiten entschieden wurden.

7 f. *superba ...*: Gedacht ist an die Klienten, die sich in aller Frühe vor den Türen ihrer reichen *patroni* zum Morgenbesuch einfanden.

9 f. Römische Winzer ließen den Wein sich an lebenden Bäumen hochranken; sie »vermählten« ihn so, v.a. mit Ulmen oder Schwarzpappeln. Zur Sache vgl. auch II 15,4. – *adulta propagine*: der Rebstock mußte mindestens drei Jahre alt sein.

11 *mugientes* statt *boves* untermalt akustisch die behagliche Szenerie des einsamen Tals.

15 *pressa mella*: »ausgepreßt« wurden die Waben erst, nachdem man möglichst viel Honig dadurch gewonnen hatte, daß man sie austropfen ließ (Columella IX 15,13). Der gepreßte Honig war von minderer Qualität.

17 f. Der personifizierte Herbst trägt einen Früchtekranz als Schmuck, vergleichbar dem Ährenkranz der Göttin Ceres. – *caput agris extulit*: Möglicherweise ist an ein Auftauchen aus der Erde gedacht: Auch die Fruchtbarkeitsgöttin Persephone steigt mit Beginn des Frühlings aus der Unterwelt empor (schön dargestellt ist diese Szene auf einem attischen Kelchkrater im Metropolitan Museum of Art, New York).

19 *insitiva pira*: »aufgepropfte«, d.h. veredelte Birnen; vgl. v. 14.

21 Priapos, ein kleinasiatischer Fruchtbarkeitsgott, wurde als Beschützer der Gärten verehrt. Sein Bild mit übergroßem Phallos und einem mit Früchten gefüllten Schurz stellte man auf, um Vögel und Diebe abzuschrecken.

22 Silvanus: altitalischer Gott der Wälder, der an den Grenzen gerodeten Landes wacht.

23 ff. Eine typische Idylle, wie sie die Dichter der Bukolik (Hirtendichtung) liebten. Zugleich wird deutlich, daß der Sprecher die unangenehmen Seiten des Landlebens völlig verdrängt und nur noch von dessen Freuden schwärmt.

26 *queruntur*: Die in Übersetzungen und Kommentaren häufige Wiedergabe mit »zwitschern« berücksichtigt nicht, daß der kla-

gende Gesang der Vögel (vgl. Ludwig Rellstab, Ständchen: »Hör' die Nachtigallen klagen ...«) durchaus in die »romantische« Szenerie paßt und das Behagen des sorglos Ruhenden sogar noch zu steigern vermag; Eugen Roth hat in seinem Gedicht »Traurige Wahrheit« den psychologischen Hintergrund dieses Phänomens treffend erhellt.

29 *at* unterstreicht den starken Kontrast zwischen der sommerlichen Idylle und den zum Teil anstrengenden Freuden des Winters.

32 Wildschweine, Hirsche und anderes Wild wurden von den Jägern aufgestellten Fangnetzen entgegengetrieben.

33 Beim Vogelfang benutzte man neben Leimruten Netze, die über Stellgabeln gespannt wurden. Sie waren weitmaschig, so daß z.B. Sperlinge entkommen konnten. Sobald genug Vögel durch ausgestreute Körner oder Vogelbeeren unters Netz gelockt waren, zog der Jäger mit einer Schnur die Stellgabel fort. Sie mußte glatt sein, damit das fallende Schlagnetz nicht an ihr hängen blieb.

34 *turdus*: Die Wacholderdrosseln, die als Zugvögel im Mittelmeerraum überwintern, wurden bis ins vorige Jahrhundert als Delikatesse gefangen und kamen unter der Bezeichnung »Krammetsvögel« auf dem Markt.

35 Auch der Kranich ist ein Zugvogel (*advena*).

37 *amor:* Gedacht ist an die flüchtigen, aber oft recht kostspieligen erotischen Abenteuer in der Großstadt. Ihnen wird im folgenden das Bild einer ländlichen Ehe gegenübergestellt.

41 Sabinerinnen galten als musterhafte Hausfrauen (vgl. c III 6,37 ff.), und der Fleiß der Apulier war sprichwörtlich (vgl. c III 16,26).

47 *dulci ... dolio*: eine poetische Beziehungs-Vertauschung (Enallage); *dulce* ist natürlich der Wein.

49 Austern aus dem Lukrinersee beim heutigen Pozzuoli galten als die besten.

50 Aus der artenreichen Familie der bunten Papageifische, die ihrerseits zur Unterordnung der Lippfische gerechnet wird, kommt im Mittelmeer nur der Seepapagei (Scarus cretensis L.) vor, und zwar vor allem in der Ägäis und vor der afrikanischen Küste.

53 Das afrikanische Perlhuhn hatten die römischen Feinschmecker erst zur Zeit des Horaz »entdeckt«.

59 Die Terminalia am 23. Februar wurden zu Ehren des Gottes der

Feldgrenzen, Terminus, mit Opfern von Lämmern und Ferkeln begangen.
61 ff. Vgl. zur Szenerie F. v. Schiller, Das Lied von der Glocke: »... blökend ziehen heim die Schafe, und der Rinder breitgestirnte, glatte Scharen kommen brüllend, die gewohnten Ställe füllend.«
63 *vomerem inversum*: d. h. mit der Pflugschar oben.
66 Die kleinen Figuren der Laren wurden mit Wachs eingerieben; da sie in der Nähe des Herdes standen, glänzten sie im Widerschein des Feuers.
69 Idibus: am 13. oder 15. des Monats.
70 Kalendis: am folgenden 1. Monatstag.

3 T: Verwünschter Knoblauch!
M: Iambische Trimeter und Dimeter im Wechsel.
3 *edit*: alte Konjunktivform statt *edat*.
4 Die Anspielung auf die Schnitter verrät, daß Horaz das Knoblauchgericht, das ihm nun im Magen liegt, auf dem Lande vorgesetzt bekam.
6 Vipernblut galt als starkes Gift, vgl. c I 8,9.
8 Canidia: die u. a. in e 5 und 17 attackierte Hexe und Giftmischerin.
9 Unter Führung des griechischen Helden Jason fuhren die Argonauten (»Argofahrer«) auf dem Schiff Argo ans Ostufer des Schwarzen Meers, um das kostbare Goldene Vlies zu gewinnen.
10 ff. Die ihm auferlegten Prüfungen konnte Jason nur bestehen, weil ihn die zauberkundige Königstochter Medea mit einer Salbe vor dem Gluthauch der ehernen Stiere schützte, die er unters Joch zwingen mußte.
13 f. Aus Dankbarkeit nahm Jason Medea zur Frau; als er sich später von ihr abwandte, tötete sie seine neue Braut und deren Vater durch ein Brautgewand und einen Kranz, die in Flammen aufgingen, und floh auf einem von geflügelten Drachen gezogenen Wagen.
15 ff. Doppelter Vergleich der Glut, die in Horazens Eingeweiden wütet, zum einen mit einem heißen Sommertag in Apulien, zum andern mit dem ins Blut des Kentauren Nessos getauchten Gewand, das Deianeira, die eifersüchtige Frau des Herkules, ihm schickte. Dadurch wollte sie sich, wie ihr der von einem Giftpfeil

des Helden getroffene Pferdemensch eingeredet hatte, die Liebe ihres Mannes erhalten. In Wirklichkeit brachte ihm die Gabe einen qualvollen Tod.

4 T: Dreister Emporkömmling, Schande über dich!
V: Iambische Trimeter und Dimeter im Wechsel.
1 Vgl. Homer, Ilias XXII 263: »Wie Wölfe und Schafe nie eines Sinnes sind.«
3 *peruste* (»Gebrannter«): vom brennenden Schmerz der Peitschenhiebe und von den wund scheuernden Fußfesseln. Die *hiberici funes* waren aus einem besonders zähen Pfriemengras geflochten, das in der Gegend von Cartagena wuchs.
7 *metiente*: Der Angegriffene stolziert mit weiten Schritten die Straße entlang, als wollte er sie ausmessen.
8 Zweimal drei Ellen zu jeweils 45 cm ergeben eine ungewöhnliche Weite. Eine derartige Toga fiel in reichen Falten und galt als angeberisch. Wer auf Schlichtheit etwas gab wie z.B. der alte Cato, trug eine *exigua toga* (Horaz, epist. I 19,13).
11 Die *triumviri capitales*, eine nach römischem Brauch kollegial geführte Behörde, waren für die Gefängnisse zuständig und nahmen auch polizeiliche Aufgaben wahr. Unter anderem durften sie Sklaven, die nachts als Streuner aufgegriffen wurden, mit Peitschenhieben züchtigen lassen.
12 Der *praeco* hatte bei öffentlich vollzogener Auspeitschung den Namen des Delinquenten und den Grund für seine Bestrafung auszurufen. Vielleicht zählte er auch die Schläge. Daß ihn solches Tun erschöpft hätte, ist wohl eine poetische Übertreibung.
13 Auf den *agri Falerni* im Norden Kampaniens gedieh ein ausgezeichneter Wein.
14 *manni*: robuste, kleine Pferderasse aus Gallien, die damals in Mode kam; vgl. c III 27,7.
15 f. Seit dem Jahr 67 v.Chr. waren durch das Theatergesetz des Volkstribunen L. Roscius Otho die vordem für die Senatoren reservierten ersten Sitzreihen – bis zur 14. – auch den Rittern zugänglich. Daß sich ein ehemaliger Sklave da niederließ, auch wenn er nun viel Geld besaß, war nach Ansicht des Horaz nicht in Othos Sinn.
17 *ora navium*: ein kühnes, aber nachvollziehbares Bild, denn Kriegsschiffe hatten ein *rostrum* (»Schnabel«), den Rammsporn,

und auf beiden Seiten des Bugs aufgemalte, Übel abwehrende Augen.

19 Anspielung auf die Auseinandersetzung Octavians mit Sextus Pompeius, der für seine Flotte auch ehemalige Sklaven und Seeräuber rekrutierte; vgl. dazu auch e 9,9f.

20 Der Schluß verrät, warum Horaz sich so entrüstet: Der Angegriffene hat es vom Sklaven zum Militärtribunen gebracht und ist vielleicht (doch das ist eine reine Vermutung) dem Dichter, der als Sohn eines ehemaligen Sklaven denselben Rang erreichte, in plumper Vertraulichkeit begegnet.

5 T: Ein Knabe ist in die Hände von Hexen gefallen, die ihn eines langsamen Todes sterben lassen wollen, um aus seiner Leber, seinem Mark und anderen Ingredienzien einen Liebestrank zu brauen. Als das Flehen des Jungen sie nicht rührt, verflucht er sie.

M: Iambische Trimeter und Dimeter im Wechsel.

1 Die Epode beginnt unvermittelt mit einer langen direkten Rede. Erst v. 12 verrät, wer hier in welcher Situation spricht.

6 Lucina: römische Göttin der Geburten. – *partubus veris*: hintersinnige Anspielung des Dichters auf Vorgänge, die erst in der letzten Epode (17,50ff.) deutlicher angesprochen werden.

7 Die purpurgesäumte Toga weist das Kind als freigeboren aus – doch das wird ihm bei den Hexen wenig helfen.

9 Die Bosheit der Stiefmütter war sprichwörtlich, vgl. Tacitus, Annales XII 2: *novercalibus odiis visura*.

12 Die Zeichen seiner Herkunft, die Toga und die *bulla* (eine Amulettkapsel, die die Kinder an einem Riemen oder einer Halskette trugen), wurden dem Jungen also schon weggenommen.

14 Thraker galten als besonders grausame Barbaren, vgl. die Sage von König Tereus bei Ovid, Met. VI 424ff.

15 Die bereits e 3,8 genannte Hexe, wahrscheinlich eine stadtbekannte Salben- und Giftmischerin namens Gratidia. – *inplicata viperis*: Wie eine der Furien!

17ff. Die Zauberhandlung beginnt mit einem Rauchopfer; als Brennstoff dient Holz von Gräbern und Scheiterhaufen, denn was der Totenwelt gehört, hat magische Kräfte.

20 *strix*: ein nicht sicher identifizierbarer Nachtvogel, vielleicht

eine Eulenart. Angeblich saugte die *strix* Schlafenden das Blut aus. Das Wort ist mit *striga* (Hexe; italienisch: *strega*) verwandt.

21 Iolcos in Thessalien (Nordgriechenland) und Hiberien am Kaukasus galten als Hochburgen der Hexerei.

24 Die Landschaft Kolchis am Ostufer des Schwarzen Meers war die Heimat der Erzzauberin Medea, vgl. e 3,9 ff.

25 Sagana nennt Horaz auch in sat. I 8,25 als Helferin Canidias.

26 Das Wasser vom Avernersee bei Neapel, wo man einen Zugang zur Unterwelt vermutete, dient dazu, das Haus für die magische Handlung symbolisch zu »reinigen«.

29 Veia: nur hier erwähnt.

32 ff. Dem bis zum Hals eingegrabenen Jungen sollen, für ihn unerreichbar, mehrmals am Tag köstliche Speisen vorgesetzt werden.

37 In der Leber des Kindes, angeblich dem Sitz des leidenschaftlichen Verlangens, und im Knochenmark sammelt sich die ungestillte Begierde, die im Liebestrank wirken soll.

41 *mascula libido*: Es geht um eine sogenannte Tribade, die beim Sexualakt mit einer Frau die Rolle des Mannes übernimmt.

42 Auch Folia aus Ariminium (heute: Rimini) wird, wie Veia, nur hier genannt.

43 Das Gerücht von dem Vorfall gelangt also bis nach Neapel, wo man immer Zeit *(otium)* für Klatsch hat.

45 Den Hexen Thessaliens (vgl. v. 21) sagte man nach, sie könnten durch Zaubersprüche den Mond und die Sterne vom Himmel herabziehen.

48 *rodens pollicem*: ein Zeichen von Ungeduld und Erregung.

51 Nox: personifiziert wie in c III 28,16. – Diana wird hier als Mondgöttin angerufen.

58 Die Subura in der Senke zwischen dem Quirinal, dem Viminal und dem Esquilin war das verrufenste Wohn- und Geschäftsviertel Roms.

59 Das aus der Wurzel eines indischen Strauchs gewonnene Nardenöl war ein teures Parfüm.

62 ff. Zu Medea und ihrer Rache an der Tochter des Korintherkönigs Kreon vgl. e 3,13 f.

73 Wer Varus, der treulose Liebhaber der Canidia war, wußten schon die antiken Horazerklärer nicht anzugeben.

76 Alte Frauen der Marser im wilden Appenin galten als besonders zauberkundig.

79f. Ein Adynaton (»unmögliches Ereignis«), ähnlich wie in e 16,25f.

86 Zu Thyestes vgl. c I 16,17; hier drückt das Beiwort *Thyesteus* aus, daß die Verwünschungen grauenhaft sind.

87ff. Die Ermordung des unschuldigen Kindes ist ein *nefas*, das die Götter nicht verhindern. Insofern scheinen die Hexen die Macht zu haben, *fas nefasque … convertere*. Das aber wird sie nicht vor der Vergeltung und Strafe schützen, die verbrecherische Menschen erwartet. Dabei setzt der Knabe seine Hoffnung nicht auf die Himmlischen, sondern auf die Macht, die er als Gespenst haben wird – bei Mordopfern ist sie besonders groß! –, und auf die öffentliche Empörung über das Treiben der Hexen.

92 *furor*: als dämonische Erscheinung, die in den Wahnsinn treibt.

93 *umbra* (»Schatten«) bezeichnet hier eine recht gewaltbereite, blutdürstige Art von Totengeist.

94 Die *di manes* sind an und für sich die gütigen Geister der Ahnen; hier werden sie mit den *larvae* und *lemures* gleichgesetzt, die den Lebenden übel wollen.

95 *adsidens*: als Alb.

97f. Eine unverhohlene Aufforderung des Dichters, an Hexen durch Steinigung Lynchjustiz zu üben!

99 Der Gipfel der Verwünschung: Unbestattet sollen ihre Leichen liegen bleiben! So verflucht auch die verlassene Königin Dido den treulosen Äneas: *Sed cadat ante diem mediaque inhumatus harena* (Vergil, Äneis IV 620).

100 Der Esquilin, einer der Hügel Roms, war ehedem Begräbnisplatz und Schindanger; später, als Maecenas dort seinen Palast erbaute, wurde er zu einer noblen Wohngegend.

101f. Der letzte Gedanke des Kindes gilt seinen Eltern – das ist *pietas*!

6 T: Schweig, du übler Kläffer, sonst lernst du meine Jamben kennen!

V: Iambische Trimeter und Dimeter im Wechsel.

1 Der Angegriffene wird mit einem Hofhund verglichen, der harmlose Wanderer anfällt, aber vor dem Wolf kneift.

3 *huc* (»hierher«): Der Dichter weist auf sich selbst.

5 Molosser aus dem nordwestgriechischen Epirus und Lakoner aus Sparta waren besonders große, kräftige und scharfe Hunde.
6 *amica vis* (»freundliche Kraft«): vgl. Lukrez, De rerum natura VI 1222: *fida canum vis*.
7 *aure sublata*: d.h. mit gespannter Aufmerksamkeit.
8 *fera*: Zu denken ist an gefährliche wilde Tiere wie Wölfe und Bären, nicht an Rehe u.ä.
10 Schlechte Wachhunde lassen sich so von Viehdieben ablenken: Man wirft ihnen einen Brocken hin und hat sie für einige Zeit los.
12 Nicht mehr als Hund, sondern wie ein gereizter Stier will Horaz den Gegner attackieren.
13 Archilochos, dem Begründer der Iambendichtung, hatte ein gewisser Lykambes eine seiner Töchter versprochen, die Zusage aber nicht eingehalten. Darauf soll der erboste Dichter durch gehässige Schmähungen den Vater und das Mädchen in den Selbstmord getrieben haben.
14 Bupalos, ein Bildhauer aus Chios, und sein Bruder Athenis hatten den Dichter Hipponax, den Erfinder des Hinkiambus, gereizt, weil sie durch ein Bild den mißgestalteten Mann lächerlich gemacht hatten. Dafür übergoß sie Hipponax mit ätzendem Spott, bis sie sich erhängten (Plinius, nat. hist. XXXVI 12).
15 *si quis atro dente me petiverit* (»Wenn jemand mit schwarzem Zahn mich angreift«): Unterschwellig wird der Gegner hier eher mit einer Schlange als mit einem Hund verglichen. Dabei weist *ater* (»schwarz, unheilvoll, böse«) auf die Tücke des Reptils.
16 *inultus* (»ungerächt«, d.h. ohne sich zu rächen) bezieht sich eher auf den Dichter als auf den *puer* (»der sich nicht rächen kann« H. Menge).

7 T: Wollt ihr euch immer noch im Bruderkrieg zerfleischen – und warum?

V: Iambische Trimeter und Dimeter im Wechsel.

1 *Quo, quo ...*: Die Doppelung drückt die Erregung des Fragenden aus.
2 *aptantur*: Es legen sich also nicht die Hände um den Schwertgriff, sondern dieser »paßt sich der Hand an«; die Waffen zeigen damit ein Eigenleben, wie es die Volkssage Henkerschwerten zuschreibt, die angesichts ihrer Opfer zucken.

3 *Neptuno*: svw. *mari*. – Der Dichter blickt zurück auf die Zeit der Bürgerkriege, die mit dem zwischen Octavian und Marcus Antonius 40 v. Chr. geschlossenen Vertrag von Brundisium und der nachfolgenden Einigung mit Sextus Pompeius zu enden schienen, aber bald wieder aufflammten.

5 Die lange Auseinandersetzung mit Karthago endete mit der völligen Zerstörung der Stadt 146 v. Chr.

7 C. Iulius Caesar hatte bei seinen Expeditionen nach Britannien die Bewohner der Insel nur kurzfristig eingeschüchtert, aber nicht wirklich unterworfen. Insoweit sind die Britannier *intacti*. Sie zu besiegen, bleibt eine Zukunftsaufgabe. – *descenderet*: im Triumphzug.

8 Die Heilige Straße führte über das Forum zum Kapitol.

9 Die Parther waren zur Zeit des Horaz die gefährlichsten Gegner Roms.

13 Im Gegensatz zum blinden Wahn, der den Menschen plötzlich überkommen kann, ist die *vis acrior* ein in ihm angelegter übergroßer Hang zur Gewalttat; wir würden von erhöhter Aggressivität sprechen.

14 *culpa*: die Schuld, die man durch Untaten auf sich geladen hat und für die man Verantwortung trägt.

18 *scelus* greift *scelesti* (v. 1) wieder auf und präludiert die Antwort, die Horaz sich selbst gibt: Blutschuld lastet auf Rom, seit Romulus seinen Bruder Remus erschlagen hat.

19 Mit *immerentis* stellt sich der Dichter gegen jenen Sagenstrang, der Remus die Schuld an seinem Tod gab; vgl. dazu Livius I 7,2, der erst berichtet, Remus sei *in turba ictus* umgekommen, und dann – als *vulgatior fama* – die Geschichte vom Sprung über die Mauer mitteilt.

Auch den Dichter Vergil scheint der Gedanke umgetrieben zu haben, daß am Anfang der römischen Geschichte ein Brudermord steht. In der Äneis (I 292f.) läßt er Jupiter das Ende aller Kämpfe prophezeien und stellt die Eintracht zwischen den einst verfeindeten Brüdern her: *Cana Fides et Vesta, Remo cum fratre Quirinus iura dabunt.* (Quirinus ist der Name des vergöttlichten Romulus.)

8 T: Laß mich in Ruhe, abscheuliche alte Schachtel – oder …
V: Iambische Trimeter und Dimeter im Wechsel.

3 f. *vetus senectus* (»altes Alter«): eine grotesk anmutende Steigerung, doch sollte man daran denken, daß es auch ein rüstiges Alter gibt.

5 ff. Mit abstoßender Direktheit entwirft Horaz ein Horrorbild körperlichen Verfalls, vor dem nicht wenige Übersetzer kapituliert haben. Warum, fragen wir uns, stellt er ein so garstiges Gedicht in die Mitte seiner Epoden? Will er etwa beweisen, daß er es auf dem Gebiet der Verunglimpfung seinem Vorbild Archilochos gleichzutun vermag?

11 f. Die Aufzählung der Vorzüge, deren sich die Alte rühmen kann, wird zynisch mit einem Hinweis auf ihr Leichenbegängnis eröffnet. Dabei mag man die Bilder von Ahnen zeigen, die einst Triumphe feiern durften.

15 f. Daß eine Frau aus Interesse und Bildungshunger philosophische Schriften liest, will Horaz nicht glauben. Die Buchrollen liegen ja auch nur so zwischen Seidenkissen herum – reine Angeberei!

17 ff. Das alles – damit wird auf den Anfang des Schmähgedichts Bezug genommen – bringt den Dichter sexuell nicht auf Trab; da müßte schon anderes passieren!

20 Die Aufforderung zur Fellatio dient wohl nur der äußersten Demütigung der Angegriffenen und läßt das Schmähgedicht »in dem aufs gröblichste beleidigenden Schlusse« gipfeln (Kießling/Heinze a. O. S. 521).

9 T: Der Feind ist besiegt, nun laßt uns trinken!
V: Iambische Trimeter und Dimeter im Wechsel.

1 Caecuber aus dem südlichen Latium gehörte zu den Spitzenweinen Italiens.

2 Mit Caesar ist, wie fast immer bei Horaz, Octavian, der spätere Kaiser Augustus gemeint. Der Sieg, der nun gefeiert werden soll, wurde am 2. September 31 v. Chr. über die vereinigten Flotten des Marcus Antonius und der ägyptischen Königin Kleopatra bei Aktium an der griechischen Westküste errungen.

3 *alta domus*: der in c III 29,10 als *moles propinqua nubibus arduis* beschriebene Palast des Maecenas auf dem Esquilin.

5f. Bei dem Fest soll bald Lauten-, bald Flötenspiel erklingen, wobei die dorische Weise der Lyra eher verhalten, das Spiel der phrygischen Doppelflöte, den Möglichkeiten des Instruments entsprechend, erregt und mitreißend ist.

7 Sextus Pompeius, der Sohn von C. Iulius Caesars Partner und späterem Gegner Cn. Pompeius Magnus, befehligte im Bürgerkrieg die Flotte der Republikaner. Selbstbewußt nach einigen Siegen, ließ er sich als »Sohn Neptuns« feiern (Plinius, nat. hist. IX 55). Die Schlacht, auf die Horaz anspielt, fand 36 v. Chr. bei Naulochoi vor der Nordküste Siziliens statt.

8 *ustis navibus*: Nicht alle Schiffe des Pompeius gingen in Flammen auf; mit 17 von ihnen entkam er nach Kleinasien, wo er ein Jahr später ermordet wurde.

9f. Sextus hatte auch Sklaven in seine Dienste genommen; die Ketten, die sie trugen, wollte er angeblich besiegten Römern anlegen.

10 *perfidi* nennt Horaz die Sklaven, weil sie ihren Besitzern davongelaufen sind.

12 *emancipatus*: Während Sextus Pompeius Sklaven in seinen Dienst nahm, machte – so der Vorwurf des Dichters – Marcus Antonius freie Römer zu Sklaven einer *femina*, der Ägypterin Kleopatra.

13 Nicht die genannten Tätigkeiten sind schimpflich, sondern der Umstand, daß sie für eine Königin und auf Weisung der an ihrem Hof politisch einflußreichen Eunuchen ausgeführt werden.

16 *conopium* (von gr. *kônôps*, Mücke) bezeichnet im engeren Sinn ein feinmaschiges Moskitonetz, im weiteren eine durch ein derartiges Netz geschützte Sänfte oder Liege. Auf ihr ruht die Königin, und um sie herum stehen römische Soldaten mit ihren Feldzeichen stramm – das ist *turpe*!

17f. *huc ... Galli*: Amyntas, der mit Marcus Antonius verbündete König des kleinasiatischen Keltenvolks der Galater, wechselte vor der entscheidenden Schlacht die Fronten und schlug sich auf die Seite Octavians.

19f. Daß auch ein Teil der feindlichen Flotte sich abgesetzt habe, geht aus den historischen Quellen nicht hervor; vielleicht übertreibt Horaz hier einen eher marginalen Vorgang.

21f. *Io Triumphe*: Der Jubelruf beim Triumphzug wird hier zu einer Anrede an den Gott der Feier, bei der der siegreiche Feldherr auf einem vergoldeten Wagen fuhr und weiße Rinder, die nie den Pflug gezogen oder andere Arbeit verrichtet hatten (daher *intactae*), auf dem Kapitol opfern ließ.

23 Den langwierigen Krieg mit dem Numiderkönig Jugurtha konnte Gaius Marius 106 v. Chr. siegreich beenden.

25 Africanus: Gemeint ist der jüngere Scipio, der 146 v. Chr. Karthago eroberte und zerstörte; dadurch, meint Horaz, hat er sich über den Ruinen der bezwungenen Erbfeindin gewissermaßen ein Denkmal errichtet.

27 *hostis*: Marcus Antonius, dessen Name in der Epode ebensowenig erscheint wie der Kleopatras.

27 f. Von Caesars Gegner Pompeius ist überliefert, daß er nach seiner Niederlage bei Pharsalos 48 v. Chr. seinen purpurnen Feldherrnmantel abgelegt habe und in einem Gewand, wie es einem Flüchtling ansteht, entkommen sei (Plutarch, Caesar 45). Dasselbe müßte nach Ansicht des Horaz nun Marcus Antonius tun, der in zwei Reitergefechten und der großen Seeschlacht unterlegen war.

29 *hekatómpolis*, »hundertstädtig«, wird Kreta schon von Homer genannt (Ilias II 649). Da im Lateinischen Wortzusammensetzungen selten sind, muß Horaz das schmückende Beiwort, ähnlich wie in c III 27,33 durch eine Umschreibung ersetzen.

33 *huc*: hier svw. *nobis*, d. h. für den Dichter und seine Freunde. – *puer*: ein Sklave. – *scyphus*: vgl. c I 27,1.

34 Von den griechischen Inseln Chios und Lesbos kamen edle, ziemlich süße Weine.

35 f. Die Frage, ob man bei Seekrankheit überhaupt Wein trinken soll, ist nicht die einzige, die sich beim Schluß dieser Epode stellt; vgl. dazu die Einführung S. 332 f.

38 Lyaeus (gr. Lyaios, »Löser«): Beiname des Weingotts, der von Sorgen befreit.

10 T: »Ich wünsche dir von Herzen üble Reise!«
 V: Iambische Trimeter und Dimeter im Wechsel.

1 Vgl. c I 15,5: *mala avi*.

2 Mevius: wohl nicht der von Vergil (Ekloge 3,90) zusammen mit einem gewissen Bavius erwähnte – schlechte – Dichter, sondern ein dem Horaz verhaßter *libidinosus caper* gleichen Namens. Für die von E. A. Schmidt a. O. S. 51ff. ausführlich begründete An-

nahme spricht vor allem das zentrale mythologische Exemplum von der Bestrafung des Ajax. Ferner kann *olere* – als bockstypisch – einen entsprechenden Hinweis enthalten, dazu die Erwähnung des Orion, dessen Ende in verschiedenen Sagenversionen mit einer Vergewaltigung bzw. einem entsprechenden Versuch in Zusammenhang gebracht wird; vgl. dazu c III 4,71f.

13f. Pallas Athene haßte die Trojaner, weil sie beim Parisurteil nicht den Schönheitspreis erhalten hatte. Nach der Zerstörung Trojas richtete sie ihren Haß auf den »kleineren« Ajax, den Sohn des Oileus, weil dieser die Seherin Kassandra vergewaltigt hatte, während sie Athenes hölzernes Bild umklammerte (Apollodoros, Bibliotheke VIII 22). Zur Strafe für den Frevel ertrank er bei einem Schiffbruch.

20ff. Eine ähnliche Verwünschung findet sich bei Archilochos (fr. 79a D); vielleicht diente das Gedicht, von dem nur der Schluß erhalten ist, Horaz als Vorbild.

22 Die Gefräßigkeit der Tauchervögel war sprichwörtlich.

11 T: »Die Liebe läßt mich nicht zum Dichten kommen.«

V: Auf einen iambischen Trimeter folgt jeweils die Verbindung eines Hemiepes (zwei Daktylen, dazu eine weitere, lange oder kurze Silbe) und eines iambischen Dimeters.

1 Pettius: ein nicht näher bekannter Freund des Dichters.

6 Inachia: eine auch in der folgenden Epode (12,14f.) erwähnte Geliebte.

11f. Anspielung auf ein häufiges Motiv der Komödie: Ein Reicher kann dem umworbenen Mädchen viel bieten, ein Armer nichts als sein gutes Herz.

13 *inverecundus* ist der Weingott, weil er die Zunge löst.

16f. *fomenta*, Binden oder Umschläge, nennt Horaz bildhaft den Trost seiner Freunde, der seine Liebeswunde doch nicht heilen läßt.

21f. Ein weiteres Motiv der Komödie und der erotischen Poesie: der ausgesperrte Liebhaber, der auf der harten Schwelle die Nacht verbringt; vgl. Tibull II 6,47: *a limine duro*.

24 Lyciscus, »Wölfchen« (von gr. *lýkos*, Wolf), nennt Horaz den Jungen, für den er schwärmt – vielleicht mit Anspielung auf den von seinem Dichtervorbild Alkaios geliebten Lykos (c I 32,11).

12 T: Laß mich in Ruhe, Weib – du ekelst mich!

V: Hexameter und daktylischer Tetrameter (katalektisch) im Wechsel.

1 *barrus*: Anspielung auf die sexuelle Unersättlichkeit der angegriffenen Frau. Nach der Sage ließ sich die kretische Königin Pasiphae mit einem Stier ein – doch was ist ein Stier gegen einen Elefanten!

5 Wer Nasenpolypen hat, ist gezwungen, durch den Mund zu atmen und verrät sein Leiden u. U. durch Mundgeruch.

11 Es ist nicht das Nilkrokodil gemeint, sondern eine kleinere Echsenart, die sich nach Plinius, nat. hist. XXVIII 108, von wohlriechenden Blüten ernährte. Ihr angeblich ebenso wohlriechender Darminhalt war ein Kosmetikum, das man gegen Hautunreinheiten benützte.

15 Inachia: vgl. e 11,6.

17 Lesbia: vielleicht die – gealterte und heruntergekommene – Geliebte des Dichters Catull, die eigentlich Clodia hieß; auf jeden Fall aber eine Gestalt aus der Halbwelt.

18 Amyntas: ein sonst nicht bekannter Sexprotz von der griechischen Insel Kos.

21 Tyrus an der phönizischen Küste war ein Zentrum der Purpurproduktion. – Je öfter der Vorgang des Färbens wiederholt wurde, desto wertvoller war der Purpurstoff. – Daß eine Frau Kleidung verschenkt, ist ziemlich ungewöhnlich; in der Regel brachten die Männer ihren Geliebten wertvolle Textilien mit.

25 f. Auch am Schluß der Epode findet ein Rollentausch statt: Wie ein Lämmchen vor dem Wolf, so flieht z. B. in Ovids Metamorphosen I 505 die Nymphe Daphne vor ihrem Verfolger.

13 T: Scheußliches Wetter heute – die rechte Zeit zum Trinken!

V: Hexameter und eine Verbindung von iambischem Dimeter und Hemiepes (vgl. e 11).

1 *contraxit*: Die tiefhängenden Wolken erwecken den Eindruck der Enge.

2 *deducunt Iovem*: Anspielung auf den uralten Glauben, im Regen komme der Himmelsgott, um die Erde zu befruchten; vgl. dazu Vergil, Georgica II 325 f.: *... pater omnipotens fecundis imbribus Aether coniugis in gremium laetae descendit ...*

3 Threicius: aus Thrakien nördlich von Griechenland. Dort war

nach der Sage die Heimat des wilden Boreas, den die Römer Aquilo nannten.

6 *tu:* Gemeint ist der Gastgeber. – Lucius Manlius Torquatus bekleidete 65 v. Chr., im Geburtsjahr des Horaz, das Konsulat – insoweit ist er »sein Konsul«.

8 *Achaemenio nardo*: Zu dem gewählten Beiwort und zum Nardenöl vgl. die Anm. zu c III 1, 44.

9 »Kyllenisch« nennt Horaz die Lyra, weil sie der Sage nach Hermes auf dem Kyllenegebirge in Arkadien (Peloponnes) erfunden hat; vgl. dazu c I 10,6.

11 Der edle Zentaur ist Chiron, ein Sohn des Poseidon/Neptun und Erzieher vieler Helden; als sein *grandis alumnus* gilt Achilleus, der tapferste Griechenfürst vor Troja.

12 Achill war der Sohn der Meergöttin Thetis und des Peleus, eines Sterblichen.

13 Assarakos, ein mythischer König in dem Gebiet, in dem später Troja gegründet wurde, galt als Urgroßvater des Äneas. Als »Haus des Assaracus« bezeichnet Vergil (Äneis I 284) das Römervolk.

14 Scamander und Simois: Flüsse in der Ebene von Troja.

15 Dem Achill war geweissagt, er werde in seiner Heimat lange leben; ziehe er dagegen in den Krieg um Troja, dann sei ihm nur ein kurzes, aber äußerst ruhmreiches Leben vom Schicksal beschieden.

16 *caerula*: Das Haar der Meergötter beschreiben die antiken Dichter als blauschwarz oder grün.

14 T: Was drängst du mich, meine Epoden abzuschließen? Amor läßt's nicht zu!

V: Hexameter und iambischer Dimeter.

3 Aus der Lethequelle in der Unterwelt tranken die Seelen der Toten Vergessen. Die Verbindung *Lethaei somni* findet sich auch bei Vergil (Georgica I 78), der damit allerdings die Wirkung des Schlafmohns meint.

8 *ad umbilicum adducere*: War eine Papyrusrolle vollgeschrieben, wurde ihr rechtes Ende an einen Stab, den *umbilicus* (»Nabel«), geklebt. Sobald die Verbindung fest war, rollte man den Papyrus um diesen Stab. Damit war das Buch fertig.

9ff. Der Liebeslyriker Anakreon von der griechischen Insel Teos soll einen Knaben aus Samos, Bathyllos, heiß geliebt haben. Den

Umstand, daß kein Gedicht Anakreons dessen Namen nennt, erklärte man sich damit, daß der Dichter vor lauter Liebe nicht dazu gekommen sei, seinen Versen auf Bathyllos den für eine Veröffentlichung nötigen letzten Schliff zu geben.

13ff. Mit der *pulchra flamma*, die den Brand Trojas verschuldet hat, kann die Liebe des Prinzen Paris zur schönen Helena, aber auch diese selbst gemeint sein, denn *flamma* bezeichnet, genau wie im Deutschen, metonymisch auch die Geliebte (»seine Flamme«). Offensichtlich will Horaz andeuten, daß Maecenas glücklich zu preisen ist, wenn er eine wunderschöne und hochgestellte Geliebte hat – Helena war immerhin eine Königin! Er seinerseits kann nur mit einer Freigelassenen aufwarten. Treu ist sie auch nicht – wie Helena ...

16 Phryne hieß eine berühmte Hetäre des 4. Jh. v. Chr., die es zu großem Reichtum brachte und u.a. dem Bildhauer Praxiteles Modell stand. Wenn Horazens Freigelassene den stolzen Namen nicht zu Unrecht trägt, muß sie schön sein – wie Helena.

15 T: Deine Treulosigkeit wird dich noch reuen, Neaera – aber ich, ich werde lachen!

V: Hexameter und iambischer Dimeter.

3 *magnorum numen deorum:* Auch Mond und Sterne galten als Götter.

4 *in verba (alicuius) iurare* (»auf jemands Worte schwören«): die Worte einer vorgesprochenen Eidesformel wiederholen. Die Wendung stammt aus dem militärischen Bereich.

7 Zu Orion vgl. e 10,10.

11 Neaira hieß eine Hetäre des 4. Jh. v. Chr., die auf ihre alten Tage in einen Skandalprozeß verwickelt wurde. Die weitschweifige Rede ihres Anklägers, in der viel schmutzige Wäsche gewaschen wird, blieb durch einen Zufall erhalten, weil man sie irrtümlich für ein Werk des Demosthenes hielt. Horaz, der in Athen studierte, dürfte den Fall der Neaira gekannt und ihren Namen ebenso absichtsvoll verwendet haben wie in e 14 den der Phryne.

12 Daß Horaz hier seinen redenden Beinamen (»Schlappohr«) statt eines schlichten *me* verwendet, ist wohl nicht ohne spöttischen Hintersinn; die verdeckte Botschaft könnte lauten: Ich bin zwar das Schlappohr (wie in sat. I 9,20: *demitto auriculas ut iniquae mentis asellus*), aber keineswegs schlapp (*flaccus*).

17f. Nun wendet sich der Dichter seinem unbekannten Nebenbuhler zu.
20 Im lydischen Fluß Paktolos hatte sich auf Weisung des Dionysos König Midas gebadet, um eine Gabe des Gottes wieder loszuwerden: Der törichte Wunsch, alles, was er berühre, solle zu Gold werden, hätte ihn sonst das Leben gekostet. Seit jenem Bad, so geht die Sage, fanden sich Goldkörner im Sand des Paktolos.
21 Zur Wiedergeburt des Philosophen Pythagoras (6. Jh. v. Chr.) vgl. c I 28,10. Er und seine Jünger waren sehr darauf bedacht, seine Lehren geheim zu halten (*arcana!*). Um so näher lag es, daß Außenstehende sich davon falsche Vorstellungen machten und sich auch einreden ließen, Pythagoreer verfügten über magische Kräfte.
22 Nireus war nach Achilleus der schönste Grieche unter den Belagerern Trojas (Homer, Ilias II 673ff.).

16 T: Fort aus dieser heillosen Welt, fort zu den Inseln der Seligen!
V: Hexameter und ein rein iambischer Trimeter (sechs Iamben) im Wechsel.
1 *altera aetas*: Seit Ausbruch der Bürgerkriege (88 v. Chr. infolge des Konflikts zwischen Marius und Sulla) waren etwa 50 Jahre, seit ihrem Wiederaufflammen (49 v. Chr.: Caesar überschreitet den Rubicon) etwa 20 Jahre vergangen, als Horaz diese Epode dichtete.
3 Im Bundesgenossenkrieg (91–89 v. Chr.) erwiesen sich die sabellischen Marser als besonders bedrohliche Gegner Roms.
4 Den nach der Überlieferung 510 vertriebenen letzten König Roms, Tarquinius Superbus, versuchte 507 Porsena, der über die Etruskerstadt Clusium herrschte, zurückzuführen. Dabei geriet Rom in äußerste Bedrängnis.
5 Capua, die wichtigste Stadt Campaniens, trat im Zweiten Punischen Krieg auf die Seite der Karthager und konnte von Rom erst nach einer langen Belagerung bezwungen werden. – Spartacus erwies sich während des großen Sklavenaufstands (73–71 v. Chr.) als charismatische Führerpersönlichkeit.
6 Die Allobroger, ein keltischer Stamm, der 121 v. Chr. unterworfen worden war, unternahmen 61 v. Chr. einen – vergeblichen – Aufstand.
7 Gedacht ist an den Zug der Kimbern und Teutonen (113–101 v. Chr.), in dessen Verlauf die Römer mehrere schwere Niederlagen erlitten.

9 *devoti sanguinis*: vgl. dazu e 7, 19 f.
13 Quirinus: der vergöttlichte Gründer Roms, Romulus. Daß seine Grabstätte unter dem Forum, unweit der Rednertribüne, von Barbaren geschändet werden könnte, ist für Horaz eine grauenhafte Vorstellung. Daß die Feinde hoch zu Roß erscheinen, läßt an die Parther denken, die um 40 v. Chr. in Kleinasien eingefallen waren.
17 Die Bevölkerung der Griechenstadt Phokaia an der kleinasiatischen Küste verließ 534 v. Chr., um nicht von den Persern abhängig zu werden, ihre Heimat und begab sich auf eine lange Irrfahrt, die sie erst nach Korsika und später an die Küste Italiens führte (Herodot I 165 f.). Vor ihrer Abreise versenkten sie einen eisernen Klumpen im Meer und schworen, erst dann heimzukehren, wenn dieser wieder auftauche.
25 *iurare in verba:* vgl. e 15,4.
25 ff. Horaz setzt an die Stelle jenes einen Schwurs eine ganze Folge von Unmöglichkeiten (gr. *adýnata*), die jede Rückkehr ausschließen sollen.
28 Der norditalienische Strom Po wird nie und nimmer die beiden Gipfel des apulischen Bergs Matinus bespülen.
32 *adulteretur*: Die Taube gilt als Symbol der Treue; ihr Flirt mit dem Habicht wäre also Ehebruch.
34 *levis*: Der zottige Bock müßte glatt wie ein Fisch werden. Bedingt vergleichbar mit der Passage ist ein Archilochos-Fragment (74 D, v. 6 ff.), in dem es allerdings primär um eine Sonnenfinsternis geht: »... niemand von uns soll sich noch wundern, auch nicht, wenn er sieht, wie das Wild mit den Delphinen den Weidegrund im Meer vertauscht und ihm des Meeres brausende Wogen vertrauter als das Festland werden, jenen aber lieb der Berg ...«
39 Vgl. Archilochos fr. 7 D: »... fort mit der weibischen Trauer ...«
40 Die Fahrt der Auswanderer soll zwar nach Westen gehen, doch halten sie sich nach antikem Seefahrerbrauch in der Nähe der Küsten und segeln deshalb an Etrurien vorbei erst nach Norden.
41 Den Oceanus dachte man sich als gewaltigen Strom, der die Erdscheibe rings umgibt.
43 Ceres, die Göttin der Feldfrucht, steht hier für ihre Gabe.
46 *suam arborem*: Die Feige reift also nicht an einem aufgepfropften Zweig, sondern »an ihrem eigenen Baum«.
47 ff. Die inhaltliche Nähe einiger Passagen zu Vergils berühmter

4. Ekloge, der Prophezeiung eines bevorstehenden Goldenen Zeitalters, ist auffällig: *et durae quercus sudabunt roscida mella* (v. 30); *ipsae lacte domum referent distenta capellae ubera, nec magnos metuent armenta leones* (v. 21f.).
Beim letzten Vers ist die Übereinstimmung mit e 16,33 (*... nec ravos timeant armenta leones*) so groß, daß man nicht mehr an einen Zufall denken mag. Ob jedoch Horaz von Vergil oder dieser von Horaz beeinflußt wurde, ist noch nicht restlos geklärt. Für E. Lefèvre (Horaz. Dichter im augusteischen Rom, München 1993, S. 66) ist es »wahrscheinlich, daß das vieldiskutierte Problem der Priorität der beiden Gedichte« im Sinn einer gegenseitigen Ergänzung zu lösen ist: Vergil bietet eine »glückliche Aussicht auf die Zukunft«, diese wird »bei Horaz durch den mahnenden Aufruf ergänzt, mit der Vergangenheit rigoros zu brechen.« So hebe sich »bereits hier der ›realistische‹ Horaz von dem ›idealistischen‹ Vergil« ab.

52 Schlangen aus der Familie der Vipern, zu der auch die Kreuzotter gehört, verbringen den Winter in einem unterirdischen Versteck, aus dem sie im Frühjahr zum Vorschein kommen. Daß sich dabei die Erde etwas hebt, liegt nahe.

56 *rex caelitum*: Jupiter als Wettergott.

57f. Als die Argonauten auf der Argo, dem ersten von Menschenhand erbauten Schiff, das Goldene Vlies nach Griechenland brachten, geschah das nicht ohne schlimme Frevel; vgl. dazu und zur Kolcherin Medea e 3,9ff.; diese tötete und zerstückelte ihren eigenen Bruder, um Verfolger aufzuhalten. Dazu kommt, daß antiken Dichtern und Denkern die Seefahrt an sich als frevelhaft erschien, weil der Mensch dabei in ihm seiner Natur nach verwehrte Bereiche vorstieß; vgl. dazu Sophokles, Antigone 334ff. (Seefahrt als erstes Beispiel für die *deinótês*, das bestürzende, furchteinflößende Wesen des Menschen), Vergil, Ekloge 4,31f.: *pauca tamen suberunt prisci vestigia fraudis, quae temptare Thetim ratibus ... iubeant* und Ovid, Met. I 94f. (keine Seefahrt im Goldenen Zeitalter).

59 Phönizische Seeleute aus Sidon fuhren als Händler und Piraten über die Meere – sie hatten damit, in den Augen des Dichters, unlautere Motive und konnten die Inseln der Seligen nie erreichen. Herodot, der »Vater der Geschichte«, begründet in der Einleitung zu seiner Historie die Feindschaft zwischen Europa und Asien mit

einer rationalistischen Mythendeutung: Io, die Tochter des Inachos, sei von Phöniziern nach Ägypten entführt worden (I 1f.).

60 *laboriosa cohors*: vgl. e 17,16: *laboriosi remiges*. Auch die Mannen des Odysseus waren keine Unschuldslämmer: Sie überfielen z. B. die arglosen Kikonen, zerstörten ihre Stadt, erschlugen die Männer und raubten ihre Frauen, dazu viele Schätze (Homer, Odyssee IX 40f.).

64f. Anspielung auf die Sage von den Zeitaltern (Ovid, Met. I 89ff.): Jupiter ließ auf das Goldene nacheinander ein Silbernes, Ehernes und Eisernes Zeitalter folgen.

66 *vates* betont hier mehr als z. B. in c I 1,35, daß dem Dichter ein Gott prophetische Gaben verliehen hat.

17 T: Ich nehme ja alles zurück, Canidia!
V: Iambische Trimeter.

1 *manus dare*: die Hände hinhalten, um sich fesseln zu lassen – ein Ausdruck der Militärsprache.

3 Zu Diana vgl. e 5,51.

5 *refixa*: Die »Fix«-Sterne sind nach antiker Auffassung am Himmelsgewölbe befestigt; wer sie herabholen will, muß sie somit losreißen.

7 Der *turbo* oder *rhombus* war ein Kreisel aus Metall oder Holz, um den man eine Schnur wickelte. Zog man sie rasch ab, begann sich der *turbo* zu drehen (Ovid, Amores I 8,7f.: Eine gewisse Alte *scit bene, quid gramen,* quid torto concita rhombo licia, *quid* valeat *virus* ...). Seine Zauberwirkung, die durch magische Formeln unterstützt wurde (ein schönes Beispiel liefert Theokrit in seinem Mimus 2, Pharmakeutria, die Hexe), glaubte man durch Drehen in Gegenrichtung (*retro ciere!*) wieder aufheben zu können. – Die Imperative *solve, solve* haben grammatisch den Kreisel als Objekt, sinngemäß aber den durch ihn bewirkten Zauber.

8 Achilleus, dem Enkel des Meergottes Nereus, trat Telephos, der König von Mysien, entgegen, als jener an der kleinasiatischen Küste landen wollte. Er empfing dabei eine Wunde, die nicht heilen wollte, und wandte sich an das Orakel Apollons. »Wer dich verletzt hat, wird dich auch heilen«, war die Antwort. Darauf schlich sich Telephos verkleidet ins Lager der Griechen und bat Achill um Hilfe. Dieser war dazu bereit, kratzte den Rost von

seiner Lanze und streute ihn auf die Wunde, die sich daraufhin schloß.

11ff. Hektor, der tapferste Verteidiger Trojas, war im Zweikampf mit Achill gefallen, und dieser hatte geschworen, den Toten den Vögeln und Hunden vorzuwerfen. Doch als mit göttlicher Hilfe der alte König Priamos ins Zelt des furchtbaren Helden kam und ihn um die Leiche seines Sohnes bat, ließ er sich erweichen und gab den toten Hektor heraus (Homer, Ilias XXIV).

15ff. Die göttliche Zauberin Kirke hatte einen Teil der Mannschaft des Odysseus in Schweine verwandelt; auf Bitten des Odysseus gab sie ihnen ihre Menschengestalt wieder (Homer, Odyssee X 387ff.): »... da fielen die Borsten ab ...; da wurden sie wieder zu Männern, jünger als vorher, und waren noch viel schöner und größer zu schauen.« – Schönheit, das zeigt dieser Text, war auch für griechische Männer höchst wichtig.

16 *laboriosi* kann auch Beiwort zu Odysseus sein; es entspräche dann seinem griechischen Epitheton *polýtlas*, vieles erduldend. Mit Blick auf e 16,60 (*laboriosa cohors Ulixei*) geben wir der durch die Wortfolge nahe gelegten Verbindung den Vorzug.

20 Man erwartet nach all dem mythologischen Pathos etwas Erhabenes, z. B. *amata dis caelestibusque et inferis*. Statt dessen wird Canidia ziemlich unverblümt als billige Hure charakterisiert.

21 *verecundus color* ist an sich die Röte der Schüchternheit, die die Wangen edler Jünglinge und zarter Jungfrauen überzieht – doch über dieses Alter ist Horaz hinaus.

22ff. Das folgende Selbstbildnis bezieht seine Wirkung aus dem Kontrast mit der Realität: Kein Hunger- und Angstgerippe ist Horaz, sondern ein wohlbeleibter, stets vergnügter Spaßvogel.

25 *urget*: Es ist wohl nicht gesagt, daß dem Dichter Tage und Nächte schnell vergehen; vielmehr ist an dauernde Angstzustände zu denken: dem Tag sitzt gewissermaßen die Nacht im Nacken, d. h. die Furcht vor ihr, und nachts graut es den Verfluchten vor dem nächsten Tag.

28f. Daß bei den Bergvölkern der Sabeller und Marser besonders viel Hexenwerk getrieben wurde, war ein in Rom verbreiteter Glaube. – Der aufgeklärte Ovid zweifelt allerdings an der Wirkung der *mixta cum magicis nenia Marsa sonis* (Ars amandi II 102).

31 Zum qualvollen Ende des Herkules durch ein mit dem Blut des Zentauren Nessos getränktes Gewand vgl. e 3,17f.

34 Angeredet ist Canidia; daß Horaz dabei den Ort ihres Treibens mit ihr gleichsetzt, entspricht einer Eigenart lateinischer Beschimpfung, derzufolge man z.B. einen unsauberen Menschen *hara suis*, Saustall (Plautus, Mostellaria 41), oder einen Verbrecher *carcer*, Zuchthaus, nennen kann. – Die Landschaft Kolchis am Ostufer des Schwarzen Meers war die Heimat der Hexe Medea; vgl. dazu e 3,10 und e 5,62.

39 *centum iuvenci*: Eine Hekatombe (»Hundertschaft«) konnten nur Mächtige und Reiche aus besonderem Anlaß den großen Göttern opfern.

39ff. Im komischen Kontrast dazu steht das Anerbieten, Canidia mit der *lyra mendax* zu preisen. Dadurch, daß Horaz den Lobpreis von vornherein verlogen nennt, macht er die so Gepriesene lächerlich.

42ff. Den griechischen Chorlyriker Stesichoros (um 640–555 v. Chr.) sollen Kastor und Pollux, die göttlichen Brüder der schönen Helena, mit Blindheit geschlagen haben, weil er ihre Schwester geschmäht hatte. Als Stesichoros einen Widerruf dichtete und erklärte, der Trojaner Paris habe aus Sparta nur ein Trugbild entführt, denn die wirkliche Helena sei nach Ägypten entrückt worden, bekam er sein Augenlicht wieder.

45ff. Die Bitte um Erlösung vermengt Elemente des Gebets (*potes nam*) und des Hymnus (*o, tibi, tuus*) mit bitterbösen Attacken, zumal ja jede Aussage, da offen als Lüge deklariert, das Gegenteil meint.

48 Am neunten Tag nach der Brandbestattung fand ein abschließendes Totenopfer statt.

50ff. Anscheinend war Canidia unfruchtbar, verstand es aber, mit Hilfe einer bestochenen Hebamme, ihrem Mann oder Liebhaber untergeschobene Säuglinge als ihre Neugeborenen zu präsentieren; eines dieser Kinder hieß Pactumeius.

56 Kotyto war eine thrakische Göttin, deren orgiastischer Kult auch in Griechenstädten Anhänger fand. Für Horaz mag der Spott des Komödiendichters Eupolis über die Kotytofeiern Grund genug gewesen sein, der Canidia die Teilnahme daran zu unterstellen. Ein Gedicht entsprechenden Inhalts ist allerdings nicht überliefert.

58 Indem Horaz den Schadenszauber und das leichenschänderische Treiben der Hexen anprangert, schlüpft er in die Rolle des *pontifex*, der für Religionsfrevel zuständig war. – Zum Esquilin vgl. e 5,100.

60 Die alten Pälignerinnen in den Abruzzen waren als Hexen verrufen. – Der Sinn der Stelle ist nicht ganz klar: Anscheinend hat Canidia, weil ihre eigenen Gifte nicht rasch genug wirkten, sich stärkere bei den Pälignerhexen besorgt. Doch braucht Horaz darum noch nicht auf einen schnellen Tod zu hoffen.

65 *infidus* wird Pelops genannt, weil er die Hand der schönen Hippodameia durch üble Tricks gewann. Ihr Vater, König Oinomaos von Elis, wollte sie nur einem Mann geben, der ihn im Wagenrennen besiegte. Das aber schien unmöglich, denn die Rosse des Königs waren ein Geschenk des Kriegsgotts und unglaublich schnell. Doch auf Bitten der Hippodameia entfernte Myrsilos, der Wagenlenker ihres Vaters, die Sicherungszapfen aus den Radachsen, so daß dieser Sieg und Leben verlor. Auch Myrsilos wurde seiner Tat nicht froh: Als er sich seinen Lohn holen wollte, brachte ihn Pelops um.

68 Sisyphus, ein verschlagener König von Korinth, versuchte sogar den Tod zu überlisten. Dafür straften ihn die Götter mit der sprichwörtlichen Sisyphusarbeit: Ein Felsblock, den er auf einen Berg wälzen muß, rollt immer wieder hinunter.

71 Die Noriker, ein Keltenvolk in den Ostalpen (Steiermark, Kärnten), verstanden das dort gewonnene Eisen besonders gut zu bearbeiten.

74 *vectabor*: um den Feind vollends zu demütigen.

76 Wachsfiguren spielten vor allem im Liebeszauber und bei der Totenbeschwörung eine Rolle; vgl. dazu Horaz, sat. I 8,30 ff.

78 *deripere lunam*: vgl. e 5,45 f.

80 Um das Brauen eines Liebestrankes geht es in e 5; Canidia gibt indirekt ihr dort geschildertes abscheuliches Treiben zu.

81 *exitus* ist der »Ausgang« eines Unternehmens – Erfolg oder Mißerfolg.

REGISTER

Achaemenes: Stammvater des persischen Königshauses, um 640 v. Chr.

Achilles: gr. Achilleus, der Sohn des Peleus und der Göttin Thetis, wurde von dem Zentauren Chiron erzogen, der ihm sein Schicksal prophezeite: Ein langes ereignisloses Leben in der Heimat oder höchster Ruhm und früher Tod in der Fremde. Davor wollte ihn seine Mutter bewahren: Sie verkleidete ihn als Mädchen und brachte ihn auf die Insel Skyros zum König Lykomedes. Unter dessen Töchtern entdeckte ihn der schlaue Odysseus und brachte ihn dazu, nach Troja zu ziehen. Dort erwies sich Achill als unbezwinglicher Held, bis ihm König Agamemnon die schöne Briseis, ein Mädchen aus der Kriegsbeute, wegnahm. Verbittert zog er sich vom Kampf zurück und sah zu, wie die Griechen in Bedrängnis gerieten. Erst als sein Freund Patroklos durch Hektors Hand fiel, bezwang er seinen Groll, stürzte sich wieder in die Schlacht und tötete Hektor. Beim Versuch, Troja zu stürmen, traf ihn ein Pfeil Apollons (oder, nach einer anderen Version der Sage, des Paris).

Aeacus: gr. Aiakos, ein Sohn des Zeus und der Nymphe Aigina, König auf der nach ihr benannten Insel, Vater des Peleus und des Telamon und damit Großvater gewaltiger Helden, des Achilleus und des »großen« Aias, nach seinem Tod zusammen mit Minos und Rhadamanthys Richter in der Unterwelt.

Aeneas: gr. Aineias, Sohn der Aphrodite/Venus und des trojanischen Fürsten Anchises, den er auf seinen Schultern aus dem brennenden Troja rettete. Mit seinem Sohn Askanios und weiteren Flüchtlingen erreichte er nach langer Irrfahrt und einem Zwischenaufenthalt bei Königin Dido in Karthago Italien, wo er nach Jupiters Willen Stammvater des Römervolks werden sollte.

Aeolius: Die Aioler, ein griechischer Stammesverband, sollen vor dem Eindringen der Dorer (um 1100 v. Chr.) weite Teile Griechenlands bewohnt haben. In historischer Zeit umfaßte ihr

Lebensraum einige Inseln der nördlichen Ägäis, darunter Lesbos, und Teile der kleinasiatischen Küste. Im äolischen Dialekt dichteten im 6. Jh. v. Chr. Alkaios und Sappho; daher nennt Horaz die von beiden maßgeblich geformte Gattung der Lyrik »äolisches Lied«.

Africa: i. d. R. nicht der ganze Erdteil, sondern der Teil Nordafrikas, den die Römer nach der Vernichtung Karthagos zur Provinz gemacht hatten, d. h. das heutige Algerien, Tunesien und Libyen.

Africus: stürmischer Südwestwind.

Agrippa: Marcus Vipsanius Agrippa, ein Jugendfreund des späteren Kaisers Augustus, bewährte sich als Heer- und Flottenführer im Bürgerkrieg. Ihm waren die Siege über Sextus Pompeius bei Naulochoi sowie über Marcus Antonius und Kleopatra bei Aktium zu danken. Eine wichtige Rolle spielte er auch bei der Neuordnung Italiens und beim Wiederaufbau Roms. Unter anderem ließ er das Pantheon errichten. 21 v. Chr. gab ihm Augustus seine einzige Tochter Julia zur Frau in der Hoffnung auf männliche Nachfolger. Doch zwei ihrer Söhne starben in jungen Jahren, und den dritten, der erst nach dem Tod Agrippas zur Welt kam, verbannte der Kaiser, angeblich wegen schwerer charakterlicher Fehler.

Albani montes: Höhenzug südöstlich von Rom; dort lag Alba Longa, Roms Mutterstadt.

Alcaeus: gr. Alkaios, Lyriker aus Mytilene auf der Insel Lesbos, griff um 600 v. Chr. mit seinen Liedern in politische Auseinandersetzungen ein und mußte deswegen zweimal in die Verbannung gehen.

Algidus: bewaldeter Bergrücken zwischen Tusculum und Praeneste (heute: Palestrina) mit einem alten Heiligtum der Diana.

Amor: Liebesgott, Sohn der Venus, i. d. R. als Knabe mit Pfeil und Bogen dargestellt.

Apollo: gr. Apollon, Sohn des Zeus/Jupiter und der Leto/Latona, geboren am Berg Kynthos auf der Insel Delos, jugendlich-schöner Bruder der Artemis/Diana, göttlicher Bogenschütze, Sieger über den Drachen Python und Herr des Orakels von Delphi, Führer der neun Musen, Beschützer der Sänger und Dichter, Heiler, Entsühner und Retter, aber auch Pestgott, als Phoibos/

Phoebus (»der Strahlende«) dem Sonnengott Helios/Sol gleichgesetzt, von Kaiser Augustus als persönlicher Schutzgott verehrt.
Apulia: Apulien, Landschaft im Südosten Italiens, Heimat des Horaz; die Bewohner: *Apuli.*
Aquilo: stürmischer Nordostwind, der Boreas der Griechen, der aus Thrakien kam.
Arabes: die Araber, die teils als Nomaden im Norden der arabischen Halbinsel (*Arabia deserta*) lebten, teils seßhaft im fruchtbareren Süden (*Arabia felix*). Von dort bezogen die Römer v. a. Weihrauch, Gewürze und Edelsteine, die noch heute sprichwörtlichen »Schätze des Orients«.
Argos: Landschaft im Nordosten der Peloponnes; die Bewohner: *Argivi.*
Atlas: ein Riese, der fern im Westen das Himmelsgewölbe trägt; seine Tochter Maia wurde von Zeus/Jupiter Mutter des Hermes/Mercurius.
Aufidus: Fluß in Apulien, heute: Ofanto.
Augustus: Ehrentitel (»der Erhabene«) des C. Iulius Caesar Octavianus, vom römischen Senat am 16. 1. 27 v. Chr. verliehen, vier Jahre nach Octavians Sieg im Bürgerkrieg. Geboren wurde der erste Kaiser Roms am 23. 9. 63 v. Chr. als Sohn des C. Octavius und der Atia, einer Nichte Caesars, der ihn förderte und in seinem Testament adoptierte. Als Neunzehnjähriger nahm der blasse, unscheinbare junge Mann nach Caesars Ermordung den Kampf um sein Erbe auf und geriet dabei in Konflikt mit Caesars Reiteroberst Marcus Antonius. Nach militärischen Erfolgen und einem Marsch auf Rom, durch den er seine Wahl zum Konsul erzwang, arrangierte er sich mit Antonius und dessen Partner Lepidus im sogenannten zweiten Triumvirat; 42 besiegten Antonius und Octavian bei Philippi die Mörder Caesars. Schwieriger gestaltete sich die Auseinandersetzung mit Sextus Pompeius, zumal es neue Spannungen zwischen Antonius und Octavian gab, die schließlich in die letzte Phase des Bürgerkriegs mündeten: Antonius, dem bei der Teilung der Macht die Osthälfte des Reichs zugefallen war und der die ägyptische Königin Kleopatra geheiratet hatte, unterlag 31 v. Chr. bei Aktium an der westgriechischen Küste der von Agrippa geführten Flotte Octavians. Gestützt auf umfassende Vollmachten, stellte Octavian

scheinbar die alte Republik wieder her; in Wirklichkeit schuf er die Voraussetzungen für seine Alleinherrschaft. 27 v. Chr. wurde er nach einem geschickt inszenierten Rücktritt von allen Ämtern durch Akklamation des Senats zum *princeps* (»ersten Mann«) bestimmt und regierte das Imperium Romanum bis zu seinem Tod am 19. 8. 14 n. Chr.

Auster: regenbringender Süd(ost)wind, Scirocco.

Bacchus: gr. Bakchos bzw. Dionysos; Sohn des Zeus/Jupiter und der thebanischen Königstochter Semele, Gott des Weins und der Ekstase, aber auch Sorgenlöser (»Lyaios«) und Beschützer der Dichter. Sein Gefolge bilden Nymphen und Satyrn, dazu Bacchantinnen und Bacchanten, die den Thyrsosstab schwingen und den Gott mit wildem Jubel preisen.

Bellerophontes: korinthischer Sagenheld, der mit Hilfe des Flügelrosses Pegasos die schreckliche Chimaira bezwang. Als er, übermütig geworden, in den Himmel vordringen wollte, wurde er abgeworfen und versank in Trübsinn.

Boreas: vgl. *Aquilo*

Bosphorus: der Bosporus, die Meerenge beim heutigen Istanbul.

Britanni: Sammelbezeichnung für mehrere Keltenstämme im heutigen England, deren Unterwerfung Augustus plante, aber nie in Angriff nahm.

Caecubus ager: teilweise sumpfige Ebene im südlichen Latium, bekannt durch einen ausgezeichneten Wein.

Caesar: Nur an einer Stelle in den Oden (c I 2,44) ist mit *Caesar* C. Iulius Caesar, der Eroberer Galliens und Diktator (100–44 v. Chr.) gemeint; überall sonst bezeichnet der Beiname den Kaiser Augustus.

Calabria: in der Antike der Absatz des italienischen Stiefels, d.h. die Halbinsel östlich des Golfs von Tarent.

Cales: Städtchen in Kampanien, heute: Calvi.

Camenae: altitalische Quellgottheiten, aufgrund einer falschen Herleitung des Namens von *carmen*, Lied, mit den griechischen Musen gleichgesetzt.

Campus Martius: das Marsfeld im Tiberbogen, wo Musterungen und Wahlen stattfanden und die römische Jugend Sport trieb.

Canidia: eine Hexe; nach Aussage des Horazerklärers Porphyrio Deckname für Gratidia, eine Salbenhändlerin aus Neapel.

Cantabri: kriegerischer Volksstamm im Norden Spaniens, am Golf von Biscaya, nach erbittertem Widerstand und jahrelangen Kriegen 19 v. Chr. von Agrippa unterworfen.

Capitolium: das Kapitol, einer der Hügel Roms mit der Burg (*arx*) und den wichtigsten Tempeln der Stadt.

Carthago: bedeutende Kolonie der Phönizier im heutigen Tunesien, die bald ihre Mutterstadt Tyros überflügelte und nach Sizilien, Sardinien und Korsika ausgriff. Rom, das schon 509 v. Chr. einen Handelsvertrag mit den Karthagern abschloß, unterhielt über lange Zeit gute Beziehungen zu den »Puniern«, bis es 264 v. Chr. wegen des von italischen Söldnern besetzten Messina zum Krieg kam. Im Zweiten Punischen Krieg (218–201 v. Chr.) geriet Rom durch den genialen Feldherrn Hannibal in höchste Bedrängnis, wurde aber durch die Siege Scipios des Älteren gerettet. Seitdem drängten die »Falken« in Rom, allen voran der alte Cato, auf die Vernichtung Karthagos. Mit ihr endete 146 v. Chr. der Dritte Punische Krieg.

Castor und *Pollux:* gr. Kastor und Polydeukes, Söhne der Leda und des Spartanerkönigs Tyndareos bzw. des Zeus, der Leda als Schwan überlistete. Die Schwester der beiden Dioskuren (»Zeussöhne«) war die schöne Helena. Als nach einem kurzen, kampferfüllten Leben Castor den Tod fand und Zeus dessen Bruder in den Olymp aufnahm, bat dieser darum, mit Castor vereint zu bleiben. Seitdem liegen die beiden wechselweise einen Tag im Grab, am nächsten teilen sie die Freuden der Götter. Sie werden als Beschützer der Seeleute verehrt, denen sie ihre Anwesenheit durch das St. Elmsfeuer zeigen, und greifen auch in Schlachten ein.

Cato: Marcus Porcius Cato Censorius (234–149 v. Chr.), im Gegensatz zu seinem Urenkel, dem erbittertsten Gegner Caesars, Maior (»der Ältere«) genannt, war der Typ des sparsamen, allem Luxus und aller Überfremdung feindlichen Altrömers, dazu kantig, streitsüchtig und wortgewaltig. Sein Lebensziel war die Vernichtung Karthagos (»*Ceterum censeo Carthaginem esse delendam.*«).

Centauri: Die Zentauren, Mischwesen mit menschlichem Oberkörper und Pferdeleib, galten als wild und triebhaft.

Cerberus: gr. Kerberos, der riesige, drei- oder mehrköpfige Wachhund am Eingang zur Unterwelt.

Ceres: römische Göttin der Feldfrucht, der griechischen Demeter gleichgesetzt.

Chios: griechische Insel vor der kleinasiatischen Küste; der Chierwein war berühmt.

Chloe: »die Blonde«, eine Geliebte des Horaz.

Cinara: eine weitere, früh verstorbene Flamme des Dichters.

Claudius: Tiberius Claudius Nero (42 v. Chr. – 37 n. Chr.) und Nero Claudius Drusus (38–9 v. Chr.) waren Söhne der Livia, der dritten Frau des Augustus, von ihrem ersten Mann Tiberius Claudius Nero. Als Stiefsöhne des Kaisers machten beide früh Karriere und zeichneten sich im Kampf mit den Alpenvölkern und den Germanen aus. Der allseits beliebte Drusus kam durch einen Unfall ums Leben; Tiberius, den Augustus weit weniger schätzte, wurde schließlich von ihm adoptiert und sein Nachfolger.

Cleopatra: Kleopatra (69–30 v. Chr.), Königin von Ägypten, Geliebte Caesars, von dem sie einen Sohn hatte, und nach dem Tod des Diktators Frau des Marcus Antonius, dem sie drei Kinder gebar, suchte nach ihrer Niederlage bei Aktium durch einen Schlangenbiß den Tod, um nicht von Octavian im Triumphzug vorgeführt zu werden.

Colchis: gr. Kolchis; Landschaft an der Ostküste des Schwarzen Meers, als Heimat der Zauberin Medea und tödlicher Gifte berüchtigt.

Cupido: svw. Amor, und wie dieser Gott auch vervielfacht (Cupidines).

Cyprus: Auf der Insel Zypern, wo die schaumgeborene Aphrodite/ Venus an Land gegangen sein soll, befanden sich bedeutende Kultstätten der Göttin.

Cyrus: gr. Kyros (um 560–529 v. Chr.), der Begründer der persischen Großmacht. Sein Name steht für Macht und Stärke, aber auch für tyrannische Neigungen.

Daci: Die Daker im heutigen Rumänien waren gefürchtete Gegner Roms, die erst von Kaiser Trajan bezwungen wurden.

Daedalus: gr. Daidalos, ein Künstler und Erfinder aus Athen, der wegen eines Mordes aus seiner Heimat nach Kreta fliehen mußte und dort für König Minos das Labyrinth erbaute. Da ihn Minos für immer festhalten wollte, verfertigte er für sich und für seinen Sohn Ikarus Flügel und entkam durch die Lüfte. Ikarus aber, der die Warnungen seines Vaters nicht beachtete, kam dem glühenden Sonnenwagen zu nahe, so daß die Wachsverklebung seines Gefieders schmolz und er in das Meer stürzte, das nach ihm »ikarisch« heißt.

Delos: Geburtsinsel des Apollon und der Artemis/Diana, weshalb die beiden auch Delius bzw. Delia genannt werden. Der Lorbeer heißt delisch, weil er Apollon heilig ist.

Delphi: das berühmte Orakel Apollons in Mittelgriechenland.

Diana: gr. Artemis, die Schwester Apollons, Göttin der Jagd und der Wälder, der Nacht und des Mondes, bisweilen mit der Unterweltsgöttin Hekate und der Geburtshelferin Iuno Lucina gleichgesetzt.

Drusus: s. Claudius.

Eurus: winterlicher Südostwind.

Falernum vinum: der Falerner, ein exzellenter Wein aus der Senke zwischen dem *mons Massicus* im Norden Kampaniens und dem Mons Volturnus.

Faunus: altrömische Naturgottheit, mit dem griechischen Hirtengott Pan gleichgesetzt und wie dieser vervielfacht. Fauni dachte man sich auch als Begleiter des Bacchus.

Fides: Personifikation der Treue, Schwester der Gerechtigkeit.

Formiae: Stadt in Latium, an der von Rom nach Süden führenden Via Appia gelegen.

Fortuna: gr. Tyche, Glücks- und Schicksalsgöttin.

Gaetuli: Volk im heutigen Marokko.

Galli: Sammelname für die Keltenstämme im heutigen Frankreich und in der Poebene (Gallia cisalpina) sowie für die 278 v. Chr. in Kleinasien eingefallenen Galater. Das von diesen beherrschte Gebiet im Herzen der Region wurde unter Kaiser Augustus römische Provinz.

Gigantes: riesenhafte Söhne der Erdgöttin, die vergeblich versuchten, den Olymp stürmen.

Gratiae: gr. Charites, die drei Göttinnen des Charmes (!) und der Lebensfreude, die von den Malern und Bildhauern stets eng umschlungen dargestellt wurden.

Hadria: die Adria, deren unberechenbare Stürme die Seeleute fürchteten.

Hannibal: genialer Feldherr der Karthager im Zweiten Punischen Krieg (218–201). Er führte sein Heer von Spanien aus durch gallisches Gebiet über die Alpen nach Norditalien und schlug die Römer in mehreren Schlachten. Seine – propagandistisch übertriebene – Verschlagenheit, Treulosigkeit (*perfidia plus quam Punica:* Livius XXI 4,9) und Grausamkeit waren sprichwörtlich.

Hector: gr. Hektor, ältester Sohn des Trojanerkönigs Priamos und tapferster Verteidiger seiner Vaterstadt – bis er im Zweikampf dem Achilleus unterlag.

Helena: wunderschöne Tochter der Leda von Zeus/Jupiter, Schwester der Dioskuren Kastor und Polydeukes/Pollux. Ihre Entführung durch den Trojanerprinzen Paris löste den zehnjährigen Krieg um Troja aus.

Hercules: gr. Herakles, Sohn des Zeus/Jupiter von Alkmene, zu der der Gott in Gestalt ihres eigenen Mannes Amphitryon kam. Hera, die eifersüchtige Gattin des Zeus, verfolgte den unwillkommenen Stiefsohn sein ganzes Leben lang mit ihrem Haß: Nach seinen ersten Heldentaten schlug sie ihn mit Wahnsinn, so daß er seine eigenen Kinder ins Feuer warf. Zur Sühne mußte er im Dienst des Königs Eurystheus die berühmten zwölf »Herkulesarbeiten« vollbringen. Unter anderem bezwang er die schreckliche Hydra von Lerna (c IV 4,61f.) und holte den Höllenhund Zerberus aus der Unterwelt (c I 3,36). Nach seinem qualvollen Tod (e 3,17) wurde Herkules als Gott in den Olymp aufgenommen.

Hesperia: »Abendland«, Land im Westen; bei Horaz ist damit meist Italien gemeint, in c I 36,4 jedoch Spanien.

Hiberia: »Iberien«, d. h. Spanien; in e 5,21 eine gleichnamige Landschaft am Kaukasus, das heutige Georgien.

Hispania: das heutige Spanien; *Hispanus:* spanisch.

Homerus: Homer, der erste Dichter des Abendlands, dem in der Antike neben der Ilias und der Odyssee eine Reihe weiterer Werke, darunter auch Götterhymnen, zugeschrieben wurden.

Horatius: Zur Biographie des Dichters vgl. die Einführung.

Ilia: Rea Silvia, die Tochter des Äneas oder des Königs Numitor, von Mars Mutter der Zwillinge Romulus und Remus.

Ilion: die Stadt Troja.

India: Indien, für die Römer ein fernes, märchenhaftes und unglaublich reiches Land.
Ionia: Ionien, die von Griechen besiedelte kleinasiatische Küste mit großen Städten wie Milet und Ephesus, deren Bewohner wegen ihres Luxus und ihrer Ausschweifungen berüchtigt waren.
Iuno: Juno, gr. Hera, die Gattin des Jupiter/Zeus, als Mutter des Mars/Ares Großmutter des Romulus und damit Schutzherrin Roms, dessen Gründung sie lange verhindern wollte, weil sie die Trojaner über den Untergang Trojas hinaus haßte. Wäre es nach ihrem Willen gegangen, dann hätte Äneas nie Italien erreicht, sondern wäre in Afrika bei Dido, der Königin Karthagos, geblieben. Diese Stadt war Juno nämlich besonders lieb.
Iuppiter: Jupiter, gr. Zeus, der Sohn des Saturnus/Kronos, Bruder und Gatte des Juno/Hera, König der Götter, Herr der Blitze, Vater zahlreicher Söhne und Töchter von unsterblichen und sterblichen Müttern, z. B. des Apollon und der Diana/Artemis von Latona/Leto, der neun Musen von Mnemosyne, des Bacchus von Semele, des Perseus von Danae, des Herkules von Alkmene und der schönen Helena von Leda. In Wendungen wie *sub Iove frigido* (c I 1,25) steht Jupiter für das Wetter, das er sendet, in c II 17,22 ist der Planet Jupiter gemeint.
Lacedaemon: Lakedämonien, eine Landschaft im Süden der Peloponnes mit dem Hauptort Sparta. Die Spartaner waren berühmt wegen ihrer strengen Moral, ihrer Tapferkeit und ihrer knappen (»lakonischen«) Aussprüche.
Lamia: Aelius Lamia, ein Freund des Horaz, Verfasser von Bühnenwerken.
Lares: die im Haus als Schutzgeister verehrten Seelen der Verstorbenen; bisweilen stehen sie metonymisch für Haus (c III 29,14) oder Heimat (cs 39; e 16,19).
Latinus: im engeren Sinn »latinisch« (aus Latium in Mittelitalien stammend), im weiteren »lateinisch«, »italisch«, »römisch«.
Lesbos: griechische Insel in der Ägäis, Heimat der Sappho sowie des Alkaios und damit der lyrischen Gattung, die Horaz in seinen Oden pflegte.
Liber: Beiname des Weingotts Bacchus, von manchen antiken Erklärern als »Befreier« gedeutet, weil der Wein die Zunge löst und von Sorgen befreit.

Lyaeus: gr. Lyaios, »Löser«, ein Beiname des Dionysos/Bacchus.
Lycia: Lykien, eine Landschaft im Südwesten Kleinasiens.
Lydia, Lydus: aus Lydien in Westkleinasien stammend.
Maecenas: Gaius Cilnius Maecenas (um 70–8 v. Chr.), römischer Ritter aus etruskischem Hochadel, enger Vertrauer des Kaisers Augustus, Gönner und Freund des Horaz.
Mars: römischer Kriegsgott und, als Vater des Stadtgründers Romulus, Ahnherr des Römervolks. Sein heiliges Tier ist der Wolf. Die Gleichsetzung mit dem griechischen Ares ist für Mars nicht schmeichelhaft, da dieser bei Homer als dumpfer, brutaler Schlagetot charakterisiert wird.
Martius Campus: s. *Campus.*
Massicus: Berg im Nordwesten Campaniens, Heimat eines hervorragenden Weins, des Massikers.
Matinus: Berg in Apulien oder (c I 28,3) in Kalabrien.
Mauri: Volk im heutigen Algerien und Marokko.
Medi: Volk im heutigen Iran, dessen Vorherrschaft Kyros, der Gründer des Perserreichs, abschüttelte. Als Medi bezeichnet Horaz die »neupersischen« Parther, gefährliche Feinde Roms.
Melpomene: die Muse des Gesangs.
Mercurius: gr. Hermes, Sohn des Zeus/Jupiter und der Nymphe Maia, einer Tochter des Riesen Atlas, Schutzgott der Händler und der Diebe, Geleiter der Toten, Bote der Götter, trickreich und erfinderisch und – bei Horaz – ein Freund und Lehrer der Sänger und Dichter.
Minerva: gr. Pallas Athene, die Göttin des überlegt geführten Kriegs, der Wissenschaften, Künste und handwerklichen Verrichtungen besonders des Spinnens und Webens, Beschützerin der Städte, hochverehrt in Athen.
Musae: die Musen, griechische Gottheiten der Dichtkunst, des Tanzes und Gesangs; Töchter des Zeus und der Mnemosyne (»Erinnerung«). Sie unterhalten die Olympier mit ihrer Kunst, während Apollon die Lyra spielt. Den Musen heilige Orte sind die Landschaft Pierien in Thessalein, der Berg Helikon in Böotien mit der Quelle Hippukrene und der Parnaß bei Delphi mit der Quelle Kastalia. Im späten Hellenismus begann man aufgrund ihrer »redenden« Namen einzelnen Musen bestimmte Bereiche aus Kunst, Wissenschaft und Literatur zuzuweisen,

z.B. der Muse Erato die Liebesdichtung oder der Urania die Astronomie.

Neptunus: gr. Poseidon, der Gott der Gewässer, v. a. der Meere, die er mit seinem Dreizack aufwühlt; in e 7,3 svw. »Meer«.

Nereus: alter Meergott, Vater der Thetis, der Mutter des Achilleus.

Notus: stürmischer Südwind, oft svw. »Sturm«.

Nymphae (gr.: »Mädchen«): Naturgottheiten, die in Gewässern (als Najaden), Bäumen (Dryaden) und im Gebirge (Oreaden) daheim sind.

Oceanus: das Weltmeer, das die Erde rings umgibt.

Olympus: der Olymp, ein fast 3000 m hohes Bergmassiv in Nordostgriechenland, das – wie weitere gleichnamige Berge – als Sitz der Götter galt.

Orcus: das unterirdische Totenreich, über das Pluto (der seinerseits Orcus genannt werden kann) als König herrscht.

Orion: in der griechischen Mythologie ein riesenhafter Sohn des Poseidon/Neptun und gewaltiger Jäger, in den sich die Göttin Eos verliebte. Da ihr die Götter den jungen Mann nicht gönnten, tötete ihn Artemis mit ihren Pfeilen (Homer, Odyssee V 121 ff.; anders Horaz c III 4,70 ff.); nun jagt er in der Unterwelt mit einer Keule (Odyssee XI 572 ff.). Nach einer anderen Version der Sage brüstete sich Orion, er könne jedes Wild erlegen. Daraufhin schickte die Erdgöttin einen gewaltigen Skorpion, der ihn tötete. Orion, sein Jagdhund und der Skorpion wurden als Gestirne an den Himmel versetzt (Ovid, Fasti V 493 ff.). – Der frühe Untergang des Sternbilds Orion fällt in eine Zeit heftiger Stürme; daher nennt Horaz den Orion *tristis* bzw. *nautis infestus* (e 15,7).

Paris: einer der Söhne des Trojanerkönigs Priamos, wegen schlimmer Vorzeichen gleich nach der Geburt in der Wildnis ausgesetzt, aber von einer Bärin gesäugt und von Hirten, die ihn fanden, aufgezogen. Als die Göttinnen Hera, Athene und Aphrodite sich stritten, welche von ihnen die Schönste sei, wurde Paris von Zeus zum Schiedsrichter bestellt. Er gab der Liebesgöttin den Preis, weil sie ihm die schönste Frau der Welt versprach. Durch einen Zufall stellte sich seine wahre Identität heraus, und als Königssohn konnte er es wagen, mit Hilfe der Aphrodite die schöne Spartanerkönigin Helena zu entführen. Damit löste er den zehnjährigen Krieg um Troja aus.

Parthi: die Parther, ein Reitervolk, das um 240 v. Chr. im heutigen Iran ein Königreich begründete und in den folgenden Jahrhunderten zur Großmacht aufstieg. 53 v. Chr. schlugen die Parther den römischen General Crassus bei Carrhae vernichtend. Seitdem waren sie die Angstgegner Roms.

Pelops: Sohn des Tantalus, von seinem Vater, der die Allwissenheit der Himmlischen auf die Probe stellen wollte, geschlachtet und den Göttern als Mahlzeit vorgesetzt. Durch Hermes wiederbelebt und noch viel schöner als vorher, warb Pelops um die Königstochter Hippodameia (vgl. e 17,65), wurde mitschuldig am Tod ihres Vaters und brachte heimtückisch dessen Wagenlenker um. Später stiftete Hippodameia ihre Söhne Atreus und Thyestes an, ihren Stiefbruder Chrysippos zu töten, und Pelops forderte die Götter durch einen weiteren feigen Mord an dem Arkaderkönig Stymphalos heraus. Nun lag ein Fluch auf dem Haus des Pelops: Seine Söhne verübten noch weit schlimmere Frevel als er – die sprichwörtlichen Atridengreuel.

Penates: die Penaten, römische Schutzgötter von Haus und Habe. Ihre Bilder standen beim Herd und erhielten täglich Speiseopfer.

Persae: an die Traditionen des von Kyros um 550 v. Chr. begründeten und von Alexander dem Großen eroberten Reichs der Perser suchten die Parther anzuknüpfen, u. a. dadurch, daß ihre Herrscher sich Großkönige nannten.

Phoebus: gr. Phoibos, »der Strahlende«, Beiname des Apollon, der bisweilen mit dem Sonnengott gleichgesetzt wurde.

Pholoe: gr. Mädchenname; das Attribut *aspera* in c I 33,9 stiftet Assoziationen zum gleichnamigen rauhen Höhenzug auf der Peloponnes, wo nach der Sage die wilden Zentauren hausten. Auch bei Tibull ist Pholoe eine *saeva puella* (I 8,62).

Phrygia: die Landschaft Phrygien im Nordwesten Kleinasiens.

Pieria: im makedonischen Pierien hielten sich nach der Sage die Musen besonders gern auf; darum werden sie oft auch Pieriden genannt.

Poeni: »Punier« (abgeleitet von gr. *Phoinikes*, Phönizier) nannten die Römer die Bewohner der nordafrikanischen Handelsstadt Karthago, die sie nach drei erbitterten Kriegen 146 v. Chr. gründlich zerstörten.

Pollux: gr. Polydeukes, Sohn des Zeus von Leda, Bruder des Kastor (s. o. *Castor*).

Priamus: gr. Priamos, König von Troja, Vater des Hektor, des Paris und vieler weiterer Söhne und Töchter, die während des zehnjährigen Kampfes um Troja und nach der Eroberung der Stadt fast alle den Tod fanden. Um die Leiche Hektors auszulösen, begab sich Priamos unter göttlichem Schutz in das Zelt des schrecklichen Achilleus. Von dessen Sohn Neoptolemos wurde er, als Troja fiel, am Altar des Zeus erschlagen.

Prometheus: Sohn des Titanen Iapetos, ein Freund der Menschen, die er geschaffen haben soll. Darum stahl er für sie das Feuer, das Zeus ihnen vorenthielt, und wurde zur Strafe an den Kaukasus geschmiedet, wo ein Adler seine stets nachwachsende Leber zerhackte. Horaz (c II 13,37) läßt ihn im Hades büßen und vergebliche Versuche unternehmen, den Totenfährmann Charon zu bestechen (c II 18,34 ff.).

Proserpina: gr. Persephone, die Tochter der Demeter/Ceres, von Pluto in die Unterwelt entführt, wo sie an seiner Seite als Königin über die Toten herrscht.

Quirinus: altrömischer Kriegsgott, später mit dem unter die Götter aufgenommenen Gründer der Stadt, Romulus, gleichgesetzt.

Quirites: feierliche Bezeichnung der Römer, vermutlich sabinischen Ursprungs.

Sabini: der Stamm der Sabiner siedelte in den Bergen nördlich von Rom, wo sich das Gut des Horaz (sein »Sabinum«) befand.

Salii: Salier, »Springer«, hießen zwei römische Priesterkollegiem, die zu Ehren der Kriegsgötter Mars und Quirinus, altertümlich gekleidet und gerüstet, im März und Oktober bei Umzügen Waffentänze aufführten und ein uraltes Kultlied sangen.

Sappho: die bedeutendste lyrische Dichterin der Griechen lebte um 600 v. Chr. auf der Insel Lesbos. Horaz verehrt sie – neben ihrem Landsmann Alkaios – als sein Vorbild.

Saturnus: altrömischer Gott des Ackerbaus, später mit dem Kronos der Griechen gleichgesetzt, der seinen Vater Uranos entmannte und entthronte und seine eigenen Kinder verschlang. Darum nennt Horaz (den Planeten) Saturn *impius* (c II 17,23). Dessenungeachtet galt die Herrschaft des Saturnus als ein Gol-

denes Zeitalter, an das in Rom das heitere Saturnalienfest erinnern sollte.
Satyri: die Satyrn sind im Mythos der Griechen halbtierische Naturgottheiten mit Pferdeschwänzen und -beinen, die sexbesessen den Nymphen nachstellen. In ihrer Triebhaftigkeit passen sie gut ins Gefolge des Weingotts. Horaz nennt die Satyrn bocksbeinig und spitzohrig (c II 19,4).
Scythae: Sammelbezeichnung teils nomadischer, teils seßhafter Völkerschaften in Südrußland, der Ukraine und am Unterlauf der Donau, die die Weite des Raums vor ihren Feinden schützte (daher heißen sie bei Horaz c I 35,9 *profugi*).
Seres: vom Reich der Serer, der heutigen Chinesen, hatte man zur Zeit des Horaz nur eine ungefähre Vorstellung. Um so kühner ist die in c IV 15,23 geäußerte Hoffnung, sie würden sich römischer Herrschaft beugen. Daß *serica*, Seidenstoffe, den Weg nach Rom fanden, belegt e 8,15.
Styx: Quelle und Fluß der Unterwelt, bei dessen eiskaltem Wasser die Götter schworen.
Syria: Landschaft im vorderen Orient.
Syrtes: die Große und die Kleine Syrte, zwei Buchten an der nordafrikanischen Küste (heute: Golf von Bengasi und Golf von Gabes), waren wegen ihrer Untiefen und Gezeitenströmungen gefürchtet.
Tanais: der Don, der ins Asowsche Meer mündet. Er galt in der Antike als Grenzstrom Europas zu Asien.
Tantalus: gr. Tantalos, Sohn des Zeus und König von Lydien, ein Liebling der Götter, der diese schwer enttäuschte. Nun muß er für schwere Frevel in der Unterwelt die sprichwörtlich gewordenen Qualen leiden: Obwohl er in einem Teich steht, kann er nicht trinken, denn das Wasser entweicht, sobald er sich bückt, und die obstbeladenen Zweige über ihm entführt ein Windstoß, sobald er danach greift (Homer, Odyssee XI 582ff.).
Telephus: griechischer Name – vielleicht mehrerer – hübscher junger Männer, von denen einer Horazens Eifersucht erregt (c I 13,1ff.); ein Zusammenhang mit dem Telephos des Mythos (vgl. e 17,8) ist nur in c III 19,26 erkennbar.
Tempe: bewaldetes Flußtal in Thessalien, sprichwörtlich wegen seiner landschaftlichen Reize.

Teucer: gr. Teukros, Sohn des Königs von Salamis, Telamon, und Halbbruder des »Telamoniers« Aias, einer der herausragenden Helden im Krieg um Troja. Bei der Heimkehr machte ihm sein Vater schwere Vorwürfe, weil er den Tod des Aias nicht gerächt habe. Daraufhin wanderte Teukros nach Zypern aus und gründete dort ein neues Salamis.

Thebae: alte griechische Stadt in Böotien, nach der Sage Heimat des Bacchus.

Thessalia: Thessalien im Nordosten Griechenlands war die Heimat des Achilleus und des Führers der Argonauten, Jason. Da dieser die Zauberin Medea als seine Frau dorthin brachte, wurde Thessalien angeblich zu einer Hochburg aller Hexenkünste.

Thetis: Meergöttin, eine Tochter des Nereus, die Zeus wegen ihrer Schönheit begehrte. Als er jedoch erfuhr, daß sie einen Sohn gebären werde, der seinem Vater weit überlegen sei, sorgte er dafür, daß ein Sterblicher, Peleus, sie eroberte. Von ihm wurde sie Mutter des Achilleus.

Thracia: Balkanlandschaft im Nordosten von Makedonien, berüchtigt wegen ihres rauhen Klimas und der barbarischen Wildheit ihrer Bewohner. Allerdings galt auch Orpheus, der berühmte Sänger, als Thraker.

Tiberis: der Fluß Tiber.

Tibur: Stadt östlich von Rom, das heutige Tivoli, malerisch am Berghang bei den Wasserfällen des Anio (Aniene) gelegen und schon in der Antike eine beliebte Sommerfrische.

Troia: reiche, gut befestigte Stadt im Nordwesten Kleinasiens, die nach der Sage von einem großen Griechenheer zehn Jahre lang vergeblich belagert wurde und erst durch eine Kriegslist (das bekannte Trojanische Pferd) eingenommen werden konnte. Den Trojaner Äneas, der aus der brennenden Stadt fliehen konnte, nahmen die Römer als ihren Stammvater in Anspruch.

Tusci und *Tyrrheni:* die Etrusker, ein Volk nicht-indoeuropäischer Herkunft, das in Mittelitalien und in der Poebene von Priesterkönigen beherrschte Stadtstaaten gründete. Diese wurden von den Römern in teilweise langwierigen Kriegen erobert.

Ulixes: gr. Odysseus, König der Insel Ithaka und Teilnehmer am Krieg um Troja, das die Griechen dank seines Einfallsreichtums eroberten – er verfiel auf die List mit dem Hölzernen Pferd. Auf der Heimfahrt zog sich Odysseus den Haß des Meergotts Poseidon zu, verlor alle seine Gefährten und fand erst nach zwanzig Jahren zu seiner treuen Frau Penelope zurück.

Venus: Göttin der Liebe, die griechische Aphrodite, die u.a. auf den Inseln Zypern und Kythera und auf dem sizilianischen Berg Eryx bedeutende Heiligtümer hatte. Als Mutter des Äneas und Großmutter des Askanios/Iulus machte sie das Geschlecht der Julier zu seiner Ahnfrau.

Vergilius: Publius Vergilius Maro (70–19 v. Chr.) verfaßte neben der Äneis, dem römischen Nationalepos, die Georgica, ein Lehrgedicht über den Landbau, und Eklogen in der Tradition der Bukolik (Hirtendichtung). Vergil empfahl zusammen mit Lucius Varius Rufus Horaz dem Maecenas und blieb zeitlebens einer seiner engsten Freunde.

Vesta: italische Göttin des Altar- und Herdfeuers, deren heilige Flamme sechs Priesterinnen, die Vestalinnen, in einem Rundtempel auf dem Forum hüteten.

Virtus: (göttliche) Personifikation männlicher Tatkraft.

GEFLÜGELTE WORTE

Aere perennius   c III 30,1
Aequam memento rebus in arduis servare mentem!   c II 3,1 f.
Alius idem   nach cs 10
Amabilis insania   c III 4,5 f.
Arbitrio popularis aurae   c III 2,20
*Audax omnia perpeti gens humana ruit per vetitum
  nefas*   c I 3,25 f.
Aurea mediocritas   nach c II 10,5

Beati possidentes   nach c IV 9,45 f.
Beatus ille, qui procul negotiis!   e 2,1
Bene ferre magnam disce fortunam!   c III 27,74 f.

Carpe diem!   c I 11,8
Cetera mitte loqui!   e 3 13,7
Compesce mentem!   c I 16,22
Crescentem sequitur cura pecuniam.   c III 16,17

Dignum laude virum Musa vetat mori.   c IV 8,28
Dira necessitas   c III 24,6
Divitiis potietur heres.   c II 3,20
Dos est magna parentium virtus   c III 24,21 f.
Dulce est desipere in loco.   c IV 12,28
Dulce et decorum est pro patria mori.   c III 2,13
Dulce mihi furere est.   c II 7,28
Dum loquimur, fugerit invida aetas.   c I 11,7 f.

Eheu fugaces, Postume, Postume, labuntur anni!   c II 14,1
Eripe te morae!   c III 29,5
Est et fideli tuta silentio merces.   c III 2,25 f.
Et mihi forsan, tibi quod negarit, porriget hora.   c II 16,31 f.
Exegi monumentum aere perennius.   c III 30,1

Fabula quanta fui!	e 11,8
Favete linguis!	c III 1,2
… feriuntque summos fulgura montes.	c II 10,11 f.
Fortuna non mutat genus.	e 4,6
Frui paratis	c I 31,17
Genium curare mero	nach c III 17,14
Ille terrarum mihi praeter omnis angulus ridet.	c II 6,13 f.
Illi robur et aes triplex circa pectus erat.	c I 3,9 f.
Infectum nemo reddet, quod fugiens semel hora vexit.	nach c III 29,47 f.
Integer vitae scelerisque purus	c I 22,1
Linque severa!	c III 8,28
Misce stultitiam consiliis brevem!	c IV 12,27
Mobilium turba Quiritium	c I 1,7
Monstror digito praetereuntium.	c IV 3,22
Mors et fugacem persequitur virum.	c III 2,14
Multis ille bonis flebilis occidit.	c I 24,9
Nec imbellem feroces progenerant aquilae columbam.	c IV 4,31 f.
Nec scire fas est omnia.	c IV 4,22
Nemo est ab omni parte beatus.	nach c II 16,27 f.
Neque semper arcum tendit Apollo.	c II 10,19 f.
Nihil est ab omni parte beatum.	c II 16,27 f.
Nil mortalibus ardui est.	c I 3,37
Non omnis moriar.	c III 30,6
Non possidentem multa vocaveris recte beatum.	c IV 9,45 f.
Non, si male nunc, et olim sic erit.	c II 10,17 f.
Non semper idem floribus est honor vernis.	c II 11,9 f.
Non sum, qualis eram.	c IV 1,3
Nuda veritas	nach c I 24,7
Nunc est bibendum!	c I 37,1
Nunc vino pellite curas!	c I 7,31

Odi profanum vulgus et arceo. Favete linguis!   c III 1,1f.
O fortes peioraque passi mecum saepe viri!   c I 7,30f.
O matre pulchra filia pulchrior!   c I 16,1
Omnes eodem cogimur.   c II 3,25
Omnes inlacrimabiles urgentur ignotique longa nocte.   c IV 9,26ff.
Omnis (-es) una manet nox.   c I 28,15

Pallida mors aequo pulsat pede pauperum tabernas regumque turris.   c I 4,13f.
Paulum sepultae distat inertiae celata virtus.   c IV 9,29f.
Permitte divis cetera!   c I 9,9
Plerumque gratae divitibus vices.   c III 29,13
Post equitem sedet atra Cura.   c III 1,40
Procul negotiis   e 2,1
Procul omnis esto clamor et ira!   c III 8,15f.
Prudens futuri temporis exitum caliginosa nocte premit deus.   c III 29,29f.
Pulvis et umbra sumus.   c IV 7,16

Quaesitam meritis sume superbiam!   nach c III 30,14f.
Quem fors dierum cumque dabit, lucro adpone!   c I 9,14f.
Quid leges sine moribus?   c III 24,35
Quid sit futurum cras, fuge quaerere!   c I 9,13

Raro antecedentem scelestum deseruit pede Poena claudo.   c III 2,31f.
Rebus angustis animosus atque fortis adpare!   c II 10,21f.
Recenti mens trepidat metu.   c II 19,5
Relicta non bene parmula   c II 7,10
Responsum date!   e 7,14
Ridet argento domus.   c IV 11,6

Si fractus inlabatur orbis, impavidum ferient ruinae.   c III 3,7f.
Simplex munditiis   c I 5,5
Spatio brevi spem longam reseces!   c I 11,6f.
Sublimi feriam sidera vertice.   c I 1,36

Velut inter ignis luna minores	c I 12,47f.
Victima nil miserantis Orci	c II 3,24
Vino diffugiunt mordaces curae.	nach c I 18,4
Virtus recludens inmeritis mori caelum negata temptat iter via.	c III 2,21f.
Virtutem incolumem odimus.	c III 24,31
Virtutis viam deserit arduae.	nach c III 24,44
Vis consili expers mole ruit sua.	c III 4,65
Vitae summa brevis spem nos vetat incohare longam.	c I 4,15
Vixere fortes ante Agamemnona multi.	c IV 9,25f.

VERZEICHNIS DER GEDICHTANFÄNGE

Carmina:

Aeli vetusto	III 17	Ille et nefasto	II 13
Aequam memento	II 3	Inclusam Danaen	III 16
Albi ne doleas	I 33	Inpios parrae	III 27
Angustam amice	III 2	Intactis opulentior	III 24
Audivere, Lyce	IV 13	Integer vitae	I 22
Bacchum in remotis	II 19	Intermissa, Venus	IV 1
Caelo supinas	III 23	Iustum et tenacem	III 3
Caelo tonantem	III 5	Laudabunt alii	I 7
Cum tu, Lydia	I 13	Lydia, dic	I 8
Cur me querelis	II 17	Maecenas, atavis	I 1
Delicta maiorum	III 6	Martiis caelebs	III 8
Descende caelo	III 4	Mater saeva	I 19
Dianam tenerae	I 21	Mercuri, facunde	I 10
Diffugere nives	IV 7	Mercuri, nam te	III 11
Dive, quem	IV 6	Miserarum est	III 12
Divis orte	IV 5	Montium custos	III 22
Donarem pateras	IV 8	Motum ex Metello	II 1
Donec gratus	III 9	Musis amicus	I 26
Eheu fugaces	II 14	Natis in usum	I 27
Est mihi nonum	IV 11	Ne forte credas	IV 9
Et ture	I 36	Ne sit ancillae	II 4
Exegi monumentum	III 30	Nolis longa	II 12
Extremum Tanain	III 10	Nondum subacta	II 5
Faune, Nympharum	III 18	Non ebur	II 18
Festo quid potius	III 28	Non semper	II 9
Herculis ritu	III 14	Non usitata	II 20
Iam pauca	II 15	Non vides	III 20
Iam satis	I 2	Nullam, Vare	I 18
Iam veris	IV 12	Nullus argento	II 2
Icci, beatis	I 29	Nunc est bibendum	I 27

O crudelis	IV 10	Quem virum	
Odi profanum	III 1		I 12
O diva	I 35	Quid bellicosus	II 11
O fons	III 13	Quid dedicatum	I 31
O matre	I 16	Quid fles	III 7
O nate mecum	III 21	Quis desiderio	I 24
O navis	I 14	Quis multa	I 5
O saepe mecum	II 7	Quo me, Bacche	III 25
Otium divos	II 16	Rectius vives	II 10
O Venus	I 30	Scriberis Vario	I 6
Parcius iunctas	I 25	Septimi, Gadis	II 6
Parcus deorum	I 34	Sic te diva	I 3
Pastor cum traheret	I 15	Solvitur acris	I 4
Persicos odi	I 38	Te maris	I 28
Phoebe, silvarum	cs	Tu ne quaesieris	I 11
Phoebus volentem	IV 15	Tyrrhena regum	III 29
Pindarum quisquis	IV 2	Ulla si iuris	II 8
Poscimus	I 32	Uxor pauperis	III 15
Quae cura	IV 14	Velox amoenum	I 17
Qualem ministrum	IV 4	Vides ut alta	I 9
Quantum distet	III 19	Vile potabis	I 20
Quem tu, Melpomene	IV 3	Vitas inuleo	I 23
		Vixi puellis	III 26

Epoden:

Altera iam	16	Nox erat	15
At, o deorum	5	Parentis olim	3
Beatus ille	2	Petti, nihil me	11
Horrida tempestas	13	Quando repostum	9
Iam iam efficaci	17	Quid inmerentis	6
Ibis Liburnis	1	Quid tibi vis	12
Lupis et agnis	4	Quo, quo scelesti	7
Mala soluta	10	Rogare longo	8
Mollis inertia	14		

VERSMASSE DER ODEN

1. asklepiadeische Strophe – asklepiadeische Verse in Folge:

   – – – ⏑ ⏑ – | – ⏑ ⏑ – ⏑ ⏓

2. asklepiadeische Strophe – drei asklepiadeische Verse, ein Glykoneus:

   – – – ⏑ ⏑ – | – ⏑ ⏑ – ⏑ ⏓

   – – – ⏑ ⏑ – | – ⏑ ⏑ – ⏑ ⏓

   – – – ⏑ ⏑ – | – ⏑ ⏑ – ⏑ ⏓

   – – – ⏑ ⏑ – ⏑ ⏓

3. asklepiadeische Strophe – zwei asklepiadeische Verse, ein Pherekrateus, ein Glykoneus:

   – – – ⏑ ⏑ – | – ⏑ ⏑ – ⏑ ⏓

   – – – ⏑ ⏑ – | – ⏑ ⏑ – ⏑ ⏓

   – – – ⏑ ⏑ – –

   – – – ⏑ ⏑ – ⏑ ⏓

4. asklepiadeische Strophe – Glykoneus und asklepiadeischer Vers im Wechsel:

   – – – ⏑ ⏑ – ⏑ ⏓

   – – – ⏑ ⏑ – | – ⏑ ⏑ – ⏑ ⏓

5. asklepiadeische Strophe – asklepiadeische Langverse in Folge:

   – – – ⏑ ⏑ – | – ⏑ ⏑ – | – ⏑ ⏑ – ⏑ ⏓

1. sapphische Strophe – drei sapphische Elfsilbler, ein Adonisvers:

$- \cup - - - \mid \cup \cup - \cup - \overline{\cup}$

$- \cup - - - \mid \cup \cup - \cup - \overline{\cup}$

$- \cup - - - \mid \cup \cup - \cup - \overline{\cup}$

$- \cup \cup - \underline{\cup}$

2. sapphische Strophe – aristophanischer Vers und sapphischer Langvers im Wechsel:

$- \cup \cup - \cup - \underline{\cup}$

$- \cup - - - \mid \cup \cup - \mid - \cup \cup - \cup - \overline{\cup}$

Alkäische Strophe – zwei alkäische Elfsilbler, ein alkäischer Neun- und ein Zehnsilbler:

$\underline{\cup} - \cup - - \mid - \cup \cup - \cup - \underline{\cup}$

$\underline{\cup} - \cup - - \mid - \cup \cup - \cup - \underline{\cup}$

$\underline{\cup} - \cup - - - \cup - \cup \overline{\cup}$

$- \cup \cup - \cup \cup - \cup - \overline{\cup}$

1. archilochische Strophe – daktylischer Hexameter und Tetrameter, katalektisch[1], im Wechsel:

$- \overline{\cup\cup} - \overline{\cup\cup} - \mid \overline{\cup\cup} - \overline{\cup\cup} - \cup \cup - \underline{\cup}$

$- \overline{\cup\cup} - \overline{\cup\cup} - \cup \cup - \underline{\cup}$

2. archilochische Strophe – daktylischer Hexameter und Hemiepes[2] im Wechsel:

$- \overline{\cup\cup} - \overline{\cup\cup} - \mid \overline{\cup\cup} - \overline{\cup\cup} - \cup \cup - \underline{\cup}$

$- \cup \cup - \cup \cup \underline{\cup}$

---

1 d.h. der letzte Versfuß ist jeweils unvollständig.
2 Zwei Daktylen und eine weitere Silbe, lang oder kurz.

3. archilochische Strophe – archilochischer Vers und Iamben (Katalektischer Trimeter) im Wechsel:

$$- \overline{\cup\cup} - \overline{\cup\cup} - \mid \overline{\cup\cup} - \cup\cup \mid - \cup - \cup - -$$
$$- - \cup - \cup \mid - \cup - \cup - \overline{\cup}$$

Hipponakteische Strophe – trochäischer Dimeter (katalektisch) und katalektischer iambischer Trimeter im Wechsel:

$$- \cup - \cup - \cup \overset{\cup}{-}$$
$$\cup - \cup - \overset{\cup}{-} \mid - \cup - \cup - \overset{\cup}{-}$$

Ionische Strophe – jeweils zehn Ionici (kurz-kurz-lang-lang) in Folge:

$$\cup\cup - - \cup\cup - - \cup\cup - - \cup\cup - - \cup\cup - - \cup\cup - -$$
$$\cup\cup - - \cup\cup - - \cup\cup - - \cup\cup - -$$

VERSMASSE DER EPODEN

Iambischer Dimeter: $\bar{\cup} - \cup - \cup - \cup \underset{\smile}{}$

Iambischer Trimeter:

$\bar{\cup} - \cup - \bar{\cup} \;|\; - \cup - \bar{\cup} - \cup \underset{\smile}{} /$

$\underset{\cup}{\cup\cup} \; \underline{\cup\cup} \; \cup \; \underline{\cup\cup} \; \bar{\cup} \;|\; \underline{\cup\cup} \; \cup \; \underline{\cup\cup} \; \bar{\cup} - \cup \underset{\smile}{}$

Reine Iamben: $\cup - \cup - \cup \;|\; - \cup - \cup - \cup -$

Hexameter: $- \;\overline{\cup\cup}\; - \;\overline{\cup\cup}\; - \;|\; \overline{\cup\cup}\; - \;\overline{\cup\cup}\; - \cup\cup - \underset{\smile}{}$

Daktylischer Tetrameter (katalektisch):

$- \cup\cup - \overline{\cup\cup} - \cup\cup - \bar{\cup}$

Hemiepes: $- \cup\cup - \cup\cup \underset{\smile}{}$

LITERATURHINWEISE

Textausgaben

Q. Horati Flacci Opera, rec. F. Klingner, Leipzig ³1959
Q. Horati Flacci Opera, ed. St. Borzsák, Leipzig 1984
Q. Horati Flacci Opera, ed. D. R. Shackleton Bailey, Stuttgart ⁴2001
Q. Horati Flacci Opera, ed. B. Wyss, Frauenfeld i. d. Schweiz ¹¹1999
Horace, Odes I/II ed. D. West, Oxford 1995/1998

Kommentare und Interpretationen

Q. Horatius Flaccus, Oden und Epoden. Erklärt von A. Kiessling. 14. Auflage besorgt von R. Heinze, mit einem Nachwort und bibliographischen Nachträgen von E. Burck, Zürich 1999 [Unveränderter Nachdruck der 7. Auflage Berlin 1930]
E. Fraenkel, Horaz, Darmstadt ⁶1983 [Übersetzung aus dem Englischen; unveränderter Nachdruck der 1. Auflage von 1963]
K. Numberger, Horaz – Lyrische Gedichte. Kommentar für Lehrer der Gymnasien und für Studierende, Münster ³1997
V. Pöschl, Horazische Lyrik. Interpretationen, Heidelberg ²1991
R. Sellheim, Quintus Horatius Flaccus. Kommentar, Leipzig o. J.
H. P. Syndikus, Die Lyrik des Horaz. Eine Interpretation der Oden Bd. I/II, Darmstadt ³2001

Übersetzungen

Horaz – Sämtliche Werke, Teil I: Carmina; Oden und Epoden, nach Kayser, Nordenflycht und Burger herausgegeben von H. Färber (lat. und dt.), München ¹¹1993

Horaz – Sämtliche Werke, übersetzt von J. H. Voß (Leipzig o. J.)
Horaz, Oden (lat.-dt.), übersetzt von B. Kytzler, Stuttgart 1992
Horaz, Oden (lat.-dt.), ausgewählt, neu übertragen und kommentiert von W. Tilmann, Frankfurt a. M. / Leipzig 1992
Horaz, Werke, übersetzt von M. Simon und W. Ritschel, Berlin / Weimar ²1983
Horaz, Glanz der Bescheidenheit. Oden und Epoden, lateinisch und deutsch, übersetzt von Ch. F. K. Herzlieb und J. P. Uz, eingeleitet und bearbeitet von W. Killy und E. A. Schmidt, Augsburg 2001
R. Helm, Die Gedichte des Horaz, übertragen und mit dem lateinischen Text herausgegeben, Stuttgart 1938
H. Menge, Die Oden und Epoden des Horaz, für Freunde klassischer Bildung, besonders für die Primaner unserer Gymnasien bearbeitet, Berlin ⁵1910. [Menge bietet i.d.R. zu jedem Gedicht drei Fassungen: eine möglichst wortgetreue in Prosa, eine weitere im Versmaß des Originals und eine dritte in deutschen Reimen.]
W. Richter, Horaz, Carmina und Epoden, lateinisch – deutsch, Frankfurt a. M. / Hamburg 1964
R. A. Schröder, Sämtliche Werke des Horaz, in: Gesammelte Werke, Bd. V, S. 635 ff., Frankfurt a. M. 1952
Ch. M. Wieland, Übersetzung des Horaz, herausgegeben von M. Fuhrmann, Frankfurt a. M. 1986

Forschungsliteratur allgemein

E. Doblhofer, Horaz in der Forschung nach 1957, Darmstadt 1992
W. Kißel, Horaz. Eine Gesamtbibliographie 1936–1957, in: Aufstieg und Niedergang der römischen Welt, Bd. 31, Teil 3, herausgegeben von W. Haase, S. 1403–1558, Berlin / New York 1981
D. R. Shackleton Bailey, Profile of Horace, Cambridge (Mass.) 1982
C. Becker, Das Spätwerk des Horaz, Göttingen 1963
K. Büchner, Studien zur Römischen Literatur, Bd. 3, 8, 10, Wiesbaden 1962/1970/1979
A. Y. Campbell, Horace. A New Interpretation, Westport (Conn.) 1970

H. Dettmer, Horace. A Study in Structure, Hildesheim 1983
E. Doblhofer, Die Augustuspanegyrik des Horaz in formalhistorischer Sicht, Heidelberg 1966
P. Grimal, Horace, Paris 1969
S. J. Harrison (Hg.), Hommages to Horace. A Bimillenary Celebration, Oxford 1995
H. Hommel, Horaz. Der Mensch und das Werk, Heidelberg 1950
F. Klingner, Römische Geisteswelt, München ⁵1965
H. Krasser / E. A. Schmidt (Hg.), Zeitgenosse Horaz. Der Dichter und seine Leser seit zwei Jahrtausenden, Tübingen 1996
B. Kytzler, Horaz. Eine Einführung, München / Zürich 1985, Nachdr. Stuttgart 1996
E. Lefèvre, Horaz. Dichter im augusteischen Rom, München 1993
W. Ludwig (Hg.), Horace. L'œuvre et les imitations. Un siècle d' interpretation (Entretiens sur l'antiquité classique 39), Vandoeuvres / Genf 1993
R. O. Lyne, Horace: Behind the Public Poetry, New Haven / London 1995
G. Maurach, Horaz. Werk und Leben, Heidelberg 2001
H. Oppermann (Hg.), Wege zu Horaz, Darmstadt ²1980 (Wege der Forschung 99)
R. Reitzenstein, Aufsätze zu Horaz. Abhandlungen und Vorträge aus den Jahren 1908–1925, Darmstadt 1963
A. Rostagni, Orazio, Venosa 1988
E. A. Schmidt, Zeit und Form. Dichtungen des Horaz (Supplemente zu den Schriften der Heidelberger Akademie der Wissenschaften. Phil.- hist. Klasse Bd. 15), Heidelberg 2002
W. Wili, Horaz und die augusteische Kultur, Basel 1948
G. Williams, Horace, Oxford 1972

Wichtige Untersuchungen zu den Oden und Epoden

D. Ableitinger-Grünberger, Der junge Horaz und die Politik. Studien zur 7. und 16. Epode, Heidelberg 1971
R. W. Carubba, The Epodes of Horace. A Study in Poetic Arrangement, The Hague / Paris 1969
N. E. Collinge, The Structure of Horace's Odes, London ²1962

S. Commager, The Odes of Horace. A Critical Study, New Haven / London 1962

P. Connor, Horace's Lyric Poetry. The Force of Humour, Berwick (Victoria) 1987

H. Dahlmann, Horaz Carmen IV 15. Die letzte Ode des Horaz, in: Gymnasium 65 (1958), S. 340ff. Wiederabgedr. in: H. Oppermann (Hg.), Wege zu Horaz (Darmstadt 1982) S. 228ff.

J. Gagé, Beobachtungen zum *Carmen saeculare* des Horaz, in: Wege zu Horaz (s. Dahlmann), S. 14ff.

S. Koster (Hg.), Horaz-Studien, Erlangen 1992 (Erlanger Forschungen, Reihe A, Bd. 66)

ders., Ille Ego Qui, Erlangen 1988 (Erlanger Forschungen, Reihe A, Bd. 42)

H. Krasser, Horazische Denkfiguren, Göttingen 1995 (Hypomnemata 106)

W. D. Lebek, Horaz und die Philosophie: Die ›Oden‹, in: Aufstieg und Niedergang der Römischen Welt, Bd. 31, Teil 3, herausgegeben von W. Haase (Berlin / New York 1981), S. 2031ff.

E. Lefèvre, ›Musis amicus‹. Über ›Poesie‹ und ›Realität‹ in der Horaz-Ode 1,26, in: Antike und Abendland 29 (1983), S. 26ff.

M. Lowrie, Horace's Narrative Odes, Oxford 1997

W. Ludwig, Die Anordnung des vierten Horazischen Odenbuches, in: Museum Helveticum 18 (1961), S. 1ff.

E. Merwald, Der Unsterblichkeitsgedanke bei Horaz und Ovid, Frankfurt a. M. 1998

C. W. Müller, Der schöne Tod des Polisbürgers oder ›Ehrenvoll ist es, für das Vaterland zu sterben‹, in: Gymnasium 96 (1989), S. 317ff.

E. A. Schmidt, Sabinum. Horaz und sein Landgut im Licenzatal, Heidelberg 1997

ders., Amica vis pastoribus. Der Iambiker Horaz in seinem Odenbuch, in: Gymnasium 84 (1977), S. 401ff.

I. Troxler-Keller, Die Dichterlandschaft des Horaz, Heidelberg 1964

J. H. Waszink, Zur Odendichtung des Horaz, in: Gymnasium 66 (1959), S. 193ff.

L. P. Wilkinson, Horace and His Lyric Poetry, Cambridge ²1951

Rezeption der Odendichtung

U. Auhagen / E. Lefèvre / E. Schäfer (Hg.), Horaz und Celtis, Tübingen 2000

W. Monecke, Wieland und Horaz, Köln / Graz 1964

E. Schäfer, Deutscher Horaz. Conrad Celtis – Georg Fabricius – Paul Melissus – Jacob Balde. Die Nachwirkung des Horaz in der neulateinischen Dichtung, Wiesbaden 1976

E. Stemplinger, Horaz im Urteil der Jahrhunderte, Leipzig 1921

ders., Das Fortleben der Horazischen Lyrik seit der Renaissance, Leipzig 1906

P. Witzmann, Antike Traditionen im Werk Bertold Brechts, Berlin 1964

Lexikon

D. Bo, Lexicon Horatianum Bd. 1 und 2, Hildesheim 1966